21世纪高等院校应用型经管规划教材

管理学
——理论与实践
（第2版）

Management:
Theories and Practices

王冰　张静　傅四保　杨旭◎编著
梁雄健◎审

電子工業出版社
Publishing House of Electronics Industry
北京·BEIJING

图书在版编目（CIP）数据

管理学：理论与实践 / 王冰等编著. —2 版. —北京：电子工业出版社，2015.8
21 世纪高等院校应用型经管规划教材
ISBN 978-7-121-26716-1

Ⅰ. ①管… Ⅱ. ①王… Ⅲ. ①管理学－高等学校－教材 Ⅳ. ①C93

中国版本图书馆 CIP 数据核字(2015)第 165669 号

责任编辑：刘露明
印　　刷：北京捷迅佳彩印刷有限公司
装　　订：北京捷迅佳彩印刷有限公司
出版发行：电子工业出版社
　　　　　北京市海淀区万寿路 173 信箱　邮编 100036
开　　本：787×1092　1/16　印张：18　字数：484 千字
版　　次：2011 年 1 月第 1 版
　　　　　2015 年 8 月第 2 版
印　　次：2021 年 6 月第 6 次印刷
定　　价：42.00 元

凡所购买电子工业出版社图书有缺损问题，请向购买书店调换。若书店售缺，请与本社发行部联系，联系及邮购电话：（010）88254888。
质量投诉请发邮件至 zlts@phei.com.cn，盗版侵权举报请发邮件至 dbqq@phei.com.cn。
服务热线：（010）88258888。

出版说明

Foreword

21 世纪既是一个竞争日益激烈的世纪，也是一个充满机遇的世纪。《中共中央国务院关于深化教育改革全面推进素质教育的决定》指出：“当今世界，科学技术突飞猛进，知识经济已见端倪，国力竞争日趋激烈。教育在综合国力的形成中处于基础地位，国力的强弱越来越取决于劳动者的素质，取决于各类人才的质量和数量，这对于培养和造就我国21世纪的一代新人提出了更加迫切的要求。”为了密切配合国务院及教育部对我国教育改革的部署，更好地满足社会经济发展的需求，适应大跨度的生产技术以及不同地区发展区域经济对多种类型的人才需求，解决传统人才培养层次单一化与社会需求多样化的矛盾，我国高等教育的人才培养与教学模式正在发生着巨大的变化，有相当数量的高等院校正在由传统的学术研究型“精英教育”向实践应用型的“大众教育”转变，它们以培养面向生产、建设、管理、服务第一线的高素质应用型人才为主要目标，积极主动地为地方经济建设、区域社会和行业发展服务，以本科教学和学生基本素质与工程技术与管理应用能力培养为主导，强调学用结合、学做结合、学创结合，产学研合作教育，培养多元化的实用型人才。

教材是教学的主要依据，也是教学改革的重要组成部分。教学改革的种种设想和试验，大多要通过教材建设来具体体现；教材建设反过来又推动和促进教学改革。面对高等教育对象的扩展、教学模式的变革、教材组织形式的变化和教学服务方式的转变，为了更好地适应当前我国高等教育这种大跨度发展的需要，满足我国高校从精英教育向大众化教育的重大转移阶段中社会对高校应用型人才培养的各类要求，电子工业出版社在 2003 年组织了全国近 100 所以培养应用型人才为主的高等院校进行深入的研讨，确立了一系列应用型教材出版规划，21 世纪高等院校应用型经管规划教材就是其中之一。其指导思想和目标是新教材要体现教育思想和教育观念的转变，依据教学内容、教学方法和教学手段的现状和趋势精心策划，建设一批符合新型人才培养目标的、适应新型人才培养模式的应用型系列精品教材。其具体特点是：

1. 强调教材为人才培养目标服务，与教学方法匹配。

2. 有明确的具有高等教育水平的技术能力及反映这些技术能力内涵的理论知识的目标系统。

3. 有完成理论教学、具有应用型教育特色的教学方法和达到一定运用能力的训练方法。

4. 在保证理论知识达到本科教育水平的基础上，注意使读者掌握基本概念和结论的实际意义，掌握基本方法，把重点放在概念、方法和结论的实际应用上。

5. 技术能力的掌握必须通过专门的实践训练，要有配合这类训练的案例或实训材料。

6. 教材内容紧随技术、经济发展变化或区域经济的需求而调整。

7. 教材内容具有一定的弹性，内容应尽量采用模块化组织。

8. 以问题引出概念与知识，多用具有实际应用价值的示例、案例，促进对概念方法的理解。

9. 文、图、表有机结合，使教材具有很强的可读性，同时便于学生理解与记忆。

10. 充分利用现代信息网络技术平台，以教材为中心，提供一个全方位的教学服务体系。配备分别面向教师教学与学生学习的支持性资源，为老师选书及购书提供便捷周到的服务（可在电子工业出版社华信教学资源网 www.hxedu.com.cn 查询下载和提出需求）。

编写高质量的教材是一项任重而道远的长期工作，我们希望全国高等院校的师生在教学实践中积极提出意见与建议，以便我们对已出版的教材不断修订，同时也欢迎工作在教学第一线的老师积极给我们投稿，使我们不断完善整个教材体系，为社会奉献更新更多、更好的高质量教材。

21 世纪高等院校应用型经管规划教材出版编委会

E-mail: lmliu@phei.com.cn

第2版前言

Preface

本书第1版自2011年1月出版后，已经连续使用了四年。总体反馈效果良好，已经几次重印，并收到了许多读者的积极反馈，足以体现市场对本书整体编辑思路的认可。本次修订的初衷首先是满足一线教材的时效性问题。其次，编者不断发现教材中需要与时俱进的地方。主要体现在：主体教材篇幅过长、管理学的演进部分不切合学生的实际，应用性不强。近年来涌现出许多案例更加具有说服力。有部分案例需要更新。针对以上情况，亟须对第1版进行修改或调整，以适应教学的需要。

本书第2版继续保持了原书用案例说明理论，强调教学互动的写作风格，根据存在的问题进行了修订如下：对教材的篇幅进行了压缩、精简，删去相对冗余的内容。对部分章节的结构进行了调整和更新，控制一篇的内容从三章缩减为两章。对部分过时的案例进行了更新。

本书的更新得到了责编刘露明女士的大力支持配合。刘露明针对本书的市场需求和特点提出了很多宝贵的建议。本书主要由本人修订，张静更新了创新一篇的三个案例。最后由本人对全书进行统稿。相信修订之后的本书，能够更好地帮助各类学员高效、全面地学习管理学，在充分理解理论的基础上，把理论应用于实践。

王冰

前　言

Preface

在人类社会中，管理无处不在，无时不有。对于任何事情来说，成也管理，败也管理。在人的一生中，人们有时扮演管理者的角色，有时扮演被管理者的角色。有机会学习和研究管理学是人生的幸运，因为它将伴随我们的一生。

管理知识总体来讲是源于经验的，它包括直接经验和间接经验，直接经验是主管人员在亲身的管理实践中获得的，而间接经验则是通过各种方式学习他人的经验获得的。管理者要提高自己的管理能力，关键在于把这两种经验有机地结合起来，而管理学的学习是获得他人成功管理经验的最有效、最迅速的途径。对从事管理工作的人来说，用较短的时间掌握必要的管理基本理论和方法，然后在实践中灵活运用这些知识来指导自己的工作，具有非常重大的现实意义。本书帮助管理学的学习者掌握管理学的相关概念和原理，并引导他们在本职工作中运用管理学的概念和原理来解决管理中的实际问题。本书内容精练，强调实用性，定位于如何做，怎么做有效。在形式上，深入浅出、通俗易懂。具体而言，本书的特色如下。

1. 在教学设计方面，本书充分体现了管理学教学理论与实践紧密结合的特点，用案例引导教学，用实践说明理论，通过面向任务的教学设计，运用适当的教学互动和案例讨论，促进学生的知识内化和应用，让学生在掌握理解的基础上灵活运用知识。

2. 本书的内容按照篇、章、知识点的层次结构来编排内容。针对不同的管理学学习者，将知识点分为必修、中级选读、高级选读 3 类，学习者可根据自己的情况，选择适当的学习内容，进行个性化教学。这大大提高了课程的灵活性和适用性。

3. 本书在教学内容的组织方面与时俱进，在传统的决策、计划、组织、领导和控制的基础上增加了创新和信息化管理的内容，体现了 21 世纪管理学的研究重点和新发展。第 2 版中增加了对知识员工的激励和跨部门协同的内容。

4. 通过本章小结、复习思考题、知识自测题和案例讨论来帮助学生总结各知识点的内容，练习并检查运用知识的能力。

5. 为了方便教师教学，我们还编有精致的教学课件和课后测试题参考答案，免费供广大教师下载，以节约教师的时间和精力，提高教学质量。

本书的教学模式设计由王冰和王楠完成，具体的编写由王冰、张静、傅四保和杨旭共同完成，具体分工如下：王冰负责第一、第三、第四篇的编写，张静负责第二、第七篇的编写，傅四保负责第五篇的编写，王冰和杨旭共同负责第六篇的编写，杨旭负责第八篇的编写。王冰负责全书的修改和统稿。梁雄健教授对本书的内容、形式和编写的组织给出了指导性建议，并对全书进行了最终审定。

特别感谢电子工业出版社的刘露明编辑，她在本书的出版过程中给予了全力支持。

由于作者水平有限，书中难免存在一些遗漏和不足，恳请读者批评指正并提出意见与建议（读者可发邮件至电子邮箱：wbing2000@gmail.com，微信：wbing2000）。

王冰

作者简介

王冰 副教授，管理科学与工程专业工学博士，硕士研究生导师。研究领域为管理学、知识与创新管理、电子商务。曾于2008—2009年以访问学者身份赴美国波特兰州立大学工程与技术管理系进行学术交流。2012—2014继续在波特兰州立大学进修工程技术管理专业课程并进行科研活动。出版专著《电信运营企业全面协同创新》。在国内外期刊、会议上发表学术论文近30篇。作为主研人完成原信息产业部项目"电信网码号资源管理与电信业务创新体系研究"等。

张静 副教授，硕士研究生导师，管理科学与工程专业工学博士。研究领域为通信企业管理、技术与创新管理。曾于2007—2008年以访问学者身份赴美国波特兰州立大学工程与技术管理系进行学术交流。翻译专著《通信网络定价——经济、技术与模型》，参与多本教材的编写，其中《电信组织管理》《通信网规划理论与实务》被评为北京市高等教育精品教材，在国内外期刊、会议上发表学术论文30余篇。作为主研人完成多项国家自然科学基金项目科研项目。

傅四保 副教授，管理科学与工程专业工学博士。研究领域为运营管理、财务管理、市场营销。1989年毕业于（原）北京邮电学院，取得管理科学与工程专业硕士学位，先后在（原）邮电部计划司、西门子（中国）有限公司工作。2008年毕业于北京邮电大学并取得管理科学与工程专业，获博士学位，开始在北京邮电大学任教，讲授国际会计、生产与运作、*Strategic Management of Technological Innovation* 等课程。参与《财务会计学》《移动电子商务理论与实务》等多本教材的编写。在国内外SCI、CSSCI等期刊发表学术论文17篇。作为主研人完成教育部社科基金资助"中国信息通信业省际发展差距基尼系数研究"等12个项目。

杨旭 副教授，工学博士，硕士生导师。研究领域为信息管理与信息化、IT项目管理、移动互联网应用于标准化。曾于2009年在荷兰Erasmus大学鹿特丹管理学院担任访问学者。作为主要作者编写《通信网规划理论与实务》《移动互联网技术架构及其发展》《通信企业信用管理》《电信运营管理》《IT项目管理》《电信运营企业ISO 9000：2001贯标行动指南》等专著。主持或参加多项研究或咨询项目，并公开发表学术论文十余篇。

审定者简介

梁雄健 北京邮电大学经济管理学院教授、博士生导师，管理现代化研究所所长，工信部电信经济专家委员会委员，中国通信学会理事，经济与管理专业委员会副主任，国际ITC顾问委员会（IAC）委员，丹麦理工大学顾问教授。

目　　录

Contents

第一篇　总　论

第二篇　决　策

第三篇　计　划

第六篇 控 制

第七篇 创 新

第八篇 信息化

第一篇

总　论

第一章

管理与管理学

在人类社会中，管理无处不在，无时不有。对于任何事情来说成也管理，败也管理。当人类社会开始进入工业化时，管理学才应运而生。管理学的发展对人类社会的影响巨大。可以毫不夸张地说，人类社会的任何伟大进步都包含着管理学所做出的重要贡献。有机会学习和研究管理学是人生的幸运，因为它将伴随人的一生。

教学目标

知识点		学习要求	知识分阶
知识点一	管理的起源与发展	了解	必修
知识点二	管理的含义	牢记并掌握	必修
知识点三	管理学的主要内容构成	牢记并掌握	必修
知识点四	管理者的角色	掌握	必修
知识点五	管理者的技能	掌握	必修
知识点六	管理的二重性	掌握	中级选读
知识点七	管理学的演进	了解	中级选读

学习重点

- 管理的定义
- 管理的职能
- 管理者的角色
- 管理者的技能
- 管理的二重性
- 管理学的来源

知识点一　管理的起源与发展

案例导入：学习小组的管理

在开学初的管理学课堂上，老师首先将学生分成约 5 人一组的若干学习小组，接着布置了一项作业，要求学生们为一个新创业的公司设计一种商务模式，并做出商业计划书。经过一个学期的学习之后，不同的小组成绩相差很大，A 组获得了优秀成绩，而 D 组的成绩不合格。经过老师调查，A 组和 D 组完成作业的过程可以描述如下。

A组的同学在了解了作业要求后，召开了全体成员会议，选出了组长，在组长的带领下进行讨论并在小组成员提出的5种商务模式中选择了一种全体成员公认的成功概率较大的商务模式。其次，组长对组员的工作任务进行了安排，每个组员都有适量的工作，并互留了联络方式，之后，组长在完成作业的过程中多次与组员沟通，督促每个组员完成自己所分配到的任务。在学期即将结束时，A组再次召开会议，这次会议先将不同组员的成果集成在一起，并对有争议和不完善之处进行认真的研讨和修改。最后，A组提交的作业十分完善，获得了优秀的成绩。

D组的同学在完成作业时没有开会，也没有任何研讨活动，组员各自完成作业。期末时仅有1人完成了一份简单的报告，交作业时D组就将此同学的报告作为成果，草草地提交了。但是，此同学的作业水平有限，由此，D组的作业成绩为不合格。

请问：A组和D组的作业成绩为什么相差很大？

案例解析

A组和D组成绩差距较大的原因主要是：A组对作业比较重视，在完成作业的整个过程中有较好的管理措施，体现在对完成作业目标的过程进行了计划、组织、领导和控制；D组对作业不重视，在完成作业的过程中，没有管理措施。

一、管理的起源

管理起源于人类的共同劳动，发展于社会分工的细致化和协作的普遍性。

人类的共同劳动需要分工协作，自从人类以群体的形式参与活动以来，协调、组织和指挥就成为必不可少的行为。从这种意义上讲，管理与人类的历史共存。人类自有史以来，只要有共同劳动的地方，就有不同程度的协调、组织和指挥等管理活动存在。早在远古时代，人类在狩猎时就有不同的分工，其中最重要的工种，就是发出信号来指挥他人相互配合，以达到群体成员行动的协调一致，提高获取猎物的可能性。从远古到现代，人类要实现预期的共同劳动目的，必须相互依存，通过管理来共享知识，进行分工合作。因此，自从有了人类活动，人类的管理实践就从未停止过。

二、管理的发展

随着人类社会的不断进步，社会分工逐渐细致化，协作的范围也不断拓展，对管理的要求不断提高。特别是18世纪下半叶，始于英国的产业革命在西方国家迅速推进，工具机的进步带动了动力机的进步，机器大工业替代了工场手工业，工厂应运而生，工厂规模持续扩大，分工与协作变得具体和明晰，社会化大生产逐渐成为普遍的生产方式。从这一时期起，管理的重要性及作用日益突出，成为合理组织社会化大生产和提高劳动生产率的重要手段。管理实践日益丰富，管理经验不断积累，一些重要的管理思想就在实践中产生。

到了19世纪末20世纪初，公司规模扩大，市场竞争日趋激烈，大企业的有效管理成为一项新的课题。这一时期，管理成为一种专门的职业，出现了专门的管理者阶层。在管理实践中，管理者阶层针对急需解决的现实问题，开始研究有效的管理措施和方法，从不同角度探寻管理中存在的共性内容，提出了相应的管理理论。管理理论的诞生，标志着管理已经从经验发展到规律，是管理学知识体系和学科体系形成的里程碑。时至今日，管理学已经形成了较为完善的理论体系，并仍在蓬勃发展中，管理学研究表现出旺盛的生命力。

三、21世纪管理者面临的挑战

21世纪的管理者面临着一个急剧变化的新时代。本书认为这个时代的潮流集中表现为四大发展趋势，即信息网络化、经济全球化、知识资源化和管理人本化。这四大发展趋势给当今的管理者提出了一系列新的挑战。信息网络化的标志是人们通过因特网可以在全球范围内与对方进行实时的信息交流。经济全球化是信息网络化的必然结果。现在世界各国在经济上互相依存、互为补充、争取共赢的局面已经形成。企业可在全球范围内优化配置资源，组织全球供应链。知识资源化、信息网络化和经济全球化密切相关，一方面，信息网络化和经济全球化必须建立在以信息技术为代表的现代科学技术高度发展的基础之上；另一方面，现代科学技术知识又借信息网络化和经济全球化在全球范围内迅速便捷地流动和传播，从而使知识成为现代社会经济发展中最重要的资源。管理人本化，是几千年来社会进步的结果，也是现代社会文明的标志。人是知识特别是未编码的创新知识的载体，在知识资源化的今天，处理好人与人的关系就成为管理者的头等大事。

知识点二 管理的含义

一、管理学家们对管理的认识

近百年来，中外的管理学家对管理进行了定义，以下是具有代表性的几种观点。

1）管理是由计划、组织、指挥、协调及控制等职能为要素组成的活动过程。这是由现代管理理论创始人法国实业家亨利·法约尔（Henri Fayol）于1916年提出的。尽管由于时代的变迁，管理的内容、形式和方法已发生了巨大的变化，但经过许多人多年的研究与实践，他的观点基本上是正确的，并成为后来管理定义的基础。

2）管理是通过其他人来完成工作的。这是美国学者福莱特（Follett）于1942年提出的最精简明晰的定义。这一定义包含3层含义。① 管理必然涉及其他人。② 管理是有目的的活动，管理的目的就是要通过其他人来完成工作。③ 管理的核心问题是管理者要处理好与其他人的关系，调动人的积极性，让他们来为你完成工作。

3）管理是一种实践，其本质不在于“知”而在于“行”；其验证不在于逻辑，而在于成果；其唯一权威就是成就。管理是一门学科，管理学科把管理当作一门真正的综合艺术。这是美国管理学大师彼得·德鲁克（Peter F. Drucker）于1954年和1989年提出的对管理的看法。德鲁克的看法充分反映了经验主义学派的观点，他一再强调管理是实践的综合艺术，他认为无论是经济学、计量方法还是行为科学都只是管理人员的工具。

4）管理就是决策。这是1978年诺贝尔经济学奖获得者赫伯特·西蒙（Herburt Simon）提出的观点。他把决策过程分为以下4个阶段。① 调查情况，分析形势，收集信息，找出决策的理由。② 制定可能的行动方案，以应对面临的形势。③ 在各种可能的行动方案中进行抉择，确定比较满意的方案，付诸实践。④ 了解、检查过去所抉择方案的执行情况，做出评价，制定新的决策。

决策过程实际上是任何管理工作解决问题时所必经的过程。所以从这方面看，说管理就是决策是符合管理实际的。

5）管理就是设计并保持一种良好的环境，使人在群体里高效率地完成既定目标的过程。这是美国著名管理学家哈罗德·孔茨（Harold Koontz）和海因茨·韦里克（Heinz Weihrich）在

1993 年《管理学》第 10 版中仍坚持的观点。他们认为这一定义需要展开为：① 作为管理人员，需要完成计划、组织、人事、领导和控制等管理职能。② 管理适用于任何一个组织机构。③ 管理适用于各级组织的管理人员。④ 所有管理人员都有一个共同的目标。⑤ 管理关系到生产率，意指效益和效率。

这一定义真正的闪光点，在于它首次提出了管理定义中包含了设计并保持一种良好环境。它满足了组织行为学和管理伦理学对管理提出的最基本要求，也体现了管理对人起码的尊重和关怀。这正是时代进步的一种标志。

6）管理是对资源进行计划、组织、领导和控制以快速有效地达到组织目标的过程。资源包括人、机器设备、原材料、信息、技术和资本等。这是美国学者加雷思·琼斯（Gareth R. Jones）等于 2000 年提出的。中国管理学家徐国华教授于 1998 年就已提出过类似的定义。

7）管理是通过协调其他人的工作有效率和有效果地实现组织目标的过程。这是斯蒂芬·P·罗宾斯（Stephen P. Robbins）、玛丽·库尔特（Mary Coulter）于 2005 年《管理学》第 8 版中所表达的观点。这一定义强调：① 管理是协调其他人的工作。② 管理应当有效率和有效果。③ 管理是实现组织目标的过程，这一过程包括各项管理职能。

以上这些关于管理定义的观点，从各个不同角度描绘了管理的面貌。

二、本书对管理的认识

吸收管理学理论和实践发展的最新成果，综合前人的研究，本书认为对管理定义作如下表述可能较为完整和精辟。

管理是管理者为了有效地实现组织目标、个人发展和社会责任，运用管理的计划、组织、领导和控制等职能进行协调的过程。这一简短的定义包含了丰富的内涵。

1．管理是人类有意识、有目的的活动

管理的目的首先就是通过群体的力量实现组织目标。但是应当看到随着社会的发展，组织群体中的个体正在向自由劳动者的方向接近，他们越来越关心个人发展的前景，个人兴趣、个人爱好、个人感情及个人自我实现程度。这些都会成为他们是否愿意在组织中工作或积极工作的原因。另外，组织与社会、组织与环境关系越来越密切，因而组织的社会责任也越来越重。所以管理不再单纯是为了实现组织目标，同时也要十分关注实现组织中每个人的发展和实现组织的社会责任。

2．管理应当是有效的

管理不仅要有较高的效率，同时还要有较好的效果，即不仅要正确地做事，并且要力争做正确的事，这样才能又好又快地做事。这一点正是战略管理理论成为管理学的重要组成部分后与过去“科学管理”时代的不同之处。

3．管理的本质是协调

协调包括两方面的内容。一是组织内部各种有形和无形资源（如人、财、物、信息、技术、专利、社会关系、品牌和声誉等）之间的协调，使其组成一个有机整体，生成强大的竞争能力；二是组织与外部环境的协调，环境包括生态环境、自然环境、社会制度、生活方式、社会大众、法律道德、意识形态、宗教信仰、风俗习惯、政府政策、规章制度甚至某种潜规则等，只有环境友好型的组织才会有可持续发展的生命力。

4．协调是运用各种管理职能的过程

要有效地协调就要进行计划、组织、指挥和控制。协调就是运用各项管理职能的一个过程。

教学互动

选择题：什么是管理？请选出你认为正确的答案。(　　)

A．管理需要协调组织内部的各种资源，适应外部环境对组织的要求

B．管理的目标主要是实现组织的目标，但同时也不要忽视个人发展和社会责任

C．决策过程是管理工作解决问题时所必经的过程

D．为了进行有效管理，需要建立高效的管理信息系统。这是因为管理就是设计并保持一种良好环境，使人在群体里能够高效率地完成既定目标

知识点三　管理学的主要内容构成

各种管理工作的共同点是为了实现组织的既定目标，通过计划、组织、领导和控制等职能进行任务、资源、职责、权力和利益的分配，协调人们之间的相互关系。管理学是系统研究管理活动的基本规律和一般方法的科学。要研究管理学首先要明确管理学的主要内容。

一、管理的核心——决策

决策理论学派的代表人物西蒙提出了决策职能，将决策职能从计划职能中分化出来。他认为决策贯穿于管理的全过程，管理的核心是决策。管理的决策职能不仅在各个层次的管理中都有，并且分布在计划、组织、领导和控制各项管理职能当中。

二、管理的4项职能

人类的管理活动具有哪些最基本的职能？这一问题经过了许多人近100年的研究，至今还是众说纷纭。目前得到公认的提法是：计划、组织、领导和控制4种职能是一切管理活动最基本的职能。

1. 计划

组织中所有层次的管理者，包括高层管理者、中层管理者和基层管理者，都必须从事计划活动。所谓计划，就是指“制定目标并确定为达成这些目标所必需的行动”。虽然组织中的高层管理者负责制定总体目标和战略，但所有层次的管理者都必须为其工作小组制订经营计划，以便为组织做出贡献。所有管理者必须制定符合并支持组织的总体战略目标。另外，他们必须制订支配和协调他们所负责资源的计划。

2. 组织

计划的执行要靠他人的合作。组织工作正是源自人类对合作的需要。合作的人们如果要在执行计划的过程中，能有比各合作个体总和更大的力量、更高的效率，就应根据工作的要求与人员的特点设计岗位，通过授权和分工，将适当的人员安排在适当的岗位上，用制度规定各个成员的职责和上下左右的相互关系，形成一个有机的组织结构，使整个组织协调地运转。这就是管理的组织职能。

3. 领导

计划与组织工作做好了，也不一定能保证组织目标的实现，因为组织目标的实现要依靠组织全体成员的努力。配备在组织机构各种岗位上的人员，由于在个人目标、需求、偏好、性格、素质、价值观、工作职责和掌握信息量等方面存在很大差异，在相互合作中必然会产生各种矛

盾和冲突。因此就需要有权威的领导者进行领导，指导人们的行为，通过沟通增强人们的相互理解，统一人们的思想和行动，激励每个成员自觉地为实现组织目标共同努力。管理的领导职能是一门非常奥妙的艺术，它贯彻在整个管理活动中。在中国，领导者的概念十分广泛，不仅组织的高层领导、中层领导要实施领导职能，基层领导也要实施领导职能，而担负领导职能的人都要做人的工作、重视工作中人的因素的作用。

4．控制

人们在执行计划过程中，由于受到各种因素的干扰，常常使实践活动偏离原来的计划。为了保证目标及为此而制订的计划得以实现，就需要有控制职能。控制的实质就是使实践活动符合计划，计划就是控制的标准。管理者既要有预防下属和事态失控的充分措施，防患于未然，同时也必须及时取得计划执行情况的信息，并将有关信息与计划进行比较，发现实践活动中存在的问题，分析原因，及时采取有效的纠正措施。

三、管理循环与决策的相互关系

各项管理职能都有自己独有的表现形式。计划职能通过目标的制定和行动计划的确定表现出来。组织职能通过组织结构的设计和人员的配备表现出来。领导职能通过领导者和被领导者的关系表现出来。控制职能通过偏差的识别和纠正表现出来。每项管理工作一般都是从制订计划开始，经过组织、领导到控制结束。各职能之间同时相互交叉渗透，控制的结果可能又导致新的计划，开始又一轮新的管理循环。如此循环不息，把工作不断推向前进。

决策与上述各种管理职能不同，它本身并没有某种特有的表现形式，它总是在与其他管理职能的结合中表现自身的存在与价值。曾获诺贝尔经济学奖的赫伯特·西蒙认为，管理就是决策，决策是管理的核心。上至组织的最高领导人，下至一线主管，他们最重要的职能就是进行准确的分析、判断和决策，甚至连普通的一线执行者也要在其职责范围内进行决策。可以说，决策在管理中无处不在。

管理循环与决策的相互关系，如图 1.1 所示。

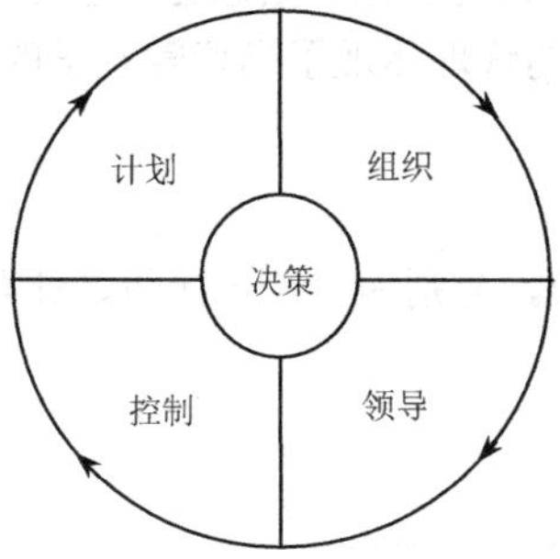

图 1.1　管理循环与决策

需要说明的是，在具体的管理过程中，各项职能往往很难划分得十分清楚。按理来说，一项管理工作总是要先作决策，再制订计划，然后组织实施，最后协调控制整个进程。但实际上，管理人员常常并不是按顺序执行这些职能，而是同时执行这些职能。所划分的这些职能只是描述管理活动的一般过程，对于具体领域中具体的管理活动并不一定完全与该描述相一致，在管理中实施的职能可能多一项，也可能少一项，尤其是对特殊性质的管理问题而言，更是如此。

四、当代管理学研究的重点——创新

管理学对于创新的研究，源于 20 世纪 70 年代后的世界环境的剧变。创新管理的提出，也恰恰反映了这一时代的历史背景。由于科学技术迅猛发展，社会经济活动空前活跃，市场需求瞬息万变，社会关系也日益复杂，每位管理者每天都会遇到新情况、新问题。如果因循守旧、墨守成规，就无法应对新形势的挑战，也就无法完成肩负的任务。管理者获得成功的关键就在于创新。要完成任何一项事业都要敢于走新的路，开辟新的天地。所以，创新自然而然成为管理学研究的重点内容。

人类的社会经济活动可分为两大类：日常运营活动与创新活动。日常运营活动是在相对封闭和确定的环境下所开展的重复性的、周而复始的、持续性的活动或工作。例如，企业定型产品的生产与销售，铁路与公路客运系统的经营与运行，影院与宾馆的日常营业，政府的日常办公等。创新活动是在相对开放和不确定的环境下开展的独特性、一次性活动或工作。企业日常生产经营一种产品或服务的工作内容多数时间是相同的，很少有创新的成分；而企业新产品的研究与开发项目的工作多数是不同的，基本上都是创新性的工作。

不仅日常运营活动需要进行计划、组织、领导和控制，创新活动也要进行计划、组织、领导和控制。日常运营活动、创新活动和四大管理职能之间的关系，如图 1.2 所示。

五、信息化社会的管理

随着新世纪的到来，中国城市和农村逐渐进入信息化社会。信息化是在现代通信技术、计算机技术和数字化技术等先进技术的基础上产生的。信息化是指培养、发展以计算机为主的智能化工具为代表的新生产力，并使之造福于社会的历史过程。信息化管理是以信息化带动工业化，实现企业管理现代化的过程，它是将现代信息技术与先进的管理理念相融合，转变企业生产方式、经营方式、业务流程、传统管理方式和组织方式，重新整合企业内外部资源，提高企业效率和效益、增强企业竞争力的过程。信息化社会是人类社会进步发展到一定阶段所产生的一个新阶段。信息化社会的管理体现了当代管理学的新发展。

六、本书的内容

本书将管理学的内容分为 8 篇，分别为总论、决策、计划、组织、领导、控制、创新和信息化，结构如图 1.3 所示。

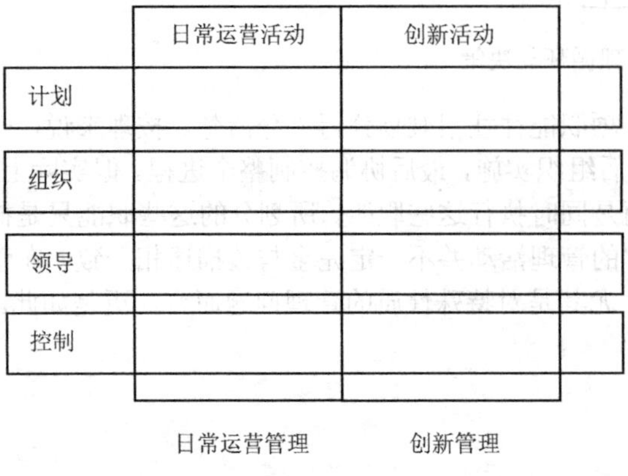

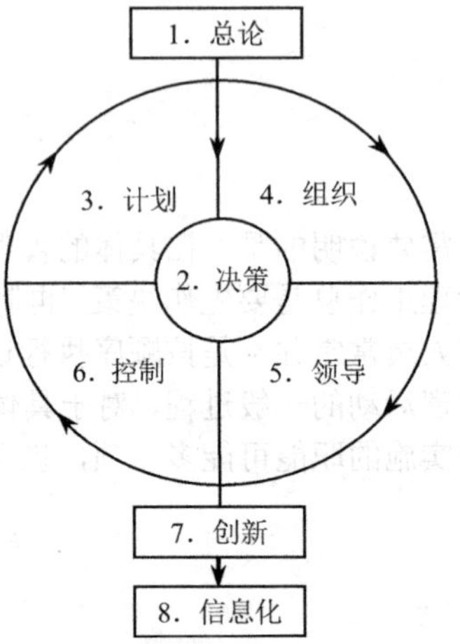

图 1.3　管理学内容结构

图 1.2　日常运营活动、创新活动和四大管理职能之间的关系

总论是全书的统领，在总论篇中笔者对管理与管理学进行了介绍，回顾了管理学发展的历程，并将管理道德与企业文化作为较为重要的内容进行讲解。除总论之外的 7 篇内容的关系可以概括如下：

- 决策理论是管理学研究的核心。
- 管理的 4 项职能，即计划、组织、领导和控制是管理学研究对象的主体内容。
- 创新是当前管理学研究的重点内容。
- 信息化社会的管理体现了当代管理学的新发展。

教学互动

选择题：计划与哪项管理职能是一对孪生兄弟，标志着一轮管理过程的开始和结束？（　　）

A．计划　　B．组织　　C．领导　　D．控制

知识点四　管理者的角色

案例导入：李莉扮演的角色

李莉是某市有名的女强人，典型的职业女性，今年 46 岁，担任某宾馆的总经理已经 10 年了，在此期间，她曾 4 次被评为全省"三八红旗手"，多次被评为省级劳动模范。该宾馆为商务和旅游旅行者提供高质量的旅馆服务，现拥有 150 名员工，4 个部门，每年上缴国家利税 2 000 多万元。

李莉信奉"业精于勤"这 4 个字。2015 年 3 月 12 日，她早上 5:00 起床，穿衣，洗脸，化妆，吃饭。5:30 上路，16 分钟后到达办公室。坐下后开始浏览报纸，当天的日程已经安排好了：6:00 准时召开高层领导班子碰头会；上午视察第三分部；下午写一篇 10 分钟的演讲稿，以便在明天的旅游业协会上致辞。

5:58，原定高层领导班子碰头会的时间到了。会议的议题是由运营副总经理汇报全面质量管理（Total Quality Management，TQM）计划的进展情况；讨论年度资金预算情况；解决第二分部春节期间由于供热系统出现问题而引起的顾客投诉；针对今年的"五一黄金周"如何做广告来提高宾馆的收入。李莉对会议的内容和结果基本满意，因为大家发言踊跃，对备选的解决方案准备得都很充分。会议用了 1 小时 20 分钟。

7:30，早操、早歌时间。"一日之计在于晨"，李莉认为这是企业文化的一项重要内容，早操锻炼身体、早歌凝聚人心。10 年来，她基本上就是利用这个时间和这种形式激励员工的，使每位员工一天都有好心情和奋斗力。她也以身作则，带领大家不断向前进步。

7:50，李莉坐上了前往第三分部的汽车。虽然总部有计算机决策支持系统，可以帮助她根据各分部的入住率、客户投诉次数和其他服务质量指标来评估业绩，并能够在出现问题时做出快速的反应，但她仍然坚持每月一次的实地考察。她说："走动管理至少有 3 个好处，一是可以直接获得计算机不能提供的、更可靠的信息，有时这些信息非常重要；二是可以激

励员工，振奋人心；三是可以拉近与顾客的距离，使我更加准确地知道他们想要什么样的服务。”

8:40，到达目的地。她走访了每位员工及一些顾客，与他们进行了亲切的交谈，对于他们提出的问题，都记录在笔记本上，以备改进。后来又察看了分部的每处地方，如餐厅、游艺厅等。

11:30，视察结束，吃完简单的工作午餐后，于13:00回到办公室。铺开稿纸，准备写演讲稿。

13:30，秘书进来告诉她说某装饰公司的胡经理来了。李莉想公司是胡经理的老客户，以前胡经理对公司非常优惠，装修质量也不错，但最近装饰材料价格上涨，公司若按以前的报价，胡经理肯定不会承揽即将进行的总部翻新工程。翻新工程不大不小，领导班子决定预算在30万元，假如胡经理不同意这个价格，公司将在全市公开招标，她知道毕竟他们也不想失去老客户。

15:00，送走胡经理后，李莉的注意力又回到了演讲稿上。

16:00，演讲稿完成。

李莉喜欢像今天这样紧张而有序的日子，她觉得这样才过得充实、有意义。每当总结一天的情况，进而看到公司在不断发展壮大时，李莉浑身的疲惫就会烟消云散，取而代之的是全身的兴奋和喜悦之情。

请问：李莉在这一天中都扮演了什么角色?

案例解析

案例中的李莉在一天的活动中通过扮演以下角色来履行管理职能。

5:46，到达办公室后开始浏览报纸——监督者角色。

6:00，召开高层领导班子碰头会——传播者角色。

7:30，参加公司的早操、早歌——领导者角色。

7:50，坐上前往第三分部的汽车，进行实地考察，获取信息、激励员工、拉近与顾客的距离——监督者角色、领导者角色和联络者角色。

13:00，准备演讲稿——发言人角色。

13:30，接见某装饰公司的胡经理——代表人、谈判者角色。

管理者合格与否在很大程度上取决于前面所述的5种管理职能的履行情况。为了有效地履行各种职能，管理者必须明确以下两点：① 自己要扮演哪些角色? ② 在扮演这些角色的过程中，自己需要具备哪些素质和技能?

根据亨利·明茨伯格的一项被广为引用的研究，管理者扮演着10种角色：代表者、领导者、联络者、信息监督者、信息传播者、发言人、企业家、干扰应对者、资源分配者和谈判者。这10种角色可被归入三大类：人际角色、信息角色和决策角色。

一、人际角色

明茨伯格所确定的第一类角色是人际角色。人际角色直接产生于管理者的正式权力基础，管理者在处理与组织成员和其他利益相关者的关系时，扮演人际角色。管理者所扮演的3种人际角色是代表人角色、领导者角色和联络者角色。

1）代表人角色。作为管理者须行使一些具有礼仪性质的职责。例如，管理者有时必须出现在社区的集会上，参加社会活动或宴请重要客户等。在这样做时，管理者行使着代表人的角色。

2）领导者角色。由于管理者对所在单位的成败肩负重要责任，他们必须在工作小组内扮演领导者角色。对这种角色而言，管理者和员工一起工作并通过员工的努力来确保组织目标的实现。

3）联络者角色。管理者须扮演组织联络者的角色。管理者无论是在和组织内的个人或工作小组一起工作时，还是在建立和外部利益相关者的良好关系时，都起着联络者的作用。管理者必须对重要的组织问题有敏锐的洞察力，从而能够在组织内外建立关系和网络。

二、信息角色

明茨伯格所确定的第二类管理者角色是信息角色。在信息角色中，管理者负责确保和其一起工作的人具有足够的信息，从而能够顺利完成工作。由管理责任的性质决定，管理者既是所在单位的信息传递中心，也是组织内其他工作小组的信息传递渠道。整个组织的人依赖于管理结构和管理者以获取或传递必要的信息，以便完成工作。信息角色中包括监督者、传播者和发言人 3 种角色。

1）监督者。管理者须扮演的一种信息角色是监督者角色。作为监督者，管理者持续关注组织内外环境的变化以获取对组织有用的信息。管理者通过接触下属来收集信息，并且从个人关系网中获取对方主动提供的信息。根据这种信息，管理者可以识别工作小组和组织的潜在机会和威胁。

2）传播者。在作为传播者的角色中，管理者把他们作为信息监督者所获取的大量信息分配出去。作为传播者，管理者把重要信息传递给工作小组成员。管理者有时也向工作小组隐藏特定的信息。更重要的是，管理者必须保证员工拥有必要的信息，以便切实有效地完成工作。

3）发言人。管理者所扮演的最后一种信息角色是发言人角色。管理者须把信息传递给单位或组织以外的个人。例如，必须向董事和股东说明组织的财务状况和战略方向，必须向消费者保证组织在切实履行社会义务，以及必须让政府官员对组织的遵守法律感到满意。

三、决策角色

管理者也起着决策者的作用。在决策角色中，管理者处理信息并得出结论。如果信息不用于组织的决策，这种信息就丧失其应有的价值。管理者负责做出组织的决策，使工作小组按照既定的路线行事，并分配资源以保证小组计划的实施。决策角色包括企业家、干扰应对者、资源分配者和谈判者 4 种角色。

1）企业家。在前述的监督者角色中，管理者密切关注组织内外环境的变化和事态的发展，以便发现机会。作为企业家，管理者对所发现的机会进行投资以利用这种机会，如开发新产品、提供新服务或发明新工艺等。

2）干扰应对者。一个组织不论被管理得多么好，在运行的过程中，总会遇到或多或少的冲突或问题。管理者必须善于处理冲突或解决问题，如平息客户的怒气，同不合作的供应商进行谈判，或者对员工之间的争端进行调解等。

3）资源分配者。作为资源分配者，管理者决定组织资源用于哪些项目。尽管人们一想起资源，就会想起财力资源或设备，但其他类型的重要资源也被分配给项目。例如，对管理者的时间来说，当管理者选择把时间花在这个项目而不是那个项目上时，实际上是在分配一种资源。

除时间以外，信息也是一种重要资源，管理者是否在信息获取上为他人提供便利，通常决定着项目的成败。

4）谈判者。对所有层次管理工作的研究表明，管理者把大量的时间花费在谈判上。管理者的谈判对象包括员工、供应商、客户和其他工作小组。无论是何种工作小组，其管理者都要进行必要的谈判工作，以确保小组朝着组织目标迈进。

管理者要扮演好人际关系角色，就要具备一定的责任感和人格魅力，要注意形象、善于沟通。管理者要扮演好信息角色，就要思维敏锐，要善于捕捉信息，表达能力要强。管理者要扮演好决策角色，就要善于放权，要有远见，能够自我控制，临危不乱，当然也要善于沟通。

知识点五 管理者的技能

案例导入：小郭的成长

学工商管理专业的小郭大学毕业就到某机电公司工作，公司给他安排的工作是液压装配车间主任助理，负责车间的质检和监督工作。由于对液压装配所知甚少，在管理上也没有实际经验，所以他感到几乎每天都手忙脚乱。可是他非常认真好学，一方面，他仔细参阅部门配发的工作手册，并努力向书本、向工人师傅们学习有关的技术知识；另一方面，车间主任也对他主动指点，使他逐渐摆脱困境，迅速胜任了工作。经过半年多的努力，他已有能力独担液压装配的车间主任工作。可是，当时公司并没有提升他为车间主任，而是在他工作刚满 8 个月时直接提拔为装备部经理，负责包括液压装配在内的 4 个装配车间的领导工作。

担任车间主任助理时，他主要关心的是每天的作业管理，技术性很强；而担任装配部经理时，他发现自己不能只关心当天的装配工作状况，还要做出此后数周乃至数月的规划，完成许多报告和参加许多会议，协调处理 4 个装配车间之间的关系。他没有多少时间去从事他过去喜欢的技术工作。当上装配部经理后不久，他就发现原有的装配工作手册已基本过时了，因为公司又安装了许多新的设备，引入了一些新的技术，于是，他又花了大量时间去修订工作手册，使之符合实际。在往后的工作中，他发现，仅靠个人力量是不够的，因为车间的工艺设备经常更新，于是他开始把一些工作交给助手去做，教他们如何去完成，这样他可以腾出更多的时间用于规划工作和帮助他的下属把工作做得更好，自己也可以花更多的时间去参加会议、批准报告和完成向上级的工作报告。

两年后，公司决定任命小郭为总裁助理，这是一个高级职务。他知道，职位的提升意味着对自己的能力提出了更高的要求，他不禁担忧起来，自己的未来究竟会如何?

请问：小郭职务的变化对其管理技能的要求发生了怎样的变化？总裁助理对小郭的哪些能力提出了更高的要求?

案例解析

小郭在担任液压装配车间主任助理时技术技能对他最为重要，人际技能也起到了很重要的作用，车间主任帮助小郭学习技术，使之迅速胜任了工作。担任装配部经理时对技术技能的重要程度减弱，而人际技能（需要进行协调工作，培训助手等）和概念技能（需要制订计划，修订工作手册）变得更加重要了。小郭要担任总裁助理，就需要小郭有更加宽广的视野，要了解企业内部和外部的情况，要能够协助总裁做出正确的决策，还要具备更强的沟通协调能力，所以，对概念技能的要求进一步提高了，而技术技能的重要性却降低了。

根据罗伯特·孔茨的研究，管理者要具备3类技能。管理者在行使5种管理职能和扮演3类角色时，必须具备这3类技能。

一、技术技能

技术技能是指“运用管理者所监督的专业领域中的过程、惯例、技术和工具的能力”。例如，监督会计人员的管理者必须懂会计。尽管管理者未必是技术专家，但他必须具备足够的技术知识和技能以便卓有成效地指导员工、组织任务、把工作小组的需要传达给其他小组，以及解决问题。

技术技能对于基层管理最重要，对于中层管理较重要，对于高层管理较不重要。在现实工作中，由于高层领导并不要求精湛的技术技能，所以在具体工作中要虚心向基层的员工请教，不然往往出现严重的后果。

二、人际技能

人际技能（有时也称人际关系技能）是指“成功地与别人打交道并与别人沟通的能力”。人际技能包括对下属的领导能力和处理不同小组之间的关系的能力。管理者必须能够理解个人和小组，知道如何与人和小组共事，以及同个人和小组处理好关系，以便树立团队精神。管理者作为小组中的一员，其工作能力取决于人际技能。

三、概念技能

概念技能是指“把观点设想出来并加以处理及将关系抽象化的精神能力”。具有概念技能的管理者往往把组织视作一个整体，并且了解组织各个部分的相互关系。具有概念技能的管理者能够准确把握工作单位之间、个人之间及工作单位和个人之间的相互关系，深刻了解组织中任何行动的后果，以及正确行使5种管理职能。很强的概念技能为管理者识别问题的存在、拟订可供选择的解决方案、挑选最好的方案并付诸实施提供了便利。

概念技能对于高层管理最重要，对于中层管理较重要，对于基层管理较不重要。

在现实工作中人们会发现，有些业务骨干被提拔为管理者之后业绩并不好，这可能是因为他们没有适应高层岗位的技能需要。

知识点六　管理的二重性

案例导入：“红包”风波

20世纪80年代，某国有企业为了学习国外先进的管理方法，打破“吃大锅饭”的现象，单位领导在发年终奖时，采用发红包的形式。红包是员工从财务处领取的一笔奖金，它是根据一年中员工的出勤情况和工作业绩来发放的。单位在发放红包时要求员工不得相互询问对方的奖金。这种方法在国外很盛行，但事与愿违，单位采用这种模糊的奖金方式却引来员工的议论纷纷，并表示对这种红包制度非常不满。

请问：为什么在国外盛行的红包制度在该企业行不通？请用管理的性质来分析这一现象。

案例解析

这个案例说明了管理的二重性——管理既具有科学性又具有艺术性。

管理的社会属性说明在不同的生产关系下管理的方式应该有所不同。在国外私有制企业中生产资料归企业所有者，发红包体现的是老板与雇员的关系。在全民所有制的国有企业，生产资料归国家代表的全体人民所有，员工认为自己是企业的主人，因此，由领导发红包在20世纪80年代还没有被国有企业员工所接受。

这个案例同时也说明了管理学的艺术性，即进行管理要根据客观情况、实事求是、因地制宜，根据不同的环境灵活地制订不同的管理方案，而不能照搬照抄、盲目地模仿国外企业的管理方法。

一、管理的科学性

管理学既具有科学性特征又具有艺术性特征。科学是反映自然、社会和思维等客观规律的分科的知识体系。管理是一门科学，因为管理是由一系列概念、原理、原则和方法构成的知识体系，是有规律可循的。因此，管理的科学性是指管理反映了管理活动自身的特点和客观规律性。管理的科学性强调管理是具有特定规律的完整的知识体系。

就管理职能本身而言，由于社会的进化，人类分工的发展，早在原始社会就已经有专门从事管理职能的人从一般社会劳动过程中分离出来，就如同有人专门从事围猎，有人专门从事捕鱼，有人专门从事耕种一样。据保守的估计，全体就业人员中，至少有30%～40%的人专门从事各类管理工作，他们的职能就是协调人们的活动，而不是直接从事物质、服务产品或精神产品的生产。因此，管理具有科学性这一观点已经被广泛接受，并且在管理实践的基础上，管理学科已经形成一整套理论体系，可以反过来指导人们的管理活动。

二、管理的艺术性

管理学是一种艺术，因为管理知识的运用具有较强的技巧性和灵活性，管理实践具有创造性。管理的主要对象是人，人是世间最具有主观能动性的群体，行为各异，目标不同，性格各有特点。管理也是在一定的环境中进行的，在不同的环境中，用人、领导、人际关系、沟通和时间运用等都更倾向于艺术性。管理的艺术性更强调管理实践的创造性。认识管理学的艺术性的意义在于，可以更清晰地认识到管理同时也是一种艺术，是一种创造性的实践活动。管理是没有模式可循的，并不是系统地掌握了管理学的知识，就可以成为一个有效的管理者。

从管理的科学性与艺术性可知，有效的管理艺术虽然以对管理理论的理解为基础，但是学习管理一定不能仅局限于课本和课堂，因为管理的艺术性决定了管理必须通过实践才能取得成效。因此，必须不断地将课堂中学到的管理原理应用于实际，或是带着实际问题来学习管理学。管理的科学性与艺术性二者并非互相排斥，而是互相补充的关系。

知识点七　管理学的演进

案例导入：先有人走才有路

世界著名建筑大师格罗培斯设计的迪士尼乐园，经过3年的施工，即将对外开放了，然而各景点之间的道路该怎样连接还没有具体的方案。施工部打电话给正在法国参加庆典的格罗培斯大师，催促他赶快定稿，以便按计划竣工和开放。

格罗培斯大师从事建筑研究 40 多年，攻克过无数建筑方面的难题，在世界各地留下了 70 多处精美的杰作。然而，建筑工作中最微不足道的一点小事——路径设计却让他大伤脑筋。对迪士尼乐园各景点之间的道路安排，他已修改了 50 多次，没有一次是让他满意的。

经过反复思索，他终于想到了一个办法。他给施工部发了一封电报：撒上草种开放。施工部按要求在乐园中撒了草种，没多久，小草出来了，整个乐园的空地都被绿草覆盖上了。在迪士尼提前开放的半年里，草地被踩出的小道有窄有宽，优雅自然。第二年，格罗培斯让人按这些踩出的痕迹铺设了人行道。1971 年在伦敦国际园林建筑艺术研讨会上，迪士尼乐园的路径设计被评为世界最佳设计。

当人们问他，为什么会采取这样的方式设计迪士尼乐园的道路时，格罗培斯说了一句话：艺术是人性化的最高体现。最人性的，就是最好的。

请问：这个案例对学习管理思想的演进有什么启发呢？

案例解析

其实地上本没有路，走的人多了，也便成了路。思想、原理和理论都是实践的总结，若要形成有用的理论，必然先有实践。就像要得到好的路径设计，先要种上草让人们去踩。管理学思想也来源于实践，有了实践，经过总结形成思想，多种思想经过系统化再形成理论，理论又被人们用于实践。管理学的理论就是在实践—理论—实践的螺旋式上升的过程中不断深化演进并为人们所接受的。

一、管理学来源于实践

管理知识总体来讲是源于经验的，这个经验包括直接经验和间接经验。直接经验是主管人员在亲身的管理实践中获得的，而间接经验则是通过各种方式学习他人的经验获得的。在人类发展史上，人们通过管理实践总结了丰富的管理理论，形成了较为完整的管理思想体系。人类的历史也是一部管理思想发展的历史。

从历史上看，管理与人类社会几乎同时产生。自从有了人类社会，人们的社会生活就离不开管理，所以管理的实践很早就出现了。而在有了人们的实践之后，才有人对这些实践活动，包括政治的、知识的、经济的、文化的或宗教的活动加以研究和探索。经过长期的积累和总结，人们对管理实践有了初步的认识和见解，从而开始形成管理思想。随着社会的发展，科学技术的进步，人们又对管理思想加以进一步的总结，提出管理中带有规律性的东西，并将其作为一种假设，结合科学技术的发展，在管理实践中进行验证，进而对验证结果加以分析研究，从中提炼出属于管理活动普遍原理的东西。对这些原理的抽象综合，就形成了管理的基本理论。这些理论又被人们应用到管理实践中，指导管理活动的进行，同时又进一步对这些理论进行实践验证，这就是管理学的整个形成过程，也就是从实践到思想再到理论，然后又将理论应用于实践。

图 1.4 描述了管理实践或活动—管理思想—管理理论这一发展过程，它符合认识论的普遍规律，也显示了管理作为一门科学所具有的一套科学方法论。更重要的是使人们认识到，管理理论的形成与管理的实践活动是紧密相连的，管理理论的形成与发展是在前人的管理实践的基础上才得以实现的，而绝不是无本之木、无源之水。

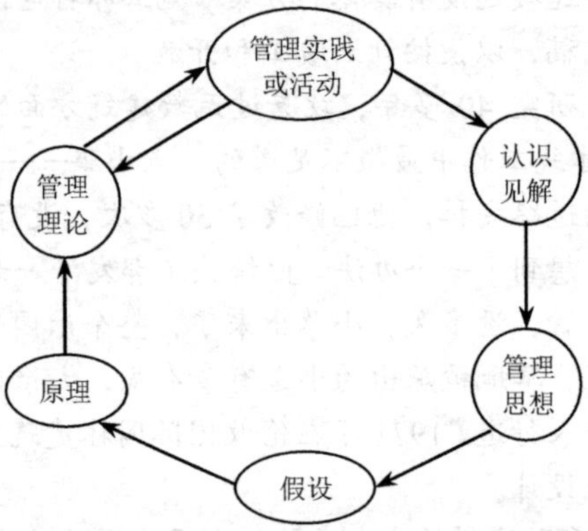

图 1.4　管理实践或活动、管理思想和管理理论的相互关系

二、管理学的发展阶段

将管理学形成过程中人类社会发展的不同阶段加以比较和归纳，就可以比较全面地表示出管理学的形成过程。

1．早期管理实践与管理思想的萌芽阶段

早期管理实践阶段就是指从人类社会产生，人们结成了一定的社会关系，有了集体劳动的分工、协作开始，到 18 世纪这一历史阶段。这一阶段人类不仅仅为了谋求生存而进行各种活动，还进行着管理活动和管理实践，其范围是极其广泛的。但是从未对管理活动本身的重要性和必要性加以认识，提出某些见解。仅有的管理知识是代代相传或从实践经验中得来的，人们凭经验中去管理，尚未对经验进行科学的抽象。

管理思想的萌芽阶段是从 18 世纪到 19 世纪末这一历史阶段。这一时期人们逐渐地观察各种管理实践活动，对管理活动在社会中所起的作用产生了一定的认识。在军事、经济、政治和行政等某些领域或某些环节，提出了某些见解。但这一切都停留在一个较低的水平上，还没有进一步系统地、全面地加以研究，因而人们对它的认识仅散见于一些历史学、哲学、社会学、经济学和军事学等著作之中，只有一些对管理零碎的研究。这就说明 19 世纪以前还没有形成一套比较完整的管理理论体系。

2．古典管理理论的诞生

古典管理理论诞生于 19 世纪末到 20 世纪初。这一时期随着生产力的高度发展和科学技术的飞跃进步，经过管理学者们的不断研究、观察，甚至亲自实践，对管理的科学认识不断丰富和具体，从而对其进行概括和抽象，这才逐渐形成管理理论，管理作为一门科学才真正蓬勃地兴起。

科学管理拉开了管理运动的序幕，使管理成为一门专门的学科。一般管理理论紧随其后，奠定了管理学的基础。行政组织理论使管理学在组织方面有了进一步的发展。

3．新古典管理理论的诞生

新古典管理理论诞生于 20 世纪初到第二次世界大战结束前。这一时期的管理理论在古典管理理论的基础上更加重视管理中人的因素的作用，在管理心理学方面有了长足进步，由此产生的管理措施更加人性化。

人际关系学说弥补了科学管理在管理人性化方面的不足，迈出了重要的一步。行为科学学

派继人际关系学说之后，更加关注管理中人的心理因素的作用。自觉协作系统理论认为，组织是有意识地协调两个以上的人的活动的一个体系，强调个人必须自觉地进行协作，组织才能有效。它弥补了行政组织理论的缺陷。

4. 现代管理学理论的新发展

从第二次世界大战到 21 世纪初，科学技术日新月异，生产力迅速发展，生产和组织规模急剧扩大，生产社会化程度大大提高。伴随着管理理念和生产工具的进步，管理学理论有了快速发展，新的管理学理论层出不穷。

在第二次世界大战期间，运用数学和统计的方法来解决军事方面的问题得到了迅速的发展。这导致了管理科学学派的诞生。管理科学学派强调使用数学方法，借助计算机来解决管理中的问题。决策理论学派力图在管理领域寻找一套科学的决策方法，以便对复杂的方案进行选择。权变管理理论强调在管理中要根据组织所处的内外部条件随机应变，针对不同的具体条件寻求最合适的管理模式、方案或方法。战略管理理论强调管理者要综合分析组织内部的优势和劣势、机会和威胁，创造性地进行战略思考，以适应不断变化的环境。知识管理学派大大促进现代组织的学习和创新。

复习思考题

1. 人类活动的特点是什么？为什么管理实践与人类历史同样悠久？
2. 何谓管理？管理的基本特征是什么？
3. 管理活动具有哪些基本职能？它们之间的关系是什么？
4. 一个有效的管理者需要扮演哪些角色？需要具备哪些素质和技能？
5. 分析管理二重性的基本内容。
6. 管理学来源于什么，管理学的演进分为哪几个阶段？

知识自测题

（一）单项选择题

1. 通常认为，管理首要的职能是（ ）。
   A. 计划　B. 组织　C. 领导　D. 控制
2. 管理者应具备的最基本的技能中，对各层次的管理者几乎同等重要的是（ ）。
   A. 技术技能　B. 人际技能　C. 概念技能　D. 业务技能
3. 管理者应具备的最基本的技能中，对基层管理者显得尤为重要的是（ ）。
   A. 技术技能　B. 人际技能　C. 概念技能　D. 领导技能
4. 管理者应具备的最基本的技能中，对高层管理者显得尤为重要的是（ ）。
   A. 技术技能　B. 人际技能　C. 概念技能　D. 领导技能
5. 财务部经理审查财务报表的能力属于（ ）。
   A. 技术技能　B. 人际技能　C. 概念技能　D. 分析技能
6. 营销人员的营销策划能力属于（ ）。
   A. 技术技能　B. 人际技能　C. 概念技能　D. 分析技能
7. 当人们组成一个组织之后，组织中的活动基本上就可分为（ ）。

A. 计划和控制　　B. 计划和组织　　C. 领导和管理　　D. 作业和管理

8. 对管理者来讲，在工作中运用具体的专业知识、工具或技巧的能力是（　）。

A. 技术技能　　B. 人际技能　　C. 概念技能　　D. 分析技能

9. 对管理者来讲，成功地与别人打交道并与别人进行沟通合作的能力是（　）。

A. 技术技能　　B. 人际技能　　C. 概念技能　　D. 分析技能

10. 对管理者来讲，对事物进行全局分析、判断、洞察和概括的能力是（　）。

A. 技术技能　　B. 人际技能　　C. 概念技能　　D. 决策技能

11. 员工因公出差，必须先由直接主管签字，再由财务主管签字后方能到财务室报账。这属于管理的哪一项职能？（　）

A. 计划　　B. 组织　　C. 控制　　D. 领导

12. “凡事预则立，不预则废”反映了管理的哪一职能？（　）。

A. 计划　　B. 领导　　C. 组织　　D. 控制

（二）多项选择题

1. 以下属于管理客体的有（　）。

A. 人　　B. 财　　C. 信息　　D. 时间

2. 管理者应具备的最基本的3种技能指的是（　）。

A. 技术技能　　B. 人际技能　　C. 概念技能　　D. 领导技能

3. 以下对管理描述正确的有（　）。

A. 管理的目的是管好人　　B. 管理的目的是实现组织的目标

C. 管理的对象主要是人　　D. 管理的对象不仅仅是人

4. 相对于高层管理者，四大职能中，基层管理者较为关注的是（　）。

A. 计划　　B. 组织　　C. 领导　　D. 控制

5. 王芳的半天：早上7:30，进入办公室，开始浏览当天的报纸；8:00参加公司的早操、早歌；8:30召开高层领导碰头会；9:30前往高新区管委会商谈一合作项目；12:00谈判结束。王芳在这半天时间里主要扮演了（　）角色。

A. 监督者　　B. 传播者　　C. 领导者　　D. 谈判者

第二章

管理道德与文化

组织具有人格化的特征，在管理当中要体现道德。管理道德水平的高低直接影响组织向更高层次发展的能力。符合管理道德的理念和行为会经得起时间的考验，有利于组织的长远发展；反过来，违反管理道德的行为，即使能获得眼前利益，迟早会使企业陷入恶性循环，最终得不偿失。

任何组织在追求自身的生存与发展的同时，要考虑社会责任，要承担对员工、社会和环境的责任，包括遵守商业道德、生产安全、职业健康、保护劳动者的合法权益和节约资源等。

一个基业常青的企业必然有着深厚的企业文化，企业文化是一种软实力。文化是一个复杂的总体，包括知识、信仰、艺术、道德、法律、风俗，以及人类在社会里所取得的一切能力与习惯。企业文化是企业的灵魂，是推动企业发展的不竭动力。

教学目标

知识点	学习要求	知识分阶
知识点一　管理道德与社会责任	掌握	必修
知识点二　企业文化	掌握	必修

学习重点

- 管理道德的内容
- 提高管理道德的途径
- 组织社会责任的定义与内容
- 组织文化的概念

知识点一　管理道德与社会责任

案例导入：三鹿问题奶粉事件

2007年12月7日，石家庄三鹿集团股份有限公司（以下简称"三鹿集团"）接到一名汕头消费者的投诉，反映其双胞胎婴幼儿食用三鹿牌婴幼儿奶粉后，使用的"尿不湿"上有红色沉淀物。2008年1～3月，三鹿集团又陆续接到安阳、太原和温州等地7例婴幼儿尿液变色、尿液中有颗粒等消费者投诉。4～5月，全国各地因食用三鹿牌婴幼儿奶粉导致的投诉病例越来越多，兰州、徐州和郑州等地相继出现了72例肾结石患儿。对此，国内外媒体纷纷进行报道。8月1日，河北省出入境检验检疫局技术中心从三鹿集团送检的16个问题奶粉样品中检出15个样品中含三聚氰胺。但三鹿集团并未就此停止生产和销售。

8月2日，三鹿集团直接向市政府领导个人呈报了《关于消费者食用三鹿部分婴幼儿奶粉出现肾结石等症状的请示》（以下简称《请示》），称："经我公司初步分析，三聚氰胺的来源可能是原料奶中被不法奶户非法添加所致。""为了奶制品业的健康发展，保护广大守法奶农的利益，致力于产品质量的提升和企业发展，为此恳请：① 政府有关职能部门严查原料奶质量，对投放三聚氰胺等有害物质的犯罪分子采取法律措施。② 加强对媒体的管控和协调，给企业召回存在问题产品创造一个良好的环境，避免宣传炒作此事给社会造成一系列的负面影响。"接到《请示》后，市政府有关领导提出了具体处理意见，要求有关部门尽快查明原因，确定事故性质，做好妥善处置。同时，成立了市直有关部门和三鹿集团组成的联合调查组，8月2日下午调查组即进入企业开展调查。9月5日，调查组根据掌握的情况经分析认为，既然在三鹿收购的原奶、奶粉和患者的尿液、结石中均检出了三聚氰胺成分，就可以初步判断，造成婴幼儿患病的原因，可能与三鹿牌婴幼儿配方奶粉中掺入的三聚氰胺有关。随后调查组向市政府领导进行了汇报。9月9日，市政府向省政府正式上报了《关于三鹿集团公司婴幼儿奶粉有关情况的汇报》。接到汇报后，省委、省政府立即组成联合调查组，进驻三鹿集团展开调查。在事故原因初步查明后，当即向国务院进行了报告，国务院领导立即做出重要批示并启动重大食品安全事件1级预案。

"三鹿问题奶粉"事件造成的后果和影响是极为严重的：① 数以万计的婴幼儿生命健康受到严重威胁。截至2008年10月22日，全国因食用三鹿牌奶粉和其他个别问题奶粉住院治疗的婴幼儿累计50 371人。② 以养奶牛为主业的奶农受到沉重打击。因原奶收购市场急剧萎缩，很多鲜奶兜售无门只能往沟里倒，经营一度陷入困境。③ 奶制品业及其关联企业遭受重创。因民众对奶制品业不信任，导致大量奶制品滞销。④ 三鹿奶粉作为国家免检产品出现问题，使得公众对免检产品的信赖程度大打折扣，导致政府公信力降低。⑤ 国家形象受到严重影响。三鹿事件后，一些国家纷纷停止进口中国奶制品，并对中国食品安全问题提出质疑。"三鹿问题奶粉"事件造成了严重的社会后果和恶劣影响，教训极其惨痛。

请问：三鹿问题奶粉事件说明了什么问题？

案例解析

三鹿问题奶粉事件说明，管理道德的沦丧和社会责任感的缺失会使企业失去信誉，企业也因此由强转弱，由盛转衰。从这个案例可以看到，三鹿集团首先没有承担起对消费者和政府的责任，没有把好产品质量关，进而由于经营的恶化引起的连锁反应导致企业无法负担对于供应者，职工和投资人等的责任，企业不仅是一个技术经济实体，更承担着至关重要的社会责任。企业要基业常青必须树立高尚的道德准则和强烈的社会责任感。此案例同时也揭示出企业需要严格的内部控制制度，方能成为一个负责任的公司。因此，管理者的道德和社会责任问题也就成了管理学研究的一个重要课题。

一、道德与管理道德

道德是社会依靠人们内心信念、传统习惯和社会舆论维系的，以善恶为评价标尺，调整人们关系的行为规范的总和。一般来说，道德是社会基本价值观一个约定俗成的表现，人们一般都会根据自己对社会现象的理解、社会认同的形态，形成与社会大多数人认同的道德观。大多数人能够知道该做什么、不该做什么，哪些是道德的、哪些是不道德的。

道德一般可分为社会公德、家庭美德和职业道德 3 类。其中，职业道德是同人们的职业活动紧密联系的、符合职业特点所要求的道德准则、道德情操与道德品质的总和，是从事一定职业的人在职业劳动和工作过程中应遵守的与其职业活动相适应的行为规范。

管理道德作为一种特殊的职业道德，是人们在参与管理活动中以一定的社会道德原则和基本规范为指导而提升、概括出来的管理行为的规范，是从事管理工作的管理者的行为准则与规范的总和。对管理者自身而言，可以说是管理者的立身之本、行为之基和发展之源；对企业而言，是对企业进行管理的价值导向，是企业健康和持续发展的保障。

二、管理道德的内容

1．管理目标的道德

组织管理者的思想道德水平直接关系管理水平的高低和管理目标的实现。组织者在制定目标时，不仅要考虑目标的可行性，而且要考虑管理目标的道德性，才能使管理目标成为有效的目标。

2．管理手段的道德

任何组织管理目标的实现，都要通过一定的手段。手段是为实现一定目的或目标而采取的一定途径、方法、办法和策略的总和。管理者所选择的手段是否道德，会直接影响管理目标的实现。

3．人际关系管理的道德

一定社会的人际关系管理，除受社会性质决定之外，还受血缘、地缘和业缘等因素的影响，从而造成管理的复杂性和管理层次的多样性。在这种情况下，通过道德来规范人们的交往关系，使人们的人际关系沿着平等、和睦、协调和有序的健康方向发展，就成为管理道德建设中的一项重要内容。

4．人事管理的道德

中国自古以来一直流传着“人存政存，人亡政息”，“天下治乱，往往系于用人”的说法。这种说法包含着较为深刻的道理。用人制度更应该重视德的要求，坚持“德才兼备”和“知人善用”的用人原则，反对“任人唯亲”、“以权谋私”的做法。

5．财物管理的道德

物资钱财是实现组织管理目标的物质基础。物资钱财总是要交给组织机构的人员去掌握和运用的。财物管理人员的道德素质越高，财物管理的道德风险就越低。如果管钱管物的人对于“君子爱财，取之有道”、“非我之物勿用”等最基本的道德意识都没有，必然会利欲熏心、贪污挪用、化公为私，从而动摇和削弱组织管理的物质基础。

三、企业的社会责任

企业社会责任是指企业在其商业运作中对其利害关系人应负的责任。企业社会责任的概念基于商业运作必须符合可持续发展的想法，企业除了考虑自身的财政和经营状况外，也要加入其对社会和自然环境所造成影响的考量。

利害关系人是指所有可以影响或会被企业的决策和行动所影响的个体或群体，包括员工、顾客、供应商、社区团体、母公司或附属公司、合作伙伴、投资者和股东。有学者将企业的社会责任的内容做了如下概括和归纳。

1）对股东：证券价格的上升，股息的分配（数量和时间）。

2）对职工或工会：相当的收入水平，工作的稳定性，良好的工作环境，提升的机会。

3）对政府：对政府号召和政策的支持，遵守法律和规定。

4）对供应者：保证付款的时间。

5）对债权人：对合同条款的遵守，保持值得信赖的程度。

6）对消费者/代理商：保证商品的价值（产品价格与质量、性能和服务的关系），产品或服务的方便程度。

7）对所处的社区：对环境保护的贡献，对社会发展的贡献（税收、捐献、直接参加），对解决社会问题的贡献。

8）对贸易和行业协会：参加活动的次数，对各种活动的支持（经济上的）。

9）对竞争者：公平的竞争，增长速度，在产品、技术和服务上的创新。

10）对特殊利益集团：提供平等的就业机会，对城市建设的支持，对残疾人、儿童和妇女组织的贡献。

四、企业管理道德失衡的表现

在中国，由于市场经济体制还不完善，有时经营活动缺乏公平的竞争制度，造成无序竞争。企业经营中的信息不对称，导致经营活动中出现一些欺骗、失信现象。在市场经济大潮中，部分企业价值取向出现了偏差，过分强调企业利润最大化，功利主义的趋向严重，忽视甚至侵害他人的利益，不择手段，违法经营。相对经营者而言，消费者处于弱势地位。由于消费者法制观念落后，自我保护意识薄弱，许多消费者面对迅速形成的立法内容无从掌握和运用。许多法律规定难以起到维护消费者权益的作用，成为一纸空文。

因此，在企业经营管理活动中，经常出现不讲道德的经营管理行为，这些行为不符合企业管理道德的规范，由此产生了企业管理的道德失衡。而企业管理道德的失衡又往往体现为企业社会责任的缺失，主要表现为以下 5 个方面。

1. 企业与顾客的关系方面

进行欺骗性的广告宣传，在营销和推广上夸大其词，生产不安全或有害健康的产品。有些经营者明知产品含有危害人体健康的成分，但故意向消费者隐瞒真相，而且大力宣传其对消费者有利的方面，或信口开河、擅自夸大产品的功效。

2. 企业与竞争者的关系方面

假冒其他企业的商标，生产假冒伪劣产品，侵犯他人商业秘密，损害竞争对手商业声誉，不遵守市场游戏规则，挖墙脚等。特别是企业间不讲信誉、彼此拖欠和赖账、不履行合同。

3. 企业与员工的关系方面

有些企业盲目追求利润，不顾员工的生存和工作环境，侵犯员工的健康权利；有些企业在招聘、提升和报酬上采取性别、种族歧视，侵犯隐私；有些企业对员工的工作评价不公正，克扣薪水等。

4. 企业与政府的关系方面

财务欺诈、偷税漏费、官商勾结、权力腐败、商业贿赂、地方保护主义，国有企业改革中有“内部人”控制现象等。

5. 企业与自然环境的关系方面

企业为追求高利润，对治理污染采取消极态度。对排放“三废”等造成的污染不实施治理而是继续偷偷地排出。特别是一些化工、印染和造纸等工厂规模小，对废水缺乏必要的处理，严重污染环境。

五、提高管理道德的途径

1. 挑选有良好道德素质的员工

由于道德的重要性，以及人们不同的价值观念和道德水准，所以，组织在招聘员工和提拔干部的甄选过程中，必须对被选者的道德素质进行考察，剔除道德不良者。这是确保组织用人安全和高效的要求，也是推动全社会崇尚良好道德的要求。尽管在较短时间内鉴别应聘人员的道德水准并不容易，但还是应尽可能地挑选有良好道德的员工。

2. 抓好管理道德教育

首先，要对管理道德的意义和价值有正确的认识，这是培育管理道德的前提。管理者要认识管理道德的实质、内涵，充分认识到管理道德对个人、企业乃至社会的重要性。只有提高对管理道德的认识，才能在思想上重视、在行动上实施、在发展中提升。其次，要培养管理道德情感，就是管理者在处理自己和职业的关系及评价管理行为过程中形成的荣辱好恶等情绪和态度。再次，要锻炼管理道德意志，就是人们在履行管理义务的过程中所表现出来的自觉地克服一切困难和障碍、做出抉择的力量和精神。是否具有坚毅果敢的管理道德意志，是衡量每个管理者管理道德素质高低的重要标志。最后，要坚定管理道德信念，就是管理者对所从事管理工作应具备的道德观念、道德准则和道德理想发自内心地真诚信仰。管理者一旦牢固地确定了管理道德信念，就能自觉地、坚定不移地履行自己的义务，并能据此来鉴别自己或他人的行为。培养和确立终生不渝的管理道德信念，这是每个管理者管理道德修养的中心环节。

3. 提炼、规范管理道德准则

管理道德建设的过程，就是管理者管理道德素质形成和不断完善的过程，这需要管理者把管理道德认识、管理道德情感、管理道德意志和管理道德信念等与所从事的管理工作、企业的实际情况等结合起来。吸收西方道德观中合理的成分，广泛继承中华民族传统道德观的精华，提炼出体现管理特色的管理道德准则，使管理者了解、明确管理道德规范，认清管理道德的标准和行为准则，以利于管理者形成良好的管理道德。

4. 树立典型，加强引导

在管理道德建设过程中，树立典型、发挥榜样示范的作用是重要的。典型引导是激励人们自觉规范道德行为的有效途径。

5. 将管理道德行为列入岗位考核内容

管理者是否具有管理道德，不是看他是否会背诵管理道德的多少规范条款，而要看他是否能理解管理道德，把管理道德要求与自己的工作相结合，落实到实际行动和具体工作中，形成稳定的职业行为。管理道德规范化、制度化，就会成为管理者的习惯行为，就会在管理工作中发挥巨大作用，也必将在企业内形成良好的道德风尚，使企业步入良性的发展轨道。因此，企业应将管理道德建设纳入管理者岗位考核内容之一，加强检查、考核和奖惩，使每个管理者不断地自我对照准则检查，不断地修正自己的行为方向，最终养成良好的管理道德。

管理者是管理道德的主体，管理道德是对管理者行为的规范和制约，一个合格的管理者也必然是一个有道德的管理者。做有道德的管理者，应该是每个管理者的职业准则。在当今社会，管理者和企业应注重开展和加强管理道德培育，提高管理者的管理道德，使管理者承担起应负的社会责任，有所为、有所不为，养成良好的管理道德行为，有效地提升企业管理水平，获取更大的效益，实现长效发展。

知识点二　企业文化

案例导入：抗击“达维”台风，彰显英雄本色

中国电信十分重视企业文化建设，2007年12月，中国电信编写了《中国电信企业文化案例集》。以下是中国电信的企业文化纲要（2006年版）。

企业使命：让客户尽情享受信息新生活

战略目标：做世界级综合信息服务提供商

核心价值观：全面创新，求真务实，以人为本，共创价值

经营理念：追求企业价值与客户价值共同成长

服务理念：用户至上，用心服务

企业行为准则：

恪守承诺，为客户提供卓越服务　　诚信合作，在共创中寻求共赢

稳健经营，持续提升企业价值　　精确管理，科学配置资源

关爱员工，让每块金子发光　　回报社会，做有责任心的企业公民

员工行为准则：

持续学习，高效工作　　爱岗敬业，遵章守纪

尊重他人，坦诚沟通　　服从大局，忠于企业

企业形象口号：让世界触手可及

以下是中国电信的一个案例。

2006年9月26日凌晨4点，第18号强台风——“达维”在海南省万宁市登陆，次日凌晨1点15分，保亭—陵水干线光缆在距离保亭13.3 km处中断，造成保亭通信中断。由于当时正是深夜，且风急雨大，出车不便，中国电信海南公司网维部抢修人员先是利用保亭至三道农话光缆调通了通信，接着线路中心经理彭韶亮等3人立即启程赶赴保亭，并通知三亚、琼海和五指山抢修人员同时赶往障碍现场。陵水组3位同志接到命令后，也立即动身。路上行进艰难，被刮倒的树木遍地都是，为了抢时间，大家下车拿出砍刀，一边清除路障一边前进。沿途还遇到两处塌方，汽车打滑过不去，就由1人发动车子，其余2人冒雨推车。这时公路两旁山上不时滚下石块，险象环生，稍不留神就会出危险，凌晨3点，他们第一个到达了障碍点。几乎在同一时间，三亚抢修分队奉命出动，但一出门就被齐腰深的水拦住了去路，想要调头，身后暴涨的河水又淹没了海螺桥，退路也没有了。为保护仪表安全，三亚网维部经理麦兴文指挥大家首先将仪表卸下来运往安全地方，接着又与工程队联系，找来一辆卡车，陈清亮等5人涉过齐腰深的水，将仪表、工具材料一一装上卡车，这样才冲出了被洪水围困的地带，并于8点40分终于赶到障碍现场。眼前的一幕让大家惊呆了：暴雨不停，河水猛涨，东明桥整个被冲垮，光缆被拉断。正当他们向指挥中心报告现场情况时，保亭方向传来一阵阵警笛声，由于山洪随时可能暴发，当地政府正在紧急疏散群众，现场气氛十分紧张。经现场勘察，大家认为必须先沿河堤放缆。此时雨仍然很大，桥下河水湍急，稍不留心就会

落入河中。但大家全然不顾，一组人员手挽着手，涉水而过，将光缆用接力的方式传递过去；一组人员冒着大雨开挖余缆；一组人架好帐篷，发动发电机，开剥光缆，经过一个半小时的紧张抢修，终于在10点10分恢复了正常通信。

请问：这个案例体现了中国电信的什么企业文化？

案例解析

桥断、路断，通信不断，这是中国电信履行社会责任的庄严承诺。在每次急难险重任务中，中国电信员工都能凭着对国家、对人民的爱心，以高度的社会责任感，不怕困难，不怕牺牲，将抗灾保通信作为头等大事，千方百计保证通信畅通，危急时刻，尽显英雄本色。

（资料来源：http://www.chinatelecom.com.cn/sxgz/gg/P020080415518672597021.doc）

一、企业文化和内涵

1. 企业文化的含义

企业文化是企业员工在较长时期的生产经营实践中逐步形成的共有价值观、信念、行为准则及具有相应特色的行为方式、物质表现的总称。它是在一个具有相对较长历史的群体内，由于人们面临共同的环境，通过在共同的社会活动中相互影响、相互渗透和趋同，逐步形成某些相似的思想观念和行为模式，表现出独特的信仰、作风、规矩和习俗。

企业文化是一种客观存在，它是群体的一个属性。每个企业都有一种文化，不管企业的力量是强还是弱，文化在整个企业中都有着深刻的影响，它实际上引导着企业中的每件事：从某个人的提升到采用什么样的决策，甚至职工的穿着和他们喜爱的活动。

这种群体属性在历史悠久的民族、社区、企业和家庭中几乎都不同程度地存在，不过有时人们并未意识到。企业文化既可能是积极向上、符合人们心愿的，也可能是消极落后、不尽如人意的，或者积极方面与消极方面兼而有之。

2. 企业文化的组成

企业文化是由3个不同层次的部分组成的。

1）核心层。它是呈观念形态的价值观、信念及行为准则，通常称为企业精神，它体现在企业经营哲学、宗旨、方针、目标、计划和体制等方面。

2）中间层。它是呈行为形态的员工的工作方式、社会方式和应付事变的方式，通常称为企业作风。

3）外围层。它是呈物质形态的产品设计、质量、厂容厂貌和员工服饰等，通常称为企业形象。

3. 企业文化的内涵

企业文化是企业员工内在的思想观念与外在的行为方式和物质表现的统一。思想观念决定行为模式及物质形态，行为模式及物质形态反映思想观念。观念变了，行为模式及物质形态也随着改变。此处的观念主要指价值观、信念及行为准则。

1）价值观是人们对事物意义的评价标准，即什么是最可贵的，什么是比较重要的，什么是可有可无的，什么是应当摒弃的，如“国家兴亡，匹夫有责”与“人不为己，天诛地灭”就反映了两种截然不同的价值观。

2）信念是人们对事物发展规律的看法。价值观决定人们看重什么，信念决定人们如何去争取有价值的东西。例如，企业要成功、要发展，这是人们所向往的，但有人认为这只要依靠几个技术尖子、管理奇才就行，有人认为要依靠企业全体职工，这就是不同的信念。怎样才能使职工努力工作，有人认为重奖重罚就可以达到目的，有人认为先要尊重职工，这也是信念不同的反映。

3）价值观和信念是比较抽象的观念，而行为准则却直接与行为方式相联系，它规定应该怎样工作，怎样处理人际关系等。例如，要求每个职工在为顾客提供良好的服务方面尽心尽职，这就是一个行为准则。准则是不能违背的，有一次营业厅的营业员因开玩笑，工作时注意力不集中，业务出现差错，耽误了用户的电信服务1个月，这是一定要受到处分的。

行为准则是和价值观、信念紧密联系在一起的。以为顾客热情服务这一准则来说，它反映了这样的信念：在商品社会中，顾客、用户是企业的衣食父母，得罪顾客无异于砸自己的饭碗，只有热情服务，生意才会兴隆。但是，同样的行为准则背后也可能隐藏着不同的价值观。例如，为顾客热情服务这一准则，既可能产生于赢利、兜揽生意的动机，也可能产生于为人民服务的动机。

二、企业文化的功能

1. 决策导向功能

企业文化可为企业生产经营决策提供正确的指导思想和健康的精神氛围。企业的生产经营决策是在一定的观念指导和文化氛围下进行的。它不仅取决于企业领导者及领导层的观念和作风，还取决于整个企业的精神面貌及文化氛围。因为正确的生产经营决策，是使企业能在既定的环境中保持正确方向，获得健康发展的目标和策略抉择。当企业环境处于复杂、多变的情况时，如果企业领导者及其他企业成员不能确立和保持正确的价值观和信念，就很难做出正确的决策，这在国内外均不乏先例。例如，在市场经济大潮中，能否坚持质量至上的原则，就是对企业成员价值观的考验。企业文化对于决策的导向功能如图2.1所示。

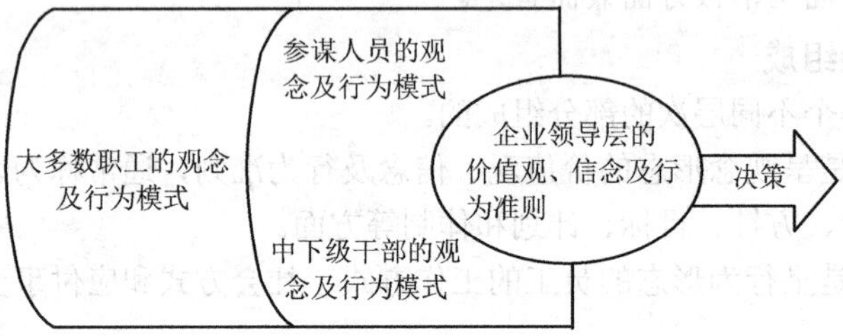

图2.1 企业文化对于决策的导向功能

2. 自我内聚功能

企业文化通过培育组织成员的认同感和归属感，建立起成员与组织之间的相互依存关系，使个人的行为、思想、感情、信念、习惯与整个企业有机地统一起来，形成相对稳固的文化氛围，凝聚成一种无形的合力与整体趋向，以此激发出企业员工的主观能动性，为企业的共同目标而努力。

3. 自我改造功能

企业文化能从根本上改变员工的旧有价值观念，建立起新的价值观念，使之适合企业正常实践活动的需要。尤其对于刚刚进入企业的员工来说，为了减少他们个人固有的家庭、学校、社会所养成的心理习惯、思维方式、行为方式与整个企业的不和谐或者矛盾冲突，就必须接受企业文化的改造、教化和约束，使他们的行为与企业趋向一致和谐。一旦企业文化所提倡的价值观念和行为规范被员工接受认同，就会在不知不觉中做出符合企业要求的行为选择，若违反了企业规范，就会感到内疚、不安或自责，这时会自动修正自己的行为。在这个意义上来说，企业文化具有某种程度的强制性和改造性。

4. 自我调控功能

企业文化作为团体共同价值观，并未对企业员工具有明文规定的硬性要求，而只是一种软性的约束。它通过企业的共同价值观不断向个人价值观渗透和内化，使企业自动地生成一套自我调控机制，调控企业的管理行为和实务活动。这种以尊重个人思想、感情为基础的无形的非正式控制，会使企业目标自动地转化为个体成员的自觉活动，达到个人目标与企业目标在较高层次上的统一。企业文化具有的这种软性约束和自我协调的控制机制，往往比正式的硬性规定有更强的控制力和持久力，因为主动的行为比被动的适应有着无法比拟的作用。

5. 自我完善功能

企业在不断的发展过程中所形成的文化积淀，通过无数次的辐射、反馈和强化，会不断地随着时间的发展而更新和优化，推动企业文化从一个高度向另一个高度迈进。也就是说，企业文化不断深化和完善一旦形成良性循环，就会持续地推动企业本身的发展，反过来，企业的进步和提高又会促进企业文化的丰富、完善和升华。国内外成功企业的事实表明，企业的兴旺发达总是与企业文化的自我完善密不可分的。

6. 自我延续功能

企业文化的形成是一个复杂的过程，往往会受到社会的、人文的和自然环境等诸多因素的影响，因此，它的形成和塑造不是一朝一夕就能一蹴而就的，必须经过长期的耐心倡导和精心培育，以及不断地实践、总结、提炼、修改、充实、提高和升华。同时，正如任何文化都有历史继承性一样，企业文化已经固化形成之后，也会具有自己的历史延续性而持久不断地起着应有的作用，并且不会因为企业领导层的人事变动而立即消失。例如，美国英特尔公司的领导人虽数次变动，但经过多年培育出来的开拓创新精神仍然存在，成为公司不断进取的精神支柱和追求卓越的信条。

三、企业文化建设

明白企业文化的形成机制，是理解企业文化出现共性与个性的根源，是寻找建设企业文化有效途径的前提。企业的文化特点有的已相对定型，有的尚未定型；有的比较系统，有的未形成系统。一个比较定型的、系统的企业文化，通常是在一定生产经营环境下，为适应企业生存发展需要，首先由少数人倡导和实践，经过较长时间的传播和规范管理而逐步形成的。其过程如图 2.2 所示。

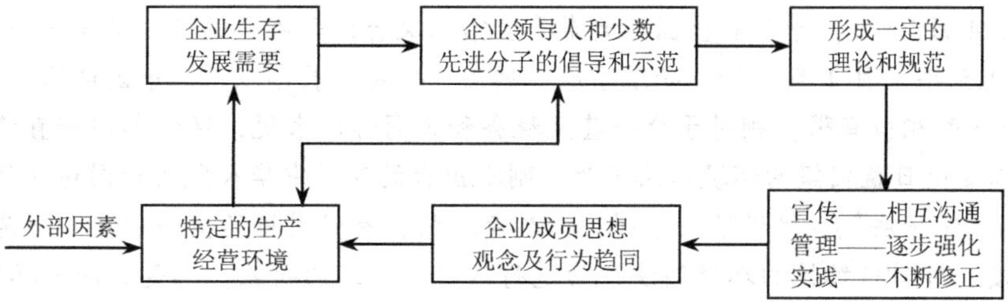

图 2.2 企业文化的形成过程

复习思考题

1. 什么是道德？什么是管理道德？
2. 管理道德的内容包括哪些？
3. 提高管理道德的途径有哪些？
4. 请说明企业社会责任的定义与内容。
5. 请简述企业文化的含义和组成。
6. 请简述企业文化的功能。

知识自测题

（一）判断题

1. 管理道德是一种职业道德。（ ）
2. 交易回扣不属于贿赂。（ ）
3. 在管理者的考核中要考核管理者的“德”，其中包括管理道德因素。（ ）
4. 管理道德的水平高低直接影响组织向更高层次发展的能力。（ ）
5. 企业对顾客的责任大于企业对公众的责任。（ ）
6. 只要能力强的员工就可以担任管理岗位，而不论其道德素质的高低。（ ）
7. 假冒其他企业的商标，生产假冒伪劣产品，侵犯了竞争者的正当权益。（ ）
8. 保证按时发放薪水体现了企业对职工的责任。（ ）
9. 企业只要考虑自身的财政和经营状况，无须考虑对社会和自然环境所造成的影响。（ ）
10. 任人唯亲，体现了管理者对亲近的人的关爱，因而是道德的。（ ）
11. 企业文化是在一定环境下企业生存、发展需要的反映。（ ）
12. 企业文化会随着企业最高领导人的变动而随时改变。（ ）
13. 企业文化具有某种程度的强制性和改造性。（ ）
14. 一个比较定型的、系统的企业文化，通常是在一定生产经营环境下，为适应企业生存发展需要，首先由少数人倡导和实践，经过较长时间的传播和规范管理而逐步形成的。（ ）
15. 领导人只需提出企业文化，由下属通过组织贯彻执行就行了。（ ）

案例讨论：企业该如何遵守《环境保护法》

2014年4月24日，十二届全国人大常委会第八次会议表决通过了环境保护法修订案，新法已经于2015年1月1日施行。受限于原有的法律规定，长期以来，中国环保部门的处罚力度、执法手段都相当有限，相对于公安甚至税务和工商部门来说，环保部门一直都是一个“软衙门”，难以震慑日益猖獗的环境违法行为。刚刚出台的新《中华人民共和国环境保护法》（以下简称《环境保护法》），提供了一系列足以改变现状、有针对性的执法利器。一是新增“按日计罚”的制度，即对持续性的环境违法行为进行按日、连续的罚款。二是新的《环境保护法》作为一部行政法律，罕见地规定了行政拘留的处罚措施，对污染违法者将动用最严厉的行政处罚手段。领导干部虚报、谎报、瞒报污染情况，将会引咎辞职；面对重大的环境违法事件，地方政府分管领导、环保部门等监管部门主要负责人将“引咎辞职”。新《环境保护法》还是一部开放的立法，将民间力量有序地纳入环境治理的机制中，设立了环保公益诉讼制度。将环保公益诉讼的主体规定为：“依法在设区的市级以上人民政府民政部门登记，专门从事环境保护公益活动连续五年以上且信誉良好的社会组织。”同时，新法还规定：“符合规定的社会组织向人民法院提起诉讼，人民法院应当依法受理。”

? 请问：企业对环境保护负有什么责任？在经营利润与社会责任两者中，企业应如何取舍？为何新的《环境保护法》如此严厉？企业应该如何遵守《环境保护法》？

第二篇

决　策

第三章

决策基础

决策是管理者的中心任务，是贯穿管理全过程的活动，不论管理者从事计划、组织、领导还是控制，都需要不断地做出决策。决策正确与否决定了管理是否有效，也是衡量管理者水平的重要标志。

教学目标

知识点	学习要求	知识分阶
知识点一　决策的概念	掌握	必修
知识点二　决策的类型	掌握	中级选读
知识点三　决策的过程	掌握	必修
知识点四　决策理论的发展演变	理解	必修

学习重点

- 决策的概念
- 决策的过程

知识点一　决策的概念

案例导入：老农的难题

一位老农和他年轻的儿子到离村 6 km 的城镇去赶集。开始时老农骑着骡子，儿子跟在骡子后面走。没走多远，就碰到一位年轻的母亲，她指责农夫虐待他的儿子。农夫不好意思地下了骡子，让给儿子骑。走了 1 km 后，他们遇到一位老和尚，老和尚见年轻人骑着骡子，而让老者走路，就责怪年轻人不孝顺。儿子马上跳下骡子，看着他父亲，两人决定谁也不骑。两人又走了 2 km，碰到一位学者，学者见两人放着骡子不骑，走得气喘吁吁的，就笑话他们放着骡子不骑，自找苦吃。农夫听学者这么说，就把儿子托上骡子，自己也翻身上了骡子。两人一起骑着骡子又走了 1.5 km，碰到了一位外国人，这位外国人见他们两人骑一头骡子，就指责他们虐待牲口！

请问：在案例中老农和他的儿子最终无所适从，老农的问题出在哪里？

案例解析

在案例中，对于骡子如何使用，老农和他的儿子应该是决策者，然而他们显然没有明确地将自己定位为这个角色，因而也没有建立决策的准则，而是一味地遵循别人的准则进行选择，因此一再地变换准则，最终无所适从。

一、决策的定义

“决策”一词的英语表述为Decision Making，意思就是做出决定或选择。时至今日，对决策的定义有多种表述，归纳起来，基本有以下 3 种理解。

1）把决策看作一个包括提出问题、确立目标、设计和选择方案的过程。这是广义的理解。

2）把决策看作在几种备选的行动方案中做出最终抉择，是决策者的拍板定案。这是狭义的理解。

3）认为决策是对不确定条件下发生的偶发事件所做的处理决定。这类事件既无先例，又没有可遵循的规律，做出选择要冒一定的风险。也就是说，只有冒一定风险的选择才是决策。这是对决策概念最狭义的理解。

编者根据决策理论学派的创始人赫伯特·西蒙的观点，采用决策的广义概念，即决策是指组织或个人识别机会与问题，为达到一定的目的，从两个或两个以上的备选方案中，依据一定的准则分析判断，选择出一个方案，以解决问题或利用机会的过程。

正确理解决策的概念，应把握以下 4 层意思。

1）决策要有明确的目标。确定目标是决策过程的第一步，决策所要解决的问题必须十分明确，所要达到的目标必须具体。没有明确的目标，决策将是盲目的。

2）决策要有两个或两个以上备选方案。决策不同于解决问题，对于一个问题，如果只有一个解决方案，就不存在决策的问题。因而，至少要有两个或两个以上方案，人们才能从中进行比较、选择，最后选择一个满意方案为行动方案。

3）决策应遵循一定的准则。方案的选优是由决策者根据一定的选择准则来做出判断的，方案的优劣是以一定的准则进行衡量的结果，准则不同，结果也会不同。正如案例导入中所看到的，当准则变化时，由谁骑骡子的选择是不同的。

4）决策是一个过程。如果选择后的方案束之高阁，不付诸实施，决策也就没有了意义。决策不仅是一个认识过程，也是一个行动过程。

二、决策在管理中的地位

赫伯特·西蒙认为管理就是决策，任何作业开始之前都要先作决策，制订计划就是决策，组织、领导和控制也都离不开决策，因此决策是贯穿管理全过程的活动。

管理者必须不断寻找改善其决策水平的方法，以提高组织绩效，同时还要确保不犯严重的决策错误。比尔·盖茨提供 MS-DOS 操作系统的决策是经典的成功案例，他花 5 万美元从西雅图的一家小公司购买了一套计算机操作系统，把它修改为 MS-DOS 卖给了 IBM，用于新一代的 IBM 个人计算机。这一决策促成了比尔·盖茨和微软成为美国最富有的人和最成功的计算机软件公司。而经典的失败案例则包括 1986 年美国航空航天局和 Morton Thiokol 公司的管理者做出的发射挑战者号航天飞机的决策，这一决策导致了 7 位宇航员丧生。另一个案例是数字设备公司（DEC）的创建人肯·奥尔森（Ken Olsen）在 20 世纪 80 年代做出的继续留在大型机市场而不允许公司的工程师研制个人计算机的决策，因为他坚信“个人计算机只是小孩子的玩具”，这一错误决策使奥尔森失去了 CEO 的职位，并差点毁掉了他的公司。

由以上案例可见，决策水平是衡量管理者水平的重要标志之一，一些重大决策的正确与否可能直接关系组织的生存与发展，可谓是“一着不慎，全盘皆输；一着占先，全盘皆活”。

知识点二 决策的类型

现代企业经营管理活动的复杂性、多样性，决定了企业管理活动中的决策有多种不同的类型。

一、战略决策、战术决策和业务决策

按决策的影响范围和重要程度不同，决策可分为战略决策、战术决策和业务决策。

1）战略决策。它是指对企业发展方向和发展远景做出的决策，是关系企业发展的全局性、长远性和方向性的重大决策，如对企业的经营方向、经营方针和新产品开发等做决策。战略决策由企业最高层领导做出，将成为企业战略计划的内容，是战术决策的依据和中心目标。它的正确与否，直接决定企业的兴衰成败，决定企业的发展前景。

2）战术决策。它是指企业为保证战略决策的实现而对局部的经营管理业务工作做出的决策，如企业原材料和机器设备的采购、生产和销售的计划、商品的进货来源和人员的调配等决策。战术决策一般由企业中层管理人员做出，为战略决策服务。

3）业务决策。它又称执行性决策，通常是基层的管理者在日常工作中做出的决策，只对组织产生局部影响，如工作任务的日常分配和检查、工作进度的安排和监督、岗位责任的制定和执行、库存的控制及原材料的采购等。

一般来说，企业中越是高层的决策越具有战略性、非常规性和不确定性，越是低层的决策就越具有战术性和常规性。

二、个人决策和群体决策

按决策的主体不同，决策可分为个人决策和群体决策。

1）个人决策。它是由企业领导者凭借个人的智慧、经验及所掌握的信息进行的决策。决策速度快、效率高是其特点，适用于常规事务及紧迫性问题的决策。个人决策的最大缺点是带有主观性和片面性，因此，对全局性重大问题则不宜采用。

2）群体决策。它是指由会议机构和上下相结合的决策。会议机构决策是通过董事会、经理扩大会和职工代表大会等权力机构集体成员共同做出的决策。上下相结合决策则是领导机构与下属相关机构结合、领导与群众相结合形成的决策。群体决策的优点是能收集更多信息，充分发挥集体智慧，集思广益，从而保证决策的正确性和有效性；缺点是决策过程较复杂，耗费时间较多。它适宜制定长远规划和全局性的决策。

三、程序化决策和非程序化决策

按照决策所涉及问题的重复程度和结构化、程序化程度，决策可分为程序化决策与非程序化决策。

1）程序化决策。它是为解决日常管理中经常出现的例行问题而做出的决策，由于例行问

题重复出现，管理者可以为之制定规则和方针，对于同类问题管理者不需要对该做什么做出新的判断，而只需要遵循原有的规则即可，这样决策就成为一项重复性的程序化工作，因此程序化决策也称为重复性决策或常规决策。例如，对办公用品的采购决策，可以规定存量下降到一定水平时，就按照一定量进行采购，具体可以制定规则如下：“当复印纸储存架上空出 3/4 的位置时，就应该采购了，订购时只需要把储存架摆满即可。”这一类决策在现实中非常常见，在一般的组织中约有 80%的决策都可以归为程序化决策。

2）非程序化决策。与程序化决策相反，非程序化决策要解决的是不常重复出现的、非例行性的问题。在现实中存在这样的情况：管理者对于某一行动所带来的结果不能确定，甚至在更为模糊的情况下，管理者对于其希望实现的目标都不明确。显然，对于这种情况，管理者不可能为之制定固定的规则，因而只能进行非程序化、非常规化的决策，它没有固定的模式，要靠管理者做出新的判断来解决。例如，企业对某项新技术的投资、某种新产品的开发、选择新的促销方式、进入一个新市场、进行国际化扩张等都属于非程序化决策。

四、初始决策与追踪决策

从决策的起点来看，可以将决策分为初始决策与追踪决策。

1）初始决策。它是指组织对从事某种活动所进行的初次选择。初始决策是零起点决策，它是在有关活动尚未进行、环境未受到影响的情况下进行的。

2）追踪决策。它是在初始决策的基础上对组织活动方向、内容或方式的重新调整。与初始决策相比，追踪决策具有非零起点的特性，在制定追踪决策时，必须对初始决策的形成机制与环境条件进行回溯分析，列出需要改变决策的原因，以便有针对性地采取和调整措施。另外，追踪决策应做到双重优化，也就是说，追踪决策所选的方案不仅要优于初始决策，而且要在能够改善初始决策的各种可行方案中，选择最优或最满意的决策方案。

五、确定型决策、风险型决策和非确定型决策

按决策问题具备的条件不同，可以将决策分为确定型决策、风险型决策和非确定型决策。

1）确定型决策。它是指在决策过程中提出各备选方案，在确知的客观条件下，每个方案只有一种结果，比较其结果优劣并做出最优选择的决策。确定型决策是一种肯定状态下的决策。决策者对被决策问题的条件、性质和后果都有充分了解，各个备选的方案只能有一种结果。这类决策的关键在于选择肯定状态下的最佳方案。

2）风险型决策。它是指在决策过程中提出各种备选方案，每个方案可能会有几种不同的结果，各种结果发生的概率也可测算，在这样条件下的决策，就是风险型决策。例如，某企业为了增加利润，提出两个备选方案：一个方案是扩大老产品的销售，另一个方案是开发新产品。不论哪种方案都会遇到市场需求高、市场需求一般和市场需求低的可能性，它们发生的概率都可测算，若遇到市场需求低，企业就要亏损。因而在上述条件下决策，带有一定的风险性，故称为风险型决策。

3）非确定型决策。它是指在决策过程中提出各种备选方案，每个方案可能带来的后果并不明确，或者后果可以估计但每一结果发生的概率无法明确测算，在这样条件下，决策就是非确定型的决策。这类决策由于人们对市场需求和技术能力等影响因素未来的变化规律认识不足，而增大了决策的不确定性程度。

教学互动

分析以下决策活动，按其所属类型进行连线。

某企业生产经理根据以前各月的产品销售及库存情况决定本月的生产量	战略决策
	战术决策
某家以冰箱、空调为主要产品的家电企业，就是否进入手机生产领域展开讨论	程序化决策
某企业两个月前推出一种新产品，但产品销售情况一直不佳，企业市场部门共同讨论新的营销方案	非程序化决策
	初始决策
某企业人力资源部门年末对员工业绩进行考核，制订下一年招聘和培训计划	追踪决策

知识点三　决策的过程

案例导入：安娜的决策

安娜大学毕业 10 年来，一直在某中等规模的 IT 公司当程序设计员，现在她的年薪为 5 万美元。这家 IT 公司每年要增加 4~6 个部门，有的属于管理职位。公司对管理职位会给年薪加年终分红，每年约 9 万美元。公司曾提升程序员担任公司经理的职务，虽然还没有让女性担任过这样的管理职位，但安娜相信，凭她的工作资历和这一行业中女性的增加，不久的将来她会得到这样的机会。安娜认为前途还是很乐观的。

安娜的父亲雷森先生自己开了一家计算机维修公司，主要维修计算机硬件，并为一些大型计算机公司做售后服务。最近，雷森先生由于健康和年龄的原因，不得不退休。他聘请了一位刚从大学毕业的学生来临时经营计算机维修公司，店里的其他部门继续由安娜的母亲经营。雷森想让女儿安娜回来经营她将要继承的计算机维修公司。由于近年来购买个人计算机的人数不断增加，计算机维修行业的前景十分看好，并且雷森先生在前几年的经营过程中，建立了良好的信誉，不断有知名 IT 公司委托其做该城市的售后维修中心，因此，雷森的维修公司发展和扩大的可能性很大。安娜和双亲讨论时得知，维修公司一年的营业额大约为 40 万美元，而毛利润差不多是 17 万美元。由于雷森先生的退休，他和他的太太要提支工资 8 万美元，加上每年 6 万美元的经营费用，交税前的净利润为每年 3 万美元。自雷森先生退休以来，从维修公司得到的利润基本上和从前相同。目前，他付给新雇用的大学生薪金为每年 35 000 美元，雷森先生自己不再从维修公司支取薪金了。

如果安娜决定担任维修公司的管理工作，雷森先生打算付给她 5 万美元的年薪。他还打算，开始时，把维修公司经营所得利润的 25%作为安娜的分红，两年后增加到 50%。因为雷森夫人将不在该公司任职，就必须再雇用一个非全日制的办事员帮安娜经营维修公司，他估计这笔费用大约需要 16 000 美元。雷森先生得知已有人试图出 60 万美元收购他的维修公司。

这笔款项的大部分，安娜在不久的将来是要继承的。对雷森夫妇来说，他们的经济状况并不需要过多地去用这笔资金来养老送终。

请问：对安娜来说，有哪些行动方案可供选择？

（资料来源：李海峰，张莹．简明管理学教程．第2版．北京：科学出版社，2009）

案例解析

对安娜来说可能的行动方案有以下3种。

1）继续留在现在的公司工作，等待升职的机会，在雷森夫妇退休之后出售他们自己经营的维修公司或另外雇人经营。

2）从现在的公司辞职，全职担任维修公司的管理工作，并继续将公司发展下去。

3）继续留在现在的公司工作，以兼职的方式参与维修公司的管理工作，在维修公司发展壮大之后，再雇用更多的人来参与工作。

对于安娜而言，进行方案选择时，要考虑的方面既包括经济利益，还包括事业前途、稳定性、需要投入的时间和精力，以及亲情等方面。

决策是一个有一定顺序的、条理化的过程，决策者需要先做大量的调查研究、预测和分析工作，再确定目标，找出各种可行的方案，并进行方案的评价、权衡和选择，最终将选定的方案付诸实施，并且还需要在执行过程中进行监控和反馈，如图3.1所示。

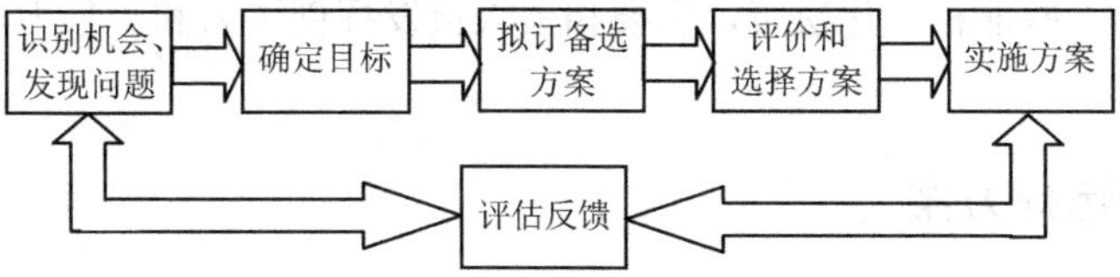

图3.1 决策的步骤及顺序

一、识别机会，发现问题

决策的目的是解决问题或者利用机会，如果不存在可利用的机会，或没有发现组织中存在的问题，就没有必要制定新的决策来使组织活动做出调整和改变。因此，识别机会、发现问题是决策过程的起点。这也是决策过程中最重要、最困难的环节，如果问题找错了则一错百错，但真正的问题常常为众多的表象所掩盖，需要进行深入的分析才能找到。

决策者能否有效地评估机会与问题，有赖于所获取信息的及时性和精确性，也有赖于决策者对这些信息的把握和解释能力。管理者应该在保证获取高质量信息的同时，努力提高自身的洞察力和分析能力，准确识别组织中的关键机会与问题。

二、确定目标

发现机会和问题，明确改变组织活动的必要性之后，还要研究组织活动的改变所应达到的效果，即明确决策的目标。决策目标不仅为方案的制订和选择提供依据，而且为决策的实施和控制以及资源的分配和协调提供标准。

面对同样的问题，如果设定的决策目标不同，则可采用的决策方案也会大不相同。例如，在进行电信网建设决策时，可能的目标包括令全网建设成本控制在预算范围之内、最大限度地满足用户需求、提供最高质量的服务等，显然以上目标在技术选择、资金投入等方面的要求将是大不相同的。在许多决策中，管理者往往要考虑多方面的目标要求，而这些目标之间可能会相互关联又相互排斥，管理者应对其进行协调平衡，在选择主要目标的同时，兼顾其他目标。

在确定决策目标时，管理者应进行调查研究，掌握系统的数据和事实，确定目标的最低和最理想水平，即明确决策应该达到的最低限度的状况和水平，以及希望实现的最理想水平。为了增强目标的可操作性和可衡量性，应尽量对目标以量化指标进行描述，这样的目标才能有效地作为决策和行动的依据。

三、拟订备选方案

在确定问题和目标之后，管理者还应为达到目标找出多种方案。在决策过程中，拟订备选方案比从既定方案中进行选择更为重要，因为这一步骤奠定了选择的基础，如果拟订的备选方案本身就有缺陷，决策也很难达到满意。

备选方案的拟订不仅要在目标的指导下提出利用机会或解决问题的设想，而且应预计每个方案的相应执行结果。另外，为了使方案选择具有实质意义，不同备选方案之间应是相互替代、相互排斥的关系，而不能相互包容。如果某个方案所要采取的行动包含在另一个方案之中，那么很难在这两个方案之间进行比较和选择。

可供选择的方案越多，从中选出满意方案的可能性就越大，决策质量就越有保障。因此，在拟订备选方案阶段，管理者应充分利用组织内外的专家，广泛发动群众，以设计尽可能多的方案，特别对于一些非程序化决策，需要相关人员发挥创造力和想象力，提出创新性的解决方案。

四、评价和选择方案

管理者要在备选方案中进行选择，首先要了解各个方案的优点、缺点及可能带来的后果。在方案评价和比较时，最常用的方法是先建立一套有助于指导和检验判断准确性的决策准则，按照决策准则对各个方案进行评价打分，再根据组织所掌握的资源来分析每个方案的利弊，得到方案优劣的比较结果。

在方案比较和选择过程中，管理者应处理好以下3个方面的问题。

1）注意统筹协调。不仅要注意决策方案中各项活动之间的协调，而且要尽可能保持组织与外部联系方式的连续性；不仅要充分利用组织现有的结构和人员条件，还要兼顾组织未来发展的需要和可能条件，为实现新的目标服务。

2）要注意反对意见。决策过程中的观点要想取得完全一致的认同几乎是不可能的，只有一种意见也容易产生片面决策的危险。管理者要充分注意方案评价和选择过程中的反对意见，它可以帮助人们更全面地考虑问题，令所选方案更加完善，更全面地预见方案可能存在的隐患。

3）要有决断的魄力。在方案的评价和选择过程中，很可能出现众说纷纭、争论不休的情况，管理者要在充分听取各种意见的基础上，根据自己对组织任务的理解和对形势的判断做出果敢的决断，以免贻误良机。

在实际决策工作中，方案拟订、比较和选择往往交织在一起，因为方案拟订不是一次性完成的，而是需要渐进地、不断地补充和完善。一个较好的方案往往是在其他方案的评价和比较中受到其他方案的启发而形成的。这也正说明了决策步骤之间的紧密关系和不可分割性。

五、实施方案

方案一旦选定，组织就应开始着手制定执行方案的具体措施和步骤。为确保决策目标实现，应将目标层层分解，落实到每个执行单位，并明确负责人，调动各种相关资源，确保参与实施的人员充分接受和了解有关决策方案的各项工作，对可能出现的问题制定相应的具体措施，以保证方案的正确执行。

六、评估反馈

通常一项复杂的决策方案的执行需要较长的时间，其间各种情况都可能发生变化，因而必须通过定期的监督、检查，及时掌握和评估决策的执行情况，取得各种反馈信息。当实施情况与既定目标发生偏离时，应及时采取纠正措施；当客观条件发生重大变化时，原决策目标可能难以实现，这时就需要重新寻找问题和机会，开始新一轮的决策。

知识点四　决策理论的发展演变

一、古典决策理论

古典决策理论又称规范决策理论，主要盛行于 20 世纪 50 年代之前。该理论是基于“经济人”假设提出来的，认为应从经济的角度来看待决策问题，即决策的目的在于为组织获取最大的经济利益。

古典决策理论假设作为决策者的管理者是完全理性的，决策环境条件的稳定与否是可以被改变的，在决策者充分了解有关信息情报的情况下，完全可以做出完成组织目标的最佳决策。因而古典决策理论的基础包括以下内容。

1）组织要实现的目标是明确的、组织一致同意的，问题可以识别并精确地陈述。

2）决策者可以收集完全信息，从而使决策状态成为确定性的。所有可行性方案和可能的结果都是可以量化和评估的。

3）方案评估标准是明确的或可以确定的，决策者选择能够使组织利益最大化的方案。

4）决策者是完全理性的。他合乎逻辑地制定评估标准，评估每个方案，并做出使组织利益最大化的决策。

古典决策理论给出了一种理想化的模型，在程序化决策、确定型决策与风险型决策中，古典决策理论具有很强的应用价值，发展出许多定量决策方法。但是古典决策理论忽视了非经济因素在决策中的作用，这种理论不一定能指导实际的决策活动，因而逐渐被更为全面的行为决策理论代替。

二、行为决策理论

行为决策理论的发展始于 20 世纪 50 年代，其代表人物赫伯特·西蒙对古典决策理论的“经济人”假设提出了质疑，认为理性和经济的标准无法确切地说明管理的决策过程，进而提出决策的有限理性和以“令人满意的”决策原则代替“最优”决策原则。他指出，决策者决策时受到各自价值观、传统、个人能力和经历所限，只能在比较全面理解组织的目标与要求、比较充分了解备选方案的情况下，做出比较理性的决策，以获得足够满意的效果。与古典理论相比，他更侧重从人的“行为”角度出发探讨有关决策问题，所以称为行为决策理论。

行为决策理论的主要观点包括以下内容。

1）人的理性介于完全理性和非理性之间，即人是有限理性的，这是因为在高度不确定和极其复杂的现实决策环境中，人的认知、想象力和计算力是有限的。

2）决策者在识别和发现问题时，由于认知能力的有限，可能仅把问题的部分信息当作认知对象，因而在对未来的状况做出判断时，直觉的运用往往多于逻辑分析方法的运用。

3）由于受决策时间和可利用资源的限制，决策者即使充分了解和掌握有关决策环境的信息情报，也只能做到尽量了解各种备选方案的情况，而不可能做到全部了解，决策者选择的理性是相对的。

4）在风险型决策中，与经济利益的考虑相比，决策者对待风险的态度起着更为重要的作用。决策者如果厌恶风险，则倾向于接受风险较小的方案，尽管风险较大的方案可能带来较为可观的收益。

5）决策者在决策中往往只求满意的结果，而不愿费力寻求最佳方案。导致这一现象的原因有多种：① 决策者不注意发挥自己和别人继续进行研究的积极性，只满足于在现有的可行方案中进行选择。② 决策者本身缺乏有关能力，在有些情况下，决策者出于个人某些因素的考虑而做出自己的选择。③ 评估所有的方案并选择其中的最佳方案，需要花费大量的时间和金钱，这可能得不偿失。

行为决策理论抨击了把决策视为定量方法和固定步骤的片面性，主张把决策视为一种文化现象，更为符合管理决策问题的现实情况。在行为决策理论的基础上，现代决策理论与系统理论、运筹学和计算机科学等结合起来，形成了关于决策过程、准则、类型及技术方法的较完整的理论体系。

教学互动

选择题：行为决策理论的主要观点包括（　　）。

A．决策者是有限理性的

B．决策者能够收集完全信息

C．决策者总能够根据一定的标准选择最优方案

D．决策者的直觉、对待风险的态度都会影响决策结果

复习思考题

1. 如何理解决策的概念及其在管理中的地位？
2. 程序化决策和非程序化决策的区别是什么？
3. 什么是确定型决策、风险型决策和非确定型决策？
4. 决策的过程包括哪几个环节？
5. 为什么行为决策理论更符合管理决策问题的现实？

知识自测题

（一）单项选择题

1.（ ）是指对企业发展方向和发展远景做出的决策，是关系企业发展的全局性、长远性和方向性的重大决策。

A. 战略决策 B. 战术决策 C. 程序化决策 D. 非程序化决策

2. 在一般的组织中，绝大部分决策问题都是（ ），管理者可以为之制定规则和方针，遵循这种规则和方针进行决策。

A. 确定型决策 B. 风险型决策 C. 程序化决策 D. 非程序化决策

3. 决策过程的起点是（ ）。

A. 确定决策人 B. 识别机会，发现问题

C. 确定决策目标 D. 拟订备选方案

（二）多项选择题

1. 群体决策的特点有（ ）。

A. 能够收集更多的信息 B. 决策过程复杂、耗时长

C. 决策速度快、效率高 D. 主观性和片面性强

2. 追踪决策应做到双重优化，也就是（ ）。

A. 追踪决策所选方案应优于初始方案

B. 追踪决策所选方案应令期望收益达到最高

C. 追踪决策所选方案应令期望成本达到最低

D. 追踪决策要对能够改善初始决策的可行方案进行选优

3. 在进行方案比较和选择时，决策者应（ ）。

A. 力求统一所有相关人员的意见 B. 注意统筹协调

C. 在相关人员争论不休时暂缓决策 D. 要有决断的魄力，以免贻误良机

4.古典决策理论的基础包括（ ）。

A. 组织的目标是明确的、组织一直同意的

B. 决策者可以收集完全信息

C. 方案的评估标准是不明确的

D. 决策者是完全理性的

案例讨论：帮助安娜进行决策

请针对知识点三的案例导入“安娜的决策”中的安娜进行决策。

? 请问：如果你是安娜，影响你决策的因素有哪几个方面？你还需要哪些信息来辅助你进行决策？

第四章 决策方法

正确选择适用的科学决策方法，是提升决策水平的重要途径。决策方法的种类很多，本章首先介绍几种一般的决策方法和集体决策方法，其次分别针对确定型、风险型和非确定型决策介绍几种定量决策方法。

教学目标

知识点	学习要求	知识分阶
知识点一　一般决策方法	理解	必修
知识点二　集体决策方法	掌握	必修
知识点三　确定型定量决策方法	理解	中级选读
知识点四　风险型决策方法——决策树法	掌握	必修
知识点五　非确定型决策方法	掌握	中级选读

学习重点

- 一般决策方法
- 集体决策方法
- 确定型定量决策方法

知识点一　一般决策方法

案例导入：新可口可乐的失败

1985 年 4 月 23 日，可口可乐公司董事长罗伯特•戈伊朱埃塔宣布了一项惊人的决定。他宣布经过 99 年的发展，可口可乐公司决定放弃它一成不变的传统配方，原因是现在的消费者更偏好口味更甜的软饮料，为了迎合这一需要，可口可乐公司决定更改配方调整口味，推出新一代可口可乐。

可口可乐公司做出改换口味的决定，是希望借此将其饮料王国的强劲对手置于死地。在 20 世纪 80 年代，可口可乐在饮料市场的领导者地位受到了挑战，其可口可乐在市场上的增长速度从每年递增 13%下降到 2%，原因是竞争对手百事可乐来势汹汹，它先是推出了“百事新一代”的系列广告，将促销的锋芒直指饮料市场最大的消费群体——年轻人。

在第一轮广告攻势大获成功之后，百事可乐公司仍紧紧盯着年轻人不放，继续强调百事可乐的“青春形象”，又展开了号称“百事挑战”的第二轮广告攻势，在这轮攻势中，百事可乐公司大胆地对顾客口感试验进行了现场直播，即在不告知参与者在拍广告的情况下，请他们品尝各种没有品牌标志的饮料，然后说出哪种口感最好，试验过程全部直播。百事可乐公司的这次冒险成功了，几乎每次试验后，品尝者都认为百事可乐更好喝，“百事挑战”系列广告使百事可乐在美国的饮料市场份额从6%猛升至14%。

可口可乐公司不相信这一事实，也立即组织了口感测试，结果与“百事挑战”中的一样，人们更喜爱百事可乐的口味。市场调查部的研究也表明，可口可乐独霸饮料市场的格局正在转变为可口可乐与百事可乐分庭抗礼。20世纪70年代18%的饮料消费者只认同可口可乐这一品牌，认同百事可乐的只有4%；到了80年代只有12%的消费者忠实于可口可乐，而只喝百事可乐的消费者则上升到11%，与可口可乐持平。而在此期间，无论是广告费用的支出还是销售网站，可口可乐公司都比百事可乐公司多得多。

可口可乐新的领导者戈伊朱埃塔认为，尽管可口可乐公司广告开销巨大、分销手段先进、网点覆盖面广，但市场占有率却还是一直在下滑（见表4.1），其重要的原因是可口可乐神圣不可侵犯的、已经使用了99年的配方，似乎已经跟不上当今消费者的口感要求了。

表4.1　可口可乐公司的市场占有率

品　牌	20世纪50年代	1975年		1979年		1984年	
		市场占有率	领先值	市场占有率	领先值	市场占有率	领先值
可口可乐	可口可乐两倍于百事可乐	24.2%	6.8%	23.9%	6.0%	21.7%	2.9%
百事可乐		17.4%		17.9%		18.9%	

可口可乐公司技术部门决定开发出一种全新口感、更惬意的可口可乐，并且最终拿出了样品，这种“新可乐”比可口可乐更甜、气泡更少，因为它采用了比蔗糖含糖量更多的谷物糖浆，它的口感柔和且略带胶黏感。

可口可乐公司在研制新可乐之前，曾秘密进行了代号为“堪萨斯工程”的市场调查行动，它出动了2 000名市场调查员在10个主要城市调查顾客是否接受一种全新的可口可乐，问题包括：可口可乐配方中将增加一种新成分使它喝着更柔和，你愿意吗？可口可乐将与百事可乐口味相仿，你会感到不安吗？你想试试一种新饮料吗？调查结果表明，只有10%～12%的顾客对新口味可口可乐表示不安，而且其中一半表示会适应新的可口可乐，这说明顾客们愿意尝试新口味的可口可乐。

在新可乐的样品出来后，可口可乐公司组织了品尝测试。在不告知品尝者品牌的情况下，请他们说出哪种饮料更令人满意。测试的结果令可口可乐公司兴奋不已，顾客对新可乐的满意度超过了百事可乐。市场调查人员认为这种新配方的可乐至少可以将可口可乐的市场占有率推高1%～2%，这就意味着多增加2亿～4亿美元的销售额。

为了确保万无一失，可口可乐公司倾资400万美元再一次进行了规模更大的口味测试，13个大城市的超过19万名顾客参加了测试，55%的品尝者认为新可乐的口味胜过了传统配方的可口可乐，而且在这次口感测试中新可乐再次击败了对手百事可乐。

新可乐即将投产，目前面临的问题是：是为“新可乐”增加新的生产线，还是彻底全面取代传统的可口可乐呢？可口可乐的决策层认为，新增加生产线会遭到遍布世界各地的瓶装商的反对，公司最后决定“新可乐”全面取代传统可口可乐，停止传统可口可乐的生产和销售。

在“新可乐”全面上市的初期，市场的反应相当好，1.5 亿人在“新可乐”面世的当天就品尝了它，但情况很快有了变化。

在“新可乐”上市后的一个月，可口可乐公司每天接到超过 5 000 个抗议电话，而且更有雪片般飞来的抗议信件，可口可乐公司不得不开辟了 83 条热线，雇用更多的公关人员来处理这些抱怨和批评。有的顾客称可口可乐是美国的象征、有的顾客威胁说将改喝茶水永不再买可口可乐公司的产品，更有忠于传统可口可乐的人们组成了“美国老可乐饮者”的组织发动了全国抵制“新可乐”的运动，而且许多人开始寻找已停产的传统可口可乐，这些“老可乐”的价格一涨再涨。面市后两个月，“新可乐”的销量远远低于公司的预期值，不少瓶装商强烈要求改回销售传统可口可乐。

公司的市场调查部门进行了紧急的市场调查，1 个月前还有 53%的消费者声称喜欢“新可乐”，可现在一半以上的人说他们不喜欢“新可乐”，再过 1 个月，认可“新可乐”的人只剩下不到 30%。

“新可乐”面市后的 3 个月，其销量仍不见起色，而公众的抗议却越演越烈。最终，可口可乐公司决定恢复传统配方的生产，其商标定名为古典可口可乐，同时继续保留和生产“新可乐”，其商标为新可乐。但是可口可乐公司已经在这次行动中遭受了巨额损失。

请问：可口可乐公司在推出“新可乐”时，做了大规模的消费测试，为什么新产品仍然失败了？

案例解析

决策是否成功受到许多因素的影响，而不是简单的数据。各种理论和方法及数据为决策提供了参考，这种参考不是绝对的，因为通过调查收集数据不可能做到全面和无偏差。在可口可乐的调查中，专注于产品口味，而忽略了公众对可口可乐精神标志的认知，过分依赖理论和数据，导致可口可乐公司貌似经过了严密科学论证的决策最终的失败。

20 世纪 40 年代，美国政治学者 J·A·罗宾逊首先提出一般决策方法，主张广泛收集历史资料，结合现实情况决策。此类方法适用于各种决策，无特殊的要求，有适用于整个决策过程的方法，也有仅适用于某一阶段决策的方法。

常用的一般决策方法包括以下 3 种。

1）经验资料法。同类决策问题有相似之处，决策者可以凭借以往的经验，收集相关的有价值的信息资料，获得有关的事实和数据，根据现状做出决策。此法有较强的实用性，但往往对问题的发展缺乏远见。

2）逻辑推理法。决策者通过对现象的性质、产生原因和发展经过等因素的了解，推断出对另一类似现象的认识，从而制定出相应的决策。此法具有较强的逻辑性，但不能做无条件的推理。

3）典型调查法。决策者对问题大概了解后，从中选出若干有代表性的对象，通过系统深入的典型调查，做出有规范意义的决策。此法关键在于选好典型和确定抽样数量，以免影响决策的正确性。

收集分析历史和现实数据资料，不断学习和理解事物发展规律，是提高决策水平的必要途径。这就需要决策者对企业内部和外部信息要保持高度的敏感性，特别是一些新事物（如新技术、新产品）出现时，要有对新事物认识不足的自觉性，在决策时必须谨慎，在必要时应通过调查法来收集新的信息。

知识点二 集体决策方法

案例导入：产品是否提价

梅厂长和同事们经过一年多的努力，终于使一个将要倒闭的时装厂停止了滑坡。某天，他请来了本厂顾问——某大学管理系教授伍楚欣先生，参加本厂在厂办会议室召开的业务会议，讨论产品是否需要提价。出席会议的有负责财务的副厂长老包，厂财务科科长李凯，他们俩都是会计师；还有销售科科长小狄，他没有专业学历，但工作经验丰富，手下有一批销售员，还负责与一批独立的销售代理人联系。

会议开始后，首先由梅厂长提议请大家讨论产品要不要提价，老包说应马上提价 16%，现在每笔订货都在赔钱，不提价是不行了。李凯完全同意老包的观点，估计从现在起提价 16%，到年底可赢利 30 万元。小狄一直没吭声，当梅厂长征求他的意见时，他表示突然提价无法向客户进行解释，但老包坚持要提价。

在冷场后，梅厂长请伍教授发言，伍教授既分析了销售中期提价带来的一些问题，又提出了几种备选方案，考虑怎样才能让提价起作用，使工厂马上赚到钱。于是气氛活跃起来了，大家商定马上把提价一事以打电话和发传真方式通知主要客户，同时做好销售员的思想工作，并打电话通知销售代理们；对订货低于 8 000 元的客户，发信给他们，并要求其在 5 天内答复。最后，由梅厂长宣布会议到此结束，会后大家分头行动。

请问：案例中决策会议一开始出现了冷场，问题出在哪里？

案例解析

在案例的决策会议中，参与发言的老包、李凯和小狄负责的部门不同，因而思考问题的角度差异很大，出现了较为尖锐的冲突，一方要提价，而另一方不同意，双方都没有站在对方的立场上进行考虑，因而无法缓和冲突，出现了冷场。而其后伍教授发言时不带成见，能够从多方面考虑问题，提出备选方案供大家讨论，使决策成员有了均等参与的机会，从而缓解了矛盾。

对于一些全局性的重要问题，往往需要集体决策来解决。而集体决策往往有决策过程复杂、耗费时间多、易受权威影响和易受从众心理影响等缺点，因此，在集体决策时，恰当的组织方法特别有助于提高集体决策的效率和效果。

一、头脑风暴法

头脑风暴法是 20 世纪 50 年代由心理学家奥斯本（A.F.Osborn）提出的，是令人敞开思想、畅所欲言的一种群体决策方法。

这种方法把相关人员召集在一起，让他们就某一特定问题无拘束地发表意见，其间要遵循以下 4 个原则。

1）不允许对他人所提的意见进行反驳，即使有人提出了极其荒谬的意见也不允许嘲笑或质疑。

2）对所有的建议不作评价，避免讨论，但允许对自己的意见补充和完善，也可以通过协商联合提出意见，所有的评价在头脑风暴过程之后再进行。

3）建议越多越好，不必顾虑意见的合理性和正确性。

4）鼓励每个人独立思考，思路越广越好。

头脑风暴会议的主要目的不是做出结论，而在于创造一种自由开放的氛围，鼓励创造性地思考问题，获得创新的设想或意见。在拟订决策方案时，这种方法对于提出创造性的方案特别有意义，在方案评价和选择时，也有助于发现各方案的潜在利益或风险。这种方法的优点是鼓励参与者解放思想，敢于大胆地想问题；缺点是整理和分析意见可能要花很多时间，影响决策效率。

一般来说，使用这种方法应针对比较单一的、明确的问题，如果问题涉及面很广，影响因素多，则应把复杂问题分解为单一的小问题。参加会议的人数不可过多，以不超过10人为宜，会议时间一般也以1小时之内为宜。据统计，采用这种方法平均每小时可产生60～150项建议，比一般方法多70%。尽管其中有些方案可能不切实际甚至荒唐可笑，但通常也可能产生一些很有价值、很有创见的方案。

二、德尔菲法

德尔菲法是在20世纪40年代由赫尔默（Helmer）和戈登（Gordon）首创的。1946年，美国兰德公司为避免集体讨论中存在屈从于权威或盲目服从多数的缺陷，首次用这种方法来进行定性预测。20世纪中期，当美国政府执意发动朝鲜战争时，兰德公司又提交了一份预测报告，预告这场战争必败。政府完全没有采纳，结果一败涂地。从此以后，德尔菲法得到广泛认可。

德尔菲是古希腊地名。在德尔菲有座阿波罗神殿，是一个预卜未来的神谕之地，于是人们就借用此名，作为这种方法的名字。德尔菲法被广泛用于预测、评价、决策、管理沟通和规划工作。特别是当由于缺乏数据资料，使得定量分析方法无能为力时，德尔菲法仍能凭借专家的经验得到正确性相当高的结果。

德尔菲法采用有控制的反馈法，其实施程序如下。

1）明确地列出若干条待解决的关键问题，并规定统一的评估方法。

2）根据情况，将上述问题分发给相关领域的数位专家，征求他们的意见。各专家相互之间不沟通，单独发表意见，以避免因意见不同而产生消极影响。

3）收集专家的意见，对每个问题进行统计处理和综合分析。

4）把综合后的意见结果反馈给专家，请他们对此进行分析并发表意见。

5）对新的意见综合分析后再寄给专家。

重复以上4）、5）步骤，经过几次反复，最终就能形成代表专家组意见的方案。

由于意见征询表的质量将直接关系决策的有效性，要求征求意见的问题尽量明确具体，问题数量也不可过多，题目涉及也要适当。采用这种方法时，根据要解决问题的性质进行专家的选择也很重要，通常专家人数为10～50人比较适宜。而且，在全部过程的进行中要做到保密，专家之间彼此不互通姓名，另外，组织者在综合分析时应如实地反映专家意见，不能带有主管倾向性。

这种方法的好处在于：一方面，被调查者彼此不见面，不了解真实姓名，避免产生相互之间的消极影响；另一方面，经过几次反馈，意见比较容易趋向集中，便于为决策者提供参考。

三、决策者的多元化

改善集体决策的另一种方法，是促进决策集体成员的多元化。这种多元化可以表现在不同性别、不同年龄、不同部门、不同知识背景、不同宗教信仰甚至不同国籍等方面，这些往往决定了人的思维方式、偏好和倾向的差别，将多元化的管理者组织在一起，能够扩展知识经验的幅度，在形成、评价和选择方案的过程中有更多的观点。

此外，多元化的决策集体还具有较低的集体思维倾向，因为集体成员之间本来就存在很大的差异，追求融洽一致的压力比较小。而且在多元化的集体中，出现权威人物的可能性也比较小，因而有助于所有成员更开放地发表自己的观点。

但是，实现决策者多元化也会带来额外的管理成本，主要是成员之间的差异使其相互沟通存在较多的障碍，也较难最终达成统一的意见，因此，在使用多元化的决策集体时，必须采取各种措施建立顺畅的沟通体系，促进成员之间的相互信任，从而最大限度地令集体成员的知识和经验得以发挥。

知识点三　确定型定量决策方法

对于约束条件明确、各方案所带来的结果唯一的确定型决策问题，可以针对决策问题建立反映各因素关系的定量优化的数学模型，通过对数学模型的计算求解，得出在一定的约束条件下令目标达到最优的决策方案。常用的定量决策方法有线性规划模型、盈亏平衡分析法和现金流量分析法等。

一、线性规划模型

线性规划是运筹学的一个重要分支，它应用广泛，方法也较为成熟。线性规划模型所描述的典型问题是在人力、物力等资源有限的条件下，如何合理安排各项活动，以最优的方式分配有限的资源，从而使经济效果达到最好。

以实际问题建立优化数学模型要确定 3 个要素——决策变量、约束条件和目标函数。决策变量表示影响所要达到目的的因素，也是需要确定的方案的关键变量，决策变量可以有若干个，决策变量的一组值就表示一种方案；约束条件通常表示资源的限制条件，决策变量的变化会影响资源的使用；目标函数反映决策变量与所要达到的目的之间的函数关系。对于线性规划而言，模型中的目标函数和约束条件必须是决策变量的线性函数、线性等式或线性不等式。下面是一个典型的线性规划问题示例。

某工厂要安排生产 I、II 两种产品，已知生产单位产品所需的设备台时及 A、B 两种原材料的消耗，如表 4.2 所示，每日设备能力及原材料供应有一定的限量，又知该工厂生产一单位产品 I 可获利 2 元，生产一单位产品 II 可获利 3 元，问应如何安排生产，使其获利最多？

表 4.2　某厂的生产所需设备台时和原材料消耗

	产品 I 的耗费	产品 II 的耗费	每日供应限量
设备台时（小时）	1	2	8
原材料 A（千克）	4	0	16
原材料 B（千克）	0	4	12

对于此问题，可以确定决策变量是该工程每天分别生产 I、II 两种产品的数量，记为 x_1、

x_2；目标函数是令工厂获利最多，即令 $2x_1+3x_2$ 达到最大；要满足的约束条件包括每天消耗的设备台时和 A、B 两种原材料要在限量之内；此外，决策变量的取值应为非负数。用 max 表示最大值，s.t.表示约束条件，则整个模型可写为

$$\max\ (2x_1+3x_2)$$

$$\text{s.t.}\begin{cases} x_1+2x_2\leqslant 8 & \text{（设备台时限制）}\\ 4x_1\leqslant 16 & \text{（原材料 A 限制）}\\ 4x_2\leqslant 12 & \text{（原材料 B 限制）}\\ x_1,x_2\geqslant 0 & \text{（变量非负限制）}\end{cases}$$

求解线性规划问题的基本方法是单纯形法，现在已有单纯形法的标准软件，可在计算机上求解约束条件和决策变量数达 10 000 个以上的线性规划问题。为了提高解题速度，又有改进单纯形法、对偶单纯形法、原始对偶方法、分解算法和各种多项式时间算法。对以上例题，采用线性规划软件求解可得 $x_1=4$，$x_2=2$，即该工厂每天生产 4 个产品 I，2 个产品 II 可获利最大。

二、盈亏平衡分析法

在企业管理中，常常要围绕企业产品的生产、销售进行决策，以计算企业的赢利能力。因此，盈亏平衡分析是企业管理中常用的决策方法。该方法又称保本点分析或本量利分析法，是根据产品的业务量（产量或销量）、成本、利润之间的相互制约关系的综合分析，掌握盈亏变化的临界点，从而确定能产生最大利润的经营方案。

一般来说，企业利润=销售收入−成本，其中，销售收入可用产品销售量与产品单价相乘计算得到；成本可以分为固定成本和变动成本两部分，固定成本是指总额在一定期间和一定业务量范围内不随产量的增减而变动的成本，它们通常是由一些不易调整、使用期限较长的生产要素形成的成本，如固定资产和管理费用；变动成本是指总额随产量的增减而成正比例关系变化的成本，如直接人工费用、原材料消耗等，就单件产品而言，变动成本可以认为是一个定值。因此可以得到以下关系式：

利润=产销量×产品单价−固定成本−产销量×单位变动成本

这种关系可用图 4.1 来表示。图中 P 表示产品单价；Q 表示产销量；F 为固定成本；C_V 为单位变动成本，则当企业达到盈亏平衡时，即利润为零，收入等于成本时，可得到以下关系式：

$$PQ=F+C_VQ$$

则可导出此时的产销量 $Q_0=F/(P-C_V)$

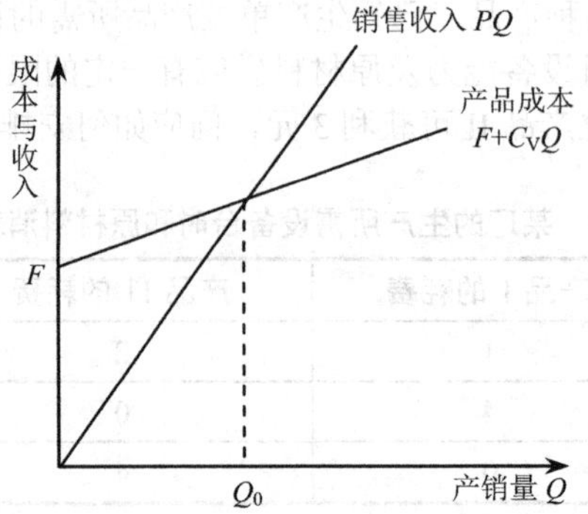

图 4.1　盈亏平衡产量示意

这个产量即为盈亏平衡产量，即当产销量达到 $F/(P-C_V)$时，企业的生产经营正好处于平衡状态，这一点也称为保本点，在这个保本点之上增扩的产量，只要能确保产品的边际贡献值大于零，即可为企业带来利润。

三、现金流量分析法

现金流量分析是企业在进行投资项目评估决策时常用的方法，该方法在预测投资项目在项目生命周期内各年现金流入/流出量的基础上，通过计算一些经济效益评价指标，可以直观地反映投资项目的经济可行性，从而帮助管理者进行投资项目的选择决策。

现金流量分析法通常要考虑资金的时间价值，因而主要计算动态的投资经济效益评价指标，常用指标有净现值、内部收益率和动态投资回收期等。

净现值（Net Present Value，NPV）是对投资项目进行经济评价的最重要的指标之一。净现值是指按行业基准收益率或设定的折现率，将项目计算期内各年净现金流量折现到建设期初的现值之和。其计算公式为

$$\mathrm{NPV}=\sum_{t=0}^{n}\frac{(\mathrm{CI}_t-\mathrm{CO}_t)}{(1+i)^t}$$

式中，t 表示年份；CI_t 为第 t 年的现金流入量；CO_t 为第 t 年的现金流出量；$\mathrm{CI}_t-\mathrm{CO}_t$ 为第 t 年的净现金流量；i 为折现率；n 为项目生命年限。

净现值表示项目在整个生命周期内所取得的净收益的现值。如果 NPV<0，则说明项目整体是亏损的，应予以拒绝；如果 NPV≥0，说明项目整体不会亏损，可以接受。如果是多个投资项目进行比较时，净现值越大的方案意味着项目的总收益越大，可按照净现值最大准则进行选优。

净现值指标虽然简单易行，但计算时必须事先给定一个折现率，而且净现值会随着折现率的增大而减少，项目有可能从可行变为不可行。计算内部收益率则不需要事先给定折现率，它反映项目自身实际能达到的投资效率。

内部收益率（Internal Rate of Return，IRR）是指项目在整个计算期内各年净现金流量现值累计等于零时的折现率，简单来说，就是项目在计算期内净现值为零时的折现率。其计算公式为

$$\sum_{t=0}^{n}\frac{\mathrm{CI}_t-\mathrm{CO}_t}{(1+\mathrm{IRR})^t}=0$$

根据上式，在具体计算 IRR 时，通常采用线性内插法。在试算的基础上，用线性内插法，求得 IRR 的近似值。计算公式为

$$\mathrm{IRR}=i_1+(i_2-i_1)\frac{\mathrm{NPV}_1}{\mathrm{NPV}_1+|\mathrm{NPV}_2|}$$

式中，i_1 为当净现值接近于零但为正值时的折现率；i_2 为当净现值接近于零但为负值时的折现率；NPV_1 为折现率为 i_1 时的净现值（正值）；$|\mathrm{NPV}_2|$为折现率为 i_2 时的净现值（负值）的绝对值。利用上式进行计算时，为了保证 IRR 的精确性，（i_2-i_1）的差值一般不应超过 2%，最大不能超过 5%。

内部收益率反映了项目以每年的净收益归还全额投资以后，所能获得的最大收益率，也是

项目能够接受的贷款利率的最高临界点。管理者可以把项目的内部收益率与行业基准收益率进行比较，当内部收益率大于行业基准收益率时，意味着项目的赢利能力高于行业平均能力，则可以接受项目。对于贷款项目，内部收益率必须同时大于贷款利率，才能考虑接受项目。

动态投资回收期是现金流量分析法常用的另一个重要指标，它反映了在考虑了资金的时间价值的条件下，项目以其净收益抵偿全部投资所需要的时间。其表达公式为

$$\sum_{t=0}^{T_{pt}} \frac{CI_t - CO_t}{(1+i)^t} = 0$$

式中，T_{pt}为动态投资回收期，具体数值可以通过试算法求的，计算公式为

T_{pt}=累计净现金流量现值开始出现正值的年份数–1+
上年累计净现金流量现值的绝对值÷当年净现金流量现值

当动态投资回收期小于、等于行业基准动态投资回收期时，项目是可以接受的，否则项目应予以拒绝。

例 1 某通信基本建设项目各年现金流量预测数据如表 4.3 所示。该行业的基准收益率为 10%，基准动态投资回收期为 7 年。请用动态投资回收期、净现值和内部收益率等指标评价该项目的经济可行性。

表 4.3 某项目各年现金流量预测数据　　单位：100 万元

年　份	建设期		生产期						
	0	1	2	3	4	5	6	7	8
现金流入量	0	0	6	7	9	10	10	10	10
现金流出量	12	0	4	4	4	4	4	4	4

解：根据各年的现金流量数据，按照折现率为 10%计算如表 4.4 所示。

表 4.4 某项目各年现金流量数据　　单位：100 万元

年　份	建设期		生产期						
	0	1	2	3	4	5	6	7	8
现金流入量	0	0	6	7	9	10	10	10	10
现金流出量	12	0	4	4	4	4	4	4	4
净现金流量	–12	0	2	3	5	6	6	6	6
折现后的净现金流量	–12	0	1.7	2.3	3.4	3.7	3.4	3.1	2.8
逐年累计折现后的净现金流量	–12	–12	–10.3	–8.0	–4.6	–0.9	2.5	5.6	8.4

根据以上计算表可得：该项目净现值为 8 400 万元。

动态投资回收期 T_{pt}=6–1+0.9÷3.4≈5.3 年

经试算该项目的内部收益率约为 22%。

由于按照基准收益率计算的该项目的净现值大于零，动态投资回收期小于基准动态投资回收期，内部收益率也大于基准收益率，所以该项目在经济上是可行的。

教学互动

某企业可以生产A、B两种产品。生产单位产品A和B所需要的机器、人工、原材料的数量及每天可用资源总量和资源单价，都在表4.5中给出。已知产品A的售价为600元，B的售价为400元，市场需求旺盛。请问：如何安排生产能使企业的利润最大？请针对此问题建立线性规划模型。

表4.5　生产单位产品A和B的基本数据

项　目	产品A资源消耗量	产品B资源消耗量	每天可用资源总量	资源单价（元）
机器（小时）	6	8	1 200	5
人工（小时）	10	5	1 000	20
原材料（千克）	11	8	1 300	1

知识点四　风险型决策方法——决策树法

决策树法是进行风险型决策时经常采用的方法。在风险型决策问题中，各种方案的实施在不同的条件下所产生的结果是不一样的，而各种条件和结果出现的概率是可以测算的，因此，决策树可以通过计算出各方案在不同条件下的期望收益来考虑未来的经济效益。决策树方法能够形象地用分支、节点等方式将各种条件发生的概率、各方案的相应结果及最终的期望收益表示出来，从而令决策方案的选择一目了然。

决策树的形式如图4.2所示，它的构成有4个要素。

1）决策节点，用方框表示。

2）方案枝，表示该决策点可以选择的几种备选方案。

3）状态节点，以带有编号的圆形节点①、②（见图4.2）等来表示。

4）状态概率分枝，是指由各状态节点引出的枝条，对应各备选方案在每种状态下的情况。

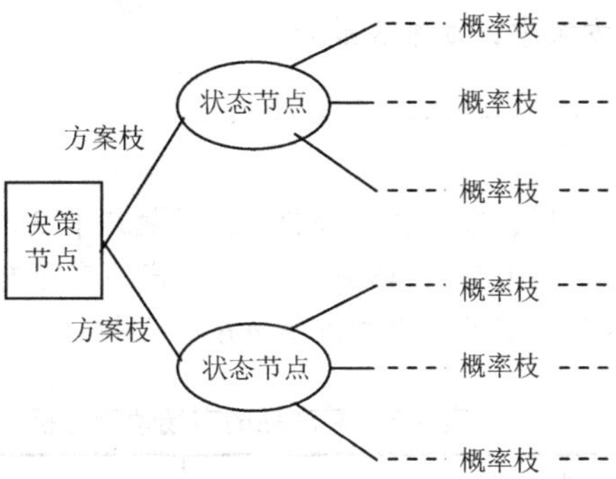

图4.2　决策树的形式

在计算各方案的期望收益时，首先要计算各状态枝的期望收益，即用各状态下的损益值分别乘以各状态出现的概率；其次将各状态枝的期望收益进行累加，得到每个方案的期望收益值，可将该值记录在状态节点位置；最后将方案收益值减去方案实施所需要的费用，即可得到方案的预期净收益，对不同方案的预期净收益进行对比，即可得到经济效果的最优方案。以下是一个决策树的示例。

例2 某企业为了扩大某产品的生产，拟建设新厂。据市场预测，产品销路好的概率为0.7，销路差的概率为0.3。以下有3种方案可供企业选择。

方案1：新建大厂，需投资300万元。据初步估计，销路好时，每年可获利100万元；销路差时，每年亏损20万元。服务期为10年。

方案2：新建小厂，需投资140万元。销路好时，每年可获利40万元；销路差时，每年仍可获利30万元。服务期为10年。

方案3：先建小厂，3年后销路好时再扩建，需追加投资200万元，服务期为7年，估计每年获利95万元。

请问哪种方案最好？

解：针对此问题做决策树如下，这是一个多阶段决策树，如图4.3所示。

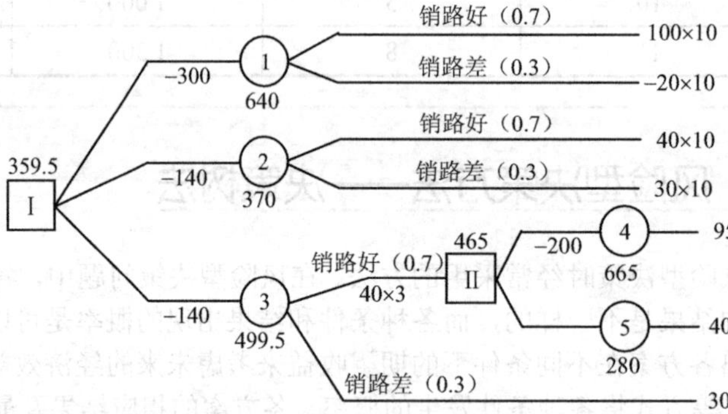

图4.3 多阶段决策树

方案1：节点①的期望收益为［0.7×100+0.3×（−20）］×10−300=340（万元）。

方案2：节点②的期望收益为（0.7×40+0.3×30）×10−140=230（万元）。

方案3：节点④的期望收益为465（95×7−200）万元，大于节点⑤的期望收益280（40×7）万元，所以销路好时，扩建比不扩建好。

所以节点③的期望收益为（0.7×40×3+0.7×465+0.3×30×10）−140=359.5（万元）。

计算结果表明，在3种方案中，方案3最好。

教学互动

某企业打算生产某产品，根据市场预测分析，产品销路有3种可能性：销路好、一般和差，各种情况出现的概率分别为0.3、0.45和0.25。生产该产品有3种方案：改进生产线、新建生产线和外包生产。各种方案的收益值在表4.6中给出。

表4.6 某产品的市场预测分析　　单位：万元

方案＼收益＼状态	销路好	销路一般	销路差
① 改进生产线	180	120	−40
② 新建生产线	240	100	−80
③ 外包生产	100	70	16

根据以上数据，计算方案①的期望收益为（　　）万元，方案②的期望收益为（　　）万元，方案③的期望收益为（　　）万元。

知识点五　非确定型决策方法

与风险型决策相比，非确定型决策面临的不确定性更大。其中，不确定性最高的情况是方案实施后可能带来的结果无法估计，这样的决策非常难以制定，只能依靠决策者的学识、智慧、胆略、直觉甚至运气来做出决策。

如果每种方案实施后所带来的结果可以估计，即可以确定出各方案在未来不同的状态下可能带来的收益情况，但各种状态发生的概率无法判断，这时可以在主观上设定某种决策准则，并以此对行动方案进行比较和选择，因决策者的个性和风险偏好不同，他们选择的决策准则也就不尽相同。在非确定型决策中常用的决策准则有乐观准则、悲观准则、折中准则及最大后悔值最小化准则。

1）乐观准则。它也称“大中取大”决策法。持这种准则的决策者是一个乐观者，倾向于认为未来总会出现最好的状态，因此他会关注各方案在未来最有利的状态下的收益值，选择其中收益最大的方案作为最优方案。

2）悲观准则。它也称“小中取大”决策法。与乐观准则正好相反，悲观的决策者倾向于认为未来会出现最差的状态，因此为了避免风险，决策者会关注各个方案在最差状态下所带来的收益，选择其中收益最大的方案作为最优方案，这实际上是一种风险最小的选择。

3）折中准则。折中准则试图在乐观与悲观两种极端之间求得折中，也就是说，决策时不应把未来想象得过于乐观或过于悲观，而应接受最好和最差的状态均有出现的可能性。这时，可以根据决策者本人的估计，先给出一个乐观系数 α，表示最好状态出现的可能性，最差状态出现的可能性则为（$1-\alpha$）；再分别针对每个方案计算其在最好状态下的收益与 α 的乘积，以及其在最差状态下的收益与（$1-\alpha$）的乘积，将两者相加则可求得在一定乐观系数下各方案的期望收益值。通过比较不同方案的期望收益值，选择期望收益值最大的方案。

4）最大后悔值最小化准则。考虑决策者在选定某一方案之后，有可能发生在未来实施中遇到与决策时的判断不同的状态，这就意味着当初如果选择其他的方案可能会为企业带来更大的收益，也就是说，在决策中存在机会损失，当你选择了一种方案时，实际上放弃了其他方案可能增加的收益。对每个未来状态来说，存在一个收益最大的最优方案，而其他方案与这个最优方案收益的差值，就构成了决策的“后悔值”。最大后悔值最小化准则，就是选择最大后悔值最小的方案。

当采用的准则不同时，决策的结果可能完全不同，从以下的示例中可以看得非常清楚。

例 3　某企业打算生产某产品，据市场预测，产品销路有 3 种情况：销路好、销路一般和销路差。生产该产品有 3 种方案：① 改进生产线。② 新建生产线。③ 外包生产。据估计，各方案在不同情况下的收益如表 4.7 所示。请问企业应选择哪个方案？

表 4.7 改建、新建和外包生产在不同市场预测情况下的收益 单位：万元

状态 / 收益 / 方案	销路好	销路一般	销路差
① 改进生产线	180	120	–40
② 新建生产线	240	100	–80
③ 外包生产	100	70	16

解：1）若采用乐观准则，则应选择方案 ② 新建生产线，在销路好时收益可以达到 240 万元。

2）若采用悲观准则，则应选择方案 ③ 外包生产，即使销路差仍能获得 16 万元的收益。

3）若采用折中准则，假定乐观系数取为 0.5，则可计算 3 种方案的期望收益如下。

方案 ① 期望收益：180×0.5+（–40）×0.5＝70（万元）

方案 ② 期望收益：240×0.5+（–80）×0.5＝80（万元）

方案 ③ 期望收益：100×0.5+16×0.5＝58（万元）

取期望收益最大的方案，即应选择方案②新建生产线。

4）若采用最大后悔值最小化准则，可以计算各方案在各状态下的后悔值如表 4.8 所示。

表 4.8 各状态下的后悔值 单位：万元

状态 / 收益 / 方案	销路好	销路一般	销路差
① 改进生产线	60	0	56
② 新建生产线	0	20	96
③ 外包生产	140	50	0

由表 4.8 可见，方案①的最大后悔值为 60 万元，方案②的最大后悔值为 96 万元，方案③的最大后悔值为 140 万元，选择最大后悔值最小的方案，即应选择方案①改进生产线。

教学互动

某企业决定生产一种新产品，在 A、B、C 这 3 种产品之间进行选择，3 种产品预期的收益如表 4.9 所示。

表 4.9 3 种产品的预期收益 单位：万元

产品	需求量较高	需求量一般	需求量较低	需求量很低
A	70	50	30	20
B	100	80	20	–20
C	85	60	25	5

如果按照最大后悔值最小化准则进行决策，则应选择产品（　　）。

复习思考题

1. 应用头脑风暴法应遵循哪些准则？头脑风暴法适用于什么样的决策问题？
2. 德尔菲法适用于什么样的决策问题？应如何进行实施？
3. 线性规划的基本模型是什么？
4. 在盈亏平衡分析中，盈亏平衡产量的计算式是如何推导出来的？
5. 现金流量分析法有哪些常用指标？它们的含义是什么？
6. 在决策树方法中如何计算各方案的期望收益？
7. 非确定型决策常用的决策准则有哪些？它们的含义是什么？

知识自测题

（一）单项选择题

1. 头脑风暴法的目的在于（　　）。
A. 选定最佳决策方案　　B. 统一所有参与人员的意见
C. 创造自由开放的氛围、鼓励创造性地思考问题
D. 收集所有专家的意见进行分析整理
2. 对于线性规划而言，模型中的目标函数必须是决策变量的（　　）。
A. 指数函数　　B. 幂函数　　C. 线性函数　　D. 多项式函数
3. 固定成本是指总额在一定期间和一定业务量范围内不随（　　）的增减而变动的成本。
A. 投资　　B. 产量　　C. 销售额　　D. 人数
4. 在非确定型决策常用的决策准则中，需要确定乐观系数的是（　　）。
A. 乐观准则　　B. 悲观准则　　C. 折中准则　　D. 最大后悔值最小化准则

（二）多项选择题

1. 应用头脑风暴法需要遵循的原则包括（　　）。
A. 对所有建议不作评价　　B. 鼓励每个人独立思考
C. 对每个建议都进行细致的评价　　D. 及时剔除不合理的意见
2. 应用德尔菲法时，应注意（　　）。
A. 所选择的专家越多越好　　B. 专家彼此不直接沟通
C. 征求意见的问题尽量明确具体　　D. 进行多次集中和反馈
3. 在应用现金流量分析进行投资项目评估决策时，当（　　）时，投资项目具有经济可行性。
A. 净现值大于0　　B. 内部收益率小于行业基准收益率
C. 内部收益率大于行业基准收益率　　D. 投资回收期大于行业基准投资回收期

案例讨论：头脑风暴——开一家成功的饭店

你和你的伙伴试图决定在购物中心地带开设一家饭店。困扰你们的问题是，这个地带已经有了很多饭店，这些饭店能够提供多种价位的不同种类的餐饮服务。假设你们拥有开设任何类型饭店的足够资源，那你们需要决定的是开一家什么样的饭店最可能成功。

? 请运用头脑风暴法来提出尽可能多的方案，并做出最终的选择。

第三篇

计　划

第五章

计划工作概述

计划工作是管理职能中的第一项基本职能，它与其他 4 项职能关系密切。这是因为计划工作不但包括选定组织和部门的目标，还包括确定实现既定目标的途径。主管人员按照计划规定的目标，从事组织工作、人员配备、指导与领导控制工作等一系列相关活动，以更好地完成预定目标。这就要求组织中的各种活动能够有计划、有节奏地进行，从而在很大程度上提高经济效益。

教学目标

知识点	学习要求	知识分阶
知识点一　计划工作的概念	牢记并掌握	必修
知识点二　计划的种类	掌握	必修
知识点三　计划工作的程序	掌握	必修
知识点四　计划工作的方法	掌握	中级选读
知识点五　计划工作的原理	牢记并掌握	必修

学习重点

- 计划工作的概念
- 计划的种类
- 计划工作的程序
- 计划工作的方法与原理

知识点一　计划工作的概念

案例导入：计划工作的重要性

北京有一家中外合资企业——北京松下显像管有限公司（简称北京松下），它自建立以来，获得了良好的经营业绩，曾连续获得多项荣誉，确立了在中国工业界的地位。

北京松下对计划工作非常重视，在他们看来，制订一份良好的工作计划，工作也就完成了一半。为了强调工作计划的重要性，公司将制订计划工作能力作为职员考核的标准之一。

每年，公司总经理都要制订工作计划，拟订公司本年度的活动经营方针，制订该年度的活动计划，设定合适的目标。制订计划的目的在于推动以目标管理为中心的事前管理，克服无计划的随机管理。公司总经理曾形象地说："等着了火再去泼水，傻瓜都会。管理的责任在于防止火灾的发生。"

北京松下最具代表性的就是推行"事业计划"。它的编制往往始于该财政年度的前几个月，其内容包括生产、销售、库存、设备投资、材料采购、材料消耗、人员聘用和工资基数等一系列详细计划及以此为前提的资金计划、利润计划和资产负债计划。"事业计划"来自全体职工的集体智慧，其中的"标准成本"、"部门费用预算"等，使职工们看到各自的岗位职责与经济责任。总之，"事业计划"的实施大大地加强了企业从投入到产出经营活动的可控性，指明了全体职工为实现经营目标而协调努力的方向。

请问：什么是计划？计划在管理活动中有什么作用？

案例解析

计划工作的任务，就是根据社会的需要及组织的自身能力，确定组织在一定时期内的奋斗目标；通过计划的编制、执行和检查，协调和合理安排组织中各方面的经营和管理活动，有效地利用组织的人力、物力和财力等资源，取得最佳的经济效益和社会效益。计划职能在管理的各项职能中处于首位。只有做好计划，才能使各项工作有一个明确的目标，并激励全体人员为完成这个目标而努力。所以计划在管理中的作用至关重要。

一、广义的和狭义的计划工作

计划工作有广义和狭义之分。广义的计划工作是指制订计划、执行计划和检查计划执行情况 3 个紧密衔接的工作过程。狭义的计划工作则是指制订计划，也就是说，根据实际情况，通过科学预测，权衡客观的需要和主观的可能，提出在未来一定时期内要达到的目标，以及实现目标的途径。计划是使组织中各种活动有条不紊地进行的保证。计划工作还是一种需要运用智力和发挥创造力的过程，它要求高瞻远瞩地制定目标和战略，严密规划和部署，把决策建立在反复权衡的基础上。

二、计划工作的任务

计划工作的任务，就是根据社会的需要及组织的自身能力，确定组织在一定时期内的奋斗目标；通过计划的编制、执行和检查，协调和合理地安排组织中各方面的经营和管理活动，有效地利用组织的人力、物力和财力等资源，取得最佳的经济效益和社会效益。

可以通俗扼要地将计划工作的内容和任务概括为以下 6 个方面，即做什么（What to do），为什么做（Why to do it），何时做（When to do it），何地做（Where to do it），谁去做（Who to do it），怎么做（How to do it），简称为"5W1H"。这 6 个方面的具体含义如下。

1）做什么：要明确计划工作的具体任务和要求，明确每个时期的中心任务和工作重点。

2）为什么做：要明确计划工作的宗旨、目标和战略，并论证可行性。

3）何时做：规定计划中各项工作的开始和完成的进度，以便进行有效的控制和对能力及资源进行平衡。

4）何地做：规定计划的实施地点和场所，了解计划实施的环境条件和限制，以便合理安排计划实施的空间组织和布局。

5）谁去做：计划不仅要明确规定目标、任务、地点和进度，还应规定由哪个主管部门负责。

6）怎么做：制订实施计划的措施，以及相应的政策和规则，对资源进行合理分配和集中使用，对人力、生产能力进行平衡，对各种派生计划进行综合平衡等。

实际上，一个完整的计划还应包括控制标准和考核指标的制定，也就是告诉实施计划的部门和人员，做出什么样、达到什么标准才算完成了计划。

三、计划工作的重要性

每个计划及其派生计划都旨在促使企业和各类组织的总目标和一定时期目标的实现。计划工作是最明白地显示出管理的基本特征和主要职能的活动。

计划工作相对于其他管理职能处于首位。把计划工作摆在首位的原因，不仅仅因为从管理过程的角度来看，计划工作先于其他管理职责，而且因为在某些场合，计划工作是付诸实施的唯一的管理职能。计划工作的结果可能是得出一个决策，即无须进行随后的组织工作、领导工作及控制工作。例如，对于一个是否建立新工厂的计划研究工作，如果得出的结论是新工厂在经济上是不合算的，那也就没有筹建、组织、领导和控制一个新厂的问题。

计划工作具有首位性的原因，还在于计划工作影响和贯穿组织工作、人员配备、指导和领导工作及控制工作之中。计划工作对组织工作的影响，是可能需要在局部和整体上改变一个组织的结构，建立新的职能部门或改变原有的职权关系。例如，一个企业要开发一种重要的新产品，可能要为此专门建立一个项目小组，并实行一种矩阵式的组织形式和职权关系。还可能需要委任新的部门主管，调整和充实关键部门的人员及培训员工等。而组织结构和员工构成的变化，必然会影响领导方式和激励方式。

计划工作和控制工作尤其是分不开的——它们是管理的一对孪生子。未经计划的活动是无法控制的，因为控制就是纠正脱离计划的偏差，以保持活动的既定方向。没有计划指导的控制是毫无意义的，计划是为控制工作提供标准的。此外，控制职能的有效行使，往往需要根据情况的变化拟订新的计划或修改原定计划，而新的计划或修改过的计划又被作为连续进行的控制工作的基础。计划工作与控制工作的这种继续不断的关系，通常被称为计划—控制—计划循环。

图5.1概略地描述了这种相互关系。

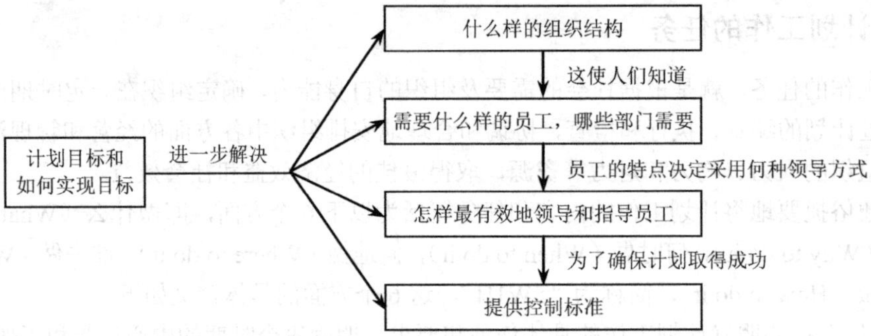

图5.1 计划领先于其他管理职能

虽然计划工作的特点和范围随着各级主管人员职权的不同而不同，但它却是各级主管人员的一个共同职能。所有的主管人员，无论是总经理还是班组长都要从事计划工作。人们常说，主管人员的主要任务是做决策，而决策本身就是计划工作的核心。如果将主管人员的决策权限控制太严，那就会束缚他们的手脚，使他们无法自由地处置那些本应由他们处置的问题。久而久之，他们就会失去计划工作的职能与职责，养成依赖上级的习惯。这样，他们也就丧失了主管人员的基本特征。

计划工作的任务，不仅要确保实现目标，而且要从众多方案中选择最优的资源配置方案，以求得合理利用资源和提高效率。用通俗的语言来表达，就是既要“做正确的事”又要“正确地做事”。显然，计划工作的任务同经济学所追求的目标是一致的。计划工作的效率，是以实现企业的总目标和一定时期的目标所得到的利益，扣除为制订和执行计划所需要的费用和其他预计不到的损失之后的总额来测定的。效率这个概念的一般含义是指投入和产出之间的比例，但在这个概念中，不仅包括人们通常理解的按资金、工时和成本表示的投入产出比资金利润率、劳动生产率和成本利润率来计算，还包括组织成员个人和群体的动机一致的程度这一类主观的评价标准。所以，只有能够实现收入大于支出，并且顾及国家、集体和个人 3 者利益的计划才是一个完备计划，才能真正体现出计划的效率。

计划工作总是针对需要解决的新问题和可能发生的新变化、新机会而做出决定的，因而它是一个创造性的管理过程。计划有点类似于一项产品或一项工程的设计，它是对管理活动的设计。正如一种新产品的成功在于创新一样，成功的计划也依赖于创新。

综上所述，计划工作是一个指导性、预测性、科学性和创新性很强的管理活动，但同时又是一项复杂而又困难的工作。当前中国正面临着实现社会主义现代化的宏伟目标，中国企业在对外开放的方针下正面临世界市场的激烈竞争环境，形势要求人们迅速地提高宏观和微观管理水平，而加强计划工作、提高计划工作的科学性是全面提高管理水平的前提和关键。

知识点二 计划的种类

计划是对未来行动的事先安排。计划的种类很多，可以按不同的标准进行分类。主要分类方法有按形式进行分类、按职能进行分类和按计划期限进行分类。不同的分类方法有助于人们全面地了解计划的各种类型。在实践中，有一些主管人员认识不到计划的多样性，在编制计划时常常忽视某些重要的方面，因而降低了计划的有效性。

一、按计划的形式分类

按照不同的表现形式，可以将计划分为宗旨、目标、战略、政策、规则、程序、规划和预算等类型。这几类计划的关系可以描述为一个等级层次，如图 5.2 所示。

1. 宗旨

各种有组织的集体经营活动，如果是有意义的，则都至少应当有一个目的和使命，这种目的和使命是社会对该组织的基本要求，称为宗旨。换句话说，宗旨表明组织是干什么的，应该干什么。例如，一个企业的基本宗旨是向社会提供有经济价值的商品或劳务；法院的宗旨是解释和执行法律；大学的宗旨是培养高级人才。

2. 目标

一定时期的目标或各项具体目标是在宗旨指导下提出的，它具体规定了组织及其各个部门的经营管理活动在一定时期要达到的具体成果。目标不仅是计划工作的终点，而且也是组织工作、人员配备、指导与领导工作和控制活动所要达到的结果。

确定目标本身也是计划工作，其方法与制订其他形式的计划类似。从确定目标起，到目标分解，直至最终形成一个目标网络，不但本身是一项严密的计划过程，而且是构成组织全部计划的基础。

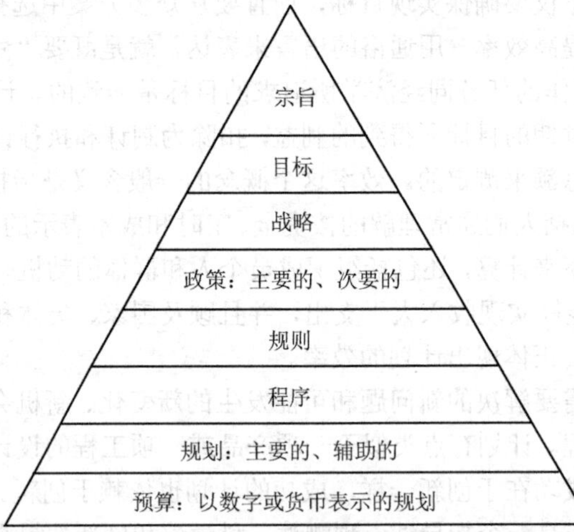

图5.2 各种计划的关系

3．战略

战略是为实现组织或企业长远目标所选择的发展方向、所确定的行动方针，以及资源分配方针和资源分配方案的一个总纲。战略是指导全局和长远发展的方针，它不是要具体地说明企业如何实现目标，因为说明这一切是许多主要的和辅助的计划任务。战略要指明方向、工作重点和资源分配的优先次序。

4．政策

政策是组织在决策时和处理问题时用来指导和沟通思想与行动方针的明文规定。作为明文规定的政策，通常列入计划之中，而一项重大的政策，则往往单独发布。政策有助于将一些问题事先确定下来，避免重复分析，并给其他派生的计划一个全局性的概貌，从而使主管人员能够控制住全局。制定政策还有助于主管人员把职权授予下级。

政策的种类是很多的。例如，企业销售部门鼓励顾客用现金支付货款的优惠政策；人力资源部门对超额完成任务者给予奖励的政策；国家对经济特区实行的吸引外资和进出口方面的特殊政策等。

既然政策是决策时考虑问题的指南，所以它必须有斟酌决定的自由。政策要规定范围和界限，但其目的不是要约束下级，使下级不敢擅自决策，而是鼓励下级在规定的范围内自由处置问题，主动承担责任，是要将一定范围内的决策权授予下级，这是政策与规则的主要区别。例如，上级主管部门定期更新改造项目的立项审批权一般都规定一个限额，这是一种政策。它把凡低于规定限额的更新改造项目的立项审批权下放给企业，只是那些超过限额的项目才上报上级主管部门审批。

5．程序

程序也是一种计划，它规定了如何处理那些重复发生的例行问题的标准方法。程序是指如何采取行动，而不是指如何去思考问题。程序的实质是对所要进行的活动规定时间顺序，因此程序也是一种工作步骤。制定程序的目的是减轻主管人员决策的负担，明确各工作岗位的职责，提高管理活动的效益和质量。此外，程序通常还是一种经过优化的计划，它是对大量日常工作过程及工作方法的提炼和规范化。

程序是多种多样的，几乎可以这样说，组织中所有重复发生的管理活动都应当有程序。管理的程序化水平是管理水平的重要标志，制定和贯彻各项管理工作的程序是组织的一项基础工作。

6．规则

规则也是一种计划，只不过是一种最简单的计划。它是对具体场合、具体情况下，允许或不允许采用某种特定行动的规定。规则常常与政策和程序相混淆。所以要特别注意区分。规则与政策的区别在于规则在应用中不具有自由处置权；规则与程序的区别在于规则不规定时间顺序，可以把程序看成一系列规则的总和。规则和程序，就其实质而言，旨在抑制思考。所以，有些组织只是在不希望它的员工运用自由处理权的情况下才加以采用。

7．规划

规划是为实施既定方针所必需的目标、政策、程序、规则、任务分配、执行步骤和使用的资源等而制订的综合性计划。计划有大有小，大的如国家科学技术发展规划，小的如企业中质量管理小组的活动规划等。规划有长远的和近期的，如中国国民经济发展5年计划及企业职工培训规划等。规划一般是粗线条的、纲要性的。

8．预算

预算作为一种计划，是以数字和货币表示预期结果的一种报告书。它也可称为“数字化”的计划，如企业中的财务收支预算，也可称为“利润计划”或“财务收支计划”。预算可以帮助组织和企业的上层及各级管理部门的主管人员，从资金和现金收支的角度，全面地、细致地了解企业经营管理活动规模、重点和预期成果。例如，某企业的财务预算包括利税计划、流动资金计划、财务收支计划，财务收支明细计划和成本计划等。其中，财务收支明细计划表详细地规划出企业各管理部门的主要收支项目的金额数量。

预算也是一种控制方法。预算工作的主要优点是它促使人们去详细制订计划，去平衡各种计划；由于预算总要用数字来表示，所以它能使计划工作做得更细致、更精确。

二、按职能分类

计划还可以按职能进行分类。这里的“职能”是指企业的职能，而不是管理的4项职能。例如，可以按职能将某个企业的计划分为经营计划、销售计划、生产计划、供应计划、新产品开发计划、财务计划、人事计划、后勤保障计划等。这些职能计划通常就是企业相应职能部门编制和执行的计划，所以按职能分类的计划体系，一般是与组织中按职能划分的管理部门组织结构体系并行的。

在一种职能计划中，通常包含着宗旨、目标、战略、政策、规则、程序、规划和预算这些计划形式中的一种或多种。例如，在企业的年度新产品研制计划中，一般要有对计划所依据的企业宗旨、战略和基本政策的说明，年度开发目标的确定，研制项目的技术经济指标和进度的规划，项目预算资金的分配，负责实施项目部门和负责人的指定，以及考核规则和奖励政策的规定等内容。

三、按计划的期限分类

按计划的期限或时间，可以将计划分为短期计划和长期计划，以及介于长短期计划之间的中期计划。

大量的统计研究表明，长期计划工作越来越受到企业的重视。那些重视长期计划的公司，其成绩普遍胜过没有长期计划或只有一些非长期计划的公司。“人无远虑，必有近忧。”一个企业如果在新产品开发、技术开发、市场开发和人才开发方面没有长期规划，则迟早会陷入困境。

教学互动

填空题：按照不同的表现形式，可以将计划分为(　　)、(　　)、(　　)、(　　)、(　　)、(　　)、(　　)和(　　)等类型。

知识点三　计划工作的程序

任何计划工作的步骤都是相似的，依次包括 8 个步骤，如图 5.3 所示。

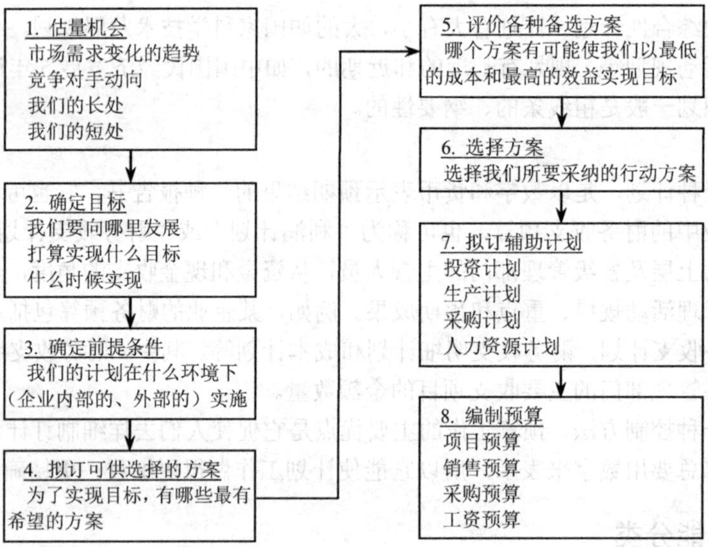

图 5.3　计划工作的程序

1. 估量机会

对机会的估量，要在实际的计划工作开始之前就着手进行，它虽然不是计划的一个组成部分，但却是计划工作的一个真正起点。其内容包括：对未来可能出现变化和预示的机会进行初步分析，形成判断；根据自己的长处和短处，搞清自己所处的地位；了解自己利用机会的能力；列举主要的不肯定因素，分析其发生的可能性和影响程度；在反复斟酌的基础上，下定决心，扬长避短。

2. 确定目标

计划工作的第一步，是在估量机会的基础上，为组织及其所属的下级单位确定计划工作的目标。在这一步上，要说明基本的方针和要达到的目标，说明制定战略、政策、规则、程序、规划和预算的任务，指出工作重点。

3. 确定前提条件

计划工作的第二步，是确定一些关键性计划的前提条件，并使设计人员对此取得共识。所谓计划工作的前提条件就是计划工作的假设条件，换言之，即计划实施时的预期环境。负责计划工作的人员对计划前提了解得越透彻，并能始终如一地运用它，则计划工作也将做得越协调。

按照组织的内外环境，可以将计划工作的前提条件分为外部前提条件和内部前提条件；还可以按可控程度，将计划工作前提条件分为不可控的、部分可控的和可控的 3 种前提条件。外部前提条件多为不可控的和部分可控的，而内部前提条件大多是可控的。不可控的前提条件越多，不肯定性越大，就越要通过预测工作确定其发生的概率和影响程度的大小。

4．拟订可供选择的方案

计划工作的第三步，是调查和设想可供选择的行动方案。通常，最显眼的方案不一定就是最好的方案。在过去的计划方案上稍加修改和略加推演也不会得到最好的方案。这一步需要发挥创造性。此外，方案并非越多越好。即使可以采用数学方法和借助计算机的手段，还是要对候选方案的数量加以限制，以便把精力集中在少数最有希望的方案的分析方面。

5．评价各种备选方案

计划工作的第四步，是按照前提和目标来权衡各种因素，比较各个方案的利弊。对各个方案进行评价。评价实质上是一种价值判断，一方面取决于评价者所采用的标准；另一方面取决于评价者对各个标准所赋予的权数。显然，确定目标和确定计划前提条件的工作质量，直接影响方案的评价。在评价方法方面，可以采用运筹学中较为成熟的矩阵评价法、层次分析法，以及在条件许可的情况下采用多目标评价方法。

6．选择方案

计划工作的第五步，是选定方案。这是在前 4 步工作的基础上做出的关键一步，也是决策的实质性阶段——抉择阶段。可能遇到的情况是，有时会发现同时有两个可取的方案，在这种情况下，必须确定首先采取哪个方案，同时将另一个方案也进行细化和完善，列为后备方案。

7．拟订派生计划

派生计划就是总计划下的分计划。总计划要靠派生计划来保证，派生计划是总计划的基础。

8．编制预算

计划工作的最后一步是把计划转化为预算，使之数字化。预算实质上是资源分配的计划，预算工作做好了，可以成为汇总和综合平衡各类计划的一种工具，也可以成为衡量计划完成进度的重要标准。

教学互动

选择题：请对制订计划的步骤进行排序（　　）。

A．确定前提条件　　B．编制预算　　C．确定目标

D．拟订可供选择的方案　　E．评价各种备选方案　　F．拟订派生计划

G．估量机会　　H．选择方案

知识点四　计划工作的方法

计划工作的方法有很多，这里仅介绍两种常用的有效方法，即滚动式计划方法和网络计划方法。

一、滚动式计划方法

滚动式计划方法是一种编制具有灵活性的、能够适应环境变化的长期计划方法。其编制的

方法是：在已经编制出的计划的基础上，每经过一段固定的时期（如几年或一个季度等，这段固定的时期称为滚动期）便根据变化了的环境条件和计划实际执行的情况，从确保实现计划目标出发对计划进行调整。每次调整时，保持原计划期不变，而将计划期限顺序向前推进一个滚动期。如图 5.4 所示是一个滚动式计划编制过程。

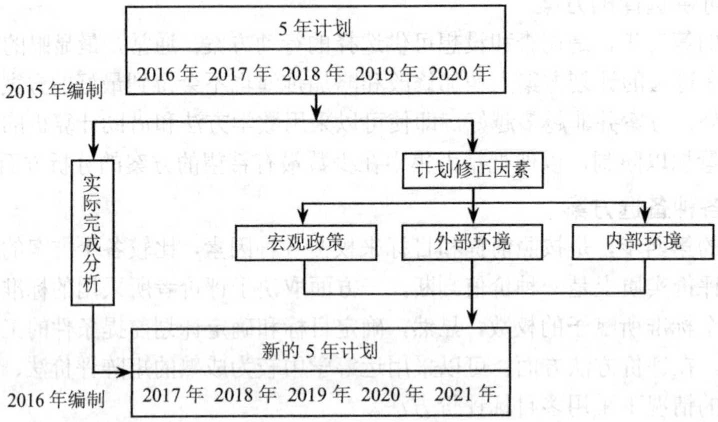

图 5.4 滚动式计划编制过程

由于长期计划的计划期较长，很难准确地预测到各种影响因素的变化，所以很难确保长期计划的成功实施。而采用滚动式计划方法，就可以根据环境条件变化和实际完成情况，定期地对计划进行修订，使组织始终有一个较为切合实际的长期计划作指导，并使长期计划能够始终与短期计划紧密地衔接在一起。

二、网络计划方法

当代的许多管理活动有两个显著的特点：一是时间成为做任何事都必须考虑的重要因素；二是协作关系十分复杂。在规定的时间里，利用有限的资源去完成十分复杂的工程项目，这对计划与控制工作提出了很高要求，需要有一套科学的计划与控制方法。网络计划技术就是为适应这种需要而发展出的一种行之有效的科学管理技术。

1. 网络计划技术的由来和含义

网络计划技术最早开始于 1957 年，美国杜邦化工公司在一个化工厂的筹建过程中用关键路线方法（Critical Path Method，CPM），第一年就节约开支约 100 万美元。后来此方法又用于该公司的大检修上，原来需要 125 小时，结果提前到 78 小时。1958 年，美国海军武器局用计划评审技术方法（Program Evaluation and Review Technology，PERT）来解决北极星导弹制造的计划协调问题。20 世纪 60 年代后，PERT 技术和关键路线技术融合为网络计划技术，在世界各国开始普遍推广，如在阿波罗登月火箭制造中也用了计划评审技术的方法。据国外统计，利用网络计划法，工程一般可缩短生产周期 20%，节约资金 5%～10%。

网络计划技术是指许多相互联系与相互制约的活动按所需资源与时间及其顺序安排的一种网络状计划方法。它的基本原理是：运用网络图来表达一个工程的计划，反映工程各项具体工作的顺序和相互关系；在此基础上进行网络分析，通过分析计算各时间参数，确定关键路线及关键工序，经过调整，不断改进网络计划，求得工期、资源和成本的优化方案，以达到用最少的时间和资源消耗来完成系统预定目标的一种计划与控制方法。

2. 网络计划技术的应用范围

网络计划技术在整个工业部门几乎或多或少地都可以应用。当然，网络计划技术最适用于一次性的大型工程项目，如航空航天工业、国防建设的重点项目、科研项目、造船、建筑、新产品试制和设备维修等。它既可以应用于全部工程的整体计划，也可以应用于局部工程计划。一般来说，工程规模越大、越复杂，应用网络计划越有效。从企业生产产品来看，对按“期”组织的单件小批生产类型也是适用的。

3. 网络图的组成

如图 5.5 所示是一张经过简化了的某项工程的网络图。

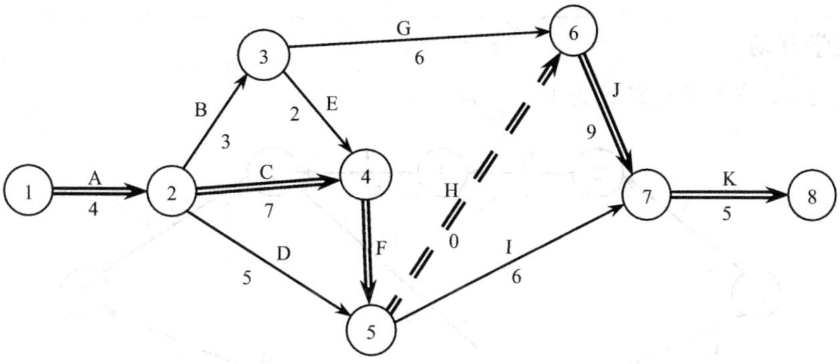

图 5.5 某项工程的网络图

网络图的构成要素有工序、节点和路线。

（1）工序

工序是指一项有活动内容的，需要有人力、物力参与的，经过一定时间后才能完成的生产过程或活动过程。例如，机床大修时的拆卸、清洗、检查、零件修理、零件加工、总装和调试等。此外，还有一种工序是虚设的，不需要消耗各种资源和时间，但是通过虚设工序可以表明一个工序与另一工序之间的相互逻辑关系。

箭线式网络图以箭线代表一个工序及其所需消耗的时间和资源等。英文字母为工序的代号；箭尾表示工作的开始；箭头表示工作的结束；箭线下面的数字表示工序所需时间；箭头与箭尾衔接的地方画上圆圈，并编上号码。虚工序在箭线式网络图中以虚箭线来表示。

（2）节点

在箭线式网络图中，箭线的开始和结束点叫节点，用圆圈表示。节点既不消耗资源，也不占用时间和空间，只代表了某些工序的开始和结束的瞬时。在节点中有一个原始节点代表一个工程的开始，有一个结束节点代表一个工程的结束。

（3）路线

从原始节点开始沿着箭头的方向连续不断地到达结束节点的每条通道，都叫路线。

（4）关键路线

在所有路线中，作业时间之和最长的那条路线称为关键路线。因为它的完成时间决定了整个工程的总完成工期。可以用粗线、红线或双线表示，位于关键路线上的工序，称为关键工序。关键路线并非一成不变，在一定的条件下，例如，如果合理地对各个工序的人力、物力和技术进行了改变，关键路线和非关键路线可以相互转换，可以使关键路线的作业时间缩短。

4．关键路线的意义

显然，通过网络分析找出关键工作和关键路线，就可以使得负责此项工程的主管人员做到心中有数，就可以将其注意力集中在那些影响和决定全局的关键工作上。由此可知，对于一个负责修建某大型工程的指挥来说，计划人员如果能够明确指出哪些是关键工作、哪些工作可以推迟完成，哪些工作可以暂缓而将施工人员和机械调往他处，将是十分重要的。

网络计划技术除了可以用于进度和计划的控制，还可以在资源有限的情况下进行负荷平衡，以求得工期尽可能短并能够充分利用资源的最优方案。此外，还可以对工程的费用开支进行优化及对工程按期完工的可能性进行估算等。

教学互动

分析图5.6，它的关键路线是（　　）。

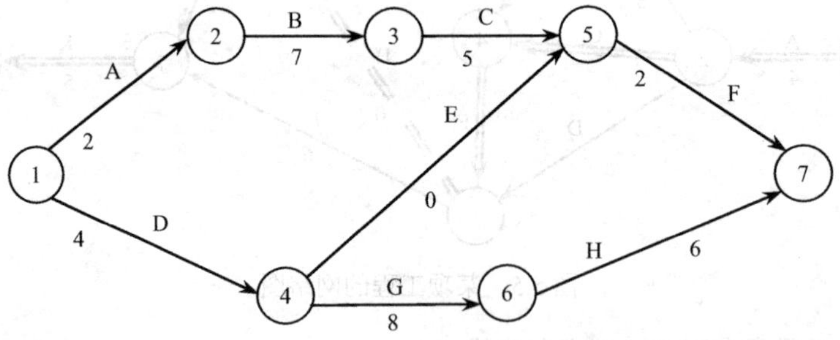

图5.6 网络图

知识点五 计划工作的原理

案例导入：尼日利亚的建设计划

为了赶上西方国家的现代化程度，尼日利亚从1975年开始推行"第三次国家建设计划"。根据这个计划，有关部门订购了约1 600万吨水泥，用于建设新的公路、机场和高楼大厦。不久，欧洲各国船队都满载各种建筑材料而来。可是计划制订者未考虑当地码头的日吞吐量，结果滞留在拉格斯港外的水泥船，要花很长时间才可能卸完。

请问：为什么尼日利亚的建设计划没有成功？

案例解析

尼日利亚的建设计划违背了计划工作的限定因素原理。计划是具有网络性的，一个计划的目标受到各种制约条件的约束。计划的制订要能够达到综合平衡。首先，须考虑任务之间的平衡，这里包括任务的时间平衡和空间平衡。时间平衡指的是各阶段任务是否能有机衔接；空间平衡指的是各部分任务是否能相互配合。其次，综合平衡还须考虑任务与能力之间是否平衡，是否在规定时间内有能力完成任务。最后，因为内外环境在不断变化，所以还要留有一定余地。如果不考虑计划的综合平衡问题，计划实行的结果就会事与愿违，以失败告终。

按照《辞海》的释意，"原理"意为"通常指某一领域、部门和学科中具有普遍意义的基本规律"。据此，管理原理就是对管理过程基本规律的一种理论概括，使之成为概念，用以指导日常管理工作。对原理的运用应结合当时当地的实际情况。计划工作作为一种基本的管理职能活动，也有自己的规律，自然也有自己的原理。计划工作的主要原理有限定因素原理、许诺原理、灵活性原理和改变航道原理。

一、限定因素原理

所谓限定因素，是指妨碍组织目标实现的因素，也就是说，在其他因素不变的情况下，仅仅改变这些因素，就会影响组织目标的实现程度。限定因素原理可以表述如下：主管人员越了解对达到目标起主要限制作用的因素，就越能够有针对性地、有效地拟订各种行动方案。限定因素原理有时被形象地称作“木桶原理”。其含义是木桶能盛多少水，取决于木桶上最短的那块木板条。限定因素原理表明，主管人员在制订计划时，必须全力找出影响计划目标实现的主要限定因素或战略因素，有针对性地采取得力措施。

二、许诺原理

许诺原理可以表述为任何一项计划都是对完成各项工作所做出的许诺，许诺越大，实现许诺的时间越长，实现许诺的可能性就越小。

计划必须有期限的要求，事实上，对于大多数情况来说，完成期限往往是对计划的最严厉要求。体现在“许诺原理”上，即合理计划工作要确定一个未来的时期，这个时期长短取决于实现决策中所许诺的任务所必需的时间。必须合理地确定计划期限，而且不应随意缩短计划期限。每项计划的许诺不能太多，因为许诺（任务）越多，则计划时间越长。如果主管人员实现许诺所需的时间长度比他可能正确预见的未来的期限还要长，如果他不能获得足够的资源，使计划具有足够的灵活性，那么他就应当断然地减少许诺，或是将他所许诺的期限延长。

三、灵活性原理

灵活性原理可以表述为计划中体现的灵活性越大，由于未来意外事件引起损失的危险性就越小。必须指出，灵活性原理指的是在制订计划时要留有余地，至于执行计划，则一般不应有灵活性。为了确保计划本身具有灵活性，在制订计划时，应量力而行，适当留有余地。本身具有灵活性的计划又称为“弹性计划”，即能适应变化的计划。

计划必须具有灵活性，即当出现意外情况时，有能力改变方向而不必花太大的代价。对主管人员来说，灵活性原理是计划工作中最重要的原理，在承担的任务重而目标计划期限长的情况下，灵活性便显出它的作用。当然，灵活性是有一定限度的，它的限制条件是：首先，不能总是以推迟决策的时间来确保计划的灵活性。其次，由于编制具有灵活性的计划需要付出代价，所以，要考虑计划的灵活性所付出的代价。还有，有些情况往往根本无法使计划具有灵活性。例如，企业销售计划在执行过程中遇到困难，可能影响企业既定目标的实现，如果允许其灵活处置，则可能危及全年利润计划，从而影响新产品开发计划、技术改造计划、供应计划，工资增长计划和财务收支计划等方面，这导致企业的主管人员经过反复权衡时，不得不动员一切力量来确保销售计划的完成。

四、改变航道原理

因为未来情况随时都可能发生变化，制订出来的计划就不可能一成不变。计划制订出来后，计划工作者就要管理计划，促使计划的实施，而不能被计划所“管理”，不能被计划框住。必要时可以根据当时实际情况作必要的检查和修订。

就像航海家一样，必须经常核对航线，一旦遇到故障就可绕道而行。改变航道原理可以表述为计划的总目标不变，但实现目标的进程（及航道）可以因情况的变化随时改变。这个原理与灵活性原理不同，灵活性原理是使计划本身具有适应性，而改变航道原理是使计划执行过程具有应变能力，为此，计划工作者就必须经常地检查计划，重新调整、修订计划，以此达到预期的目标。

复习思考题

1. 简述计划工作的概念、任务和性质。
2. 计划按照形式、职能和期限是如何分类的？
3. 如何制订计划？其程序如何？都有哪些方法？
4. 计划工作的原理有哪些？

知识自测题

（一）单项选择题

1. 古人所说的“运筹帷幄”，是对哪个职能最形象的概括？（　　）

   A. 决策　　B. 计划　　C. 控制　　D. 指挥

2. 使计划数字化的工作被称为下列哪项？（　　）

   A. 决策　　D. 预算　　C. 预测　　D. 规划

3. 下列陈述，哪一项不属于政策？（　　）

   A. 应该始终使顾客感到满意　　B. 只要有可能，从内部提升员工

   C. 原则上只聘用受过大学教育的工程师　　D. 仓库重地严禁吸烟

4. 对员工的行为具有最大约束力的是下列哪项？（　　）

   A. 政策　　B. 程序　　C. 规则　　D. 方案

5. 对组织中重复发生的、由多个环节构成的例行活动，为了简化决策和提高办事效率，高层主管应该为下级人员制定下列哪项？（　　）

   A. 政策　　B. 预算　　C. 规则　　D. 程序

（二）多项选择题

1. 在编制滚动计划时，计划修正因素包括（　　）。

   A. 宏观政策　　B. 微观条件　　C. 内部环境　　D. 外部环境

2. 网络计划技术的应用范围包括（　　）。

   A. 大型工程项目　　B. 全部工程的整体计划

   C. 局部工程计划　　D. 按“期”组织的单件小批生产

3. 关于计划的表述正确的有下列哪些项？（　　）

   A. 计划是一种思维过程，是一个利用智慧的过程

   B. 计划是实现目标的方法和手段

   C. 计划是预先制定的行动方案

   D. 计划就是为所做的事情制定规则

4. 按计划的时间界限划分可以把计划分为下列哪些项？（　　）
A. 短期计划　B. 中期计划　C. 长期计划　D. 战略计划

5. 按职能标准划分可以把计划分为下列哪些项？（　　）
A. 生产计划　B. 营销计划　C. 财务计划　D. 人事计划

案例讨论：哈默的具有远见的计划

哈默在20世纪30年代初从苏联回到美国，预见到罗斯福会上台，禁酒令会被解除，市场上对酒的需求量将空前激增，而由于多年禁酒，美国市场上缺少特质的白橡木酒桶。哈默想到了苏联有大量优质的桶板可以出口，价格便宜，于是制订了建立酒桶加工厂的计划。根据计划，他从苏联订购了几船桶板，抓紧生产酒桶。果然，罗斯福上台了，禁酒令被废除，各地酒厂仓促上马，急需酒桶，哈默的酒桶就成了抢手货。

几年以后，第二次世界大战爆发了，为了保证粮食供应，美国政府不准用谷物酿酒。但当时股市上酿酒行业股票的股息是烈酒威士忌，每股一桶，而威士忌是用谷物酿造的。哈默预见到此酒马上会成为珍品，于是又有了新的计划。他用每股90元的价格购进了5 500股，并得到了作为股息的5 500桶酒。不久，果然市场上威士忌短缺，哈默以桶装改瓶装卖他的酒，买酒的人在他的店门前排起了长长的队伍。

当5 500桶酒卖得剩下3 000桶时，一位名叫艾森伯格的化学工程师建议哈默在威士忌中掺入20%廉价的土豆烧酒，不仅数量可以增加，口味还不错，而当时土豆生产过剩，很多土豆都丢在地里没人收获。哈默便修改计划，用非常便宜的价格买进了一家因不让用谷物酿酒而倒闭的酒厂及土豆，转而生产土豆烧酒，并把它掺在威士忌酒里卖。这种混合酒果然颇受欢迎，买酒的人排成了长队。因为奇货可居，每人每次限购2瓶。

后来第二次世界大战结束了，美国政府开放谷物，混合酒失宠了，有人预测哈默的计划该失败了，但哈默又一次显示了其卓越的预测能力。他认为第二次世界大战虽然结束了，但美国经济不可能很快恢复，谷物开放的时间不会太长久，于是坚持他的计划不动摇，继续生产他的混合酒，土豆烧酒的生产一天也没有停。果然，美国谷物放开政策如昙花一现，混合酒又成为酒类市场上的宠儿。

（资料来自《管理学故事会》）

? 请问：为什么哈默的计划总是能够恰到好处，从而为他赚取巨额利润？哈默的秘诀是什么呢？

第六章 目标与目标管理

目标是一个组织各项管理活动所指向的终结，每个组织都应有自己的目标。目标管理是20世纪50年代中期出现于美国，以泰勒的科学管理和行为科学理论为基础形成的一套管理制度。凭借这种制度，组织的成员得以亲自参加工作目标的制定，实现自我控制，并努力完成工作目标。而对于员工的工作成果，由于有明确的目标作为考核标准，从而使对员工的评价和奖励能做到更客观、更合理，所以大大激发了员工为完成组织目标而努力。由于这种管理制度应用得非常广泛，且特别适用于对主管人员的管理，所以称为“管理中的管理”。

教学目标

知识点	学习要求	知识分阶
知识点一　目标的概念	牢记并掌握	必修
知识点二　目标管理	掌握	必修

学习重点

- 目标的含义和性质
- 目标管理的概念和特点
- 目标管理的实施程序

知识点一　目标的概念

一、目标的含义和作用

如前所述，目标是目的或宗旨的具体化，是一个组织奋力争取达到的所希望的未来状况。具体来讲，目标是根据企业宗旨而提出的企业在一定时期内所要达到的预期成果。

目标可以分为突破性目标和控制性目标。前者是指使生产水平和经营活动水平达到前所未有的水平；后者是指使生产水平和经营水平维持现有的水平。例如，某厂产品的废品率在15%左右，如果目标是“维持废品率不高于15%”，就是一个控制性目标，而如果目标是“使废品率降低到10%”，这就是突破性目标。

目标的作用可以概括为以下4个方面。

1）为管理工作指明方向。

2）激励作用。目标是激励组织成员的力量源泉。

3）凝聚作用。当组织目标充分体现了组织成员的共同利益，并能够与组织成员的个人目标取得最大限度的和谐一致时，就能够极大地激发起组织成员的工作热情、献身精神和创造力。

4）目标是考核主管人员和员工绩效的客观标准。

二、目标的性质

从管理学的角度看，企业的目标具有独特的属性，因而在制定目标时，必须把握好目标的这些属性。

1. 纵向性

从组织结构的角度来看，组织目标是分层次、分等级的。如图 6.1 所示是组织目标的等级层次。

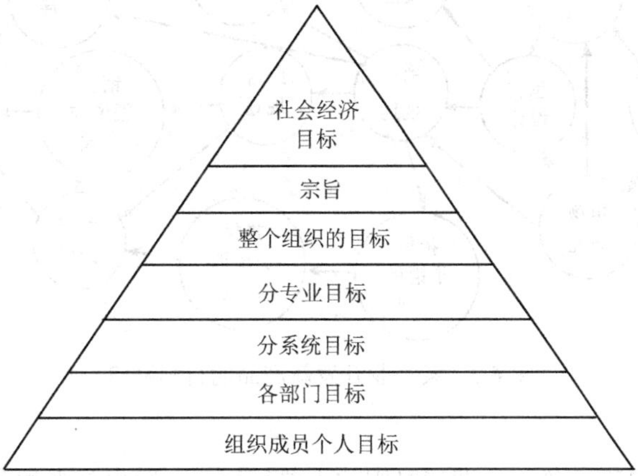

图 6.1 组织目标的等级层次

可以进一步将组织目标简化和概括为以下 3 个层次。

1）环境层。社会加于组织的目标。例如，企业的目标是为社会提供所需要的优质产品和服务，并创造出尽可能多的价值。

2）组织层。是一个利益共同体和一个系统的整体目标。例如，企业提高经济效益，增强自我改造和发展的能力，改善员工生活，保障员工的劳动安全，以及创造文明的工作环境等。

3）个人层。组织成员的目标。例如，增加经济收入、使工作丰富化、增加兴趣爱好、获得荣誉和成就感等。

将组织目标划分为 3 个基本层次，有助于搞清影响目标制定的各种因素，还有助于深入分析各目标之间的矛盾，使各层次目标之间取得和谐一致。例如，企业目标的组织层与个人层之间，就存在着如何取得最大的和谐一致的问题。

企业组织层目标是其成员共同利益的体现。组织目标的实现是个人目标实现的前提，个人目标往往是在实现组织目标的过程中得到实现的。这是组织目标与个人目标取得和谐一致的基础。但是，个人对组织目标做出贡献意愿的强度和时间分布却是变动的，因为它受到个人所感受到的满意程度的影响。切斯特·巴纳德认为，一个正式组织是一个自觉协作活动系统，它要有一个目标或目的，如果协作是成功的，达到了目标，这个系统就是有“效果”的；而“效率”是指个人目标得到满足的程度。如果员工的个人目标得不到满足，就会停止贡献力量或退出该组织。从他们的观点来看，这个组织就是无效率的。如果一个组织是无效率的，它就不可能是有效果的，因而不能继续存在。组织目标与个人目标的矛盾以及二者之间取得最大限度和谐一致的必要性，是“目标管理”产生的主要起因之一。

2. 相关性

组织中各类、各级目标构成一个网络，网络表示研究对象的相互关系。一个组织的目标通常是通过各种活动的相互联系、相互促进来实现的。所以，目标和具体的计划通常都构成一个网络。目标和计划既然构成为一个网络，它们就很少表现为线性的方式，即目标与目标之间、左右关联、上下贯通，彼此呼应，融会成一个整体。

正因为目标和计划是按照一定的网络方式互相连接的，所以要使一个网络具有效果，就必须使各个目标彼此协调，互相支援，互相连接。如图6.2所示是某企业开发新产品的目标网络。

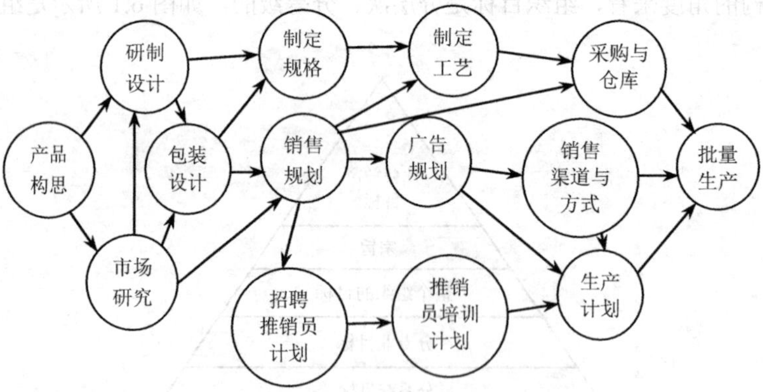

图6.2　某企业开发新产品的目标网络

3. 多样性

一个组织的目标具有多样性，即使组织的主要目标，一般也是多种多样的。例如，对工商企业来说，通常要在8个主要方面设立目标，它们是① 市场定位，② 创新和技术进步，③ 生产率，④ 物质和财力资源，⑤ 利润率，⑥ 主管人员的绩效和发展，⑦ 员工的工作质量和工作态度，⑧ 社会责任。组织中除了主要目标之外，还有一些次要的目标。目标并非越多越好，相反，应当尽量减少目标的数量，尽量突出主要目标。

组织目标的多样性除了体现在主要目标和次要目标方面之外，还体现在组织当中既有明确目标，也会有模糊目标。一般来说，管理目标应当越明确越好。明确的目标既有利于计划，又有利于控制。但任何事情都有其另一面。当不能没有目标，又不适宜规定具体目标时，提出一种模糊的目标也许更好。

4. 时间性

按时间长度，可以将目标分为短期目标和长期目标。短期目标与长期目标的区分是相对而言的。短期目标是长期目标的基础，任何长期目标的实现必然是由近及远。一方面，短期目标所做的工作必须为以后相继各年所要做的工作打下基础；另一方面，短期目标必须体现长期目标，必须是为了实现长期目标。

5. 可考核性

按考核目标的性质可以将目标分为定量目标和定性目标。强调目标必须是可考核的，而使目标具有可考核性的最方便的方法是使之定量化。然而，对于许多不适宜用数量表示的目标，硬性地将一些定性的目标数量化和简单化这种做法可能是危险的，其结果有可能将管理工作引入歧途。在组织的经营活动中，定性目标是不可缺少的，主管人员在组织中的地位越高，其定性目标也就可能越多。有时，提出一个定性目标可能比规定一个定量目标使主管人员处于更有利、更主动的地位。大多数定性目标也是可以考核的，但考核定性目标不可能和考核定量目标一样那么准确。一般定性目标在多数情况下是要用“多好”的标准来衡量的。尽管确定可考核的目标是十分困难的，但通过详细说明规划目标和确定目标完成日期，任何定性目标都能提高其可考核的程度。

教学互动

选择题：以下关于目标的说法正确的是（　　）。

A．企业的目标是根据企业宗旨而提出的企业在一定时期内所要达到的预期成果

B．达到目标要不择手段

C．目标是考核主管人员和员工绩效的客观标准

D．目标与目标之间、左右关联、上下贯通，彼此呼应，融会成一个整体

知识点二　目标管理

案例导入：绳子不宜过长

某天清早，我和父亲牵着牛下了河滩，远远地，父亲钉下了根木橛，把牛缰绳往上一拴，就忙别的去了。牛似乎总是对缰绳以外地方的草感兴趣，但缰绳太短了，尽管牛很用力，却总是够不着。见此，我把牛缰绳接长了，但牛并没有认真吃几口远处的草，便又昂着头扯着缰绳奔向了更远的地方。父亲来了以后，见我把缰绳接长了，告诉我：你千万记住，绳子放长了，它就不会好好吃了。父亲把接上去的一截绳子去掉，果然，那牛挣扎过几次后，见没有希望，便埋下头仔细地吃起来了。我和父亲牵它回去时，它的肚子已经吃得溜圆了。

请问：这个故事给了你什么启示?

案例解析

这个故事告诉人们，在组织的任何一个阶段，目标的绳子都不宜太长。即便环境留给你一个很大的发展空间，你可以有一个远大的目标，但那也应该将它分解到各个阶段、各个部门，毕竟饭是要一口一口吃的，活是要大家一起干的。

一、目标管理的概念和特点

目标管理（Management by Objective, MBO）是当今世界上最受欢迎、应用最广泛的系统管理模式之一。美国管理学家孔茨认为：“过去 10 年（指 20 世纪 70 年代）席卷管理世界的一个最令人注意的发展，是开始推行目标管理和成果管理。”目标管理不仅适用于企业，也适用于政府机关、学校和医院等其他组织。

目标管理的概念表述如下：以重视成果的管理思想为基础，由成果的生产者，包括主管人员及下属共同参与制定一定时间内每个人（包括上级和下级）必须达成的各项工作目标，明确相应的责任和职权，每个人朝着这些目标，自觉工作、自我控制，并定期进行考核评价，实行反馈，管理人员以有效实现预定目标为中心进行管理的一种体制和方法。

目标管理的主要特点如下。

1. 以整个组织的成果和成功为中心

实行目标管理，就要以企业总目标来规划各部门、各岗位工作，但是要做到这一点不容易。由于组织内存在专业分工及任务的专门化，往往是工作人员关心自己的专业工作，希望自己做得尽善尽美。例如，设计师希望设计出最别致的产品，生产部门希望保持生产的完全均衡，财会人员不允许任何部门突破财务预算和资金定额。由于组织内存在不同的管理层次，人们的见识水平也不相同，这些都妨碍了组织成员自动地为总目标奋斗。解决的办法就是以每个部门、每个岗位对组织最终成果贡献来评价他们的工作，从企业总目标的需要出发，制定各部门、各岗位的目标。

2. 层层、处处、人人、事事有目标

如无明确的目标，管理是杂乱的、随意的，对于任何人和任何集体难以期望其有效地完成任务。管理目标规定了每个人在一个特定时期内预计完成的具体任务，从而使整个管理部门的工作能在特定的时刻内充分地融合为一体。应当为企业各级机构的所有人员，从上到下，直到每个工长、推销员，以及会计员、工艺师、化学师等规定目标。因此，目标管理要求层层、处处、人人、事事有目标规定。

3. 目标由实现目标的有关人员共同制定

在传统管理中，通常由上级为下级规定目标，如总经理为厂长规定目标，厂长为车间主任规定目标，等等。目标管理要求对实现目标负有责任的各方人员共同协商制定目标。以部门目标为例，它由三方面人员参与决定，即上级主管、部门主管和部门工作人员，其中，上级主管起指导作用，部门主管承担主要责任，部门工作人员参与协商。换言之，每个管理员都要参与制定3个不同层次的目标，即高一层次的目标、本部门的目标及下属的目标（见图6.3）。

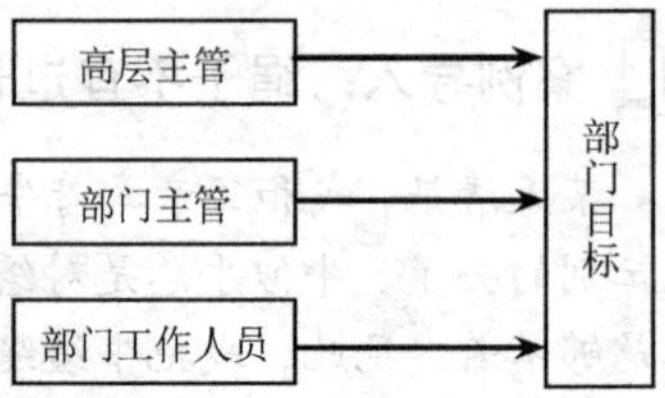

图6.3 上级主管、部门主管和部门工作人员共同制定目标

4. 强调自我控制

目标管理通过预先确定目标，适当授权和及时的信息反馈，推动各级管理人员及员工实行自我控制。

二、目标管理的生命力

目标管理具有旺盛的生命力，是由于以下几个原因。

1）它把组织成就和个人需要成功地结合在一起，有利于调动人们实现组织目标的积极性。目标管理的倡导者德鲁克认为，古典管理学派偏重于以工作任务为中心，忽视人的需求这一面；而现代管理中许多例行工作由机器、计算机代替，员工活动范围已有很大变化，要求参与管理，于是提出管理要以人为中心，这又容易淡化组织任务。目标管理实行由工作人员参与制定目标、自我控制及自上而下的目标连锁，从而解决了以工作为中心和以人为中心的矛盾，既有利于满足员工的需要，又能激励职工对企业做出贡献。

2）它是一种有效计划、组织、协调和控制的手段。通过上下协商制订的计划是比较切实可行的；目标管理使组织内部的责任更加清楚，权力分配更加合理；明确的目标和及时的信息沟通也使企业内部协调和管理控制更加有效。

3）它有助于克服管理中的许多通病。例如，目标管理把全体工作人员的注意力都集中到

实现企业总体目标上来，可以提高凝聚力，增强全局观念，有利于克服本位主义；目标管理以成果为中心，不是强调做什么事和做多少事，而是强调有效的成果，有助于克服事务主义；目标管理面向未来，使组织各方面的工作预先有了努力方向和统一安排，从而可防止和减少“突击式”管理；目标管理加强了上下沟通，减少了工作的盲目性，可防止“瞎指挥”；目标管理评价一个组织和个人，统一以目标的实现程度、对企业的贡献作尺度，可减少凭个人好恶奖惩的主观主义做法，防止把组织引向错误的方向。

三、目标管理的实施程序

目标管理的实施程序如图 6.4 所示。

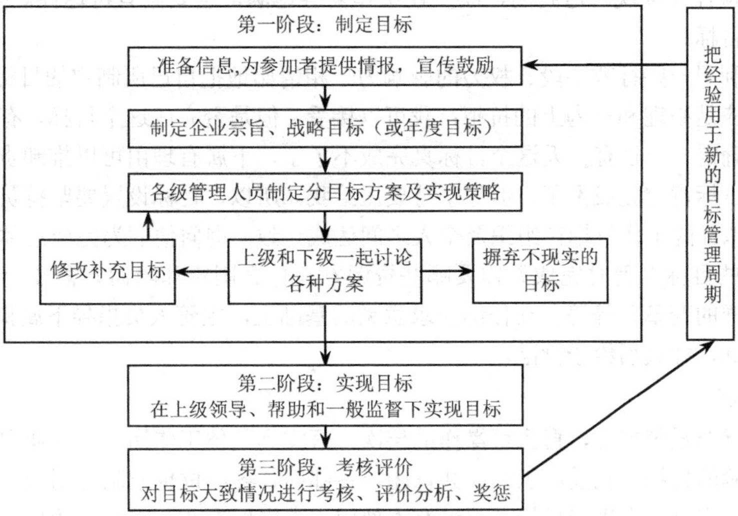

图 6.4　目标管理的实施程序

1. 第一阶段：制定目标

制定目标看似一件简单的事情，每个人都有制定目标的经历，但是如果上升到技术层面，经理必须学习并掌握 SMART 原则。SMART 原则是由彼得 · 德鲁克提出的。所谓 SMART 原则，意思是目标必须是明确的（Specific），可衡量的（Measurable），可以实现的（Attainable），目标必须和其他目标具有相关性（Relevant），目标必须具有时限性（Time-based）。无论是制定团队的工作目标，还是员工的绩效目标，都必须符合上述 SMART 原则，5 个原则缺一不可。此外，哈罗德 · 孔茨提供了一种衡量表，用以帮助目标制定者判断和改进工作，称作目标衡量表。这些都是管理专家针对目标制定而给出的一些建议，对于制定目标十分有益。

（1）明确性

所谓明确就是要用具体的语言清楚地说明要达成的行为标准。明确的目标几乎是所有成功团队的一致特点。目标设置要有明确的工作内容、衡量标准、达成措施、完成期限及资源要求，使考核人能够很清晰地看到部门或科室月计划要做哪些事情，计划完成到什么样的程度。为此应尽量使目标定量化，如成果的数量、质量、成本费用和提供时间等，但有些部门及岗位确定和考核目标比较困难，特别是有些参谋部门和人员。如果向每个部门的主管人员提些简单的问题，如“到本年末，你将如何知道他们何时能实现目标？”，他们稍加思索就可能拟定出完全能够考核的目标。

（2）可衡量性

可衡量性就是指目标应该是明确的，而不是模糊的。应该有一组明确的数据，作为衡量是否达到目标的依据。如果制定的目标没有办法衡量，就无法判断这个目标是否实现。目标的衡量标准遵循“能量化的量化，不能量化的质化”，使制定人与考核人有一个统一的、标准的、清晰的可度量的标尺，杜绝在目标设置中使用形容词等概念模糊、无法衡量的描述。对目标的可衡量性应该首先从数量、质量、成本、时间、上级或客户的满意程度5个方面来进行；如果仍不能进行衡量，则可考虑将目标细化，细化成分目标后再从以上5个方面衡量；如果还不能衡量，可以将工作进行流程化，通过流程化使目标可衡量。

（3）可实现性

目标是让执行人实现、达到的，既要使工作内容饱满，也要具有可达性。要制定“跳一跳能够得着”的目标。

如果上司利用一些行政手段、权力的影响力一相情愿地把自己所制定的目标强压给下属，下属典型的反应是心理和行为上的抗拒：我可以接受，但是否完成这个目标，有没有最终的把握，这个可不确定。一旦有一天这个目标真完成不了了，下属有理由可以推卸责任：你看我早就说了，这个目标肯定完成不了，但你坚持要压给我。所以，目标设置要坚持员工参与、上下左右沟通，使拟订的工作目标在组织及个人之间达成一致。询问他们为完成总体目标能做些什么？能完成哪些目标？何时完成？需要哪些资源？有什么困难和障碍？需要上级提供什么帮助？需要什么样的变革？等等。在仔细征求意见的基础上，主管人员指导下属拟订先进合理、协调一致的目标，并最后给予批准。

（4）相关性

组织总目标要系统展开，直到可操作的层次，落实到具体工作岗位。企业中不仅生产经营部门应制定明确的目标，党委、工会、共青团，各部门、各岗位也应制定明确目标；不仅有组织任务目标，还应有个人进步目标；不仅有本部门、本岗位专业分工规定的目标，还应有相关部门、相关岗位的协作目标。目标的相关性是指实现此目标与其他目标的关联情况。如果实现了这个目标，但对其他的目标完全不相关，或者相关度很低，则这个目标即使达到了，意义也不是很大。因为毕竟工作目标的设定，是要和岗位职责相关联的，不能跑题。例如，一个行政文员，你让她学习公文写作比较合理，若让她去学习计算机编程语言，就偏离目标了，因为这一目标与提高行政管理水平这一目标相关度很低。

（5）时限性

目标特性的时限性就是指目标是有时间限制的。例如，将在5月31日之前完成某事，就是一个确定的时间限制。没有时间限制的目标没有办法考核，或带来考核的不公正。上下级之间对目标轻重缓急的认识程度不同，上司着急，但下属不知道，最终结果是上司暴跳如雷，而下属觉得委屈。这种没有明确的时间限定的方式也会带来考核的不公正，伤害工作关系，伤害下属的工作热情。

目标设置要具有时间限制，根据工作任务的权重、事情的轻重缓急，拟订出最终目标项目的时间要求，定期检查项目的完成进度，及时掌握项目进展的变化情况，以方便对下属进行及时的工作指导，以及根据工作计划的异常情况及时地调整工作计划。

2．第二阶段：实现目标

目标实施是关系重大的一个环节，必须抓好，具体要求如下。

1）宣传鼓动。务必使有关人员对目标内容、意义、依据、实行步骤、有利条件和困难有充分透彻的了解，充分调动其积极性和主观能动性。

2）鼓励自控又不放弃领导。鼓励各部门、各岗位对目标实施情况进行自检、自评，主动采取措施确保目标实施进度和质量。与此同时，上级主管应随时了解情况，给予指导、鼓励和具体帮助，使下属部门和人员顺利实现目标。

3）保持一定弹性。正常情况下应力促预定目标的实现，如一旦发现预定目标不够合理，或内外环境发生意外变化，原定目标已明显不合理时，应当及时修订目标，不过应按一定程序进行，保持目标管理的严肃性。

3．第三阶段：考核评价

这是目标管理的最后一个阶段，也是容易被忽视的。为使目标管理健康发展，应注意以下3点。

1）坚持标准，严格考评。考核、评价目标实施状况，是承认、区别部门和工作人员绩效、贡献的过程，对于调动积极性，改进管理工作有极其重要的作用，因而要严肃、认真地进行，坚持既定标准，掌握准确的数据，采用科学方法，坚持上下结合，务必使考核结果有说服力。

2）实事求是，重在总结。考核评价一方面是肯定成绩、区分功过，另一方面，也是更重要的，是分析总结、改进工作。目标的实现既取决于主观努力，也取决于客观条件。在考核评价过程中，要认真分析主观原因和客观原因，总结经验教训，为下一轮目标管理创造有利条件。

3）奖惩结合，鼓励为主。奖惩分明，才能鼓励先进、鞭策后进，因此，考评必须伴之以奖惩。但目标管理的重要指导思想是人们愿意承担责任和有所成就，鼓励自我控制、自我评价、自我鞭策，因而还应坚持对先进给予表扬，对后进重在帮助其分析原因、制定赶超措施，而不是惩处。应较多地采用召开目标成果发布会、经验交流会和成功表彰会等精神激励形式来推动人们改进工作。

复习思考题

1. 什么是目标？目标具有什么性质？
2. 目标具有什么作用？
3. 什么是目标管理？
4. 为什么说目标管理具有旺盛的生命力？
5. 目标管理的实施程序如何？
6. 如何制定合理的目标？

知识自测题

（一）单项选择题

1. 目标就好比路标，确定目标如同识别北斗星，这种说法主要表明了目标的（　　）方面的作用。

A. 指明方向　　B. 提供标准　　C. 激励因素　　D. 管理基础

2. 企业管理层次的差异决定了目标体系的垂直高度。这样，企业目标就成了一个有层次的体系和网络，即是目标的（　　）。

A. 纵向性　　B. 多重性　　C. 变动性　　D. 复杂性

3. 组织目标系统的最低层次是（　　）。

A. 总目标　B. 宗旨　C. 部门目标　D. 个人目标

4. 较早提出目标管理的是（　　）。

A. 梅奥　B. 泰勒　C. 法约尔　D. 德鲁克

5. 目标管理的特征之一是（　　）

A. 强制管理　B. 行政管理　C. 自我管理　D. 政治管理

6. 绩效考评中的目标管理法，实际上就是绩效管理的具体体现，这个方法是系统的绩效管理方法，这里要求（　　）。

A. 个人目标和企业目标完全一致　B. 个人目标与部门目标完全一致

C. 个人目标与企业的目标尽可能一致　D. 个人目标与企业目标可以不一致

（二）多项选择题

1. 以下对于目标管理的描述，正确的有（　　）。

A. 注重结果而不重视过程　B. 把目标作为管理的对象

C. 把目标作为管理的手段　D. 建立在自我实现的假设之上

2. 目标的设定有以下要求（　　）。

A. 目标必须是可以通过努力实现的　B. 目标都是有时间跨度的

C. 目标是从组织的整体利益出发来制定的　D. 目标的表述应是清楚明确的

3. 目标管理的含义包括（　　）。

A. 为组织的各级人员规定了目标　B. 使考核各级管理人员具有客观标准

C. 促使权力下放　D. 强调自我控制

4. 目标管理的考核评价阶段应该注意的问题有（　　）。

A. 坚持标准，严格考评　B. 实事求是，重在总结

C. 奖惩结合，鼓励为主　D. 目标没有达到，一定是执行不力

案例讨论：A公司的目标管理

A公司自从2014年7月开始实行目标管理，当时属于试行阶段，后来由于人员的不断变动，这种试行也就成了不成文的规定执行至今，到现在运行了将近一年时间了。应该说执行的过程并不是很顺利，每个月目标管理卡的填写或制作似乎成了各个部门经理的任务或者说是累赘，总感觉占了他们大部分的时间或者说浪费了他们的许多时间。每个月都是由办公室督促大家写目标管理卡。除此之外就是一些部门，例如，财务部门的工作每个月的常规项目占据所有工作的90%，目标管理卡的内容重复性特别大；另外一些行政部门的工作临时性的特别多，每个月之前很难确定他们的目标管理卡。

A公司目标管理的程序如下。

一、目标的制定

1. 总目标的确定

上一年年末公司总经理在职工大会上作总结报告，向全体职工讲明下一年度大体的工作目标。然后，在年初的部门经理会议上，总经理和副总经理、各部门经理讨论协商确定该年的目标。

2. 部门目标的制定

每个部门在前个月的 25 日之前确定出下个月的工作目标，并以目标管理卡的形式报告给总经理，总经理办公室留存一份，本部门留存一份。目标分别为各个工作的权重及完成的质量与效率，由权重、质量和效率共同来决定。最后由总经理审批。

3. 目标的分解

各个部门的目标确定以后，由部门经理根据部门内部的具体岗位职责及内部分工协作情况进行分配。

二、目标的实施

目标的实施过程主要采用监督、督促并协调的方式，每个月月中由总经理办公室主任与人力资源部绩效主管共同或分别到各个部门询问或了解目标进行的情况，直接与各部门的负责人沟通，在这个过程中了解到哪些项目进行到什么地步，哪些项目没有按规定的时间、质量完成，为什么没有完成，并督促其完成。

三、目标结果的评定与运用

1）目标管理卡首先由各部门的负责人自评，自评过程受人力资源部与办公室的监督，最后报总经理审批，总经理根据每个月各部门的工作情况，对目标管理卡进行相应的调整及自评的调整。

2）目标管理卡最后以考评得分的形式作为部门负责人的月考评分数，部门员工的月考评分数的一部分来源于部门目标管理卡。这些考评分数作为月工资发放的主要依据之一。

但是，在最近，部门领导人大多数反映不愿意每个月填写目标管理卡，认为这没有必要。但是部门员工在执行目标管理的过程中，能够了解到本月自己应该完成的项目，而且每个项目应该到什么样的程度是最好的。在最近的一次与部门员工的座谈会中了解到，有的部门员工对本部门的目标管理卡不是很明确，其中的原因主要就是部门的办公环境不允许把目标管理卡张贴出来（个别的部门），如果领导每个月不对本部门员工解释明白，他们根本就不知道他们的工作目标是什么，只是听从领导的安排，显得很被动。可是现在的情况是部门领导不愿意做目标管理这部分工作，而且有一定数量的员工也不明白目标管理分解到他们那里的应该是什么。

? 目前人力资源部的人数有限，而且各司其职。面对以上存在的问题，人力资源部应该怎样处理？请 A 公司的目标管理总体上存在哪些问题？如何解决这些问题？

第七章 战略管理

战略就是规划人力和物力资源的使用方向，以最大限度地实现目标。企业目标实现的限度与企业战略确定与实施的好坏有着紧密的联系。战略的制定着眼于未来，战略制定者的任务不在于看清企业目前是什么样子，而在于看清企业将来会成为什么样子。

教学目标

知识点	学习要求	知识分阶
知识点一　企业战略的含义和性质	牢记并掌握	必修
知识点二　战略管理的过程	牢记并掌握	必修
知识点三　战略分析工具——PEST 分析	掌握	必修
知识点四　战略分析工具——波特五力分析模型	掌握	必修
知识点五　战略分析工具——SWOT 分析	掌握	必修
知识点六　战略原则	理解	中级选读

学习重点

- 企业战略的内涵
- 战略管理过程
- PEST 分析
- SWOT 分析
- 战略原则

知识点一　企业战略的含义和性质

案例导入：诸葛亮的战略

刘备和关羽、张飞桃园三结义时就发誓要“上报国家、下安黎庶”。他们作战英勇，斩黄巾、战吕布、救孔融、袭曹操，可总是“落魄不遇”，没有成绩。为什么呢？就是因为没有战略上的打算，一会儿去北平投靠公孙瓒，一会儿去徐州投靠陶谦，一会儿去平原投靠袁绍，一会儿又去荆州投靠刘表，明天怎样，将来如何，心里没底。后来听说有个诸葛亮，“诸葛孔明者，卧龙也”。于是三顾茅庐，去请诸葛亮。诸葛亮给刘备分析了天下大势，制订了一个战略计划："占据荆、益二州，安抚益州西部诸戎、南部夷越，整顿内政，外与孙权结好，等候北方有变故，荆州军就攻南阳、洛阳，而主力益州军则出兵秦川一带，人心归附，天下可以渐定。"这就是历史上著名的"隆中对"。自此以后，刘备扭转了被动局面，最后三分天下有其一。

请问：什么是战略？为什么在三国演义中有了诸葛亮之后，刘备就能够扭转被动的局面？

案例解析

企业战略就是企业为了更好地适应外部机会与威胁，充分利用其内部优势，规避内部弱势，努力实现自己的长期目标所制定的指导性方法和纲领、计划等的统一体。

诸葛亮根据当时的情况，审时度势，扬长避短，给出了刘备发展的战略方向及路线方针，应用这个战略可以让刘备在弱势情况下，用较少的资源取得更好的效果，彻底改变了刘、关、张以前毫无头绪、发展路线混乱不清的局面。诸葛亮具有"运筹帷幄之中，决胜千里之外"的战略谋划之才，在刘备事业的发展中起到了重要作用。

一、企业战略的内涵

"战略"一词是一个军事用语，在美国经济学家切斯特·巴纳德1938年出版的《经理的职能》一书中，战略因素首次被引入对企业综合系统的分析中，此后对企业战略研究也多得益于军事战略。

在企业经营中，企业战略同军事战略一样，是企业实现长期目标的方法，是企业的最高层领导人为实现企业的经营目标，通过对外部环境和内部条件的全面估量和分析，从企业全局出发对企业做出较长时期的总体性的谋划和活动纲领，目的是使企业的经营结构、资源和经营目标等因素，在可以接受的风险限度内，利用市场环境所提供的各种机会取得动态的平衡。

企业战略中有几个关键的因素决定了战略的取向，这就是长期目标、外部机会与威胁、内部优势与劣势。

1．长期目标

目标可以被定义为企业为完成其基本任务所要得到的具体结果，长期一般指1年以上的时期。目标对于企业战略至关重要，因为它确立了企业的发展方向，提示了业务重点，并为有效地计划、组织、激励和控制提供了基础。企业战略是企业实现长期目标的方法，因此，企业的长期目标对企业战略有着重要的指导性意义。

2．外部机会与威胁

企业不可能是一个孤岛，总是处于一定的经营环境中，这样外部环境就会对企业形成一定的外部机会和外部威胁，即政治、经济、社会、文化、人口、环境和技术等方面可以明显造成公司在未来受益或受损的发展趋势和事件。外部机会与威胁基本上是在企业控制范围之外的，一般是由企业所处的经营环境的变化引起的。企业战略的一条基本宗旨就是利用外部机会，回避外部威胁或减少外部威胁的影响。因此，识别、监视和评价外部机会与威胁是成功的企业战略所必须考虑到的。外部机会与威胁会产生对于新类型的产品和服务的需求，企业战略要适应这种需求。

3．内部优势与劣势

这是企业相对于竞争者而言的，包括同行业的竞争者和替代品行业的竞争者。识别和评价企业各部门的优势与劣势的过程是企业战略的一项基本活动。在企业经营中，企业管理、营销、财务会计、生产作业、研究与开发及计算机信息系统等环节都可以是企业优势与劣势环节。对于自身优势与劣势，企业通常采取的战略有两种，一种是扬长避短，另一种是取长补短。一般来说，扬长避短能够取得更好的效果。

内部优势与劣势一般是企业可以控制的因素，而且还可以用多种方式予以评价，包括比率计算和业绩度量等，而雇员士气、生产效率、广告效果和用户忠诚度等可以利用各种方式的调查予以检查掌握。

二、企业战略的作用

战略管理可以使企业更主动地，而不是被动地塑造自己的未来。它使企业主动影响行动，而不只是对其做出反应。它使企业掌握自己的命运。

在历史上，战略管理的主要意图曾经是通过采用更为系统、更为合乎逻辑性的战略选择方法制定更好的战略。这无疑仍旧是战略管理的一个主要益处。但研究表明，战略管理更重要的贡献不在于成文的决策本身，而在于制定这一决策的过程。沟通是成功进行战略管理的关键。通过参与决策过程，管理者和雇员会更为自觉地以支持企业为己任。在这里，对话和参与是更为重要的要素。战略管理的一个重大益处便是战略制定过程所提供的激励雇员的机会。战略制定过程的主要目标在于使全体管理人员和雇员了解并加强对企业的责任感。

三、企业战略的特征

根据企业战略内容，可以很容易地归纳出以下4个特征。

1. 高度的全局性

企业战略不同于一般具体的操作性的管理决策，而是一项对企业生产经营活动的一切方面都具有普遍的、全面的和权威的指导意义的管理决策。

2. 长期的目的性

企业战略的目的，主要不在于维持企业现状，而是为了创造企业的未来。立足于企业长远利益，如果短期利益追求与长期最大利益矛盾，则短期利益的放弃就可能是必要的。

3. 竞争的对抗性

企业战略是市场竞争的产物，如果没有市场竞争压力，战略思想就不会在企业管理中产生与应用，企业要生存、发展，就必须引入战略思想，从长期全局的角度来把握内外环境条件，提出对抗性竞争的整体性的方针、政策和策略。

4. 相对的稳定性

企业战略的形成是一个长期的酝酿过程，它要在对内外信息收集、分析的基础上，对环境变化和企业发展做出科学预测，一旦形成决定就应具有很高的权威性，并要保持其稳定性；否则，朝令夕改，企业经理和员工就无所适从，各方面的指导工作也就无从谈起。

知识点二　战略管理的过程

战略管理过程一般包括9个步骤，如图7.1所示。

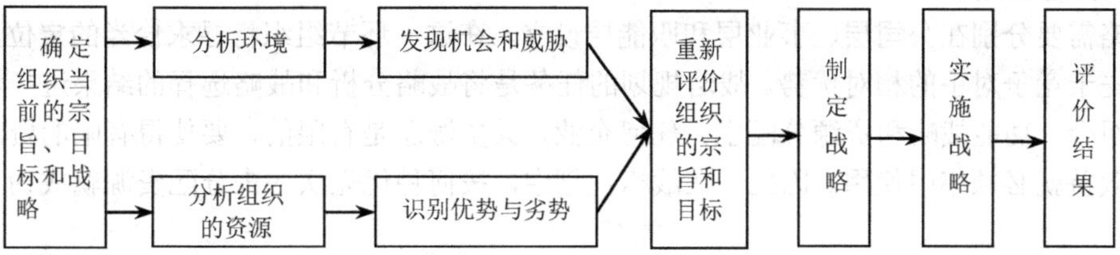

图 7.1 战略管理过程

1. 确定组织当前的宗旨、目标和战略

定义公司的宗旨旨在促使管理当局仔细确定公司的产品和服务范围。对“我们到底从事的是什么事业”的理解关系到公司的指导方针。当然，管理当局还必须搞清楚组织的目标及当前所实施战略的性质，并对其进行全面而客观的评估。

2. 分析环境

分析环境是战略管理过程的关键环节和要素。组织环境在很大程度上规定了管理当局可能的选择。成功的战略大多是那些与环境相适应的战略。管理者应很好地分析公司所处的环境，了解市场竞争的焦点，了解政府法律法规对组织可能产生的影响，以及公司所在地的劳动供给状况等。其中，分析环境的重点是把握环境的变化和发展趋势。关于环境的信息可以通过各种各样的外部资源来获取。

3. 发现机会和威胁

分析了环境之后，管理当局需要评估环境中哪些机会可以利用，以及组织可能面临的威胁。机会和威胁都是环境的特征。威胁阻碍组织目标的实现，而机会促进组织目标的实现。

在发现机会和威胁时，如下因素是关键的：竞争者行为、消费者行为、供应商行为和劳动力供应。而技术进步、经济因素、法律和政治因素及社会变迁等一般环境虽不对组织构成直接威胁，但作为一种长期计划，管理者在制定战略时也必须慎重考虑。分析机会和威胁还必须考虑投资人、债权人、自然资源及潜在的竞争对手。

4. 分析组织的资源

这一分析将视角转移到组织内部：组织雇员拥有什么样的技巧和能力？组织的现金状况怎样？在开发新产品方面一直很成功吗？公众对组织及其产品或服务质量评价怎样？

这一环节的分析能使管理当局认识到，无论多么强大的组织，都在资源和能力方面受到某种限制。

5. 识别优势和劣势

优势是组织可以开发利用以实现组织目标的积极的内部特征，是组织与众不同的能力（Distinctive Competence），即决定作为组织竞争武器的特殊技能和资源；劣势则是抑制或约束组织目标实现的内部特征。经理们应从如下方面评价组织的优势和劣势：市场、财务、产品、研究与发展。内部分析同样也要考虑组织的结构、管理能力和管理质量，以及人力资源、组织文化的特征。

管理者可以通过各种各样的报告来获得有关企业内部优势和劣势的信息。

6. 重新评价组织的宗旨和目标

按照 SWOT 分析和识别组织机会的要求，管理层应重新评价公司的宗旨和目标。

7. 制定战略

战略需要分别在公司层、事业层和职能层设立。在这一环节组织将寻求恰当的定位，以便获得领先于竞争对手的相对优势。战略规划的任务是将战略分析和战略选择的结果进一步体现在产品组合、功能战略和资源分配上。任何企业，其资源总是有限的，要使得有限的资源发挥最大的效益就必须集中使用。因此，在战略规划中，按何种优先次序来分配资源就成为一个重要问题。

8. 实施战略

无论战略制定得多么有效，如果不能恰当地实施仍不可能保证组织的成功。在战略实施过程中，最高管理层的领导能力固然重要，但中层和基层管理者执行战略的主动性也同样重要。管理层需要通过招聘、选拔、处罚、掉换、提升乃至解雇职员以确保组织战略目标的实现。

战略实施碰到的首要问题是组织保证。必须认识到，组织是手段，是实现战略和目标的手段。“战略决定结构”应作为战略实施阶段所依据的原则，不同的战略要求不同的组织结构与之相适应。例如，成本领先战略，一般要求有一种集权化的、按职能划分部门的专业化分工的体制；而差别化战略要求有一种适于激发创新精神的项目管理，或分权化的、按产品和市场划分部门的组织体制。将不同的战略混同在一种组织体制下实施，就会造成徘徊其间的结果，难以形成各自的特色。

近年来，战略与组织文化的关系及战略对组织文化的影响开始受到管理学家们的关注，成为战略管理方面的一个令人十分感兴趣的研究课题。企业文化作为一个组织特有的价值观念、管理风格、思维和行为方式的体现，对企业的成功起着重要的影响，这一点已得到公认。不同的战略不仅要求不同的技能和组织结构，还要求企业的文化能够与之相适应。例如，差别化战略所要求的往往是一种鼓励革新、发挥个人积极性和勇于冒风险的精神；而总成本领先战略则要求一种勤俭节约、遵纪守法和注重细节的办事作风。同组织结构一样，文化本身并无好坏之分，它是实施战略取得竞争优势的一种手段。

9. 评价结果

战略管理过程的最后一步是评价结果：战略的效果如何？需要做哪些调整？这涉及控制过程。

教学互动

请对如下战略管理过程进行排序：（　　）。

A．发现机会和威胁　　B．分析组织的资源

C．分析环境　　D．确定组织当前的宗旨、目标和战略

E．重新评价组织的宗旨和目标　　F．评价结果

G．制定战略　　H．实施战略　　I．识别优势和劣势

知识点三　战略分析工具——PEST 分析

案例导入：联创移动调查公司的 PEST 分析

A 公司是一家基于现有的移动通信网络平台实现高效率、低成本的调查功能的新兴公司。随着移动通信技术的发展和 3G 的出台，移动商务受到越来越多人的关注，一些基于手

机平台的服务项目正在逐渐被人们接受。基于这样一个市场背景，经过分析考证及调研，A公司提出移动调查的基本商务模式。在此模式中，将移动调查定位为一个服务平台，在平台的上游，是需要做调查项目的各类企业和专业的调查公司，平台的下游，是移动通信的终端用户。传统的调查市场，大部分由访问员完成，这种业务模式需要访问员到各地寻找受访对象来完成，成本极高，效率非常低。通常一个调查项目需要数天乃至半个月才能完成，移动调查平台的宗旨就是为这部分企业用户提供更快捷、成本更低、准确性更高的调查服务，对于手机用户来说，参加这种调查并不会占用多少时间，而且可以冲减一部分的手机费用。

移动调查商务模式的PEST分析如下。

政策（P）：公司的发展和中国移动通信行业的发展息息相关。政策上，原信息产业部承诺在2008年北京奥运会之前开通3G网络，也就是说3G时代即将到来，届时速度更快、稳定性和移动性更好的3G网络将给移动商务带来新一轮的发展机遇。自从2004年开始，中国移动等运营商开始整顿SP行业的乱收费问题，一大批违规经营的SP被清洗掉，此举大大加强了用户对移动增值业务的信心，有利于整个SP行业的发展。A公司也属于服务提供商，但和其他SP不同的是，移动调查业务不但不向手机用户收取费用，还返还给用户一定的佣金，运营商、手机用户和该公司3方共享移动调查业务的利润，在政策上不存在风险。

经济（E）：虽然近几十年来中国的经济高速发展，创造了许多奇迹，但是从根本上讲，目前中国仍然属于发展中国家，人均可支配收入依然较低，反映到人们的生活当中就是消费能力较低，这也是中国超过一半的手机用户的月均消费都低于100元的原因。人们的收入不高使得手机用户会把更多的注意力投入可以带来收益的移动调查业务。

社会（S）：从整个社会的角度来说，目前国内超过60%的手机用户都是低于30岁的年轻群体，这部分人的收入较低，接受新事物能力强，客观上为移动调查的发展提供了条件。

技术（T）：该公司的移动调查平台是基于J2ME+WML的技术平台开发出来的，目前这两项技术的发展都比较成熟，J2ME的跨平台性及对移动设备的良好支持，使得利用J2ME的架构开发一个跨平台的软件来实现网络调查成为可能。

移动终端在近几年有了飞速的发展，大约在2003年，移动终端便由黑白时代跨入彩色时代，可以预见将来移动终端必定朝着大屏幕、智能化的方向发展，届时移动终端屏幕的表现及运算性能对于支持移动调查业务没有任何问题。

在这样一种背景下，公司认为开发这样一个调查平台基本适合外部宏观环境的要求。

请问：PEST分析的目的是什么？

（资料来源：http://www.iebmu.net.cn/program_show.asp?id=435&class=2，作者：游富林）

案例解析

PEST分析是帮助行业或企业检阅、分析其外部宏观环境的一种方法。

宏观环境又称一般环境，是指影响一切行业和企业的各种宏观力量。对宏观环境因素作分析，不同行业和企业根据自身特点和经营需要，分析的具体内容会有差异，但一般都应对政策（Political）、经济（Economic）、社会（Social）和技术（Technological）这四大类影响企业的主要外部环境因素进行分析，称为PEST分析。PEST分析相对简单，并可通过头脑风暴法来完成。PEST分析的运用领域有公司战略规划、市场规划和产品经营发展。PEST分析法如图7.2所示。

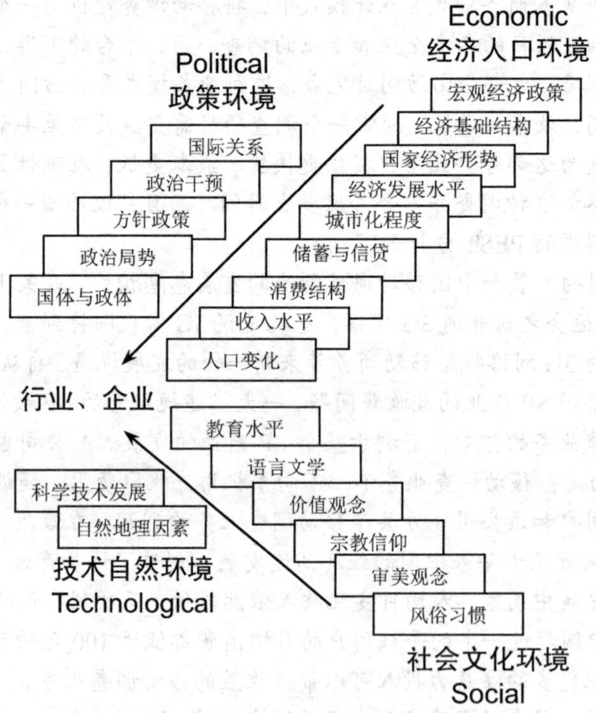

图 7.2 PEST 分析法

知识点四 战略分析工具——波特五力分析模型

案例导入：中国 21 世纪初房地产业的五力竞争分析

五力分别是供应商的议价能力、购买者的议价能力、潜在竞争者的进入能力、替代品的替代能力和行业内竞争者现在的竞争能力。5 种力量的不同组合变化最终影响行业利润潜力的变化。

在 21 世纪初，中国房地产业的竞争分析如下。

1）供应商的议价能力：土地、建筑、装修和材料等供应商讨价还价能力弱。即使控制土地供给的政府部门，最终的定价权也是在房地产企业。

2）购买者的议价能力：顾客讨价还价能力更弱。顾客唯一能讨价的方式就是找关系，得到一个所谓的内部优惠价。

3）潜在竞争者的进入能力：进入门槛高、新进入者威胁小。即使有新进入者，大多数也选择在二三线城市做起，“练摊”积累经验和资本。

4）替代品的替代能力：几乎没有替代品。从大概念来说，住房基本上是没有替代品的，能替代的就是住天桥底下或窑洞；从小概念来说，商品房的替代品有小产权房和保障性住房。在目前的政策背景下，这两种性质的房产不可能真正威胁到商品房。

5）行业内竞争者现在的竞争能力：同行竞争不厉害。表现为行业集中度低（例如，万科在全国的市场份额不足 2.5%）、区域性强、产品差异性大、成本差异大。

对房地产业来说，议价能力比较强的“供应商”是银行。过去这些年，银行基本上控制着向房企贷款的主动权，贷款规模、时间长短、利率高低等基本上由银行决定。所以，房地产业的关键性影响因素几乎就落在金融政策，也就是货币的可获得性上。只要房地产的竞争情况不发生变化，那么房地产企业就能够维持高赢利能力。

请问：波特五力分析的目的在于什么？

案例解析

波特五力分析属于外部环境分析中的微观分析，其目的在于明确企业（或行业）在目前情况下的竞争者和竞争情况，从而能够对企业（或行业）在未来的赢利能力有一个基本的判断。

一、波特五力分析模型

五力分析模型是迈克尔·波特（Michael Porter）于20世纪80年代初提出的，对企业战略制定产生全球性的深远影响。它可用于竞争战略的分析，有效地分析客户的竞争环境。

五力模型将大量不同的因素汇集在一个简便的模型中，以此分析一个行业的基本竞争态势。五力模型确定了竞争的5种主要来源，即供应商和购买者的议价能力、潜在竞争者的进入能力、替代品的替代能力，以及行业内竞争者现在的竞争能力。一种可行战略的提出首先应该包括确认并评价这5种力量。不同力量的特性和重要性因行业和公司的不同而变化，如图7.3所示。

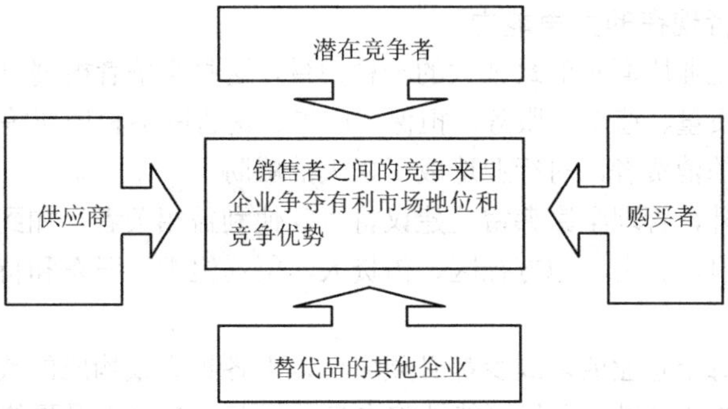

图7.3 波特五力分析模型

1. 供应商的议价能力

供应商主要通过其提高投入要素价格与降低单位价值质量的能力，来影响行业中现有企业的赢利能力与产品竞争力。供应商力量的强弱主要取决于他们所提供给买主的是什么投入要素，当供应商所提供的投入要素的价值构成了买主产品总成本的较大比例、对买主产品生产过程非常重要、或者严重影响买主产品的质量时，供应商对于买主的潜在议价能力就大大增强。一般来说，满足如下条件的供应商集团会具有比较强大的议价能力。

1）供应商行业为一些具有比较稳固市场地位而不受市场激烈竞争困扰的企业所控制，其产品的买主很多，以至于每一单个买主都不可能成为供应商的重要客户。

2）供应商各企业的产品各具有一定特色，以至于买主难以转换或转换成本太高，或者很难找到可与供应商企业产品相竞争的替代品。

3）供应商能够方便地实行前向联合或一体化，而买主难以进行后向联合或一体化，即店大欺客。

2. 购买者的议价能力

购买者主要通过其压价与要求提供较高的产品或服务质量的能力，来影响行业中现有企业的赢利能力。一般来说，满足如下条件的购买者可能具有较强的议价能力。

1）购买者的总数较少，而每个购买者的购买量较大，占了卖方销售量的很大比例。

2）卖方行业由大量相对来说规模较小的企业所组成。

3）购买者所购买的基本上是一种标准化产品，向多个卖主购买产品在经济上也完全可行。

4）购买者有能力实现后向一体化，而卖主不可能实现前向一体化。

3. 潜在竞争者的进入能力

潜在的行业新进入者是行业竞争的一种重要力量，这些新进入者大都拥有新的生产能力和某些必需的资源，期待能建立有利的市场地位。一方面，新进入者加入该行业，会带来生产能力的扩大，带来对市场占有率的要求，这必然引起与现有企业的激烈竞争，使产品价格下跌；另一方面，新加入者要获得资源进行生产，从而可能使得行业生产成本升高，这两方面都会导致行业的获利能力下降。

4. 替代品的替代能力

某一行业有时常会与另一行业的企业处于竞争的状况，其原因是这些企业的产品具有相互替代的性质。替代产品的价格如果比较低，则它投入市场就会使本行业产品的价格上限只能处在较低的水平，这就限制了本行业的收益。本行业与生产替代产品的其他行业进行的竞争，常常需要本行业所有企业采取共同措施和集体行动。

5. 行业内竞争者现在的竞争能力

这种竞争力量是企业所面对的最强大的一种力量，这些竞争者根据自己的一整套规划，运用各种手段（价格、质量、造型、服务、担保、广告、销售网络和创新等）力图在市场上占据有利地位和争夺更多的消费者，对行业造成了极大的威胁。

除了上述五力之外，管理学家弗雷曼建议将“其他利益相关者”加到波特的竞争模型中。这些利益相关者是政府、工会、地方社区、借贷人、贸易组织、股东和特殊利益集团。其中，政府的作用力最大。

总之，行业中的每个企业或多或少都必须应付以上各种力量构成的威胁。根据上面对于 5 种竞争力量的讨论，企业可以采取尽可能地将自身的经营与竞争力量隔绝开来、努力从自身利益需要出发影响行业竞争规则、先占领有利的市场地位再发起进攻性竞争行动等手段来对付这 5 种竞争力量，以增强自己的市场地位与竞争实力。

二、3 种竞争战略

竞争战略是指对一个企业在其竞争环境中进行定位，不仅是产品定位或营销定位，还包括企业的生产、分销、物流和服务等方面，是一个企业在其竞争环境中表现出来的完整形态。迈克尔·波特明确地提出了 3 种通用战略。波特认为，在与 5 种竞争力量的抗争中，蕴涵着 3 种成功战略思想，这 3 种思想就是总成本领先战略、差异化战略和专一化战略。

波特认为，这些战略的目标使企业的经营在行业竞争中高人一筹。在一些行业中，这意味着企业可取得较高的利益；而在另外一些行业中，一种战略的成功可能只是企业赢得微利的必要条件。有效地贯彻任何一种战略，通常都需要全力以赴，并且要有一个支持这一战略的组织安排。每家公司必须明确选择战略，徘徊其间必然影响公司的战略地位。

1. 总成本领先战略

成本领先要求坚持建立高效、大规模的生产设施，在经验的基础上全力以赴降低成本，抓紧成本与管理费用的控制，以及最大限度地减少研究开发、服务、推销和广告等方面的成本费用。为了达到这些目标，就要在管理方面对成本给予高度的重视。尽管质量、服务及其他方面也不容忽视，但贯穿于整个战略之中的是使成本低于竞争对手。赢得总成本最低的有利地位通常要求具备较高的相对市场份额或其他优势，如与原材料供应方的良好联系等。总成本领先地位非常吸引人，一旦公司赢得了这样的地位，所获得的较高的边际利润又可以重新对新设备进行投资以维护成本上的领先地位，而这种再投资往往是保持低成本状态的先决条件。

2. 差异化战略

差异化战略是将公司提供的产品或服务差异化，树立起一些全产业范围中具有独特性的东西。实现差异化战略可以有许多方式：设计名牌形象、技术上的独特、性能特点、顾客服务、商业网络及其他方面的独特性。最理想的情况是公司在几个方面都有差异化特点。如果差异化战略成功地实施了，它就成为在一个产业中赢得高水平收益的积极战略，因为它建立了防御阵地对付 5 种竞争力量，虽然其防御的形式与成本领先有所不同。波特认为，推行差异化战略有时会与争取占有更大的市场份额的活动相矛盾。推行差异化战略往往要求公司对于这一战略的排他性有思想准备。这一战略与提高市场份额两者不可兼顾。在建立公司的差异化战略的活动中总是伴随着很高的成本代价，有时即便全产业范围的顾客都了解公司的独特优点，也并不是所有顾客都将愿意或有能力支付公司要求的高价格。

3. 专一化战略

专一化战略是主攻某个特殊的顾客群、某产品线的一个细分区段或某一地区市场。低成本与差异化战略都是要在全产业范围内实现其目标，专一化战略的整体却是围绕着很好地为某一特殊目标服务这一中心建立的，它所开发推行的每项职能化方针都要考虑这一中心思想。这一战略的前提思想是：公司业务的专一化能够以较高的效率、更好的效果为某一狭窄的战略对象服务，从而超过在较广阔范围内竞争的对手们。波特认为这样做的结果是公司或者通过满足特殊对象的需要而实现了差异化，或者在为这一对象服务时实现了低成本，或者二者兼得。这样的公司可以使其赢利的潜力超过产业的普遍水平。这些优势保护公司抵御各种竞争力量的威胁。但专一化战略常常意味着限制了可以获取的整体市场份额。专一化战略必然包含利润率与销售额之间相互以对方为代价的关系。

知识点五　战略分析工具——SWOT 分析

一、SWOT 分析的目的

按照企业竞争战略的完整概念，战略应是一个企业“能够做的”（即组织的强项和弱项）和“可能做的”（即环境的机会和威胁）之间的有机组合。在现在的战略规划报告中，SWOT 分析是一个重要的工具。通过 SWOT 分析能够清晰地把握全局，分析自己在资源方面的优势与劣势，把握环境提供的机会，防范可能存在的风险与威胁，对正确地制定战略有非常重要的意义。

SWOT 分析就是把组织内外环境所形成的机会（Opportunities）、风险与威胁（Threats）、优势（Strengths）和劣势（Weaknesses）4 个方面的情况，结合起来进行分析，以寻找制定适合本组织实际情况的经营战略和策略。通过 SWOT 分析，可以帮助企业把资源和行动聚集在自己的强项和有最多机会的地方。

二、SWOT 分析的步骤

1．分析环境因素

运用各种调查研究方法，分析出组织所处的各种环境因素，即外部环境因素和内部能力因素。

（1）外部环境中存在的机会和威胁

环境发展趋势分为两大类：一类表示环境威胁，另一类表示环境机会。

1）环境威胁指的是环境中一种不利的发展趋势所形成的挑战，如果不采取果断的战略行动，这种不利趋势将导致公司的竞争地位受到削弱。

2）环境机会指的是对公司行为富有吸引力的领域，在这一领域中，该公司将拥有竞争优势。对环境的分析也可以有不同的角度。

用于分析外部环境的一种比较简明扼要的方法就是 PEST 分析，另外一种比较常见的方法就是波特的五力分析。

（2）内部环境中的优势和劣势

企业不仅要识别环境中有吸引力的机会，还要拥有在机会中成功所必需的竞争能力才能够成功。内部环境因素包括优势因素和劣势因素，它们是组织在其发展中自身存在的积极和消极因素，属主动因素，一般归类为相对微观的如管理的、经营的和人力资源的等不同范畴。在调查分析这些因素时，不仅仅考虑历史和现状，而且更要站在未来的发展角度来衡量。

每个企业都要定期检查自己的优势与劣势，这可通过“企业经营管理检核表”的方式进行。本书在“控制”一篇中有关于“企业经营管理检核表”的详细讲解。企业或企业外的咨询机构都可利用这一方法检查企业的营销、财务、制造和组织能力。每一要素都要按照特强、稍强、中等、稍弱或特弱划分等级。

由于企业是一个整体，而且竞争性优劣势来源十分广泛，所以，在进行优劣势分析时必须在整个价值链的每个环节上，将企业与竞争对手作详细的对比。例如，产品是否新颖，制造工艺是否复杂，销售渠道是否畅通，以及价格是否具有竞争性等。如果一个企业在某一方面或几个方面的优势正是该行业企业应具备的关键成功要素，那么，该企业的综合竞争优势也许就强一些。需要指出的是，衡量一个企业及其产品是否具有竞争优势，只能站在现有潜在用户角度上，而不是站在企业的角度上。

2．通过 SWOT 矩阵制定对策

将调查得出的各种因素根据轻重缓急或影响程度等排序方式，构造 SWOT 矩阵。在此过程中，将那些对组织发展有直接的、重要的、大量的、迫切的和久远的影响因素优先排列出来，而将那些间接的、次要的、少许的、不急的和短暂的影响因素排列在后面。

图 7.4 所示是一个典型的 SWOT 矩阵，是科尔尼咨询公司为中国邮政所做的 SWOT 分析矩阵。

内部能力 / 外部因素	优势（Strength）	劣势（Weakness）
	• 作为国企，拥有公众的信任 • 顾客对邮政服务的高度亲近感与信任感 • 拥有全国范围的物流网（几万家邮政局） • 具有众多的人力资源 • 具有创造邮政/金融协同的可能性	• 上门取件相关人力及车辆不足 • 市场及物流专家不足 • 组织、预算和费用等方面的灵活性不足 • 包裹破损的可能性很大 • 追踪查询服务不够完善
机会（Opportunities）	SO	WO
• 随着电子商务的普及，对寄件需求增加（平均增加 38%） • 能够确保应对市场开放的事业自由度 • 物流及 IT 等关键技术的飞跃性的发展	• 以邮政网络为基础，积极进入宅送市场 • 进入购物中心配送市场 • ePOST 活性化 • 开发灵活运用关键技术的多样化的邮政服务	• 建立邮寄包裹专门组织 • 为实物与信息的同步化进行实时的追踪及物流控制 • 将增值服务及一般服务差别化的价格体系的制定及服务内容再整理
风险与威胁（Threats）	ST	WT
• 通信技术发展后，对邮政的需求可能减少 • 现有宅送企业的设备投资及代理增多 • WTO 邮政服务市场开放的压力 • 国外宅送企业进入国内市场	• 灵活运用范围宽广的邮政物流网络，树立积极的市场战略 • 通过与全球性的物流企业进行战略联盟提高国外邮件的收益性及服务 • 为了确保企业顾客，树立积极的市场战略	• 根据服务的特性，对包裹详情单与包裹运送网分别运营 • 对已经确定的邮政物流运营提高效率，由此提高市场竞争力

图 7.4 科尔尼咨询公司为中国邮政所做的 SWOT 分析矩阵

在完成环境因素分析和 SWOT 矩阵的构造后，便可以制定出相应的策略。制定策略的基本思路是：发挥优势因素，克服弱点因素，利用机会因素，化解威胁因素；考虑过去，立足当前，着眼未来。运用系统分析的综合分析方法，将排列与考虑的各种环境因素相互匹配起来加以组合，得出可选择对策。这些对策包括：

- 优势与机会对策（SO 对策），即着重考虑优势因素和机会因素，目的在于努力使这两种因素都趋于最大。
- 劣势与机会对策（WO 对策），即着重考虑弱点因素和机会因素，目的是努力使弱点趋于最小，使机会趋于最大。
- 优势与威胁对策（ST 对策），即着重考虑优势因素和威胁因素，目的是努力使优势因素趋于最大，使威胁因素趋于最小。
- 劣势与威胁对策（WT 对策），即考虑弱点因素和威胁因素，目的是努力使这些因素都趋于最小。

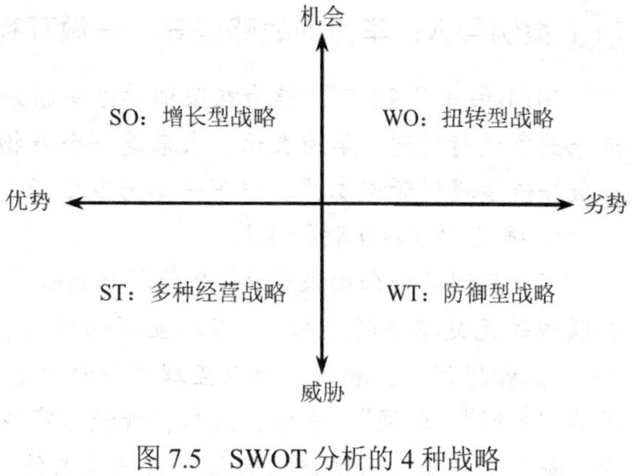

图 7.5 SWOT 分析的 4 种战略

外部环境中存在的机会和威胁与内部环境中存在的优势和劣势相互作用，要求企业采用不同的战略或者策略。通常把战略分为 4 种，如图 7.5 所示。

- 增长型战略：内部、外部条件都非常好，宜大力发展。
- 扭转型战略：外部条件很好，内部有问题，要把握机会，调整方向。
- 多种经营战略：内部资源丰富，外部有威胁，为分散风险而实施多元化的战略，即“不把鸡蛋放在同一个篮子里”。
- 防御型战略：外部、内部条件均不如意，不能进攻，也无力扭转。

教学互动

针对图 7.6 所示的 SWOT 矩阵，请在下画线上填上正确的文字。

内部 / 外部	______ • 认同并遵守公司制度 • 热爱学习，力求上进 • 员工心地无私	______ • 薪酬待遇在行业中偏低 • 加班较多，导致员工疲惫 • 企业文化建设薄弱
______ • 组织结构正在调整 • 股份制改造和上市机会	______ • 成立人力资源部，强化人力资源管理 • 后备干部的选拔、培养	______ • 聘请管理顾问，大力推进企业文化建设 • 建立科学合理的绩效考核与薪酬制度
______ • 技术人才和熟练工流失 • 人员素质低	______ • 成立培训部，通过持续的培训提升员工素质 • 引入高素质人才	______ • 高薪挽留部分人才

图 7.6 某公司员工满意度 SWOT 分析

知识点六 战略原则

案例导入：华为的战略坚守——做万物互联的管道，做互联网流量的渠道

2014 年 4 月 23 日，华为在深圳举办全球分析师大会，对一年来的业绩进行总结，并对未来业务进行规划。华为表示，未来是一个万物互联的世界，华为将继续聚焦管道战略，为大数据流量提供管道支撑。以下是华为制定的发展战略。

1. 强调“万物互联”愿景

万物互联的概念由来已久。今后所有能够受益于联接的人和物都会被联接，包括物联网、车联网等无处不在的连接。“万物互联的网络社会将为人类提供无穷的想象空间和创新机会。”卫翰思说。互联网、移动互联网逐渐渗透到日常生活的各个领域，越来越多的产业、设备“入网”“联网”，手机、汽车、智能可穿戴设备、机器人、智能家居甚至我们所用的牙刷，都会和人类的活动建立联接，未来的工作生活越来越离不开联接。徐文伟认为，“联接正在变成世界的常态。”他表示，联接将产生新的商业机遇，金融、医疗、汽车等行业都已经开始有新的畅想。

华为预计到 2025 年，全球将有 80 亿个智能手机用户并将有 1000 亿个终端通过网络相互联接。“未来的十年，将是 ICT 深度融入人们生活和各行各业的十年。在 ICT 融合的趋势下，信息社会的数字化重构给 ICT 行业带来重大发展机遇，数字世界与物理世界会融合，一个大数据流量时代汹涌而来：更宽广的管道，更实时的大数据平台，更庞大的物联数量。”

2. 坚守管道战略

面对即将到来的大数据流量时代，华为选择定位管道，将管道作为核心战略。数据流量（音频、视频、大数据、云计算）是水，华为做的是运水的管道。“信息流流过的地方就是聚

焦的方向。”徐直军说，“管道是华为的核心战略，是华为的航道，我们所有的业务都沿着管道战略展开，利出一孔。”

作为运营商长期的合作伙伴，华为将从卖硬件变成打造移动互联网平台，云服务平台，通过整合全球的内容、应用、开发资源，与运营商一起，基于该平台为用户提供服务。“我们要帮助运营商打造面向消费者和家庭的网络。”徐直军说。在企业业务方面，华为聚焦被集成。作为产品提供商，华为将打造差异化的产品，跟合作伙伴一起完成销售服务。

这样的策略为华为带来了丰厚的效益。华为 2013 年财年实现销售收入 2 390 亿元，净利润为 210 亿元，其中运营商网络业务实现销售收入 1 665 亿元，同比增长 4%；企业业务销售收入达 152 亿元，同比增长约 32.4%。华为预测，到 2018 年营收达到 700 亿美元。

华为的管道定位凸显其在运营商市场的位置，管道能够协助运营商建立无论是移动互联网还是宽带互联网的网络，这是华为经营的重点，所以华为会在各个场合强调其管道作用。

“承载庞大的数据流量，将成为华为与合作伙伴的价值所在。未来的数字物流，需要更大、更快、更粗的管道，这是华为面临的机遇。华为将加大 IT 技术投资，重构 CT、IT 架构，我们的愿景是，打造一个更美好的全联接的世界。”徐文伟表示。

3. 探索手机业务的路该怎么走

徐直军说，“华为以运营商起家，常年跟运营商在一起，一不小心就有了运营商思维。因此消费者业务要以消费者为核心，把消费者业务打造成为消费者喜爱的平台。只有面向消费者，才有可能成功。”具体操作层面，华为要抓紧 LTE 带来的机遇，投资核心芯片，强调用户体验，视设计、软件、云服务；品牌运营上，终端不做大规模的宣传，要通过口碑进行传播，核心是质量、体验、服务。在产品的发展路径上，徐直军更是表示，未来终端产品的发展路径会聚焦在能够产生消费流量的终端，不做跟流量无关的终端。

在互联网和移动互联网大潮的驱动下，华为选择做管道，为这次浪潮提供渠道；在营销成为重要销售手段的今天，华为选择口碑传播，这样的策略能获得怎样的成绩，还需要继续观察。

（案例来源：http://tech.ifeng.com/telecom/special/huaweiguandao/ 作者：韩迪）

请问：华为公司采用了什么战略原则？

案例解析

华为公司采用了以社会需要为出发点、扬长避短、集中资源、量力而行的战略原则。

在一定意义上说，制定战略主要是一种管理技术，它是计划工作中最困难的部分。尽管如此，还是有一定的规律可循，有一些基本原则可依。这些原则是在经验基础上的总结和提高，它们是制定战略的指南，而不是教条。

一、以社会需要为出发点

制定战略应当有一个基本的出发点和立足点，这个出发点不应当建立在主观妄想之上，而应当建立在客观的社会需要之上。一个组织只有不断地满足社会的某种持久的、日益增长的需要，才可能存在和发展。因此，满足社会需要应当作为一条基本的战略原则。具体到一个企业，满足社会需要也就是满足市场需要、顾客需要。

制定战略时常常犯的错误是：把眼光局限于现有的产品和服务上，认识不到产品只是一种满足顾客需要的形式，而形式是可以改变的。任何产品都有自己的生命周期，而满足顾客的基本需要是永存的。这就是在制定战略时，要根据科学技术的发展、社会的变迁，以及顾客偏好的变化，采用不同形式满足顾客的需要，而不要固守于现有的产品和服务。

不能够认识到顾客需要的到底是什么，以及顾客的价值准则是什么，这又是制定战略常犯的另一个错误。在这方面美国通用汽车公司的凯迪拉克公司的例子是个很好的说明。对卡迪拉克公司的人来说，“他们是制造汽车的”，这几乎是不言而喻的。但是，很少有人想到那个花了 7 000 美元(20 世纪 30 年代价格)买一辆新的凯迪拉克汽车的人，是为了得到一种运输工具呢？还是为了取得声望？看上去，凯迪拉克是在同福特汽车公司、德国的大众汽车公司竞争，但真是这样吗？对此，在 20 世纪 30 年代的萧条时期接管凯迪拉克公司的德雷斯拉有不同的看法，他认为，凯迪拉克汽车是在同钻石和貂皮大衣竞争，凯迪拉克汽车的买主购买的不是一种“运输工具”，而是“地位”。这个见解在卡迪拉克公司正趋于衰落时拯救了它。在两年左右的时间里，尽管当时美国经济正处于萧条时期，但该公司却成为一个主要的成长中的企业。

二、把握时机

制订计划是要防备可能发生的变化，而制定战略则不同，是要利用可能发生的变化。因为变化预示着机会。旧垄断的打破、新事业的创办，无不是靠利用变化所带来的良机。

行业核心技术和相关技术的重大变革和商业化应用，人口、自然资源、教育水平、环境保护方面的演变趋势，以及政府重大经济政策的改变等，都将给企业、部门、城市和地区带来新的发展机会。

三、扬长避短

战略具有对抗的含义，制定战略实质是要研究如何以弱胜强，以小胜大，后来居上，高屋建瓴。而欲达到此目的，必须扬长避短，发挥优势。这应作为一条基本的战略原则。

“田忌赛马”是一个流传了几千年的脍炙人口的故事，其中的道理，就是扬长避短。扬长避短，重在扬长，也就是充分发挥优势，不断强化优势地位。

处于当今信息万变的经营环境中，许多企业选择了多元化经营的战略。尽管多元化经营使得许多企业获得了巨大的发展，但如果盲目追求多元化和新颖，只求“攻城掠地”，而不注意巩固已占领的市场，或是轻率地进入同企业的传统技术和业务不相关的新兴行业，以致失去自身的特色和优势，被竞争企业乘虚而入的实例也比比皆是。多元化战略取得成功的关键就在于，把多元化战略建立在企业核心技术和中心市场的基础上。尽管企业的业务领域在不断扩展，但只有始终围绕核心技术和不断强化企业已经形成的优势地位，才能胜人一筹。事实表明，没有特色的多元化和没有核心的多元化大多是低效益的，是最容易失败的。

四、出奇制胜

以弱胜强、以小胜大、后来居上，除了要扬长避短、发挥优势以外，还要靠出奇制胜。应当把出奇制胜看作一条重要的战略原则。出奇制胜也就是靠创新、靠另辟蹊径获得成功。

兵法上最强调出奇制胜。《孙子·势篇》说：“凡战者，以正和，以奇胜”，即作战要以正兵挡敌，以奇兵取胜。《十一家注孙子·李筌》说：“将三军无奇兵，未可与人争利。”《孙子·势篇》中还说：“故善出奇者，无穷如天地，不竭如江河……声不过五，五声之变，不可胜听也；色不过五，五色之变，不可胜观也；味不过五，五味之变，不可胜尝也；战势不过奇正，奇正之变，不可胜穷也。”

五、集中资源

任何一个组织，资源总是有限的，要使有限的资源发挥出最大的效益，就必须集中使用。毛泽东同志在《中国革命战争的战略问题》中指出："照我的意见，在有强大敌军存在的条件下，无论自己有多少军队，在一段时间内，主要的使用方向只有一个，不应有两个。"用兵如此，管理也不例外。集中使用资源，用较多的资源支持较少的选择，实在是一条重要的战略原则。集中资源的前提是方向明确，重点突出。也就是说，首先要明确经营方向和找出关键的成功因素。

六、量力而行

制定战略还应遵循量力而行的原则，也就是应使战略与组织或企业的规模相适应。

企业的规模、结构和战略是密切相关的。规模本身对战略有重大的影响，不同的规模要求不同的战略。小企业"船小好掉头"，能对市场需求的变化做出迅速的反应，能够灵活而集中地使用其资源。而大企业能把资源投到超过小企业所能承受的长期研究项目和大型开发项目中去。不同规模的企业采用的战略不同，不同的战略又要求不同的规模。一个试图在某一个大市场中取得领先地位的企业，必须是一个大企业。而如果企业规模较小，那最好还是以在一个大市场中占据一个特殊位置或一个有利的细分市场为目标。

以上简单地讨论了制定战略的6条基本原则。制定战略也是计划工作的一部分内容，因此，从某种意义上来说，这6条基本原则也可以看成计划工作的一般原则。但是，尽管制定战略是计划中最困难的工作，却是任何组织和企业的最高主管不可推卸的责任。战略是对组织的全面和长远发展最重要、最有决定意义。

复习思考题

1. 什么是企业战略？企业战略具有什么性质？
2. 请简述战略管理的程序。
3. 请说明什么是PEST分析。
4. 只有说明什么是波特五力分析模型。
5. 请说明什么是SWOT分析，如何进行SWOT分析。
6. 请说明制定战略需要遵循哪些原则。

知识自测题

（一）单项选择题

1. 企业制定战略决策的基础和依据是（　　）。
   A. 企业文化　　B. 企业宗旨　　C. 企业使命　　D. 经营哲学
2. 在企业面临良好的机遇并具备优势时，企业应选择的战略方案是（　　）。
   A. 增长型战略　　B. 扭转型战略　　C. 多种经营战略　　D. 防御型战略
3. 在企业面临外部威胁并且明显处于劣势时，企业应选择的战略方案是（　　）。
   A. 增长型战略　　B. 扭转型战略　　C. 多种经营战略　　D. 防御型战略

4. 在企业面临外部机遇并且明显处于劣势时，企业应选择的战略方案是（　　）。

A. 增长型战略　　B. 扭转型战略　　C. 多种经营战略　　D. 防御型战略

5. 在企业面临外部威胁并且具备优势时，企业应选择的战略方案是（　　）。

A. 增长型战略　　B. 扭转型战略　　C. 多种经营战略　　D. 防御型战略

6.《孙子兵法》中有“凡战者，以正和，以奇胜”，指的是（　　）战略原则。

A. 扬长避短　　B. 出奇制胜　　C. 量力而行　　D. 集中资源

7. 通过（　　）分析能够清晰地把握全局，分析自己在资源方面的优势与劣势，把握环境提供的机会，防范可能存在的风险与威胁，对正确地制定战略有非常重要的意义。

A. PEST 分析　　B. 波特五力分析模型

C. SWOT 分析　　D. 企业经营管理检核表

8.“田忌赛马”是一个流传了几千年的脍炙人口的故事，其中的道理，就是（　　）。

A. 扬长避短　　B. 出奇制胜　　C. 量力而行　　D. 集中资源

（二）多项选择题

1. 波特五力模型中的5种力量包括：行业内竞争者现在的竞争能力、供应商的议价能力，以及（　　）。

A. 消费者的消费能力　　B. 购买者的议价能力

C. 替代品的替代能力　　D. 潜在竞争者进入的能力

2. 企业战略中有几个关键的词汇决定了战略的取向，这就是（　　）。

A. 长期目标　　B. 外部机会与威胁

C. 内部优势　　D. 内部劣势

第四篇

组　织

第八章 组织工作概述

组织工作是管理的基本职能之一，在计划工作职能确定了组织具体目标，并对实现目标的途径做了大致的安排之后，为了使人们能够有效地工作，还必须设计和维持一种组织结构，包括组织机构、职务系统和相互关系。

教学目标

知识点	学习要求	知识分阶
知识点一　组织与组织工作	牢记并掌握	必修
知识点二　组织理论的发展	牢记并掌握	必修
知识点三　组织工作的基本原理	牢记并掌握	必修

学习重点

- 组织的概念
- 组织理论的发展阶段
- 组织工作的职能和过程
- 组织工作的基本原理

知识点一　组织与组织工作

案例导入：刘备携民渡江与摩西携民逃荒

刘备在樊城的时候，曹操兵分 8 路来攻打，刘备自知抵挡不住，便想逃跑，但又不忍心丢下百姓。当时因刘备爱民如子，百姓都要跟着他。于是刘备只好带领百姓一同向襄阳撤退，同行军民十余万人，大小车辆数千，挑担背包者不计其数，扶老携幼、拖儿带女者更是多得不得了，浩浩荡荡，熙熙攘攘，每天才走十来里路。到了渡江时更是乱乱纷纷，你推我搡，两岸哭声不绝。很快，曹兵就追了上来，刘备险些送了性命。

与刘备携民渡江的故事类似的，还有一个摩西携民逃荒的故事，不过结局完全不同。

《圣经》里说，摩洛哥大旱，居民们为了活命，就跟着一个叫摩西的人去欧洲逃荒。一路上也是扶老携幼、熙熙攘攘，每天只走十来里路。人们大小事情都找摩西解决，搞得摩西狼狈不堪。他的老丈人看着不忍，给他出了个主意，让他每 10 个人选一个能干的当“小头儿”，“小头儿”们再选精明些的当“大头儿”，“大头儿”们再选更精明的人当“更大的头儿”，这些更大的头儿则由摩西指挥。居民有事，逐级处理或上报；摩西有令，逐级下达和执行。这样一来，居民们就成了有秩序的队伍，行进速度就会加快，摩西也有工夫考虑大事了。摩西听了老丈人的建议，对居民们进行了组织，果然行进速度加快了，到达了目的地。

请问：为什么摩西携民逃荒能够成功？这则案例给了你什么启示？

案例解析

摩西携民逃荒之所以能够成功，关键在于有了组织。组织是管理的第二职能，其目的是建立一种能产生有效的分工合作关系的结构。石墨和钻石都是由碳原子构成的，但它们的价值却无法相提并论；细胞中的染色体都大同小异，但是一旦排错了位置就会引起癌变，可见组织的结构是十分重要的。为了建立一个合理的、高效的组织结构，就必须很好地开展组织工作。

一、组织的概念

从历史上看，“组织”与“管理”曾被看成同义词，因此，从某种意义上说，管理理论是首先从组织理论的研究开始而逐步发展形成的。组织的概念有以下两个含义。

1. 一般意义的组织

这是人们进行合作活动的必要条件。一般泛指各种各样的社会组织和单位，如企业、机关、学校、医院和工会等。美国管理学家切斯特·巴纳德认为：由于生理的、心理的、物质的和社会的限制，人们为了达到个人的和共同的目标，就必须合作，于是形成群体，即组织。

2. 管理学意义的组织

这是按照一定目的和程序而组成的一种权责角色结构，其中有以下 4 个重要概念。

1）职权。指经由一定的正式程序赋予某项职位的一种权利。居其位者，可以承担指挥、监督、控制，以及惩罚和裁决等工作。这种权力是一种职位的权力，而不是某特定个人的权力。

2）职责。指某项职位应该完成某项任务的责任。

3）负责。反映上下级之间的一种关系。下级有向上级报告自己工作绩效的义务和责任；上级有对下级的工作进行必要的指导的责任。

4）组织系统图。反映组织内各机构、岗位上下左右相互关系的一种图表。

二、组织工作

1. 组织工作的职能

组织工作作为一项管理职能是指在组织目标已经确定的情况下，通过建立一个适于组织成员相互合作、发挥各自才能的良好环境，使组织成员都能在各自的岗位上为组织目标的实现做出应有的贡献。

组织工作职能的内容包括以下 4 个方面。

1）根据组织目标设计和建立一套组织机构和职位系统。

2）确定执行关系，从而把组织上下左右联系起来。

3）与管理的其他职能相结合，以保证所设计和建立的组织结构有效地运转。

4）根据组织内外部要素的变化，适时地调整组织结构。

2．组织工作的过程

设计、建立并维持一种科学的、合理的组织结构，是为成功地实现组织目标而采取行动的一个明显的过程，这个过程由一系列的逻辑步骤所组成。

1）确定组织目标。

2）对目标进行分解，拟订派生目标。

3）明确为了实现目标所必需的各项业务工作和活动，并加以分类。

4）根据可利用的人力、物力及利用它们的最佳途径来划分各类业务工作活动。

5）授予执行有关各项业务工作或活动的各类人员以职权和职责。

6）通过职权关系和信息系统，把各个层次、各个部门连接成为一个有机的整体。

这个过程的前两步实际上是组织工作的依据，有了这个依据，组织工作才有必要和可能进行，其后几步才真正是组织工作的实质内容。一般来说，组织工作同这个过程是相吻合的。主管人员通过这一过程来消除混乱，解除人们在工作和职责方面的矛盾和冲突，建立起一种适合组织成员相互默契配合的组织结构。

组织工作的最终成果就是一系列的组织系统图和职务说明书。组织系统图描述的是一个组织内部的各种机构（包括层次和部门），以及其中相应的职位和相互关系。而职务说明书则详细规定了各个职务的职权和职责及与其相关的上下左右的关系。

知识点二 组织理论的发展

案例导入：富士康的管理哲学

富士康科技集团隶属于台湾鸿海集团，创立于1974年，是专业从事计算机、通信、消费电子、数位内容、汽车零部件和通路6C产业的高新科技企业。其在内地深圳、昆山、武汉、北京、南宁、烟台和淮安等地都有分公司和工厂，员工近60万名。内地工厂主要从事国际知名IT企业产品的代工，如Dell、IBM和Apple等。

以“快速反应”著称的富士康生产线，最需要的是可以按部就班、不知疲倦的机械式、重复性劳作。每日12小时、13天休息1天的“无休止”工作，工作中互相不讲话，按秒完成工站上一道道最简单的工序。富士康在内地的代工工厂员工众多，且在薪资、加班费、伙食、住宿、保险、休假和培训等方面的安排和规定都符合国家标准，并非人们所想的“血汗工厂”。

然而，富士康总裁台湾人郭台铭是军人出身，对富士康一直实行严格的军事化管理。在这个工厂里，有严格的等级制度，下级必须服从上级；极度强调执行力的“目标管理”，对员工有严格的奖惩机制。富士康的人力资源结构呈金字塔状，居于“塔尖”的高管层制定好战略，中层负责高效地分配和监督任务的实施与完成，底层员工面临的是高度分解的、专业化的、重复性很强的高强度劳动任务。

令人震惊的是，就在以高效率著称的富士康代工工厂中，从2010年1月到2010年5月，深圳富士康接连发生了12跳，12宗“血案”，12条生命，这一切无不表明富士康的管理存在漏洞。像富士康发生的这类事件，许多全球500强企业都曾经发生过，甚至今天还在发生。

请问：富士康的管理中存在什么问题导致了悲剧的发生？应该如何避免？

案例解析

富士康坠楼自杀事件，并不只是企业直接的管理制度方面的原因，更多地透露了现代企业管理的深层次问题。组织理论的发展早已为人们阐明这个问题的根源。从古典组织理论到新古典组织理论再到权变的组织理论的发展过程中，不难看到人们在管理哲学上的不断自我否定，继而寻求至善的思想轨迹。

韦伯是层级制理论的肇始者，他视组织为一个层层控制的命令系统，同样地，他也预设了理性的组织与理性经济人的人性，权力由上而下，所以领导者要做的就是规划、命令、监督与奖惩，其最大的特色是强调组织的非人格化，非关系化。

第一个反对韦伯层级制理论的是巴纳德，他将组织视为一个合作系统，以及因为合作需要沟通的信息系统。因为合作必须出于自愿，所以他以为权力是由下而上的，而且预设了社会人的人性预设，也就是人是追求社会意义的、人际满足的及归属感的。但是组织又是理性的，必须完成它既定的使命，如何将如此不同又追求社会意义的人组织在一起，让他们合作共同完成组织要做的工作呢？巴纳德提出组织人的假设，认为人们的工作被赋予意义之后，就会变得更愿和组织合作，所以领导者最重要的工作就是为组织设定共同目标，赋予员工工作的意义，向下收集大家的意见，协商整合出共同目标，再做好沟通说服。

更进一步地，梅奥在霍桑实验中看到了组织无法排除人际关系的影响，视组织为一个人际关系系统，提出了社会人假设的管理理论，他发觉人会形成非正式的团体，要寻找认同感与归属感，需要互相支持与情感的抚慰。因此，领导的职责是创造和谐的人际关系及建立良好的文化和规范，带来员工的工作满意度与组织忠诚度，并引导小团体配合组织的工作。

企业组织理论于 20 世纪初产生于西方工业国家，在其发展演变过程中，由于所强调的中心不同，从而形成了不同的组织理论。

一、古典组织理论

古典组织理论强调以工作需要为中心，以努力完成工作为唯一目标，主要依靠权力来维系组织成员之间的相互关系。其代表人物有法约尔、韦伯等人。古典组织理论强调以下 5 点。

1．绝对的权力

权力被定义为发出命令的权力和强制他人服从的权势。权力的来源主要是考虑工作的需要，而行使权力的方法则是强迫人们绝对地服从。

2．高度集中的决策

决策权高度集中于最高领导的手中，只有他才有这种神圣地发布命令的权力。决策权的高度集中直接硬性规定了组织结构的形式和组织关系中的权责分配。

3．金字塔式的组织结构

决策权高度集中而又以完成工作为主要目的，就必须设计一种能允许各级组织顺利行使权力和最有效地完成工作的结构。这种结构表现为上小下大、层次分明的金字塔式结构。它通过明确的上下级关系构成了命令链，又通过命令链使权力影响组织的各个角落。

4．严格的教条式监督

各级管理人员都是命令链的一部分，他们的任务是传达命令，并严格地监督下级执行命令，他们自身几乎没有任何决策的权力，也无权更改命令，他们只是高层决策者最高权力的代理人。

5．限制个人发展

组织中普通成员的作用犹如一部机器中的一些齿轮。这些成员只是根据需要而被支配，他们的责任就是完成命令所规定的工作数量和质量。对他们工作的控制来源于外部的力量，以便使他们为达到组织目标而努力。不鼓励他们个人发展和进步，或追求类似的需要和机会。他们相互孤立，只对自己的上级负责。要求组织成员忠于组织的目标，强调忍耐克己，最大限度地压抑个人发展的欲望。

古典组织理论把组织规定为以工作为中心的权威性组织，被称为“无视人的组织”。由于它不顾组织成员的心理需求，势必产生外部控制和对此控制公开抵制的矛盾。如果进一步强化控制，会更加刺激抵触的加剧，进而影响组织目标的实现。

二、新古典组织理论

新古典组织理论强调以人为中心，组织目标通过每个成员的参与来实现，人际关系是维系组织完整的重要支柱。其代表人物有梅奥、巴纳德等人。它表现出如下的特点。

1．权力来自接受

古典组织理论认为权力来自发出命令的权力和强制服从的权势，而新古典组织理论则认为权力来自“接受”。固然，作为高层领导可以对下层用命令权，并可以对不服从命令的人加以惩罚。但当人们不为之所动，而拒绝接受命令时，一切将无可奈何。因此，权力的根本基础在于接受，在于下级的理解、赞成、拥护和力所能及。

2．推行参与决策

基于相信组织成员大多具有相当高的想象力、机敏性、积极性和创造性，因此，决策权不必高度集中于最高层领导。决策权应根据不同的情况加以分散，使组织成员能够更广泛地参与决策和目标的制定。

3．双向沟通的组织结构

新古典组织理论认为，在金字塔式的组织结构中也不能只存在由上而下的下达命令的命令链，还应当增加上下级之间的相互双向沟通和合作组织成员之间的横向沟通，使组织真正成为一个“群体”，而这正是使组织有力的基础所在。

4．活泼的协调式监督

新古典组织理论用“接受”来代替“权力”、用“说服和参与”来代替“权势”。管理人员的职责则主要不是监督下级“个人”，而主要是注视“群体”职能的发挥和组织活动的进程，并着力协助解决所遇到问题和协调相互关系。

5．鼓励个人发展

新古典组织理论把每个成员都看作为组织群体成就的实现做出积极贡献的个体。因此，鼓励个人的进步和发展，以便使他们可以做出最大的贡献；外部的控制和强迫，被自我控制、来自自我满足和自我实现需求的激励所代替。

新古典组织理论把组织规定为以人为中心的人际关系的参与性组织。它旨在给予组织成员较多的行动自由和发挥潜在能力的机会。但是过分追求对个人成员的心理需求和自我表现机会的满足，过分强调个人意愿的发展和多元化倾向，也会导致组织整体的松散，甚至危及组织目标的实现。

古典组织理论强调权威性和新古典组织理论强调参与性，突出了两个极端。实际上真正体现这两种极端理论的组织并不多见。社会生活中的组织模式往往是处于两个极端之间、倾向程度不同的各种形式。

三、权变组织理论

权变组织理论核心在于把组织看作一个“有机”的“系统”。组织的结构和职能必须以组织所处的外部或内部的许多环境情况因素为基础，并依据基础的不同而不同。影响组织权变的因素主要如下。

1．组织规模

组织规模的扩大、工作地点的分散、工作内容的不同、工作人数的众多，都会引起组织控制和协调的难度加大，组织结构会更为规范化，在组织关系中也会更强调指导性。

2．经营战略

以“为当地服务”为主要战略的组织和以“海外经营”为主要战略的组织，在组织模式上会有显著的变化。组织模式是为组织目标和战略的实现服务的。不同的组织目标和战略，需要有与其相适应的组织模式。当组织目标和战略发生了变化，组织的模式也应做出相应的调整。这些调整会表现为组织中一些部门的重新划分、新增或撤销，一些权责关系的变动和工作内容的重新设计。

3．经营多样化

经营内容从单一化向多样性发展，就需要增加管理人员和增设机构，以负责各个专门的工作，组织模式也会更加复杂。

4．成员特性

如何使组织结构适应组织成员的特性和期望，也是保证组织有效性的重要因素。不同的人在对待组织原则、政策、程序和控制方法上的态度是不同的。例如，年轻人通常比较活泼、精力充沛、思想敏锐，往往不愿意接受严格的规章制度约束。在组织模式中就要为他们考虑较多的弹性。相反，一些年老的资深成员则通常愿意接受比较严格的规定和要求。此外，成员所受的专业训练、教育程度和工作经历也有较大的影响。受过良好培训和经验丰富的人能很快熟悉工作，工作会比较自觉和有效。缺乏教育的人，往往需要在严格的指导下工作。一般来说，凡不希望参与和不依赖别人的鼓励，有较强独立工作能力的人，喜欢比较正规的结构和激励模式；凡希望相互参与和依赖、相互鼓励的人，则比较喜欢参与性的结构和比较轻松活泼的非正式激励模式。

5．目标一致性

当组织目标与个人目标比较一致时，强调参与是适宜的。但当不一致时，则要更多地依靠外部控制和正式结构来保证适当的控制。

6．系统状态

当组织作为一个系统其状况不佳，尤其在危急时，则需要强调正式的结构体系和严格的指导过程，以纠正和挽救不佳的状态。当组织的系统状态正常和稳定时，则可以较多地采用参与性的组织模式。

7．决策层次

不同类型的决策应采用不同的处理方法。有些决策可以放在基层进行，并强调参与性，但有些决策必须在上层进行，而且有时还必须与下层有一定的脱离性，需要专门的正式机构，并强化对决策的指导。

8. 环境稳定性

显然，稳定的外部环境使组织得以找到稳定的组织结构、工作内容和工作方法的重要外部条件。环境不稳定，组织结构、工作内容和工作方法都要相应变化，问题就会复杂化。不同的工作内容，受环境变化的影响也不同，从而使协调和沟通问题变得更为严重。因此，为了保证组织效率、组织模式的稳定性和为适应环境的应变性，两者都是不可缺少的。当组织的技术状况发生变化，新机器、新工艺、新设备和新方法的引进，都会对组织模式产生很大影响。这不仅表现在企业中，也表现在军队和医院等组织中。外界的某些压力，如政府的有关政策规定、用户的特殊服务要求和竞争的激烈程度等，也会迫使组织模式做出相应的变化。

权变组织理论认为，环境自变量与管理因变量之间构成一种复杂的函数关系，并力图找出一种针对某一环境而言最有效的组织管理对策，即在了解各子系统的结构和特定情景中有关变量的相互作用的基础上进行组织设计和实践。

上述3种组织理论，为人们考虑适当的组织模式提供了一个基本思路。

知识点三 组织工作的基本原理

案例导入：护士长的烦恼

某年10月的某一天，产科护士长王娜给医院的院长戴博士打来电话，要求立即做出一项新的人事安排。从王娜急切的声音中，院长感到一定发生了什么事，因此要她立即到办公室来。5分钟后，王娜递给了院长一封辞职信。“戴院长，我再也干不下去了。”她开始申诉：“我在产科当护士长已经4个月了，我简直干不下去了。我有两个上司，每个人都有不同的要求，都要求优先处理。要知道，我只是一个凡人，我已经尽最大的努力适应这种工作，但看来这是不可能的。”“我举个例子。这只是一件平平常常的事，可是像这样的事情，每天都在发生。”

“昨天早上7:45，我来到办公室就发现桌上留了张纸条，是张萍（医院的主任护士）给我的。她告诉我，她上午10点钟需要一份床位利用情况报告，供她下午向院务会作汇报时用。这样一份报告至少要花一个半小时才能写出来。半小时以后，乔丽斯（王娜的直接主管，基层护士监督员）走进来质问我为什么我的两位护士不在班上。我告诉她雷医生（外科主任）从我这儿要走了她们两位，说是急诊外科手术正缺人手，需要借用一下。我告诉她，我也反对过，但雷医生坚持说只能这么办。你猜，乔说什么？她叫我立即让这些护士回到产科部。她还说，1小时以后，她会回来检查我是否把这事办好了！我跟您说，这样的事情每天都发生好几次。一家医院这样运作还能算正常吗？”

请问：这家医院的组织结构出了什么问题？如何解决这个问题？

案例解析

此医院的组织结构混乱，职权与职责不明，违背了组织工作的统一指挥基本原理，造成了“上面千条线，下面一根针”的现状。要解决这个问题必须对组织结构和职权、职责关系进行调整。

设计和建立合理的组织结构，根据组织外部要素的变化适时地调整组织结构，其目的都是为了更有效地实现组织目标。那么，怎样才能做好组织工作？怎么通过组织工作所设计、建立并维持的组织结构更好地促进组织目标实现呢？长期以来，管理学家及管理工作者们进行过许多有益的探索。进行有效的组织工作应遵循以下基本原理。

1．目标统一性原理

目标统一性原理可以表述为组织结构的设计和组织形式的选择必须有利于组织目标的实现。任何一个组织都是由它特定的目标决定的，组织中的每部分应该都与既定的组织目标有关系，否则，它就没有存在的意义。例如，大学的目标是培养人才，那么它的组织机构及形式就是教学系、教务处、图书馆和人事处等。同样道理，每个机构又有自己的分目标来支持总目标的实现，这些分目标就又成为机构进一步细分的依据。为此，目标层层分解，机构层层建立，直至每个人都了解自己在总目标的实现中应完成的任务，这样建立起来的组织机构才是一个有机整体，才能为保证组织目标的实现奠定组织基础。

这一原理还要求在组织设计中要以事实为中心，因事设机构、设职务，做到人与事高度配合，避免出现因人设事、因人设职的现象。

2．分工协调原理

分工就是按照提高管理专业化程度和提高工作效率的要求，把组织的目标分成各级、各部门及各个人的目标和任务，使组织的各层次、各部门、各个人都了解自己在实现组织目标中应承担的工作职责和职权。有分工就必须有协调，协调包括部门之间的协调和部门内部的协调。分工协调原理可以这样来表述：组织结构的设计和组织形式的选择越能反映目标所需的各项任务和工作的分工，以及彼此间协调，委派的职务越能适合担任这一职务的人的能力与动机，其组织结构和形式就越有效。组织结构中的管理层次的分工、部门的分工及职权的分工，各种分工之间的协调就是分工协调原理的具体体现。

3．管理宽度原理

管理宽度原理可以表述为主管人员有效地监督、指挥其直接下属的人数是有限的。管理宽度的限度取决于多方面的因素，如工作类型、主管人员及下属的能力等。因此，管理宽度是因组织、因人而异的。由于管理宽度的大小影响和决定着组织的管理层次、主管人员的数量等一些重要的组织问题，所以每个主管人员都应根据影响自身管理宽度的因素来慎重地确定自己理想的管理宽度。

4．权责一致原理

权责一致原理可以表述为职权和职责必须相等。在进行组织结构的设计时，既要明确规定每一管理层次和各个部门的职责范围，又要赋予完成职责所必需的管理权限，职责与权限必须协调一致。只有职责，没有职权或权限太小，则其职责承担者的积极性、主动性必然会受到束缚，实际上也不可能承担起应有的责任。相反，只有职权而无任何责任或责任程度小于职权，将会导致滥用权力和“瞎指挥”，产生官僚主义等。

5．统一指挥原理

统一指挥原理可以表述为组织的各级机构及个人必须服从一个上级的命令和指挥，只有这样，才能保证命令和指挥的统一，避免多头领导和多头指挥，使组织最高管理部门的决策得以贯彻执行。根据这一原理，上级指示从上到下逐级下达，不准发生越级指挥的现象，下级只接受一个上级的领导，只向一个上级汇报并向他负责，这样，上下级之间就形成了一个“指挥链”，那些由于“多头领导”和“政出多门”所造成的混乱就可避免。

统一指挥的原理在实践中可能会出现一些麻烦，如缺乏横向联系和必要的灵活性等。为弥补这一缺陷，在应用中往往还规定主管人员有必要的临时处置权和事后汇报权，其依据的原则是“法约尔桥”。这个原则规定，根据统一指挥原理，上级可授权下级相互进行直接的联系，但必须将行动结果报告给各方的上级，这样才不至于削弱甚至还有助于统一指挥的实施。

6. 集权与分权相结合原理

此原理可以表述为为了保证有效的管理，必须实行集权与分权相结合的领导体制。该集中的权力集中起来，该下放的权力就应该分给下级，这样才能够加强组织的灵活性和适应性。如果事无巨细，把所有的权力都集中在最高管理层，不仅会使最高层主管湮没于烦琐的事务当中，顾此失彼，而且还会助长官僚主义、命令主义和文牍主义作风，忽视了组织有关战略性、方向性的大问题。因此，高层主管还必须把与下属所承担的职责相对应的职权授予他们，使下属有职、有责、有权，这样就可以使下属充分发挥他们的聪明才智，调动他们的积极性，保证管理效率的提高，也可以减轻高层主管的负担，集中精力抓大事。

7. 精干高效原理

任何一种组织结构形式，都必须将精干高效原理放在重要地位。精干高效原理可以表述为在服从由组织目标所决定的业务活动需要的前提下，力求减少管理层次，精简管理机构和精诚人员，充分发挥组织成员的积极性，提高管理效率，更好地实现组织目标。一个组织只有机构精简，队伍精干，工作效率才会提高；如果组织层次繁多，机构臃肿，人浮于事，则势必导致浪费人力，滋长官僚主义、办事拖拉、效率低下。因此，一个组织是不是具备精干高效的特点，这是衡量其组织结构是否合理的主要标准之一。

8. 稳定性与适应性相结合原理

这一原理可表述为组织结构及其形式既要有相对的稳定性，不要总是轻易变动，但又必须适应组织内外部条件的变化，根据长远目标做出相应的调整。

任何组织都是一个开放的社会子系统，在其活动过程中，都与外部环境发生一定的相互联系和相互影响，并连续不断地接受外来的“投入”而转化为“产出”。一般来说，组织要进行实现目标的有效的活动，就要求必须维持一种相对平衡的状态，组织越稳定，效率也将越高。组织结构的大小调整和各部门职权范围的每次重新划分，都会给组织的正常运行带来影响。因此，组织结构不易频繁调整，应保持相对稳定。但是，不但组织本身是在不断运动的，而且组织赖以生存的大环境也是在不断变化的，当组织结构相对呈现僵化状态，组织内部效率低下，而且无法适应外部的变化或危及生存时，组织的调整与变革就是不可避免的了。因为只有调整和变革，才会给组织重新带来效率和活力。

9. 均衡性原理

这一原理可以表述为同一级机构、人员之间在工作量、职责和职权等方面应大致平衡，不易偏多或偏少。苦乐不均、忙闲不均等都会影响工作效率和人员的积极性。

复习思考题

1. 组织的概念有哪两个含义？
2. 组织工作的职能和过程是什么？
3. 古典组织理论、新古典组织理论和权变组织理论各有什么特点？
4. 进行有效的组织工作应遵循哪些基本原理？

知识自测题

（一）多项选择题

组织工作职能的内容包括以下（　　）方面。

A. 根据组织目标设计和建立一套组织机构和职位系统

B. 确定执行关系，从而把组织上下左右联系起来

C. 与管理的其他职能相结合，以保证所设计和建立的组织结构有效地运转

D. 根据组织内外部要素的变化，适时地调整组织结构

（二）判断题

1. 管理与组织具有相同的含义。(　　)

2. 组织结构一经建成便保持不变。(　　)

3. 职权和职责必须相等。(　　)

4. 频繁的组织结构变动是组织成功的关键。(　　)

（三）选择题

（　　）强调以工作需要为中心，以努力完成工作为唯一目标，主要依靠权力来维系组织成员之间的相互关系。(　　)强调以人为中心，组织目标通过每个成员的参与来实现，人际关系是维系组织完整的重要支柱。(　　)认为环境自变量与管理因变量之间构成一种复杂的函数关系，并力图找出一种针对某一环境而言最有效的组织管理对策。

A. 古典组织理论　　B. 新古典组织理论　　C. 权变组织理论　　D. 能级原理

第九章 组织结构的设计

组织结构的设计，就是要把为达到组织目标而必须从事的各项工作和活动进行分类组合以确定适合的组织结构类型，划分出若干部门，根据管理宽度原理，划分出若干管理层次，并把监督每类工作或活动所必需的职权授予各层次、各部门的主管人员，以及规定上下左右的协调关系。

教学目标

知识点	学习要求	知识分阶
知识点一　组织结构设计	牢记并掌握	必修
知识点二　组织结构的类型	牢记并掌握	必修
知识点三　管理宽度与管理层次的划分	牢记并掌握	必修
知识点四　部门的划分	掌握	必修
知识点五　职权的划分	掌握	必修
知识点六　组织结构设计的成果	牢记并掌握	必修

学习重点

- 组织结构的概念与设计
- 组织结构的类型
- 管理宽度与管理层次的划分
- 部门的划分
- 职权的划分
- 组织结构设计的成果

知识点一　组织结构设计

案例导入：矛盾来自组织设计不合理

凯迪公司是上海市一家中型企业，主要业务是为企业用户设计和制作商品目录手册。公司在浦东开发区和市区各设有一个业务中心，浦东中心设有采购部和目录部，采购部负责接受用户订货，并选购制作商品目录的材料；目录部负责设计商品目录。市区中心有凯迪公司总部和制作部，制作部负责制作商品目录。刘利是凯迪公司负责业务经营的主管，他经常听到设计人员抱怨自己受采购员约束太大，从而无法实现艺术上的创新与完美。于是刘利决定在市区中心设个市场部，专门负责分析市场需求和挖掘市场潜力，并向采购员提出建议。市场部成立后，刘利又听到了很多不同意见，采购员和设计员强烈反映，新成立的市场部不仅多余，而且干涉了他们的工作；而市场部的人员则认为，采购员和设计员墨守成规，缺乏远见。刘利虽然做了大量说服工作，先后掉换了有关人员，但效果仍不理想。他很苦恼。

请问：问题出在什么地方？如何改进凯迪公司的组织结构？

案例解析

凯迪公司的问题不是员工素质差，而是组织设计不合理。组织设计是组织工作最重要、最核心的一个环节，它着眼于建立一种有效的组织结构框架，对组织成员的分工协作关系做出正式的规范和安排。组织设计搞不好，组织效率难以提高，各部门之间还会产生矛盾。

要想改进凯迪公司的组织结构，需要画出组织结构图，并改进业务流程，让各个部门在一个顺畅的流程下工作，从而能够相互协作，统一协调。

公司在以前的组织结构的基础上增加市场部的措施是正确的，但是市场部的职能、职责与职权并不明确。市场部是连接市场需求与生产环节的重要部门。这个部门的职责是将客户的需求转化成生产目标，目录部应并入市场部，并在原有岗位中增加营销经理岗位，在售前营销过程中，营销经理、设计员要与客户进行充分的沟通，采购部门应该能够对物料采购和原材料成本提供咨询。这样签合同之后的设计和生产制造能够达到用户的需求，业务流程也理顺了。

1. 组织结构

组织结构就是表现组织各部分排列顺序、空间位置、聚集状态、联系方式及各要素之间的相互关系的一种模式，它是执行管理和经营任务的体制。

管理系统的组织结构犹如人体的骨架。206 块骨头组成的骨架在人体中起着支架、保护的作用，正是有了骨架，消化、呼吸和循环系统才能发挥正常生理功能。组织结构在整个管理系统中同样起“框架”作用。组织能否顺利地达到目标，能否促进个人在实现目标过程中做出贡献，在很大程度上取决于这种结构的完善程度。

2. 组织结构设计

所谓组织结构的设计，就是先把为实现组织目标而需完成的工作，不断划分为若干性质不同的业务工作，再把这些工作“组合”成若干部门，并规定各部门的职责与职权。总之，组织结构的设计就是对组织内的层次、部门和职权进行合理的划分。

任何一个组织结构的设计都存在着以下 4 个相互联系的问题，合理的组织结构设计就是要正确处理这 4 个问题。

1）采用什么组织结构类型。

2）管理层次的划分。

3）部门的划分。

4）职权的划分。

知识点二 组织结构的类型

案例导入：IBM的多维立体矩阵组织结构

1987年，加州伯克利大学电子工程专业出身的叶成辉在美国加入IBM旧金山公司，成为一名程序员。因为不喜欢编程等技术类的工作，梦想着做生意、当经理，他便主动请缨到销售部门去做。经过了差不多5年时间的努力，也获得提升，成为一线的经理。随后，他回到IBM中国香港公司，做产品经理。由于个人“斗志旺盛”，业绩不错，而且“官运亨通”，差不多每两年他都能够上一个台阶，如今，叶成辉已经是IBM大中华区服务器系统事业部AS/400产品的总经理。

从旧金山到香港，再到广州到北京；从普通员工到一线经理，再提升到现在做三线经理；从一般的产品营销，到逐步专注于服务器产品，再到AS/400产品经理，10多年来，叶成辉一直在IBM的“巨型多维矩阵”中不断移动，不断提升。他认为，IBM的矩阵组织是一个很特别的环境，“在这个矩阵环境中，我学到了很多东西。IBM是一个巨大的公司，很自然地要划分部门。单一地按照地域、业务职能、客户群落、产品或产品系列等来划分部门，在企业里这是非常普遍的现象，IBM也不例外。”但IBM真正形成了矩阵组织。IBM公司把多种划分部门的方式有机地结合起来，其组织结构形成了“活着的”立体网络——多维矩阵。IBM既按地域分区，如亚太区、中国区和华南区等，又按产品体系划分事业部，如PC、服务器和软件等事业部；既按照银行、电信和中小企业等行业划分；也有销售、渠道和支持等不同的职能划分；等等，所有这些纵横交错的部门划分有机地结合成为一体。对于这个矩阵中的某一位员工如叶成辉经理而言，他既是IBM大中华区的一员，又是IBM公司AS/400产品体系中的一员，当然还可以按照另外的标准把他划分在其他的部门中。

IBM公司这种矩阵组织结构带来的好处是什么呢？叶成辉先生认为，非常明显的一点就是，矩阵组织能够弥补对企业进行单一划分带来的不足，把各种企业划分的好处充分发挥出来。显然，如果不对企业进行地域上的细分，如只有大中华而没有华南、华东、香港和台湾，就无法针对各地区市场的特点把工作深入下去。而如果只进行地域上的划分，对某种产品如AS/400而言，就不会有一个人能够非常了解这个产品在各地表现出来的特点，因为每个地区都会只看重该地区整盘的生意。再如按照行业划分，就会专门有人来研究各个行业客户对IBM产品的需求，从而更加有效地把握各种产品的重点市场。

“如果没有这样的矩阵结构，我们要想在某个特定市场推广产品，就会变得非常困难。”叶成辉说。例如，在中国市场推广AS/400这个产品，由于矩阵组织结构的存在，有华南和华东等各大区的队伍，有金融、电信和中小企业等行业队伍，有市场推广和技术支持等各职能部门的队伍，以及专门的AS/400产品的队伍，大家相互协调、配合，就很容易打开局面。

任何事情都有它的两面性。矩阵组织在增强企业产品或项目推广能力、市场渗透能力的同时，也存在着它固有的弊端。显然，在矩阵组织当中，每个人都有不止一个老板，上上下下需要更多的沟通协调，所以，“IBM的经理开会的时间、沟通的时间，肯定比许多小企业要长，也可能使得决策的过程放慢。”

请问：IBM的组织结构为什么要设计成多维立体矩阵型？你从这个案例中领悟到了什么？

案例解析

IBM 的组织结构设计成多维立体矩阵型是因为这种组织结构最能够满足 IBM 的业务开展需要，有利于员工相互协调、配合，最容易打开局面。同时，IBM 的多维立体矩阵组织结构也为员工的成长提供了一个发展的舞台。

良好的组织结构无疑是成就企业的重要因素。在一个适宜的组织结构中，可以明确每个人应该做什么，对什么样的结果负责，从而消除了由于分工不明而造成的工作中的障碍，同时还能提供反映和支持企业目标的决策和沟通网络。“没有最好的组织结构，只有最适合的组织结构”。对于组织结构的选择没有放之四海而皆准的原则，也没有十分完美的组织结构，组织结构的设计很大程度上取决于管理人员在所面临的公司具体情况下对如何取得最佳经营效率与效果所做的判断。

（资料来源：http://tieba.baidu.com/f?kz=383722859）

以下将介绍几种重要的组织结构类型。

一、直线型组织结构

直线型组织结构是最早、最简单的一种组织结构形式。它的特点是组织中各种职务按垂直系统直线排列，各级主管人员对所属下级拥有直接的一切职权，组织中每个人只能向一个直接上级报告，即“一个人，一个头”。其优点是结构比较简单，权力集中，责任分明，命令统一，联系简捷。其缺点是在组织规模较大的情况下，所有的管理职能都由一人承担，往往由于个人的知识及能力有限而感到难以应付，顾此失彼，可能会发生较多失误。此外，每个部门基本关心的是本部门的工作，因而部门间的协调比较差。一般来说，这种组织结构形式只适用于那些没有必要按职能实行专业化管理的小型组织，或者现场的作业管理。

直线型组织结构如图 9.1 所示，图中的 L_i（i=1, 2, 3）表示组织第 i 层次管理人员。

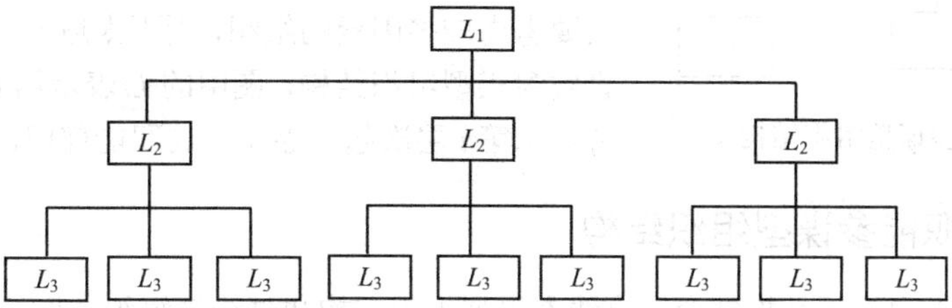

图 9.1　直线型组织结构

二、职能型组织结构

职能型组织结构的特点是，组织内除了直线主管外还相应设立一些组织机构，分担某些职能管理业务。这些职能机构有权在自己的业务范围内，向下级单位下达命令和指示，因此，下级直线主管除了接受上级执行主管的领导外，还必须接受上级各职能机构的领导和指示，如图 9.2 所示，图中的 L_i 表示直线部门，F 表示职能部门。

它的优点是能够适应现代组织技术比较复杂和管理分工较细的特点，能够发挥职能机构的专业管理作用，减轻上层主管人员的负担。但其缺点也比较明显，即这种结构形式妨碍了组织必要的集中领导和统一指挥，形成了多头领导，对基层来讲是“上边千条线，下面一根针”，无所适从。因此，不利于明确划分直线人员和职能科室的权责权限，容易造成管理的混乱。

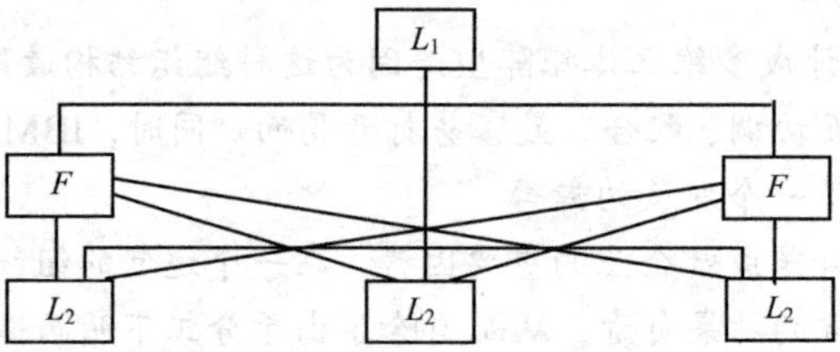

图 9.2　职能型组织结构

三、直线参谋型组织结构

直线参谋型组织结构汲取了以上两种结构形式的优点，并克服其缺点。它的特点是设置了两套系统。一套是按命令统一原则组织的指挥系统，另一套是按专业化原则组织的管理职能系统。直线部门和人员在自己的职责范围内有决定权，对其所属下级的工作实行指挥和命令，并负全部责任，而职能部门和人员只是直线主管的参谋。只能对下级机构提供建议和业务指导，没有指挥和命令的权利。可见，这种组织形式实行的是职能的高度集中化。其优点是领导集中、职责清楚、秩序井然、工作效率较高，整个组织有较高的稳定性。而缺点是下级部门的主动性和积极性发挥受到限制；部门间互通情报少，不能集思广益地做出决策，当职能参谋部门和直线部门之间目标不一致时，容易产生矛盾，致使上层主管的协调工作量增大；难于从组织内部培养熟悉全面情况的管理人才；整个组织系统的适应性较差，因循守旧，对新情况不能及时做出反应。这种组织结构形式对中、小型组织比较适用，但对于规模大、决策时需要考虑较多因素的组织，则不太适用。如图 9.3 所示为直线参谋型组织结构，图中的 L_i 表示第 i 层次直线部门，F_i 表示第 i 层次起参谋作用的职能部门。

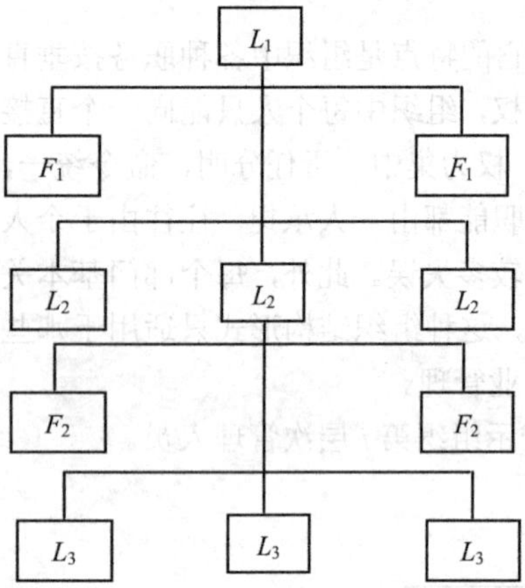

图 9.3　直线参谋型组织结构

四、直线职能参谋型组织结构

直线职能参谋型组织结构结合了直线参谋型组织结构和直线型组织结构的优点，它是在坚持直线指挥的前提下，为了充分发挥职能部门的作用，直线主管在某些特殊的任务上授予某些职能部门一定的权力，如决策权、协调权和控制权等，他们可以在权限范围内直接指挥下属直线部门。这种类型的组织结构形式在生产企业中用得比较多，如协调性的生产调度部门、控制性的经营销售部门及技术检验部门等，上层直线主管授予他们相应的权力可以大大提高管理的有效性。

直线职能参谋型组织结构如图 9.4 所示，图中的直线表示直线指挥权，虚线箭头表示业务指导及部分直线指挥权。

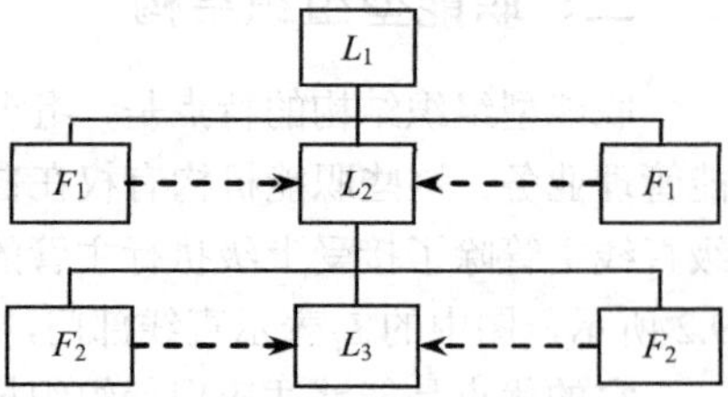

图 9.4　直线职能参谋型组织结构

五、事业部制组织结构

事业部制组织结构首创于20世纪20年代的美国通用汽车公司，它是在总公司领导下设立多个事业部，各事业部有各自独立的产品和市场，实行独立核算。事业部内部在经营管理上拥有自主性和独立性。这种组织结构形式最突出的特点是“集中决策，分散经营”，其总公司集中决策，事业部独立经营，这是在组织领导方式上由集权制向分权制转化的一种改革。

事业部制这种组织结构形式的主要优点是组织最高层管理摆脱了具体的日常管理事务，有利于集中精力做好战略决策和长远规划，提高了管理的灵活性和适应性，有利于培养和训练管理人才。它的缺点是，由于机构重复，造成了管理人员的浪费；由于各个事业部独立经营，各事业部之间要进行人员互换则比较困难，相互支援较差；各事业部主管人员考虑问题往往从本部门出发，而忽视整个组织的利益。事业部制组织结构如图9.5所示。

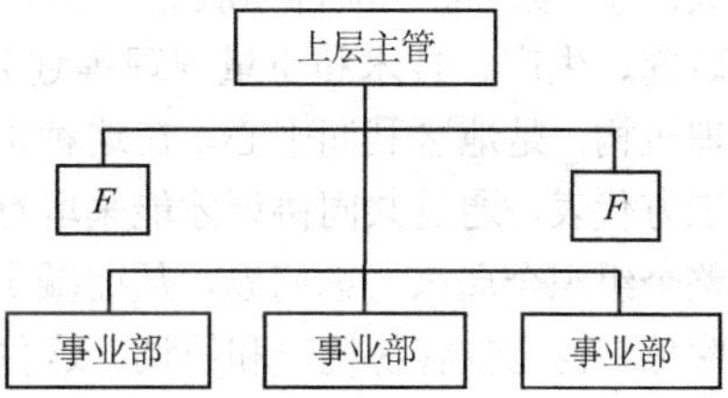

图9.5 事业部制组织结构

在事业部制组织结构的基础上，20世纪70年代在美国和日本的一些大公司又出现了一种新的组织结构形式即超事业部制组织结构。它是在组织最高管理层和各个事业部之间增加了一层管理机构，负责统辖和协调所属各个事业部的活动，使领导方式在分权的基础上又适当地集中。这样做的好处是可以集中几个事业部的力量共同研究和开发新产品，可以更好地协调各个事业部的活动，从而能够增强组织活动的灵活性。

六、矩阵型组织结构

矩阵型组织结构又称规划—目标结构。它是把按照职能划分的部门和按产品（或项目，或服务等）划分的部门结合起来组成一个矩阵，使同一名员工既同原职能部门保持组织与业务上的联系，又参加产品和项目小组的工作。为了保证完成一定的管理目标，每个项目小组都设立负责人，在组织的最高主管直接领导下进行工作，如图9.6所示。

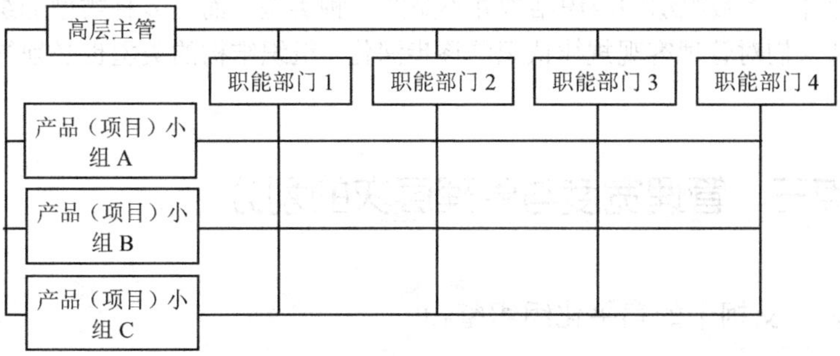

图9.6 矩阵型组织结构

矩阵组织和项目小组是在20世纪50年代开始出现的一种组织结构形式，主要应用在一些新兴行业的工程部门、研究与开发部门。矩阵组织实际上可以称为“临时性的组织”。为了完成某一项目，由各职能部门抽调人员组成项目经理部（项目小组），该项目经理部中包括了为完成项目所需的各类专业人员。当项目完成之后，各类人员仍回原部门，此项目经理部不复存在。多个项目经理部以图9.6的形式排列在一起，就成为矩阵组织。

这种组织结构形式的特点是打破了传统的“一个员工只有一个头儿”的命令统一原则，使一个员工属于两个甚至两个以上的部门。它的优点是加强了各职能部门的横向联系，具有较大的机动性和适应性；实行了集权与分权较优的结合；有利于发挥专业人员的潜力；有利于各种人才的培养。其缺点是由于这种组织形式是实行纵向、横向的双重领导，处理不当，会由于意见分歧而造成工作中的扯皮现象和矛盾，组织关系较复杂，对项目负责人的要求较高；由于这种形式一般还具有临时性的特点，所以也容易导致人心不稳。

七、多维立体矩阵组织结构

多维立体矩阵组织结构是由美国道—科宁化学工业公司于 1967 年首先建立的。它是矩阵型组织结构形式和事业部制组织结构形式的综合发展。这种结构形式由三方面的管理系统组成：① 按产品（项目和服务）划分的部门（事业部），是产品利润中心。② 按职能，如市场研究、生产、技术和质量管理等划分的专业参谋机构，是职能利润中心。③ 分地区划分的管理机构，是地区利润中心。在这种组织结构形式下，每个系统都不能单独做出决定，而必须由三方代表，通过共同协调才能采取行动。因此，多维立体型组织结构能够促使每个部门都能从整个组织全局来考虑问题，从而减少了产品、职能和地区各部门之间的矛盾。三者之间一旦有摩擦，也比较容易统一和协调。这种类型的组织结构形式适用于跨国公司和规模巨大的跨地区公司。

八、网络型组织结构

网络型组织结构是以某一企业为核心，以合同为基础，依靠其他组织进行设计、制造和销售活动的一种组织结构形式。在网络结构中，作为核心的中心组织，主要工作是创建网络，与许多独立的设计者、制造商和代理商保持联系，将组织的大部分职能外包给这些外部组织，而中心组织的高层管理者则可以集中精力做最擅长的事，协调、控制各种外部关系。网络型组织结构是信息化社会的产物，目前在制造业十分盛行。

以上介绍的 8 种类型是一些主要的组织结构类型。需要指出的是，这些类型基本上是对实际存在的组织结构形式一定程度的理论抽象，仅仅是一个基本框架，而现实组织则要比这些框架丰富得多。此外，多数组织的组织结构并不是纯一种类型，而是多种类型的综合体。随着社会生产力发展和人们对管理客观规律认识的逐步深化，组织结构的类型也必须得到更进一步的完善和发展。

知识点三　管理宽度与管理层次的划分

案例导入：艾柯卡的扁平化组织整顿

美国著名企业家艾柯卡初到克莱斯勒汽车公司时，发现公司职能部门很多，人浮于事，管理混乱，作风散漫。公司总共有副总裁 35 位，但每个人都没有自己明确的职责。公司没有真正的管理机构，组织松散，缺乏人际对话和沟通，如主管设计部门与主管生产部门的同事接触甚少，人人都各自为政。

艾柯卡总结出公司存在的根本问题是：机构臃肿，层次太多，权责不明。他开始进行改革。在 3 年多的时间里，他精简部门，减少管理层，解聘了 35 位副总裁中的 33 位。为了解决人浮于事的问题，他不得不解雇了几千名员工，对白领、蓝领一视同仁。1980 年 4 月，他又辞退了 7 000 名白领职员，每年因此节约 2 亿美元开支。在此期间的几个月，他还解雇了 8 600 名员工。仅此两项，每年就可降低费用支出数亿美元。

艾柯卡的整顿使公司减少了管理层，使结构朝扁平化过渡，提高了办事效率，公司面貌焕然一新。1983 年公司的经营纯利达到 9.2 亿美元，为历史最高水平。

请问：艾柯卡的扁平化组织整顿为什么能够这么有效？

案例解析

扁平型组织缩短了信息传递渠道，提高了信息传递速度与组织活动效率，能够较好地适应信息化的时代要求，所以艾柯卡的扁平化组织整顿取得了很好的效果。

一、管理宽度

随着生产力的发展，人们的生产活动也复杂起来了。劳动的方式逐渐由个体向群体发展、一项工作往往需要由几个人一起做，并有分工协作，这就出现了人员之间的关系问题，出现了管理者与被管理者。

一开始，管理者与被管理者关系比较简单，管理者领导较多的人尚能有效地实现目标。伴随着生产力的发展、科技的进步，以及经济的增长，组织规模越来越大，管理者与被管理者的关系随之复杂化。为处理这些错综复杂的关系，管理者需要花费大量的时间和精力，而对一个主管者来讲，其精力、能力和时间都是有限的。因此，主管者要想有效地领导下属，就必须考虑究竟能直接有效地管辖多少下属的问题，即管理宽度问题。

管理宽度又称“管理跨度”或“管理幅度”，指的是一名主管人员有效地监督、管理其直接下属的人数是有限的。当超过这个限度时，管理的效率就会随之下降。换句话说，超过了管理宽度时，就必须增加一个管理层次。这样，可以通过委派工作给下一级主管人员而减轻上层主管人员的负担。如此下去，便形成了有层次的结构。

上级主管人员减轻这部分工作负担的同时，也带来了监督下一级主管人员怎样执行的工作负担，而监督也需要时间和精力。所以，增加管理层次节约出来的时间，一定要多于用于监督的时间，这是衡量增加一个管理层次是否合理的重要标准。

二、扁平结构与直式结构

管理层次与管理宽度有关。较大的宽度意味着较少的层次，较小的宽度意味着较多的层次。按照管理宽度的大小及管理层次的多少，可以形成两种结构：扁平结构和直式结构。

所谓扁平结构，就是管理层次少而管理宽度大的结构；而直式结构的情况则相反。扁平结构与直式结构各有利弊。

1）扁平结构有利于缩短上下级距离，密切上下级关系，信息纵向流通快，管理费用低，而且由于管理幅度较大，被管理者有较大的自主性、积极性和满足感，同时也有利于更好地选择和培训下属成员。但由于不能严密地监督下级，上下级协调较差，管理宽度加大了，也加重了同级间相互沟通联络的困难。

2）直式结构具有管理严密、分工明确、上下级易于协调的特点，但层次较多，带来的问题也较多。这是因为层次越多，需要从事管理的人员迅速增加，彼此之间的协调工作也急剧增加，互相纠缠的事会层出不穷。管理层次增多之后，在管理层次上所投入的设备和开支，所浪费的精力和时间也自然增加了。管理层次的增加，会使上下的意见沟通和交流受阻，最高层主管人员所要求实现的目标、所制定的政策和计划，不是下层不完全了解，就是层层传达到基层之后变了样。管理层次增多后，上层管理者对下层的控制变得困难，易造成一个单位整体性的破裂；同时由于管理严密，可能会影响下级人员的主动性和创造性。因此，一般来说，为了达到有效的目的，应尽可能地减少管理层次。

三、影响管理宽度的因素

研究管理宽度问题，首先需要了解管理宽度的影响因素是什么。根据许多管理学家所进行的大量实证研究，影响管理宽度的因素概括起来主要有以下6个。

1. 主管人员与其下属双方的素质和能力

凡受过良好训练的下属，不但所需的监督比较少，而且不必事事时时都向上级请示汇报，这样就可以减少与其主管接触的次数，从而增大管理宽度。同样道理，素质和能力较强的主管人员能够在不降低效率的前提下，比在相同层次，担负类似工作的其他主管人员管辖较多的人员而不会感到过分紧张。

2. 面对问题的种类

主管人员若经常面临的是较复杂、困难的问题或涉及方向性、战略性的问题，则直接管辖的人数不宜过多。反之，若主管员大量面临的是日常事务，已有规定的程序和解决方法，则管辖的人数可以比较多些。

3. 工作任务的协调

工作任务相似及工作中需要协调的频次较少，则管理宽度可加大，组织层次也可减少。

4. 授权

适当的和充分的授权可以减少主管人员与下属之间接触的次数和密度、节约主管人员的时间和精力，以及训练下属的工作能力和提高其积极性。所以，在这种情况下，管辖的人数可适当增加。不授权、授权不足、授权不当或授权不明确，都需主管人员进行大量的指导和监督，效益不会高，因而，管理宽度也不会大。

5. 计划的完善程度

事前有良好的计划，使工作人员都能明白各自的目标和任务，可减少主管人员指导及纠正偏差的时间，那么管辖的人数就可以多一些，反之则不然。

6. 组织沟通渠道的状况

组织沟通渠道畅通，信息传递迅速、准确，所运用的控制技术比较有效，对下属的考核制度比较健全，在这种情况下，管理宽度可考虑加大一些。

此外，工作对象的复杂性、下属人员的空间分布，以及组织的稳定程度等因素也影响着管理宽度。

四、组织层次的分工

1. 上层、中层、基层的分工

在组织的纵向结构中，通过组织层次的划分，组织目标也随之呈梯形，因此，客观上要求每个管理层次都具有明确的分工。

一个组织中管理层次的多少，应具体地根据组织规模的大小、活动的特点及管理宽度而定。一般来说，大部分组织的管理层次往往可以分为3层，即上层、中层和基层。

1）对于上层来讲，其主要任务是从组织整体利益出发，对整个组织实行统一指挥和综合管理，并制定组织目标及实现目标的一些政策方针。

2）中层的主要任务是负责分目标的制定、拟订和选择计划的实施方案、步骤和程序，按部门分配资源、协调下级的活动，以及评价组织活动的成果和制定纠正偏离目标的措施等。

3）基层的主要任务就是按照规定的计划和程序，协调基层员工的各项工作，完成各项计划和任务。美国斯隆管理学院提出一种叫作“安东尼结构”的经营管理层次结构。该结构把经营管理分成3个层次，即战略规划层、战术计划层和运行管理层。这相当于上面所说的上层、中层和基层的划分法。这3个层次的情况如表9.1所示。

表9.1 上层、中层和基层的分工

工　作	战略规划	战术计划	运行管理
层次	上层	中层	基层
主要关心的问题	是否上马项目，什么时候上马	怎样上马	怎样干好
时间幅度	3～5年	半年至两年	周或月
视野	宽广	中等	狭窄
信息来源	外部为主，内部为辅	内部为主，外部为辅	内部
信息特征	高度综合	中等汇总	详尽
不肯定性，冒险程度	高	中	低

2. 组织结构中的能级原理

“能级”是现代物理学中的重要概念：物质由分子组成，分子由原子组成，而原子则由原子核和电子来组成。电子分布在围绕原子核运转的各电子层上，电子在各电子层上的分布取决于电子能量的大小，处于离原子核较远的电子层上的电子能量较大，这种电子之间能量大小的差别称为“能级”。这种具有不同能级的电子在原子中的存在，是使原子具有稳定结构的重要因素。由此推出，在一个系统中，因为能量大小而处于不同地位的单元的存在和相互协调，是使系统结构具有稳定性和有效性的重要保证。

把物理学中的“能级”原理引入管理学中，可以看到，由于组织成员的知识、素质和能力的不同，也可以划分为各种能级。为了保证组织具有高效率和高可靠性，不仅要合理地划分人员能级，而且要使不同等级人员有个合理的组合。组合不当、结构不合理和不稳定，就会降低结构的高效率和可靠性，其结果就会投入多、输出少，而且弊端百出。

能级原理的理论和管理的实践都证明，稳定的组织结构和人员结构应是正三角形：上层窄、下层宽。从组织结构来看，最高层是经营决策层，其次是职能管理层，再次是操作执行层；从人员结构来看，较少的是高级人才、较多的是中级人才、更多的是低级人才。当然，这里所指的高、中、低级的差别，是对在一个组织内部的成员而言的。如果不是正三角形结构，则会显得不稳定。即使正三角形结构，也还有锐角、钝角之分，这则是管理宽度的问题了。

五、帕金森定律与官僚主义倾向

“帕金森定律”是英国著名历史学家诺斯古德·帕金森为揭露和嘲弄英国政治社会制度中官僚主义组织结构的弊端而提出的。

一般来说，组织人员的增加应是由于工作量的增加、工作内容的复杂所致的。但帕金森根据他的调查和研究指出，组织人数的增加和工作量的加大，二者之间实际上常常是互不相关的。

甚至在工作量减少的情况下，组织人员仍会持续增长。英国的殖民地在第二次世界大战后大大缩小了，殖民事务也大大减少了，但英国殖民部 1954 年的编制人数比 1947 年增长了 45%以上。帕金森指出，这是因为组织人数的增加并不依据其工作量的增加和工作内容的复杂，而是服从他所归结的“帕金森定律”。

例如，一位占据重要职位的高级管理人员，或者由于工作繁重、或者由于体力渐衰，感到过度劳累而力不胜任。在他面前有 3 条路可供选择：① 提出辞职。因为工作多年，现在要放弃职权似乎不甘心，在感情上也是难舍难分，而且一些既得利益的损失又不能得到补偿。种种难题，会使他很难下决心走这条路。② 增加同级人员来分担自己的工作。这样做确实能减轻自己的工作负担。但同级人员的增加，会在上一级出现空缺而需要提拔时，或在自己晋升的路上增加有力的竞争对手，甚至有可能夺去自己晋升的机会。因此，这条路也轻易不能走。③ 给自己配备若干名助手。这若干名助手归自己领导，既可以分担自己的工作，又可以由于人数的增加而提高自己的地位。同时，这若干名助手在有晋升机会时不会产生竞争风险。工作有成绩，可以归功于自己领导有方；工作有失误，是下级不力，可以撤换查办。显然，在这 3 条路中，选择第 3 条路是最恰当不过的。

然而，对于这样的想法，不仅这位管理人员有，其他管理人员也有，甚至他们的助手也有。于是大家都纷纷配备助手，甚至助手也配助手。结果，原来一个人干的活儿，变成了一群人干。文件要传阅，决定要会签，意见要统一，相互要协调。组织规模越来越大，组织结构也越来越复杂，办公室林立，办事程序越来越长，工作也越来越多。这时，又确实有增加新人员的“必要”了。这就是所谓的“帕金森定律”。

帕金森根据他的调查资料分析指出，一般来说，组织中的人员会按照 5.17%～6.56%的年增长率增长，从而造成组织结构中的人员规模越来越庞大。而这一切确实和该组织的工作量增加、工作内容的复杂并无多大关系。

知识点四 部门的划分

案例导入：普莱克斯公司的部门化

美国普莱克斯公司在将职能结构划分成事业部结构时，发现无论是按产品划分部门还是按地区设立部门都未能改善经营状况。后来，它不得不将积压下来的肥皂和洗涤剂等产品放入超级市场和杂货店。经过一番调查研究之后，该公司发现这两类营销渠道的推销方法并不一样，于是就按营销渠道设立了超级市场事业部和杂货店事业部，这种组织结构促进了经营业务的发展。

请问：什么是部门化，为什么要进行部门化？

案例解析

组织的部门化是指组织在横向结构设计中要根据工作需要划分部门，并根据组织分权化的程度规定各部门的权责及相互间的合作关系，以形成一个既有分工又有合作的有机整体。进行部门化的目的是改善经营状况。

一、划分部门的原则

部门是指组织中主管人员为完成规定的任务有权管辖的一个特定的区域。部门的划分，解决了因管理宽度的限制而约束组织规模扩大的问题，同时把业务工作安排到各个部门中去，有利于组织目标的实现。部门划分的目的，在于确定组织中各项任务的分配与责任的归属，以求分工合理、职责分明，有效地达到组织的目标。

划分部门应遵循以下分工原则。

1）组织结构要求精简，力求维持最少部门。

2）组织机构应具有弹性，划分部门应视业务的需要而增减，可设立临时部门和工作组来解决临时出现的问题。

3）必要的职能均应具备，以确保目标的实现。

4）各部门职务的指派应达到均衡，避免忙闲不均、工作量分摊不均。

5）检查职务与业务部门分设。

二、划分部门的方法

组织活动的特征，随着目标的不同而千差万别，但大量的实证研究表明，部门划分的方法具有普遍适用性，主要有以下 7 种。

1. 按人数划分

单纯地按人数多少来划分部门可以说是一种最原始、最简单的划分方法。军队中的师、团、营和连即是用此方法划分的。这种按人数划分部门的方法是抽取一定数量的人在主管人员的指挥下去执行一定的任务。一般来说，这种划分方法的特点是仅考虑人力，因此在现代高度专业化的社会中有逐渐被淘汰的趋势。

2. 按时间划分

这种方法多见于组织的基层。它是在正常的工作日不能满足工作需要时所采用的一种划分部门的方法。例如，许多工业企业按早、中、晚三班制进行生产活动。

3. 按职能划分

按职能划分部门是许多组织广泛采用的一种方法。这种方法是根据生产专业化的原则，以工作或任务的性质为基础来划分部门的。一个企业，当其规模随着业务活动的扩展而有必要将其中的采购职能分离出来并委派一名负责人员来主管这项工作时，这个新的采购单位就是一个派生的职能部门。这个派生职能部门的划分，只要存在进一步划分的充分依据，就可能要继续进行若干分级。如图 9.7 所示是一个以制造业公司为例，典型的按照职能划分各部门的示意图。

按职能划分部门的优点在于，它遵循分工和专业化原则，有利于充分发挥专业职能，使主管人员的注意力集中在组织的基本任务上，有利于目标的实现，同时简化了训练工作，为上层主管部门提供了进行严格控制的手段。但是这种划分，容易使各职能部门的专业人员产生“隧道视野”，即除了自身领域外，其他什么也看不见，从而给各部门之间的横向协调带来一定的困难。

需要指出的是，如前所述，法约尔曾把企业的职能分为 6 种基本职能：① 技术职能（生产），② 商业职能（购买、销售与交换），③ 财务职能（资本的筹集与运用），④ 安全职能（财产和人身的保护），⑤ 会计职能（包括统计），⑥ 管理职能。大多数组织在采用按职能划分部门时，基本上就是按这些职能作为标志的，不过只是在具体细分时各有差别。

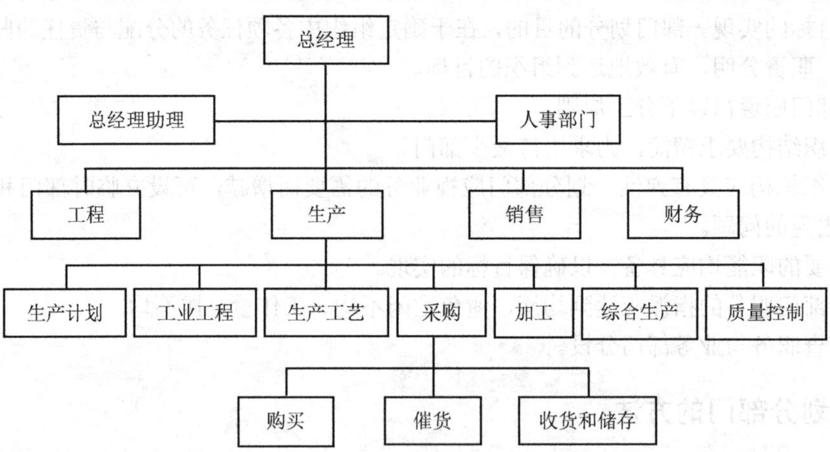

图 9.7 制造业公司按职能划分的部门

4. 按地区划分

对于所在地区分散的组织来说，按地区划分部门是一种比较普遍采用的方法。如图 9.8 所示是一个以生产制造公司为例，典型的按地区划分的组织结构示意图。

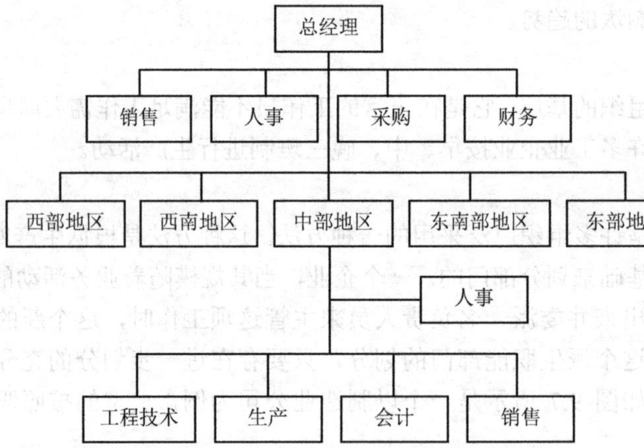

图 9.8 典型的按地区划分的组织机构（生产制造公司）

这种按地区划分部门的方法，将责任下放到基层，有利于改善地区内的协调，取得地区经营的经济效益，同时也有利于主管人员的培养和训练。但是，这种方法的缺点是，需要更多的具有全面管理能力的人员，增加了最高主管部门控制的困难，而且地区之间往往不易协调，集中的经济服务工作也不容易进行等。

5. 按产品划分

按产品划分部门是按产品或产品系列来组织业务活动的一种方法。这种按产品划分部门的方法一般能够发挥个人的技能和专长，发挥专用设备的效率，有利于部门内的协调。同时，它还使各个部门的主管人员把注意力集中到产品上，这对产品的改进和发展是十分重要的。但是，这种方法要求更多的人具有全面管理的能力，各产品部门的独立性比较强而整体性则比较差。这就加重了主管部门在协调和控制方面的困难。如图 9.9 所示是一个以生产制造公司为例，典型的按产品划分的组织结构示意图。

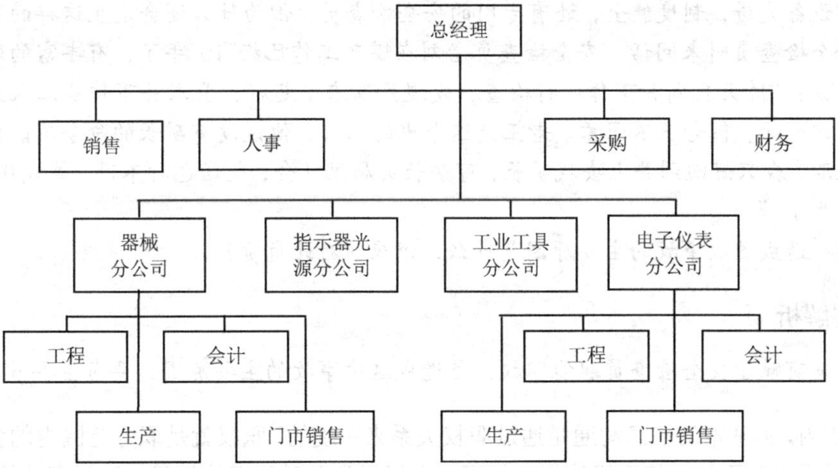

图 9.9 典型的按产品划分的组织机构（生产制造公司）

6. 按服务对象划分

这是一种多用于最高主管部门以下的一级管理层次中的划分部门的方法。它根据服务对象和顾客的需要，在分类的基础上来划分各部门。这种方法也是许多不同类型的组织中所普遍采用的。例如，一所大学的学生，可以分为研究生、本科生、专科生、进修生、远程函授生和业余学生等类型。那么对这些不同类型的学生的安排，就形成了学校的不同部门。此方法最大的优点就是能满足各类对象的要求，社会效益比较好。但按这种方法组织起来的部门，主管人员常常要给予特殊的照顾，各部门之间的协调比较困难。此外，这种方法有可能使专业人员和设备得不到充分的利用。

7. 按设备划分

这也是一种划分部门的基本方法。这种方法常常和其他划分方法结合起来使用，如医院的放射科、心电图室、脑电图室和超声波室等部门，就是按这种方法划分的。这种划分方法的优点在于，能够经济地使用设备，充分发挥设备的效益，使设备的维护、保管及材料供应等更为方便，同时也为发挥专业技术人员的特长及上级主管的监督管理提供了方便。

除了以上介绍的一些划分部门的主要基本方法外，还有一些方法，如按市场销售渠道划分、按工艺划分、按字母和数字划分等。总而言之，设计组织的横向结构，划分各个层次的业务部门，是为了保证组织目标的实现而对业务工作进行安排的一种手段。所以，在实际的应用中，每个组织都应根据自己的特定条件，选择能取得最佳效果的划分方法。但应该指出的是，划分方法的选择不是唯一的，并不一定要求各层次的业务部门都整齐划一。在许多情况下，常常采用混合的方法来划分部门，即在一个组织内或同一组织层次上采用两种或两种以上的划分方法。这种混合划分部门的方法，常常能够更有效地解决问题，实现组织的目标。

知识点五 职权的划分

案例导入：东头煤矿的瓦斯爆炸事故

东头煤矿是某市一座大型煤矿，曾经发生了一起瓦斯爆炸事故，市长、矿长都亲临现场组织抢救工作，但还是有3人死亡。市里组织了事故调查组，调查事故发生原因。他们发现这个煤矿设备先进，制度健全，还有专门的安全检查员，但为什么还会发生这样的事故呢？他们把安全检查员叫来问话。安全检查员老刘在煤矿工作已经10年了，有丰富的煤矿安全知识。他说："昨天我到井下作例行检查，发现瓦斯浓度超标，要求井下作业工人立即停止生产，撤回地面，但老王不同意。老王是这个班的班长，他说没有矿长的命令不能停工，否则会被撤职。我只好回到井上去找矿长，可矿长去局里开会，电话也打不通。等我找到他时，事故就发生了。"

请问：造成这次事故的主要原因是什么，谁应该对此负责？

案例解析

矿长没有赋予安全检查员职能职权，是造成这次事故的主要原因，要负主要责任。

在组织内，最基本的信息沟通是通过职权关系来实现的。职权就是职务范围内的管理权限。通过职权关系上传下达，使下级按指令行事，上级得到及时反馈的信息，进行有效的控制，做出合理的决策。所有主管人员想要通过他所率领的隶属人员去完成某项工作，就必须拥有包括指挥和命令等在内的各种必须具备的权利。换句话说，职权是主管人员行使职责的一种工具。

同职权共存的是职责。正如法约尔所说，职责与职权是孪生子，职责是职权的当然结果和必要补充。作为一个主管人员，当处于某一职位，担负一定职务时，必然要求尽一定的义务。这种占有某职位，承担某职务时应履行的义务，称为职责。

职权和职责都是针对同一任务而言的，作为上级为达到某一目标而把任务分配给下级时，必须把执行这一任务的权力也授予他，使权责共存一体，这样他才可能顺利地执行这一任务。所以，权责应相等，职责不可能小于也不应大于所授予的职权。

组织内的职权有3种类型：直线职权、参谋职权和职能职权。

由于主管人员并非完人，且时间精力有限，所以在组织中也常常出现授权和分权。

一、直线职权

直线职权是直线人员所拥有的包括发布命令及执行决策等的权力，也就是通常所指的指挥权。直线主管指能指导、监督、指挥和管理下属的人员。很显然，每一管理层的主管人员都应具有这种职权，只不过每一管理层次的功能不同，其职权的大小及范围各有不同而已，如厂长对车间主任拥有直线职权，车间主任对班长拥有直线职权。这样，从组织的上层到下层的主管人员之间便形成一个权力线，这条权力线称为指挥链或指挥系统。在这条权力线中，职权的指向由上而下。由于在指挥链中存在不同管理层次的直线职权，所以指挥链又称层次链。它就像一座金字塔，通过指挥链的信息传递，由上而下或由下而上地进行，所以，指挥链既是权力线，又是信息通道。在这个指挥链中，职权关系有两条必须遵循的原则。

1．分级原则

每一层次的直线职权应分明，这样才有利于执行决策和信息沟通。一位厂长在总结经验时曾说过这样的一段话："在我的厂，厂长的职权不容侵犯，令行禁止，不能违抗；厂长的责任也一丝一毫不容推卸……副手的权力，我也从不侵犯，该车间主任、科长管的事，我绝不干预，我不是一个人说了算，而是在各自职权范围内，各人说了算。这样，生产才能有秩序地进行。如果大事小事都来找厂长，那就说明下属干部不负责任，厂长用人不当。"这是符合分级原则的。超越层次，越组代庖，下级人员失去积极性、主动性，这是违背分级原则的。

2. 职权等级原则

作为下级来讲，应该“用足”自己的职权，在自己职权范围内做出决策，只有当问题的解决超越自身职权界限时，才可提交给上级。相反，惧怕担当风险的主管人员，或才能平庸的主管人员，常常是把一切问题上交，仅仅起到“交换台”的作用。这样，一方面，造成上级忙于应付具体事务；另一方面，自己则失去指挥功能，徒占其位。

二、参谋职权

参谋职权是参谋所拥有的辅助性职权，包括提供咨询和建议等。近代组织中出现的参谋及其职权的概念来自军事系统。1807年，普鲁士军事改革家香霍斯特，创建了军事参谋部体制。所有军事统帅的决策过程，必须依赖参谋部集体智慧的支持来完成。以后德国和美国等军队也相继建立了参谋组织，并成为军队中不可缺少的一部分。随着社会的发展，管理问题日益复杂，“多谋善断”由独自一人来完成已经不可能了。不仅仅在军事上，而且在政治、经济等部门中都需要出谋划策的参谋人员。

参谋的种类可以分为参谋人员和参谋部门。参谋人员是直线人员的咨询人，他协助直线人员执行职责。专业参谋常为一个单独的组织和部门，就是一般所说的“智囊团”和“顾问班子”。专业参谋部门的出现，是时代发展的产物，它运用集体智慧，协助主管进行工作。

参谋和直线人员之间的界限是模糊的。作为一个主管人员，他既可以是直线人员，也可以是参谋人员，这取决于他所起的作用及行使的职权。当他处在自己所领导的部门中，他行使直线职权，是直线人员；而当他同上级打交道和同其他部门发生关系时，他又成为参谋人员。

三、职能职权

职能职权是指参谋人员或某部门的主管人员所拥有的原属直线主管的那部分权力。在纯粹参谋的情形下，参谋人员所具有的仅仅是辅助性决策职权，并无指挥权。但是，随着管理活动的日益复杂，主管人员不可能是完人，也不可能通晓所有的专业知识，仅仅依靠参谋的建议还很难做出最后的决定，这时，为了改善和提高管理效率，主管人员就可能将职权关系作某些变动，把一部分本属于自己的直线职权授予参谋人员或某个部门的主管人员，这便产生了职能职权。

职能职权大部分是由业务和参谋部门的负责人来行使的，这些部门一般都是由一些职能管理专家组成的。例如，一个公司的总经理承担统揽全局管理公司的职权，他为了节约时间，加速信息的传递，就可能授权财务部门直接向生产经营部门负责人传达关于财务方面的信息和建议，也可能授予人事、采购和公共关系等顾问一定的职权，让其直接向直线组织发布指示等。由此可看出，职能职权是组织职权的一个特例，可以认为它介于直线职权和参谋职权之间。

四、授权

1. 授权的含义

所谓授权就是指上级委授给下属一定的权力，使下属在一定的监督之下，有相当的自主权和行动权。授权者对于被授权者有指挥和监督之权，被授权者对授权者负有报告及完成任务的责任。

授权是一个过程。这个过程包括确定预期的成果、委派任务、授予实现这些任务所需的职权，以及行使职责使下属实现这些任务。从某种意义上说，目标管理就是授权的一种形式。按照这种管理方法，各级管理人员在一定期限内都拥有集体和个人的工作目标。目标制定后，上级即根据目标内容对下级授予包括用人、用钱和对外交涉等权力，使下级能运用这些权力尽力完成所定的目标。上级只用目标管理下级，在期限内或到期限后，用这些目标对下级的工作进行检查和考核。

授权并不意味着授责。授权只是把一部分权力分散给下属，而不是把与“权”同时存在的“责”分散下去。换言之，当一级主管把某几种决策权授予二级部署时，虽然二级部署因而获得该决策权，但一级主管仍然负有相同的责任。例如，一个厂长，当他所属的某车间不能按期完成任务时，即使该车间主任觉得自己应负完全责任，但该厂长还是免不了要最后负责。

授权有它特定的含义，应注意区别以下问题。

1）授权不同于代理职务。代理职务是在某一时期，依法或受命代替某人执行其任务，代理期间相当于担任该职，是平级关系，而不是上级授权给他。

2）授权不同于助理和秘书职务。助理和秘书只帮助主管工作，而不承担责任，主管依然应负担全责。在授权中，被授权者应当承担相应的责任。

3）授权不同于分工。分工是在一个集体内，由各个成员按其分工各负其责，彼此之间无隶属关系；而授权则是授权者和被授权者有上、下之间的监督和报告关系。

4）授权不同于分权。授权主要是指权力的授予和责任的建立，它仅指上、下级之间短期的权责授予关系，而分权则是授权的延伸，是在组织中有系统地授权，这种权力根据组织的规定可以较长期地留在中、下级主管人员手中。

2. 授权应遵循的原则

授权的范围很广，有用人之权、做事之权等。它们虽各具有一些不同的特点，但不管哪种授权，都有一些共同的准则可以遵循。授权应遵循的准则如下。

1）因事设人，视能授权。一切依被授权者的才能大小和知识水平高低为依据。“职以能授，爵以功授”，这是古今中外的历史经验，二者绝不能混为一谈。因人设事、以功授权，必然贻误大事。授权前，必须对本单位的工作任务仔细分析其难易程度，以使职权授予最合适的人选。一旦授予下属职权而下属不能承担职责时，应明智地及时收回职权。

2）明确所授事项。授权时，授权者必须向被授权者明确所授事项的任务目标及权责范围。这样不仅有利于下属完成任务，更可避免下属推卸责任。

3）不可越级授权。只能对直接下属授权，不可越级授权。例如，局长只能把所属的权力授给他所管辖的处长，而不能越过处长直接授给科长。越级授权必然造成中层主管人员的被动，以及部门之间的矛盾。

4）授权适度。授予的职权是上级职权的一部分，而不是全部，对下属来讲，这是他完成任务所必需的。授权过度等于放弃权力。对于涉及有关组织全局的问题，如决定组织的目标、发展方向、人员的任免和升迁、财政预算，以及重大政策问题等，不可轻易授权。

5）适当控制。在授权过程中要适度地进行控制。如果主管人员授权后，仍然不断地检查工作，则是授权不足的表现。有效的主管人员在实施授权前，应先建立一套健全的控制制度、制定可行的工作标准和适当的报告制度，以及能在不同的情况下迅速采取补救的措施。

6）相互信赖。授权和沟通相似，必须基于主管人员和下属之间相互信赖的关系。因此，主管人员如果把权力授予下属，就应该充分信任下属，也就是说要“用人不疑”。

五、集权与分权

集权意味着职权集中到较高的管理层次，分权则表示职权分散到整个组织中。集权与分权是相对的概念，不存在绝对的集权和分权。绝对的集权，意味着没有下层管理者。职权的绝对分散意味着没有上层主管人员。有层次的组织的建立，就已经存在着某种程度的分权。为使组织结构有效地运转，还必须确定分权的程度。

1．集权与分权的程度

一般来说，集权或分权的程度，常常根据各管理层次拥有的决策权的情况来衡量。

1）决策的数目。基层决策数目越多，分权程度就越高；反之，上层决策数目越多，集权的程度就越高。

2）决策的重要性及影响面。若较低一级管理层次做出的决策事关重大，涉及面较广，就可认为分权程度较高；相反，如果下级做出的决策无关紧要，则集权程度较高。例如，只允许分厂做出有关经营管理方面决策的公司，其分权程度就低于还允许分厂做出有关财务与人事方面决策的公司。

3）决策审批手续的繁简。根本不需要决策审批，分权的程度就较高；在做出决策以后，还必须呈报上级领导审批，职权分散程度就低一些；如果在做出决策前，必须请示上级，那么分权的程度就更低一些。此外，较低一级管理层在决策时，需要请示的人越少，分权的程度就越高。

按照集权与分权的程度不同，可形成两种领导方式：集权制与分权制。

集权制指管理权限较多地集中在组织最高管理层。它的特点是：① 经营决策权大多集中于上层主管，中下层只有日常的业务决策权限。② 对下级的控制较多，如下级在决策前后都要经过上级的审核。③ 统一经营。④ 统一核算。

分权制就是把管理权限适当分散在组织的中下层。分权制的特点是：① 中下层有较多的决策权。② 上级的控制较少，往往以完成规定的目标为限。③ 在统一规划下可独立经营。④ 实行独立核算，有一定的财务支配权。

2．影响集权或分权程度的因素

集权和分权的程度，是依据条件的变化而变化的。影响集权和分权程度的因素如下。

1）决策的重要性。在进行重大决策时不仅要考虑经济标准，还要考虑如信誉和士气等一些无形的标准。对于较重要的、比较困难的决策，由较高管理层做出决策的可能性较大。因为基层主管人员的能力及获取的信息量有限，限制了他们的决策。再者，重大决策的正确与否责任重大，因此往往不易授权。

2）政策的一致性要求。组织内部执行同一政策，集权的程度较高。

3）规模问题。组织规模大，决策数目多，协调、沟通及控制不易，宜于分权；相反，组织规模小，决策数目少，分散程度较低，则宜于集权。

4）组织形成的历史。若组织是由小到大扩展而来的，则集权程度较高；若组织是由联合或合并而来的，则分权的程度较高。

5）管理哲学。主管人员的个性与所持的哲理影响权力的分散程度。

6）主管人员的数量和管理水平。主管人员的素质及数量也影响着权力分散的程度。主管人员数量充足，经验丰富，训练有素，管理能力较强，则可较多地分权；反之则趋向集权。

7）控制技术和手段是否完善。通信技术的发展、统计方法、会计控制及其他技术的改进都有助于趋向分权，但计算机的应用会出现集权趋势。

8）分散化的绩效。权力分散化的绩效如何，将会影响职权的分散度。

9）组织的动态特性及职权的稳定性。组织如处于迅速发展中，要求分权。原有的、较完善的组织或比较稳定的组织，一般趋向于集权。有些问题的处理有很强的时间性，而且要随机应变，权力过于集中容易贻误时机，处理此类事项的权力应当分散，以便各管理环节机动灵活地解决问题。

10）环境影响。在决定分权程度的因素中，大部分属组织内部的，但影响分权程度的还有一些外部因素，如经济和政治等因素。这些外部因素常促使集权，困难时期和竞争加剧可能助长集权制。

知识点六　组织结构设计的成果

组织结构设计的成果表现为组织图、职位说明书和组织手册。

一、组织图

组织图又称组织树，它用图形的方式表示组织内的职权关系和主要职能。组织图的垂直形态，显示权力和责任的关联体系，其水平形态则显示分工与部门化的分组现象。如图9.10所示是某科技股份有限公司的组织结构。

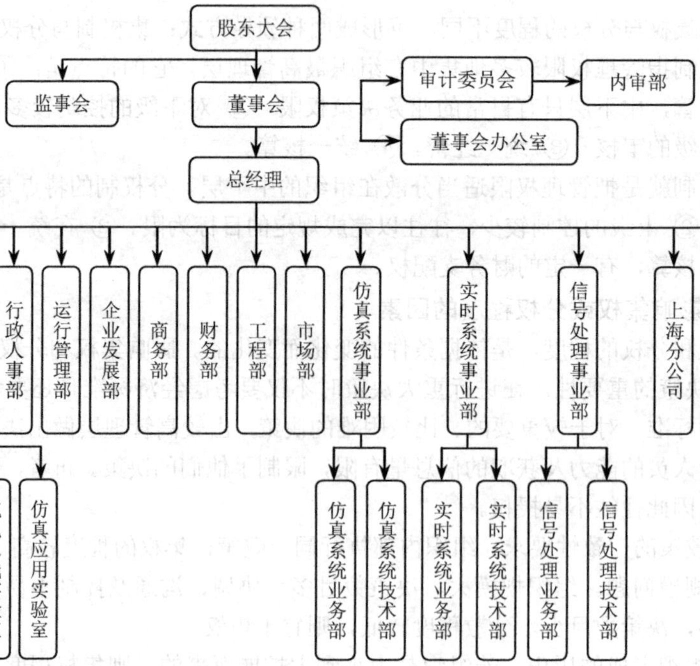

图9.10　某科技股份有限公司的组织结构

二、职位说明书

职位说明书包括工作的名称、主要的职能、职责、执行此责任的职权和此职位与组织其他职位的关系，以及与外界人员的关系。例如，某公司主管人员的职位说明为 ① 职位名称：公司总裁。② 主要任务：在董事会和监事会的监督下处理本公司的生产及销售各项任务，是本公司各项任务的首长。③ 工作关系：对上关系——直接向董事会负责和汇报工作；对下关系——统率公司生产、销售和财物等所属人员。总裁也是公司的决策人，并有任用人员的职权。

表 9.2 是某公司人力资源部部长的岗位说明书。

表 9.2 人力资源部部长岗位说明书

岗位名称	人力资源部部长	岗位编号	SM-RL-001
直属上级	总裁	所属部门	人力资源部
工资级别		直接管理人数	3
岗位目的	确保公司发展所需的人力资源，完善人力资源管理体系		

工作内容：

制订并提交本部门年度工作计划、人员计划

负责本部门员工的考评、培训指导、选拔人才

编制公司人力资源战略规划，审核年度招聘计划并监督落实

健全公司人力资源管理制度并监督实施

组织对公司各部门的定岗定编工作

参加对应聘人员的面试并签署部门意见

指导各对外投资控股企业招聘计划的实施

建立公司内部人才的分类及梯队体系，制订员工职业生涯发展计划

负责公司紧缺人才的考察和引进工作

建立员工的综合考察体系，对员工的转正、定级、培养、任用和晋升提出建议

负责公司员工、控股企业经营班子成员和外派人员的年终绩效考评方案设计并组织实施

负责员工工资、公积金和加班费的审批，年终奖金的发放工作

审定公司的薪酬和福利保障制度

审核员工培训计划并监督落实

完成上级交办的其他工作

工作职责：

对公司人力资源规划的制定与实施负责

对公司人才储备和梯队建设的成效负责

对公司薪酬方案实施成效负责，对公司绩效考核方案的有效性负责

对公司年度招聘计划的落实负责

与上级的沟通方式：接受总裁书面或口头指令

同级沟通：与各部门经理及各控股企业经营班子成员交流和沟通

给予下级的指导：给予本部门员工业务指导，与公司其他部门员工交流和沟通

岗位资格要求：

教育背景：硕士以上学力（或同等学力），人力资源管理相关专业

经验：8 年以上工作经历，3 年以上中型企业的人力资源管理相关工作经验

岗位技能要求：

专业知识：掌握人力资源、心理学的相关知识，熟悉相关政策、法规，了解人力资源管理发展的趋势

能力与技能：外向性格，优秀的沟通能力、亲和力，善于发现人才的眼光

三、组织手册

组织手册通常是职位说明书与组织图的综合，它表示直线部门的职权与职责，每个职位的主要职能及其职权、职责，以及主要职位之间的相互关系。

显然，不管是组织图还是职位说明书，所表示的都是被称为正式组织的结构。但实际上，在组织中还存在着一种组织——非正式组织。非正式组织经常变动，不可能用图形表示。正式组织与非正式组织相互作用，并影响着人们的行为，这一点是不容忽视的，因此，近年来有人提出，在设计正式组织时，必须考虑非正式组织的作用。

教学互动

填空题：组织结构的设计，就是要把为达到组织目标而必须从事的各项工作和活动，进行分类组合，确定适合的__________，划分出若干__________，根据管理宽度原理，划分出若干__________，并把监督每类工作或活动所必需的__________授予各层次、各部门的主管人员，以及规定上下左右的协调关系。组织结构设计的成果，表现为__________、__________和__________。

复习思考题

1. 组织结构的类型有哪几种？
2. 什么是管理宽度，什么是扁平结构和直式结构？组织的管理层次如何分工？
3. 划分部门应遵循什么原则？有哪几种方法？
4. 职权分为哪几类？应该如何进行授权和分权？
5. 组织结构设计的成果有哪些？

知识自测题

（一）单项选择题

1. 直线型结构的优点是（　　）；职能型组织结构的优点是（　　）；直线参谋型组织结构的优点是（　　）；事业部制组织结构的优点是（　　）；矩阵型组织结构的优点是（　　）。

A. 结构比较简单，权力集中，责任分明，命令统一，联系简捷

B. 能够适应现代组织技术比较复杂和管理分工较细的特点，能够发挥职能机构的专业管理作用，减轻上层主管人员的负担

C. 领导集中、职责清楚、秩序井然、工作效率较高，整个组织有较高的稳定性

D. 组织最高层管理摆脱了具体的日常管理事务，有利于集中精力做好战略决策和长远规划，提高了管理的灵活性和适应性，有利于培养和训练管理人才

E. 加强了各职能部门的横向联系，具有较大的机动性和适应性；实行了集权与分权较优的结合；有利于发挥专业人员的潜力；有利于各种人才的培养

2. 直线型结构的缺点是（　　）；职能型组织结构的缺点是（　　）；直线参谋型组织结构的缺点是（　　）；事业部制组织结构缺点是（　　）；矩阵型组织结构缺点是（　　）。

A. 组织规模较大的情况下，所有的管理职能都由1人承担，往往由于个人的知识及能

力有限而感到难以应付，顾此失彼，可能会发生较多失误。此外，每个部门基本关心的是本部门的工作，因而部门间的协调比较差

B. 这种结构形式妨碍了组织必要的集中领导和统一指挥，形成了多头领导，对基层来讲是“上边千条线，下面一根针”，无所适从。因此，不利于明确划分直线人员和职能科室的权责权限，容易造成管理的混乱

C. 下级部门的主动性和积极性发挥受到限制；部门间互通情报少，不能集思广益地做出决策，当职能参谋部门和直线部门之间目标不一致时，容易产生矛盾，致使上层主管的协调工作量增大；难于从组织内部培养熟悉全面情况的管理人才；整个组织系统的适应性较差，因循守旧，对新情况不能及时做出反应

D. 由于机构重复，造成了管理人员的浪费；由于各个事业部独立经营，各事业部之间要进行人员互换则比较困难，相互支援较差；各事业部主管人员考虑问题往往从本部门出发，而忽视整个组织的利益

E. 由于这种组织形式是实行纵向、横向双重领导的，处理不当，会由于意见分歧而造成工作中的扯皮现象和矛盾，组织关系将复杂，对项目负责人的要求较高；由于这种形式一般还具有临时性的特点，所以也容易导致人心不稳

3. 下列（ ）组织结构最适于在大型企业的各个事业部之间进行共同的科技研发。

A. 直线型组织结构　　B. 直线职能参谋型组织结构

C. 事业部制组织结构　　D. 超事业部制组织结构

4. 高效率的管理信息系统的建立，使每个主管人员的工作效率大大提高了，这导致了20世纪90年代以后，企业（ ）浪潮的出现。

A. 组织扁平化　　B. 组织多级化

C. 组织巨型化　　D. 组织小型化

5. 根据组织结构的（ ），稳定的组织结构和人员结构应是正三角形：上层窄、下层宽。

A. 能级原理　　B. 分工协调原理　　C. 权责一致原理　　D. 精干原理

6. 一个制造业公司划分成为生产、销售、财务和研发等部门，这种划分的依据是（ ）。

A. 人数　　B. 时间　　C. 职能　　D. 地区

7. 下列情况中哪种情况的分权程度最高（ ）？

A. 决策根本不需要审批

B. 在做出决策以后，还必须呈报上级领导审批

C. 在做出决策前，必须请示上级

D. 事无巨细必须请示

（二）多项选择题

1. 组织理论实际上就是研究如何合理、有效地进行分工。这里的分工包括（ ）。

A. 业务工作的分工　　B. 工作量的分配

C. 职责和权限的划分　　D. 分工之后的配合、协作关系

2. 组织工作的结果应包括（ ）。

A. 组织系统图　　B. 组织计划书　　C. 职务说明书　　D. 组织手册

第十章 组织的变革

企业的组织经过合理设计及实施以后，并不是一成不变的，必须随着客观环境和内部条件的变化而不断地进行调整和改革，从而提高组织的效能，确保组织目标的实现。伴随着组织的成长，组织规模不断扩大，在不同的阶段需要解决不同的问题，此组织从而继续顺利发展。组织变革是指由于环境的变化使得企业原有的组织系统，包括组织结构、职权层次、指挥和信息系统不太合适，企业为求得生存而在组织的技术、结构和人员等方面做出改变。

教学目标

知识点	学习要求	知识分阶
知识点一　组织规模与组织生命周期	理解	高级选读
知识点二　组织变革概述	了解	必修

学习重点

- 组织的生命周期
- 引起组织变革的环境因素
- 组织变革的程序

知识点一　组织规模与组织生命周期

一、组织的成长与组织规模

伴随着组织的成长，组织活动的内容日趋复杂，人数逐渐增多，组织的规模越来越大，巨大型的组织越来越普遍。现在似乎存在一个悖论，小企业的优势使其在获得成功的同时又能成长壮大。成长最快的企业是那些首先把顾客的利益放在首位并对环境具有迅速和灵活反应的小企业。但是随着其成长壮大可能会向注重纵向层级制的机械性结构转化，同时产生大量“组织人”而不是创业者。今天，巨大型组织为人们提供了丰富的商品和服务，也创造了令人们吃惊的业绩。但是巨大型组织也存在着不同程度的缺乏效率、员工关系不够融洽及与顾客之间的关系疏远等问题。全球的企业正在将大型企业的优势与“人员规模适度、决策高度集中”的小型企业特点结合在一起，试图快速、灵活地适应市场的迅速变化。

那么公司的规模是大好还是小好？解决的一个办法是遵循"大公司与小公司混合"的理论，即将大公司的资源与小公司的简单与灵活结合起来。这个方法被许多大公司采纳，这些公司将所有的大企业重新组成小公司集团以获得小公司的思维模式。例如，140 亿元资产的强生公司被重组成 168 个分离的公司集团，当一种新的产品在强生的五六个实验室中的任何一个中产生时，一家新的公司也就随之产生。

二、组织的生命周期

探讨组织成长与规模的一个有用方法是提出组织生命周期的概念，它说明组织的产生、成长和最终衰落。组织结构、领导体制和管理制度在生命周期各阶段具有相当的可预测性，各阶段实际上是一个连续的自然过程。对组织生命周期的研究表明，组织发展有 4 个主要阶段。如图 10.1 所示的是这 4 个阶段及与每一阶段有关的管理问题。

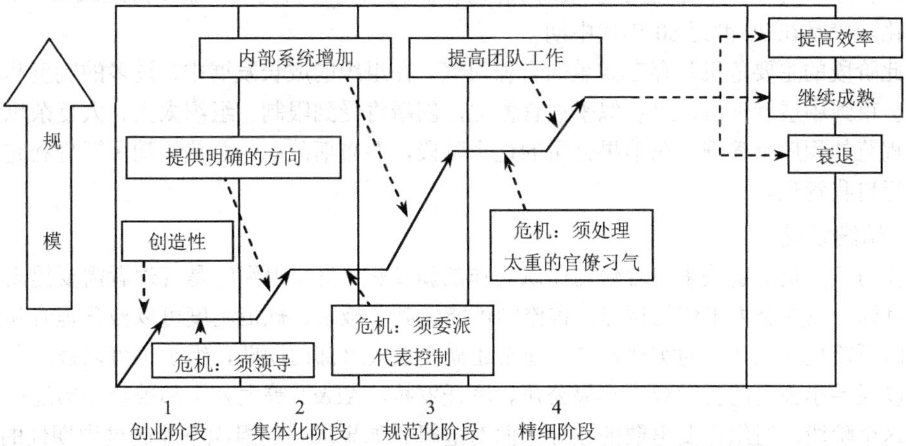

图 10.1　组织的生命周期

1．创业阶段

当一个组织产生时，其重点是生产产品和在市场中求得生存。组织的创立者即企业主将他们所有的精力都投到生产和市场的技术活动中。组织是非规范化和非官僚制的，并由企业主个人监督控制。组织的成长从一种产品和服务开始。苹果计算机公司由史蒂夫·乔布斯和史蒂夫·沃尼亚克在沃尼亚克父母的修车房里创立。微软公司和莲花公司的创业阶段是他们最初编写和上市销售软件的时期。

在此阶段的主要危机是领导的必要性。随着组织的成长，雇员数量开始增加，会产生一系列问题。具有创造性和技术导向性的企业主面临许多管理问题，他们可能会倾向于将其精力集中在制造、销售产品和发明新的产品和服务上。在危机出现时，企业主必须调整组织结构以适应不断的成长。当苹果公司开始迅速成长时，马库拉成为公司的领导，因为无论是乔布斯还是沃尼亚克都不具备能力去管理这个正在扩张的公司。

2．集体化阶段

如果领导危机得到解决，组织获得有力的领导并开始提出明确的目标和方向。部门也随着权力层次划分、工作分派及劳动分工而建立起来。每个成员都感到自己是集体的一部分，规范的制度也开始制定，但沟通与控制基本上还是非规范的。苹果公司迅速成长的 1978—1981 年间正处在集体化阶段，当主要的生产线建成时，雇员们就投入企业运作中，有超过 2 000 人签约受雇。

在此阶段的主要危机是委派的必要性。如果新的管理阶层成功了，那么低层级的雇员就会逐渐发现他们自己受到“自上而下”领导体制的强大约束，随着低层级的管理者开始在他们工作范围内获得自信，他们便希望拥有更大的自主权。当高层管理者认为自己得力的领导使组织获得成功，而不想放弃其职责时，就会发生自主权危机。此时，就需要寻找一种机制去控制和协调各部门而不是事事都直接受高层的监督。

3．规范化阶段

规范化阶段包括规章、程序和控制系统的建立与应用。在组织中沟通虽不频繁但更加规范，可能需要增加工程师、人力资源专家和其他专业人员。高层管理者通常只关心如战略和计划等问题，而将企业经营权留给中层管理者。产品部门或其他分权化单位的形成将提高组织活动的协调性。实施以利润为基础的激励制度将促使管理者努力工作，使公司向最好的方向发展。通过在高层管理者与经营单位之间建立新的协调和控制系统可以使组织获得持续成长。苹果公司的规范化阶段是在20世纪80年代中期。

在此阶段的主要危机是存在太重的官僚习气。在组织的成长发展中，过多的制度和规章程序可能会束缚中层管理者，组织似乎被官僚化，创新将受到限制。组织太大、太复杂以至于很难通过规范的程序来管理。在苹果公司的这个阶段，乔布斯辞职，总裁约翰·斯哥利完全控制企业进行自我管理。

4．精细阶段

官僚习气危机的解决来自合作与团队工作的新意识。贯穿组织的是管理者需要提高正视问题、使目标一致并努力工作的技能，官僚制可能达到了极限。规范制度可以被管理者和工作人员的团队所简化和取代。为实现合作，通常还需要形成跨部门团队，组织也可以被细分为多种部门，以保持小公司的哲学观。苹果公司、摩托罗拉、AT&T等大公司都曾经经历过这样的阶段。在这个阶段，组织需要勇敢的领导来面对危机。如果成熟的组织不能越过周期性的更新，它们就将衰退。

总之，组织是不断发展的，在不同的阶段会面临不同的危机，只有正视困难才能克服困难，并向下一个阶段转变。在能够渡过第一年的企业中有84%的企业在5年之内仍将失败，因为它们不能够从创业阶段实行转变。而且当组织跨入生命周期的未来阶段时，这种转变将更为困难。如果组织不能成功解决发展中的组织转变问题，其成长会受到限制甚至失败。

随着组织生命周期4个阶段的演化，如表10.1所示，每个阶段的组织结构、控制系统、目标和创新等都可能发生变化并有其具体特点。

表10.1 组织生命周期的4个阶段的演化

阶段	创业阶段	集体化阶段	规范化阶段	精细阶段
特点	非官僚制	浅官僚制	官僚制	强官僚制
结构	非规范性，个人表现	基本上非规范，有某些程序	规范性程序，劳动分工和新的专业化增加	官僚制中的团队工作，小公司的思维
产品或服务	单一产品或服务	有主要产品或服务有差别	差别化的产品和服务	多重产品或服务
奖励与控制系统	个人，家长式	个人，服务于成功	非人际交流，规范的系统	广泛性，改变产品和部门

续表

创　　新	由业主、管理者实施	由雇员和管理人员实施	由独立的创新团体实施	由机构化的R&D实施
目　　标	生存	成长	内部稳定，扩大市场	名誉、完备的组织
高层管理方式	个人制、企业主制	激励忠诚，指明方向	控制性委派	团队方法，抨击官僚制

生命周期现象是理解组织所面临问题非常有用的概念，管理者应以积极的方式对组织向下一阶段的过渡做出反应。

教学互动

连线题：

1．从创业阶段向集体化阶段转化	须委派代表控制	内部系统增加
2．从集体化阶段向规范化阶段转化	须领导	提高团队工作
3．从规范化阶段向精细化阶段转化	须处理太重的官僚习气	提供明确的方向

知识点二　组织变革概述

一、引起组织变革的环境因素

引起组织变革的环境因素对组织形成挑战。只有不断进行变革，才能使组织具有适应变化环境的能力。环境因素可以归纳为外部环境因素和内部环境因素两类。外部条件的变化一般会引起企业组织大的变动，内部因素的变化一般引起企业内部组织结构的局部变动。

当一个组织出现以下征兆之一时，就表明该组织需要变革。

1）决策的形成过于缓慢或时常做出错误的决策。

2）组织沟通不良，造成不协调，人事纠纷严重、员工士气低落、不满情绪增加等。

3）组织缺乏创新。当现状发生变化，没有新的办法来适应时，组织停滞不前。

4）组织的主要功能已无效率和得不到正常发挥，如计划不能按时完成、成本过高、产品质量下降、销售下降和员工工作绩效下降等。

外部环境是指单个企业无法控制的环境。外部环境因素的变化将同时作用于在同样环境下经营的所有企业。外部环境的变化包括技术的迅速发展、市场竞争日益激烈、消费者需求的变化和对企业社会形象的重视等，它们都会成为企业组织变革的动力。

组织内部环境变化表现为组织成员希望从事使个人能更快成长的挑战性工作；希望组织采取公平相待的管理形式；组织成员对组织的承诺逐渐转变为内在动力，表现在以工作本身所能产生的内在利益、人格尊严和对组织的责任感等方面；成员要求从组织的职位中获得满足；要求组织关心自己的生活、情绪，尊重他们的感情和自尊心；要求能进行人际间的坦诚沟通；

等等。

二、组织变革的种类

1. 结构变革、技术变革和人员变革

按变革内容划分，可分为结构变革、技术变革和人员变革3种类型。这3种变革是互相牵制的，如一种变革常会诱发另一种变革。由于这3种变革都需要经过精心的设计和准备，所以都属于有计划变革。

（1）结构变革

结构包括对组织设计、权力分布层次和组织沟通渠道等方面进行的变化。美国苹果公司在1985年时，就因9个分部的自主权太大，影响了公司的整体利益，进行过一次较大规模的结构变革，如将分部结构形式改变为直线职能结构形式。结构变革可以从以下4个方面入手。

1）改变各组织机构之间的权责关系，即改变原有的直接领导关系。

2）重新安排信息沟通渠道。

3）改变工作流程。

4）改变权责不明和机构重叠现象。

（2）技术变革

技术变革是与生产工艺有关的变革，其结果是生产效率的提高。例如，某企业由以人为主进行生产改为以机器为主进行生产就是一种技术变革，这种变革不但要求改变生产设备，而且要对人员进行培训，对人员构成进行调整，还会引起组织结构的变革。

（3）人员变革

人员变革是指在组织成员行为、态度、技巧和期望等方面的改变。人员变革一般可以通过对人员进行再培训、改变组织中的人员构成和组织发展等途径来实现。

2. 渐进性变革和根本性变革

按变革对组织的影响程度，可以将变革分为渐进性变革和根本性变革。

（1）渐进性变革

渐进性变革是在企业现有的观念和行为方式的基础上对组织状态进行改变。通过经常地和系统地在技术、人员和结构等方面朝着既定的方向进行改变，使企业的经营最终能达到新的更高水平。由于在渐进性的变革过程中，每次变革的改变幅度都不是很大，所以遇到的抵制较小，变革也较为容易；但是在大多数情况下，环境的变化会和企业领导人的预计不一致，会使设计好的渐进性变革滞后于环境，而被迫进行根本性的变革。

（2）根本性变革

根本性变革是指在短时期内对组织系统进行彻底的改变。由于变革的幅度大、影响广，会遇到很强的抵制，有时甚至会造成对组织某一部分的极大伤害。因此，没有哪个企业能在短期内承受频繁的根本性变革。

在20世纪90年代的上半期，由于经营观念的改变，竞争的白热化和环境的不断变化迫使美国企业进行变革。美国柯达公司设计的以“加强主体业务，改善管理制度”为中心的变革是渐进性变革。从1993年开始，公司逐步采取了出售公司的医疗保健业务，使公司重新集中到摄影主体业务；集中公司的一些基本资源，在较短的时间内开发出新产品；积极降低成本，扩大在经济迅速发展的亚洲地区的市场；把公司分散的数字项目集中到一个部门，从而打入数字成像市场等一系列的进取性变革。经过两年的努力，公司实现了前所未有的彻底改组。而美国

国际商用机器公司（IBM）的变革就是一次根本性变革。该公司同时采取了大量裁员和收购莲花公司等举措，使公司在连续 3 年严重亏损后，于 1995 年开始获利。

三、组织变革程序及成员的心理变化

1. 组织变革的程序

完整的组织变革程序包括以下 8 个步骤。

1）确定问题——提出组织变革的目标和存在的问题。

2）组织诊断——收集资料和情况，进行组织结构分析，尤其是要抓住那些根本性的问题。

3）制定变革方针——确定变革的指导原则、方式和策略。

4）提出变革方案——制定几个可供选择的变革方案。

5）制订变革计划——制定具体的变革步骤、组织方式、试点和推行。

6）实施计划——实施具体变革计划。

7）评价计划实施效果——检查、分析、评价变革的效果和存在的问题。

8）信息反馈——及时反馈，对原定变革方案和计划作修正。

2. 组织变革过程中组织成员的心理变化

在组织变革的全过程中，组织成员的心理也经过 3 个重要的变化阶段，这就是解冻—改革—再冻结 3 阶段理论。

（1）解冻阶段

它是变革前的心理准备阶段，中心任务是激励员工变革的动机。组织的领导者在变革前的准备阶段主要应遵循以下 3 个原则。

1）追寻目标原则。领导者首先要明确变革的目标与目的，否则变革就是一种动荡，一种人、财、物和时间的浪费。变革的目标要符合现有的客观条件。

2）推理实验原则。领导者在变革前必须真实掌握变革的有利和不利条件，以及这些条件在一般情况下和特殊情况下发生的形态变动，利用归纳和演绎等推理方法寻求变革的最优方案。

3）偏差估计原则。变革是一个受诸多因素制约的活动，各个因素又多是动态因素，所以它的运动终点具有不完全确定性。同时，变革也会对其他事物产生影响，这些被影响的事物反过来又会成为变革的制约因素。所以，就必须事先估计偏差，拟订好对策，以防出现混乱。

（2）改革阶段

它是变革过程中的行为转换阶段。在这一阶段中，要把激发起来的变革动机转化为变革的行为，关键措施是让员工参与变革，使变革成为全体员工的共同事业。组织领导者在改革阶段主要应遵循以下 3 个原则。

1）不动摇原则。改革之前应做大量的调查研究，但方案一经选定之后，就要拥有坚定的信心。改革必然会遇到各方面的阻力和困难，出现多种问题，领导者必须以科学的态度和方法加以处理，动摇和倒退是没有出路的。

2）小步子原则。改革是一项大的工程，必须有步骤、有控制地进行，以保证改革的进程和方向。在实施改革的措施中，要注意稳步走、小步走，每步都不要跨得过大，以适应组织经济上的承受力和人们心理上的承受能力，保证改革步步稳妥、扎实。

3）应变原则。当改革出现偏差时，能施行事先准备的应变措施，以使偏差能得到及时、稳妥的纠正。

（3）再冻结阶段

它是改革后的行为强化阶段。由于人们的传统习惯、价值观念和心理特征等是在长期的社会生活中逐渐形成的，并非一次改革所能彻底改变的。所以，改革措施顺利实施后，还应采取种种手段不断强化新的心理状态、行为规范和行为方式，否则稍遇挫折，仍会反复，使改革的成果无法巩固。组织领导者在改革后的行为强化阶段主要应遵循以下两个原则。

1）巩固消化原则。要利用各种手段（如奖惩、保持环境稳定）强化员工的积极行为，否定消极行为，巩固改革取得的成果。改革是组织的长期任务，在两次改革之间必须保持一定时期的相对稳定，使组织能充分巩固和消化改革成果，利用改革所释放出来的能量，促进工作和生产，彻底改变员工旧的态度和行为方式，塑造新的个性。

2）总结、转移原则。一项改革结束后，及时加以分析总结，找出不足，以利再战。同时，把改革的成功经验转移到其他的改革中去，从而加速整个组织变革的进程，提高成功的概率。

四、组织变革的阻力

任何组织的变革都要依赖于绝大多数组织成员的赞成、支持和积极配合。才当组织变革付诸实施，许多旧的规章制度被打破，原有的行动规范不再适用，多年形成的传统和习惯也要改变时，人们便感到不适应、不习惯，从而产生心理上的抵触和行为上的抵制，这便形成了变革的阻力。

1. 抵制变革的原因

最常见的抵制变革原因有以下4个。

1）不确定感。对变革进行抵制的最常见原因是组织成员无法预期变革可能会给自己带来的影响。他们会担心自己的就业保障，担心自己不能适应新的要求等。如许多组织中的办公室人员一开始反对办公室计算机化，因为他们担心自己会被计算机所取代，他们不知道自己会不会使用那些复杂的机器。

2）缺乏理解和信任。有些人抵制变革，是因为他们认识不到变革的必要性，或是他们对变革的真正目的有所怀疑。例如，当管理人员决定改变工作小组中某些人的任务分配时，便会遭到一些小组成员的抵制，因为小组成员会认为这是管理人员意图增加自己的工作量，或是暗示自己的工作不合格，或是管理人员在排除异己。

3）害怕失去某些既得利益。这是管理人员对某些变革进行抵制的主要原因。组织机构变革和技术变革会使人们产生这样的担心。

4）对变革的认识不同。不同的人对变革的评价及对变革内容的选择会有不同的看法。参加变革设计的人员如果在这些方面有不同的看法，将会导致一些人对变革持消极态度。

2. 消除抵制的方法

为了保证组织变革顺利进行，就必须事先研究对策和采取相应的措施，常见的消除抵制的主要方法有以下5种。

1）宣传教育。如果能在变革实施之前，让组织成员对变革的目的、内容、过程和方式有所了解，可以在很大程度上减少对变革的抵制。

2）参与。不少研究组织变革的人认为，如果能让与变革有关的人参加变革的计划和设计过程，使他们对变革的必要性加深了解，也认识到自己从一开始就是变革的组成部分，对变革将对自己的生活及在组织中的地位改变的担心便会减少。

3）必要的妥协。通过与受变革影响的人员进行协商，可以减少他们的抵触情绪。特别是预计到组织中一些重要任务、工作小组或部门有可能会对变革进行强烈抵制时，不妨与这些人、小组和部门进行正式谈判，以取得他们对变革的认同，其中也不妨有一定的妥协。

4）强迫。当变革势在必行，而上述方法又不奏效时，管理人员就不得不利用自己的权力，强迫实施变革，如转换工作、开除、改变薪金和不给予提升等都是强迫他人接受变革的方式。由于强迫方法会使变革的实施和稳定工作变得较为困难，所以，在采用前须慎重考虑。

5）高层管理部门的支持。组织中的大部分人都能认识到，组织的权力最终来自高层管理部门，因此本能地会服从高层管理部门的决定。如果高级领导对变革展现出明确的支持态度，对变革的抵制会少些。特别是当变革涉及组织中一个以上的部门时，高层管理部门的支持，对于克服来自各部门的阻力尤为重要。

教学互动

完整的组织变革程序包括8个步骤，请排序（　　）。

A．组织诊断——收集资料和情况，进行组织结构分析，尤其是要抓住那些根本性的问题

B．制定变革方针——确定变革的指导原则、方式和策略

C．确定问题——提出组织变革的目标和存在的问题

D．实施计划——实施具体变革计划

E．制订变革计划——制定具体的变革步骤、组织方式、试点和推行

F．提出变革方案——制定几个可供选择的变革方案

G．评价计划实施效果——检查、分析、评价变革的效果和存在的问题

H．信息反馈——及时反馈，对原定变革方案和计划作修正

复习思考题

1. 在组织的成长过程中要经历哪些阶段？

2. 引起组织结构变革的因素有哪些？组织变革的种类有哪些？如何克服组织变革中的阻力？

知识自测题

（一）单项选择题

一个成长中的企业在从创业阶段向集体化阶段转化的过程中会遇到（　　）危机，在从集体化阶段向规范化阶段转化的过程中会遇到（　　）危机，在从规范化阶段向精细阶段转化的过程中会遇到（　　）危机。

A. 须领导　　　　B. 须委派代表控制

C. 须处理太重的官僚习气　　　　D. 须进行企业的拆分

（二）多项选择题

1. 下列组织变革中（　　）是组织结构的变革。

A. 改变各组织机构之间的权责关系，即改变原有的直接领导关系

B. 重新安排信息沟通渠道

C. 改变工作流程

D. 改变权责不明和机构重叠现象

2. 组织变革中（ ）是渐进性变革，（ ）是根本性变革。

A. 通过经常地和系统地在技术、人员和结构等方面朝着既定的方向进行改变，使企业的经营最终能达到新的更高水平

B. 大量裁员

C. 收购其他公司

D. 开发新产品，积极降低成本

3. 在组织变革的全过程中，组织成员的心理也经过了3个重要的变化阶段，这就是解冻—改革—再冻结3阶段理论。解冻阶段所应遵循的原则有（ ），改革阶段所应遵循的原则有（ ），再冻结阶段所应遵循的原则有（ ）。

A. 追寻目标原则　B. 推理实验原则　C. 偏差估计原则　D. 不动摇原则

E. 小步子原则　F. 应变原则　G. 巩固消化原则　H. 总结、转移原则

案例讨论：联想集团的组织成长

联想集团成立于1984年11月，到1995年底发展成为中国最大的计算机企业，能够在这么短的时间里取得这么大的成功有诸多原因。联想集团能够根据形势及时调整企业的组织结构模式，无疑为联想的成功做出了巨大的贡献。企业的发展战略、产品战略、营销战略、供应链管理、文化建设和流程再造等先进的管理理念正成为当前企业发展的主流思想。而企业如要想施这些先进的管理理念，达到预期的设计目标，很重要的一点就是要建立与这种先进管理理念匹配的组织结构。有效的组织结构是实现企业发展目标和有效管理的保证。

联想在其创业初期采用的是较为简单的直线型组织结构。几年后，联想进入了成长期，企业有了一些规范的规章制度，确定了建立具有国际影响的高技术产业跨国集团的长远目标。公司强调和规范各部门、员工的专业化分工及职责、权力和义务，强调部门、员工的全局意识和公司的统一管理。在成长期，联想对公司进行了改组，采用了职能型组织机构。联想人把这种组织结构称为“大船结构型”。它在经营方面的突出表现是统一指挥，集中作战，资源向重点项目集中，形成突破。

到1994年下半年，联想集团步入了一个新的发展阶段，开始逐步成为一个成熟的企业。企业的自有资本已逾10亿元，海内外互补性经营格局基本形成。联想集团已经成为拥有包括北京联想集团公司和20余家分公司、子公司及分布在全国各地的600多个经销网点，包括香港联想控股有限公司及设在美国、德国和新加坡等国的27个海外公司的具有一定规模和实力的跨国企业。1994年初，香港联想公司成为香港上市公司，更为企业发展带来了新的发展机会，企业资本在短期内迅速增加到数十亿港币。由于联想集团的现实规模和强劲发展势头，联想板卡产品在世界市场的重要地位和联想计算机在中国市场的重要地位，许多国际大公司已把联想当作重要的竞争对手。这样一来，联想实力的增加既使自己获得较强的抵抗风险、持续发展的能力，同时也因为自身更引人注目而面临着更加激烈的竞争。

在这种形势下，联想集团的决策者们开始认真研究继续发展的问题。根据联想的现有实力规模情况，出于规避风险，寻找新的增长机会，提高企业经营效率的考虑及对企业经营管理国际化经验的借鉴，联想决定要在坚持公司计算机产业主导地位、向国际化发展的同时，开拓新的经营领域，向多样化发展。为了适应新的多样化、国际化经营的要求，也为了解决联想由于规模和业务范围扩大、人员增多、经营区域广阔、市场变化迅速带来的问题，公司提出改革组

织体制，调整集权与分权的关系，形成“多中心”公司，把“大船结构型”组织模式变为“舰队结构型”组织模式，实行事业部制，成立了 14 个事业部。集团总部主要对公司的发展方向、发展战略、投资收益、重大投资项目、主要经理人员和财务负责人、科技开发负责人等进行直接控制，其他的经营管理权都下放给事业部。形成由集团总部这艘旗舰统率下的由各个事业部即各种战舰组成的联合舰队，在世界市场的汪洋大海里搏击风浪。成立事业部后，各个事业部的经营机制灵活、能够更有效、更灵活地对市场做出反应，取得了很好的经营业绩。

2005 年联想收购 IBM 全球 PC 业务，标志着联想公司成为国际知名的大型跨国企业。联想的组织结构也随之做出了很大的调整，大大提高了联想的运营及管理水平。如今，联想的组织结构已经成为多维立体矩阵组织结构，分别按照产品(各个事业部)、职能和地区划分各个子系统。这种结构较为灵活，既能便于根据新的情况进行局部调整，又能使各个部门协调统一。2014 年，联想又并购了摩托罗拉智能移动手机业务和 IBM 的部分服务器业务。联想集团的组织结构变革服务于企业的发展战略，符合企业和市场的发展需要，因此对联想公司的发展起到了重要的作用。

（参考资料来源：http://zhtljj5.blogbus.com/logs/23785281.html）

❓ 请问：联想在组织成长的过程中都经历了哪几个阶段，它采用了什么样的组织变革来应对?

第十一章 人力资源管理

组织结构的各个岗位必须配备合适的人员。在知识经济的今天，人才已经成为一种资源，对于企业的生存和发展起着至关重要的作用。人力资源是生产中最活跃的因素，而且它具有其他资源所不具备的特征（主要是能动性），因而对它的管理和使用就显得更加复杂。从这个意义来看，人力资源的组织与管理成为管理的首要任务。合理有效地配置好、使用好人力资源将与其他资源共同产生更大效益。

教学目标

知识点	学习要求	知识分阶
知识点一　人力资源规划	牢记并掌握	必修
知识点二　员工招聘	牢记并掌握	必修
知识点三　绩效管理	牢记并掌握	必修
知识点四　制订绩效计划的工具——平衡计分卡	理解	高级选读
知识点五　人力资源的开发与培训	了解	中级选读

学习重点

- 人力资源规划的概念和程序
- 员工招聘的程序
- 绩效管理循环

知识点一　人力资源规划

一、人力资源规划的概念

人力资源规划是将企业经营战略和目标转化成人力需求，以超前的目光和量化的思维来分析和制定人力资源管理的一些具体目标。有效的人力资源规划是通过对组织在不同时期内、不同内外环境和不同组织战略目标下人力资源供需的预测，确保组织所需的第一资源——人力资源，并对人力资源进行有效的开发与管理，保障组织目标的实现。

人力资源规划是开展人力资源组织与管理工作的基础。人力资源规划的一项基本任务是对组织的现有能力进行分析，对员工预计需要达到的能力要求进行估计。人力资源规划的各项业务计划将对工作分析提供依据。组织根据工作分析的结果与对员工现有工作能力的分析，决定人员的配置数量与质量，并对人力资源的需求做出必要的修正，再根据人力资源的供需计划和人员配置的结果（即剩余人员和短缺人员的数量）来决定招聘与解雇员工的数量及员工的培训计划，因此人力资源规划是员工配置与培训的基础。

二、人力资源规划的基本程序

人力资源规划过程的起点是组织的战略规划。它是高层管理者用于确定企业总的目的和目标体系实现途径的过程，而人力资源规划与组织战略相连。在前面讲过了，组织设计的结果是组织图、职位说明书和组织手册，这是对未来或现有组织的一种说明，根据组织手册就可以制定出组织在未来的发展中所需要的各种人才的规划。

人力资源规划有两方面的内容：需求和供给。人力资源需求预测是组织为实现既定目标而对未来所需员工数量和种类的估算，即对组织在某个未来时间点上需要多少数量和类型的人进行预测。在对人力资源需求进行规划之前，先需要预测企业产品和服务需求，再将这一预测转换成为对员工的实际需求。确定企业是否能够保证员工具有必要的能力及员工来自何处的过程称为供给预测。它可以帮助人力资源部门的管理者确定所需员工是从公司内部、外部，还是同时从两个方面获得，因此既要注意内部资源（现有员工），也要注意外部资源（劳动力市场）。在分析了人员需求和供给之后，企业就可以确定它属于劳动力剩余，还是劳动力短缺。如果预测出劳动力剩余，则必须设法减少员工数，可采用限制雇用、减少工作时间、提前退休和解聘等方法。如果预测出劳动力不足，企业就必须从外部获得一定数量和质量的人员，需要招聘和选择。人力资源规划的基本程序如图 11.1 所示。

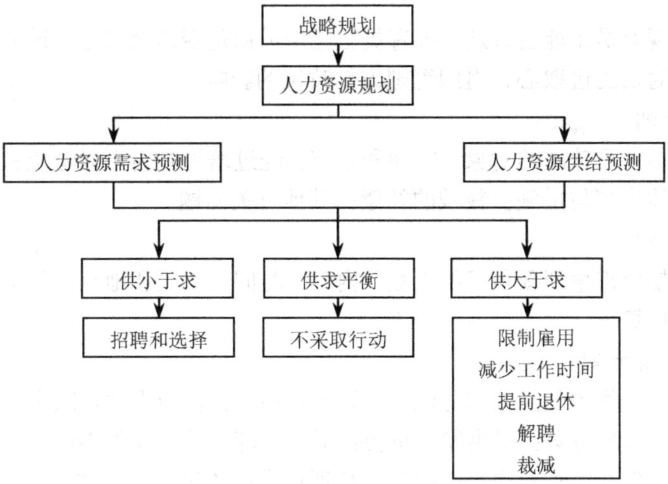

图 11.1　人力资源规划的基本程序

由于外部和内部环境可能变化很快，所以人力资源规划过程必须是连续的。各种条件的改变可能会影响整个企业，需要通过预测对原规划加以修正。例如，行业收缩、市场不景气需要缩减雇员人数；企业扩张、市场对产品的需求增加就需要扩大雇员人数；由于退休、病休、死亡或降级、调出等情况造成职位空缺，需要有后备人才来填补。人力资源规划使管理者能够事先预计到条件的改变并有所准备，在组织发生人力资源供需矛盾时能把混乱减少到最低限度。

三、人力资源规划的编制

人力资源规划是一个连续的规划过程，它主要包括两个部分：基础性的人力资源规划（总规划）和业务性的人力资源计划。

1. 基础性的人力资源规划

基础性的人力资源规划一般包括以下4个方面。

1）与组织的总体规划有关的人力资源规划目标、任务的说明。

2）有关人力资源管理的各项政策策略及说明。

3）内部人力资源的供给与需求预测，外部人力资源情况及预测。

4）人力资源净需求。人力资源净需求可在人力资源需求预测与人力资源（内部）供给预测的基础上求得。通常有两类人员净需求，第一类是按部门编制的净需求，它可以表明未来人力资源需求的大致情况；第二类是按人力资源类别编制的净需求，它可以作为业务性的人力资源计划的依据。

2. 业务性的人力资源计划

（1）招聘计划

招聘计划包括需要的人员的类别、数目和时间；从何处、如何招聘；录用条件；新聘人员的工作地点、业务种类、工资、劳动时间和生活福利等。

为了招聘工作顺利进行，需要成立招聘小组，还要为招聘做广告与财务准备，并制定招聘进度表。招聘进度表包括开始日期、招聘地点、选定并训练招聘人员、确定招聘准则、定出访问次数、计划和做好活动预算。

（2）升迁计划

升迁计划要明确现有员工能否升迁；现有员工经培训后是否适合升迁；过去组织内的升迁渠道与模式，以及它对员工进取心、组织管理方针政策的影响。

（3）人员裁减计划

人员裁减计划包括人员裁减的对象、时间和地点；经过培训是否可以避免裁减；帮助裁减对象寻找新工作的具体步骤与措施；裁减的补偿；其他有关问题。

（4）员工培训计划

员工培训计划包括所需培训新员工的人数、内容、时间、方式和地点；现有员工的再次培训计划；培训费用的估算。

（5）人力资源保留计划

利用人力资源规划工作中的经验与方法，采取各种措施，挽留人才，减少不必要的人力资源损耗。措施包括改进薪酬方案；提供发展机会；减少内部摩擦；加强沟通；减轻新进人员的不适应性；改善工作条件；实行轮岗制；提供再培训机会；改进升迁方法等。

（6）生产率提高计划

生产率提高计划包括生产率提高与人力资源的关系；建立生产率指标，提供具体的努力目标；评估劳动力成本对生产率提高的影响，以及提高劳动生产率的措施。

以上计划是相互影响、相互作用的，因此，各项计划必须考虑综合平衡的问题。

教学互动

请对人力资源规划的各个步骤进行排序（　　）。

A．根据组织内外部的情况综合考虑，制定组织的战略规划

B．进行人力资源的供给和需求预测

C．制订招聘、升迁、人员裁减和员工培训等业务性的人力资源计划

D．估算人力资源的净需求

E．进行组织设计，给出组织图、职位说明书和组织手册

知识点二　员工招聘

一、员工招聘的概念

员工招聘是指组织为了发展的需要，根据人力资源规划的数量与质量要求，吸收人力资源的过程。它按照企业经营战略规划、人力资源规划要求把优秀、合适的人招进企业，把合适的人放在合适的岗位，是企业成功的关键。确定和选聘有能力的员工是人力资源管理的第一步。这一步又分为根据需求制定选人标准，确定选聘对象并初步进行预测、面试和聘用安置等过程。目前，员工离职现象越来越普遍，使得员工招聘工作更加日常化了。

市场竞争归纳为一点是人才的竞争，企业经营战略发展的各个阶段必须要有合适的人才作为支撑点。当组织内部的人力资源不能满足发展和变化的要求时，就需要根据人力资源规划的数量和质量要求，从外部吸收人力资源，为组织注入新生力量，弥补组织内人力资源供给的不足。对高层管理者和技术人员的招聘可以为组织注入新的管理思想，也可能给组织带来技术上的重大变革，为组织增添新的活力。成功的员工招聘可以使组织更多地了解员工到本组织工作的动机与目标，组织可从诸多候选人中选出个人发展目标与组织目标趋于一致的、并愿与组织共同发展的员工。员工招聘使得组织的知名度得到扩大，使外界能更多地了解组织，并且员工招聘也有利于劳动力的合理流动。

二、员工招聘的程序

员工招聘大致分为招募、选拔、录用和评估4个阶段，这4个阶段可以用图11.2来表示。

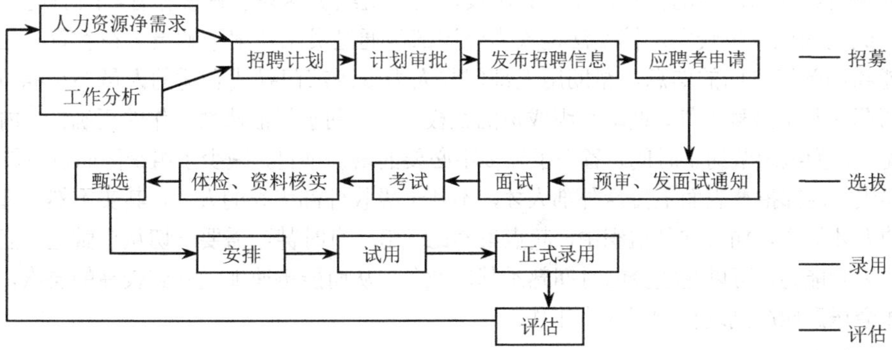

图11.2　员工招聘流程

在现代人力资源管理中，录用决定权一般在用人部门，人事部门起组织和服务的作用。如表 11.1 所示是关于招聘过程中用人部门与人力资源部门的工作职责分工。

表 11.1　招聘过程中用人部门与人力资源部门的工作职责分工

用人部门	人力资源部门
• 招聘计划的制订与审批 • 招聘岗位的工作说明书及录用标准的提出 • 应聘者初选，确定参加面试的人员名单	• 招聘信息的发布 • 应聘者申请登记，资格审查 • 通知参加面试的人员
• 负责面试、考试工作	• 面试、考试工作的组织 • 个人资料的核实、人员体检
• 录用人员名单、人员工作安排及试用期间待遇的确定 • 正式录用决策 • 员工培训决策 • 录用员工的绩效评估与招聘评估 • 人力资源规划修订	• 试用合同的签订 • 试用人员报到及生活方面的安排 • 正式合同的签订 • 员工培训服务 • 录用员工的绩效评估与招聘评估 • 人力资源规划修订

三、人员招募

人员招募是招聘的一个重要环节，其主要目的在于吸引更多的人来应聘，使得组织有更大的人员选择余地，避免出现因应聘人数过少而降低录用标准和随意、盲目挑选的现象；同时也可使应聘者更好地了解组织，减少因盲目加入组织而后离职的可能性。根据招募对象的来源可将招募分为内部招募与外部招募，它们各采用的方法各不相同。

1．内部招募

内部招募的方法包括布告法、推荐法和档案法。布告法是在确定了空缺职位的性质、职责及其所要求的条件等情况后，将这些信息以布告的形式，公布在组织中一切可利用的墙报、布告栏和内部刊物上，尽可能使全体员工都能获得信息，号召有才能、有志气的员工毛遂自荐，脱颖而出。对此职务有兴趣者可到主管部门和人事部门申请。主管部门和人事部门经过公正、公开的考核择优录用。推荐法是由本组织员工根据组织的需要推荐熟悉的合适人选，供用人部门和人力资源部门进行选择和考核。由于推荐人对用人部门与被推荐者均比较了解，使得被推荐者更容易获得组织与职位的信息，便于其决策，也使组织更容易了解被荐者，因而这种方法较为有效，成功的概率也较大。档案法是人力资源部门通过员工档案了解员工在教育、培训、经验、技能和绩效等方面的信息，帮助用人部门与人力资源部门寻找合适的人员补充职位。

内部招募有利于鼓舞士气、调动组织成员的积极性，有利于保证选聘工作的正确性。内部招募的程序简单，为组织节约了时间，省去了许多不必要的培训项目，减少了组织因职位空缺而造成的间接损失。内部招募表面上排斥外部人才，不利于吸收外部优秀的人才，其实不然。真正有发展潜力的人才知道，加入这种组织中，起点虽然比较低，有时甚至需要一切从头做起，但是凭借自己的知识和能力，可以花较少的时间熟悉基层业务，从而能迅速地提升到较高的层次。因此外部的人才会乐意应聘到这样的组织中工作。

2．外部招募

内部招募虽然有许多优点，但它明显的缺点是人员选择的范围比较小，往往不能满足组织的需要，尤其是当组织处于创业初期和快速发展的时期，或是需要特殊人才时，仅有内部招募是不够的，必须借助于组织外的劳动力市场，采用外部招募的方式来获得所需人员。外部招募的主要来源与方法有以下4种。

1）招聘广告。招聘广告是外部招募常用的方法。它通过新闻媒介向社会传播招募信息，其特点是信息传播范围广、速度快，应聘人员数量大、层次丰富，组织的选择余地大。

招聘广告应包括：组织的基本情况；招聘的职位、数量与基本条件；招聘的范围；薪资与待遇；报名的时间、地点、方式及所需的资料；其他有关注意事项。

2）校园招聘。学校是人才资源的重要来源，每年学校有几百万名的毕业生走出校门，进入社会。学校毕业生已成为各组织技术人才和管理人才的最主要来源。一些组织为了不断地从学校获得所需人才，在学校设立奖学金，与学校横向联合，资助优秀和贫困学生，借此吸引学生毕业后去该组织工作。有的还为学生提供实习机会和暑期雇用机会，以期日后确定长久的雇佣关系，并达到试用观察等目的，对学生则提供了积累工作经验、评估在该组织中工作与发展的机会。有的则在学校中建立“毕业生数据库”，对毕业生逐个进行筛选。

对学校毕业生最常用的招募方法是一年一次或两次的人才供需洽谈会，供需双方直接见面，双向选择。除此以外，有的组织则自己在学校召开招聘会，在学校中散发招聘广告等；有的则通过定向培养和委托培养等方式直接从学校获得所需要的人才。

3）就业中介。随着人才流动的日益普遍，人才交流中心、职业介绍所和劳动力就业服务中心和猎头公司等就业中介应运而生。这些机构承担双重角色，既为组织选择人，也为求职者选择职业。

4）信息网络招聘与求职。这是近年来随着计算机通信技术的发展和劳动力市场发展的需要而产生的通过信息网络进行招聘、求职的方法。

四、员工选择

员工选择是在一组求职者中挑选最适合特定岗位要求的人的过程。大多数管理者承认，员工选择是最困难、也是最重要的决策之一。选择的目的是使人员与工作岗位相适应。如果员工条件过高、过低或者由于各种原因与工作岗位和组织不相适应，他们可能会离开企业。虽然在某些情况下，员工流动对一个组织有积极作用，但是代价很高。高流动率会导致产品研究开发延误，制造过程缺乏效率，市场营销渗透缓慢，使企业几乎不可能有好的业绩。人员选择是一个复杂的过程，人员选择的质量取决于该过程中每个工作步骤的质量。因此必须做好每步工作，选择最恰当的方法使每步工作富有成效。员工选择的过程和方法如下。

1．资格审查与初选

资格审查是对求职者是否符合职位的基本要求的一种审查。最初的资格审查是人力资源部门通过审阅求职者的个人资料和应聘申请表进行的。人力资源部门将符合要求的求职者人员名单与资料移交用人部门，由用人部门进行初选。初选工作的主要任务是从合格的应聘者中选出参加面试的人员。

2．面试

由于人员资格审查与初选不能反映应聘者的全部信息，组织不能对应聘者进行深层次的了解，个人也无法得到关于组织更为全面的信息，因此需要通过面试使组织与个人各自得到所需要的信息，以便组织进行录用决策，个人决定是否加入组织。面试是双向选择的一个重要手段。与传统人事管理只注重知识掌握不同的是，现代人力资源管理部门重视员工的实际能力与工作能力。进一步的面试还可帮助组织了解应聘者的语言表达能力、反应能力、个人修养和逻辑思维能力等；而应聘者则可了解到自己在组织的发展前途，能将个人期望与现实情况进行比较，组织提供的职位是否与个人兴趣相符合等。面试是员工招聘过程中非常重要的一步。

3. 测试

测试也称测评，是在面试的基础上进一步对应聘者进行了解的一种手段。通过测试还可以消除面试过程中主考官的主观因素对面试的干扰，增加招聘的公平性。验证应聘者的能力与潜力，有助于剔除应聘者资料和面试中的一些“伪信息”，提高录用决策的正确性。测试分为心理测试与智能测试。心理测试主要包括职业能力的倾向性测试、个性测试、价值观测试、职业兴趣测试和情商测试等。智能测试主要用于对应聘人员的智力、技能和专业知识的测试。

4. 体检

体检主要是指身体健康检查，有些企业还进行身体运动能力测试等。组织内的员工不仅要有健康的体魄，而且必须具备一定的运动能力。

5. 资料核实

资料核实是对应聘者的教育状况、工作经历、个人品质、工作能力和个人兴趣情况进行的调查。假学历、假成绩单、虚无的工作经历与经验、言过其实的工作能力、精心伪装的个人品质与兴趣会严重妨碍员工选择的公正性、准确性，给组织带来不必要的损失。

6. 录用求职者

假设体检与资料核实未查出任何问题，那么求职者就可以被录用了。

五、员工录用

员工录用是一项重要而困难的工作。主要包括试用合同的签订、员工的初始安排、使用和正式录用。在员工录用的过程中，特别是在大规模招聘员工的工作中，应注意把握以下原则。

1）公开原则。招聘岗位、数量、时间、资格条件和考试办法要公开。这样做，一是便于监督，防止不正之风；二是有利于所有应聘者有公平竞争的机会，达到广招贤才的目的。

2）平等原则。指对待所有应聘者，应当一视同仁，不得人为地制造各种不平等的限制（如地域、性别限制），努力为所有有志之士提供平等竞争的机会，不拘一格地选拔录用各方面的优秀人才。

3）考核竞争原则。通过考试竞争和考核鉴别，以成绩鉴别优劣。靠“伯乐识马”、领导直觉、印象选人，往往带有很大的主观片面性。因此，在选择员工时，应进行科学、规范、统一和严格的考试，根据成绩并参考其他因素客观地进行选择。竞争还有另一层含义，即动员和吸引招考的人越多，竞争越激烈，越容易选择优秀人才。

4）全面原则。录用前的考试和考核应该兼顾德、智、体诸方面，对知识、能力、思想和道德进行全面考察。这是因为劳动者、各类管理人员的素质，不仅取决于文化程度，还有智力、能力、人格和思想上的差异，而且往往非智力因素对日后的作为起着决定性作用。

5）择优原则。这是考试录用的核心。择优是广招人才，选贤任能，为各个岗位选择第一流的工作人员。因此，在员工选择录用过程中，应深入了解、全面考核、认真比较、谨慎筛选，只有这样，才能真正做到择优录用。

6）量才原则。招聘录用时，必须考虑有关人员的专长，量才录用，做到人尽其才、用其所长、职得其所。这样才能保证选择的人员与任职的岗位相适应。

7）效率原则。力争用尽可能少的费用，在尽可能短的时间内，录取到高素质、适应组织需要的人员；或者以尽可能低的成本录取到同样素质的人员。

教学互动

判断题：应用外部招募，可选的人才范围更加广泛，所以外部招募优于内部招募。(　　)

知识点三 绩效管理

案例导入：不仅是写了个“6”字

查尔斯·施瓦布是美国著名企业家。有一次他为了一个工厂总也完成不了定额而伤脑筋。他已经换了几任厂长了，仍不奏效。现任厂长说：“我试过很多办法了，劝过他们，骂过他们，甚至以开除相威胁，但都不起作用。他们仍然完成不了定额。”施瓦布于是要求厂长带他去车间看看。

这时正值白班的工人要下班，夜班工人要接班的时候。到了生产车间，施瓦布问一个工人：“你们今天一共炼了几炉钢？”“6炉”工人答道。施瓦布听后再没说话，只在墙上的小黑板上写了个“6”字就离开了。夜班工人上班时，看到黑板上出现了一个“6”字，十分好奇，忙问门卫是什么意思。门卫说：“施瓦布今天来过这里，听说白班工人炼了6炉钢，就写了个6字。”

第二天早晨，施瓦布又来到工厂，特意看了看黑板，发现夜班工人已把“6”字换成“7”字，便十分满意地离开。白班工人上班时看到了黑板上的“7”字，一位爱激动的工人大声叫道：“这意思是说夜班工人比我们强，我们要让他们看看到底谁强！”当他们晚上交班时，在黑板上，写了个大大的“10”字。

这样，两个班的工人竞争起来，这个落后工厂的产量很快超过了其他工厂。

请问：这个故事能够给你什么启示？

案例解析

施瓦布在小黑板上写“6”实际上是对工人的工作绩效的反应，可以把这看作最原始的绩效考评。从这个案例里可以看出，要激励员工努力工作必须制定可以准确衡量的绩效标准。管理人员通过绩效考评和绩效反馈能够促使员工向着自己的工作目标努力。

一、绩效的含义

工作绩效是指那些经过考评的工作行为、表现及其结果。对组织而言，绩效就是任务在数量、质量及效率等方面完成的情况；对员工来说，则是上级和同事对自己工作状况的评价。企业通过对员工工作绩效的考评，获得反馈信息，便可据此制定相应的人事测定与措施，调整和改进其效能。所以对绩效的考评是具有监控功能的。

对员工工作绩效进行考评时应先注意绩效的多因性、多维性与动态性等特征。

1．绩效的多因性

绩效的多因性是指绩效的优劣不是取决于单一的因素，而主要受主、客观的多种因素影响。影响工作绩效的4种主要因素包括员工的激励、技能、环境与机会，其中前两者是属于员工自身的、主观性影响因素，后者则是客观性影响因素。

2. 绩效的多维性

绩效的另一特性是其多维性，即须以多种维度和从多方面去分析考评。例如，一名工人的绩效，除了产量指标完成情况外，质量、原材料消耗率、能耗、出勤，甚至团结、服从、纪律等软、硬件方面，都需综合考虑，逐一评估，尽管各个维度可能权重不等，而且考评侧重点会有所不同。

3. 绩效的动态性

绩效的第3个特点是动态性，即员工的绩效是会变化的，随时间的推移，绩效差的可能转好，绩效好的也可能退步变差，因此管理者切不可凭一时印象，以僵化的观点看待下级的绩效。

总之，管理者对下级绩效的考察，应该是全面的、发展的、多角度的和权变的，力戒主观、片面和僵化。

二、绩效管理循环系统

绩效管理是一个完整的循环系统。一个周期的循环通常分为4个步骤，即绩效计划、绩效实施与管理、绩效评估与绩效反馈，并且绩效管理的过程是连续的过程，而不是在一年内只进行一两次的活动。如图11.3所示为绩效管理循环系统中不同环节之间的关联。

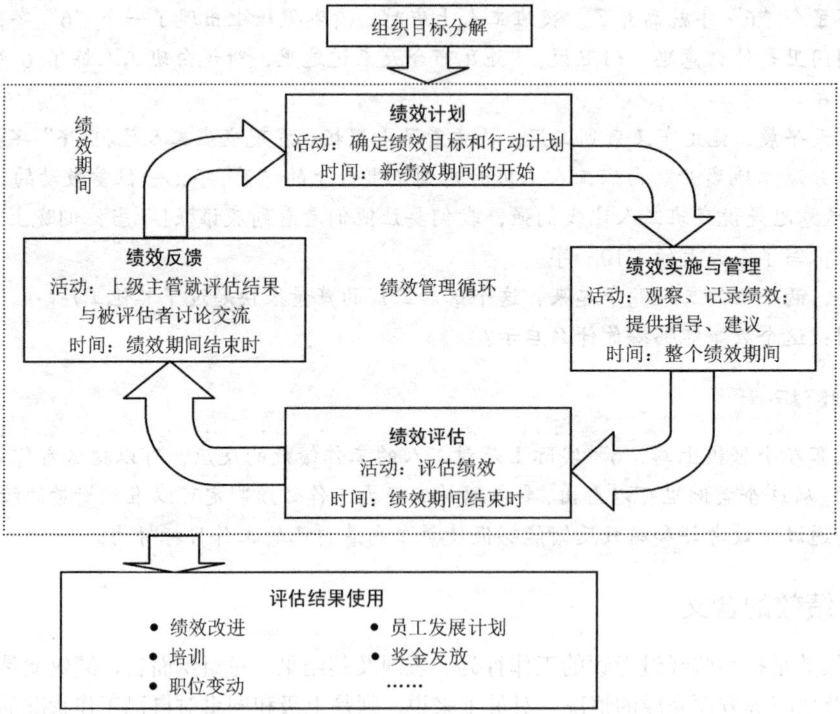

图11.3　绩效管理循环系统中不同环节之间的关联

经过上面的4个环节，就经历了一个绩效管理的循环。所得到的绩效评估的结果具有多种用途，包括可用于员工工作绩效和工作技能的提高，发现员工在完成工作过程中遇到的困难和工作技能上的差距，制订有针对性的员工发展计划和培训计划；可以比较公平地显示员工对公司做出贡献的大小，据此决定对员工的奖励和报酬的调整；通过员工的绩效状况，也可以发现员工对现有职位是否适应，根据员工绩效高于或低于绩效标准的程度，决定相应的人事变动，使员工能够从事更适合自己的职位。

三、绩效考评的方法

绩效考评的实施者一般来说有 5 类人：上级、同级同事、被考评者本人、所管理的下级，以及企业外界的人士如用户和顾客。合适的绩效考评实施者应该满足以下条件：了解被考评的职务的性质、工作内容、要求、考核标准和公司有关的政策；熟悉被考评者本人的工作表现，尤其是本考评周期内的，最好有直接的近距离密切观察其工作的机会；此人应当公正客观，不具偏见。

绩效考评的时间间隔不宜太密，既不白费精力和时间，也不给员工造成很多不必要的压力和干扰；周期也不宜过长，反馈太迟不利于改进绩效，并使员工觉得绩效考评的作用可有可无，致使绩效考评流于形式。一般来说，周期为半年比较适宜，把两个半年绩效考评评分平均值作为全年得分，并据此实行奖惩。

绩效考评的标准是随着各个岗位的不同而不同的，但是对于每个岗位都有其相应的职责。在组织设计的结果中有职务说明书，明确规定了各个岗位的职权和职责，对于每个人来说这既是工作要完成的任务，也是绩效考评的准绳。每个岗位的标准要根据不同的职务来灵活地确定考评的标准。但是确定的考评合理标准一定要能够客观地反映员工的工作绩效，能够激励员工的热情，而不应该由于制定的考评标准不合理而打击员工的积极性，使他们丧失前进的动力。

常用的绩效考评方法有以下 5 种。

1．业绩评定表

业绩评定表是一种被广泛采用的绩效考评方法。这种方法要求评价者在一个等级表上对各个评价指标进行判断。如图 11.4 所示为业绩评定表的一般形式。

单位：分

<table>
<tr><td colspan="3">员工姓名：
所在部门：
职务：</td><td colspan="3">评价要求：

评价时间：　　年　月　日</td></tr>
<tr><td>评价因素</td><td>优秀</td><td>良好</td><td>合格</td><td>稍差</td><td>不合格</td></tr>
<tr><td>工作技能</td><td>5</td><td>4</td><td>3</td><td>2</td><td>1</td></tr>
<tr><td>工作数量</td><td>5</td><td>4</td><td>3</td><td>2</td><td>1</td></tr>
<tr><td>工作质量</td><td>5</td><td>4</td><td>3</td><td>2</td><td>1</td></tr>
<tr><td>工作态度</td><td>5</td><td>4</td><td>3</td><td>2</td><td>1</td></tr>
<tr><td>……</td><td></td><td></td><td></td><td></td><td></td></tr>
</table>

图 11.4 业绩评定表的一般形式

业绩评定表的优点在于简便、快捷和易于量化。其缺点在于容易出现主观偏差和趋中误差。

2．目标管理法

目标管理法是当前比较流行的一种绩效评价方法，基本程序如下。

- 监督者和员工联合制定评价期内要实现的工作目标，并对未实现的特定目标制定员工所需达到的绩效标准水平。
- 在评价期间，监督者和员工根据业务和环境变化修改和调整目标。
- 监督者和员工共同决定目标是否实现，并讨论失败的原因。
- 监督者和员工共同制定下一评价期的工作目标和绩效目标。

目标管理法的特点在于绩效评价人的作用从法官转换成顾问和促进者，员工的作用也从消极的旁观者转换成积极的参与者。员工从一开始就与监督者一道参与评价的全过程，这使员工增强了满足感和工作的自觉性，能够以一种更加积极、主动的态度投入工作，促进工作目标和绩效目标的达到。

3. 关键绩效指标法

关键绩效指标法（Key Performance Indicator，KPI）是把对绩效的评估简化为对几个关键指标的考核，将关键指标当作评估标准，对员工的绩效与关键指标做出比较的评估方法。关键指标必须符合SMART原则：具体性（Specific）、衡量性（Measurable）、可达性（Attainable）、现实性（Realistic）和时限性（Time-based）。这种方法的优点是标准比较鲜明，易于做出评估。它的缺点是对简单的工作制定标准难度较大；缺乏一定的定量性；绩效指标只是一些关键的指标，对那些影响工作结果的因素不加以反映，如由于上级决策失误而造成的业绩下滑，由于生产流水线等其他环节出现问题而导致的减产等，因而其结果较为片面。目前，在绩效评价中关键绩效指标法常与其他方法一起使用。

4. 排序法

排序法是一种把限定范围的员工按照某一标准由高到低进行排列的一种绩效评价方法。例如，把企业销售部门的所有销售人员按销售额进行排序，最高的排在第一位，最差的排在最后。排序法的优点在于简便易行、速度快，可以完全避免趋中和严格或宽松的误差。其缺点也很突出，主要表现为标准单一，绩效评价结果偏差较大。此外，不同部门和岗位难以进行比较，如销售部门的第一名和生产部门第一名之间不具备可比性。因而利用这种方法得出的结果不能应用在跨部门的人事调整和变动上。

5. 关键事件法

关键事件是指那些对部门效益产生重大积极和消极影响的行为。在关键事件法中，管理者要把员工在考评期间内所有的关键事件都真实地记录下来，并把这些资料提供给评价者用于对员工绩效进行评价。关键事件法的优点在于针对性很强，结论不易受评价者主观因素的影响。其缺点在于如果考评期较长，那么基层主管的工作量较大。另外，由于每个关键事件可能都会对绩效评价结果产生重大影响，所以要求管理者在考评过程中不能带有主观意愿，必须始终如一地坚持客观、全面和精确的原则，这在实际操作过程中往往是很难做到的。

四、绩效考评需要避免的错误

绩效考评有正面影响，也有负面影响。客观合理的绩效考评能够激励绩效较好的员工更加努力工作，能够督促绩效差的员工改进，并按照绩效的优劣进行奖惩。但是，如果绩效考评的结果不客观，就会压抑一部分人的积极性。如果一个员工在工作中付出了极大的热情，做出了很好的成绩，但在绩效考评的结果中没有能够反映出来，那么，这对他将是一个极大的打击。这种绩效考评的错误有可能会使组织失去一个优秀的人才。相反如果一些能力很差但工于心计、善于伪装的人凭借这种方式得到了优秀的绩效和升迁，这就会使组织的管理权落入不合格的人手中，影响整个组织的发展，甚至影响组织战略目标的实现。因此，绩效考评的标准必须具有一定的激励性和客观性，避免绩效考评的负面影响。

特别应该注意的是，现在有的企业应用排序法进行绩效考评，并实施末位淘汰的政策，引起很多负面作用。末位淘汰法只有在企业风气不正、管理混乱的情况下比较适用，如果企业运营良好，那么使用末位淘汰法会造成企业内部员工人人自危、互不团结，反而影响人们的工作积极性。所以管理者要慎用末位淘汰法。

绩效考评中经常会出现一些问题，包括缺乏客观性、晕轮错误、严格或宽松错误、趋中误差、近期行为偏见、个人偏见和马太效应等，在进行绩效考评中要尽量避免这些错误。

1．缺乏客观性

在绩效评价标准中存在一些难以量化的因素，如工作态度、协作关系和事业心等，对这些因素的评价没有一个确切的指标，主观随意性较大。此外，企业很难证明某些看似重要的评价标准是与工作绩效有关的。据调查，74%的企业认为，在绩效评价中很容易掺入评价者的主观意志，即便面对同一事实，由于管理者所处立场不同，所得评价结果往往不一样。

2．晕轮错误

晕轮效应也称感知上的印象概推，是一种十分普遍的心理作用。当评价者仅把一个因素看作最重要因素，并根据这一因素对员工做出一个好坏判断时，便发生了晕轮错误。例如，某位管理者在一次特殊场合下见到其下属喝醉酒，便有了其下属爱喝酒、容易误事的印象，并把这一点有意无意地扩大到其他方面，从而得出该下属是一个不称职的员工的评价。实际上，那位下属可能仅仅喝醉了那一次。

3．严格或宽松错误

给予不应受到的高度评价称为宽松。这种行为的产生动机往往是为了避免引起评价争议。当使用主观性强的业绩标准，并要求评价者与员工讨论评价结果时，这种情况最容易出现。对工作业绩过分的批评称为严格。这种情况相对少一些。在美国的一项研究结果表明，70%以上的调查经理认为，抬高或降低标准主要是做给下属看的。

4．趋中错误

趋中错误是将员工评价的结果集中于某一区域而出现的错误。出现趋中错误可能是由评价标准和方法引起的，也可能由评价者为避免争议和批评引起的。

5．近期行为偏见

近期行为偏见又称近因效应，是指对人进行评价时，过多地从近期的表现出发，忽视长期一贯表现的一种倾向。一般来说，每位员工都能准确地知道何时安排自己的绩效评价，因而在评价之前的几天或几周内，其行为会有所改善，同时，对评价者来说，员工最近行为的记忆自然比以往的行为清晰，因此容易出现近期行为偏见。

6．个人偏见

评价者可能因对员工的一些个人特征，如种族、宗教、性别、年龄、性格和气质，存在某种偏见，而影响其评价结果的客观性。个人偏见对于绩效评价的负面影响很大。由于偏见是一种长期形成的、很固执的观念，这些人很难控制和改变它，把这种偏见带到绩效评价工作中，会影响和伤害一大批人。

7．马太效应

《圣经》的“马太福音”中有这样的名言：“因为凡有的，还要加给他，叫他多余。没有的，连他有的也要夺过来。”在马太效应的作用下，企业绩效评价每次都是那几个人最终胜出，他们所得到的奖励和荣誉越来越多，而那些不出名的人则往往被忽视，其价值或被贬低或得不到承认。在这种环境下，有潜质的人才很难被发现和得到培养。

五、绩效分析

绩效分析的目的在于确定和测量期望绩效与当前绩效之间的差距，明确绩效问题，找出原因，从而确定适当的绩效改进方案。若没有明确和澄清问题及绩效差距，就不可能找出原因，也不可能设计或选择一种解决方案。绩效分析是整个绩效改进系统的重要一环，包括差距分析、绩效归因分析和采取有效措施 3 个步骤。

1．差距分析

差距分析的目的在于确定期望绩效与真实绩效之间的差距，应该在绩效归因分析之前进行差距分析。

2．绩效归因分析

绩效归因分析是对员工的工作绩效的成因进行分析。如图 11.5 所示的工作绩效模型，列出了影响工作绩效的 4 种主要因素，即员工的技能、激励、环境与机会，其中前两者是属于员工自身的、主观性影响因素，后者则是客观性影响因素。

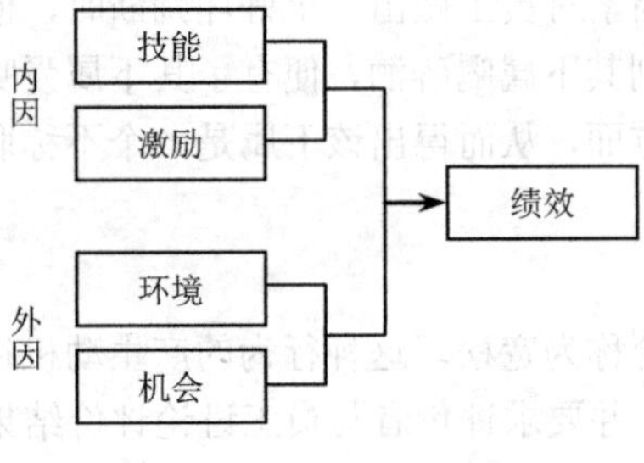

图 11.5　工作绩效模型

这个模型也可以用如下公式来表示：

$$P = f(S, O, M, E)$$

式中，P 是绩效；S 是技能；O 是机会；M 是激励；E 是环境。此式说明，绩效是技能、激励、环境与机会 4 个变量的函数。

1）技能指员工工作技巧与能力的水平，它也取决于个人天赋、智力、经历、教育与培训等个人特点。其中，培训不仅能提高其技能，还能对达到目标的期限要求及对目标实施的抱负树立自信心，从而增强对他们的激励。

2）激励指提高员工的工作积极性。激励效果本身又取决于员工个人的需要结构、个性、感知、学习过程与价值观等个人特点，其中需要结构影响最大。员工在谋生、安全与稳定、友谊与温暖、尊重与荣誉、自为与自主及实现自身潜能诸层次的需要方面，各有其独特的强度组合，企业需调查摸底，具体分析，对症下药予以激发。

3）环境指企业内外部的客观条件。企业内部环境包括劳动场所的布局与物理条件（室温、通风、噪声和照明等），任务的性质，工作涉及的质量、工具、设备与原材料的供应，上级的领导作风与监控方式，公司的组织结构与规章政策，工资福利、培训机会及企业的文化、宗旨和氛围等。企业外部环境包括企业之外的客观环境，如社会政治、经济状况及市场竞争强度等宏观条件，但这些是较间接的。

4）机会往往带有偶然性。例如，某项任务正巧分配给甲员工，乙员工当时不在或因纯随机性原因而未被派给此项任务，其实乙的能力优于甲，却无从表现。不能否认，这其中包括“运气”的因素，现实中不可能做到真正的、彻底而完全的平等，此因素是完全不可控的。

环境与机会属于影响工作绩效的客观因素，虽只起间接作用，却也不容忽视。绩效不是发生在真空中的，组织与环境对于绩效和员工都有重大的影响。例如，组织的方向在很大程度上影响决定期望绩效的绩效标准，而环境因素很大地影响着员工的当前绩效。

3. 采取有效措施

在经过绩效归因分析准确地确定了形成绩效差距的原因之后，就要根据不同的情况采取不同的办法。多数情况下，通过管理人员与员工的积极努力都能够使绩效得到提高。如果发现绩效差异是由于一些不可控的外部原因造成的，就需要对战略进行调整，对计划进行修正，并根据新的计划制定新的绩效考核标准。

在绩效分析过程中要特别重视与员工的有效沟通，企业绩效管理就是上下级间就绩效目标的设定及实现而进行的持续不断的双向沟通的一个过程。在这一过程中，管理者与被管理者从绩效目标的设定开始，一直到最后的绩效考评，都必须保持持续不断的沟通，任何的单方面决定都将影响绩效管理的有效开展，降低绩效管理体系效用的发挥。

六、绩效反馈

绩效反馈就是将绩效评价的结果反馈给被评估对象，并对被评估对象的行为产生影响。它主要通过考核者与被考核者之间的沟通，就被考核者在考核周期内的绩效情况进行面谈，在肯定成绩的同时，找出工作中的不足并加以改进。绩效反馈的目的是为了让员工了解自己在本绩效周期内的业绩是否达到所定的目标，行为态度是否合格，让管理者和员工双方达成对评估结果一致的看法；双方共同探讨绩效未合格的原因所在并制订绩效改进计划，同时，管理者要向员工传达组织的期望，双方对绩效周期的目标进行探讨，最终形成一个绩效合约。由于绩效反馈在绩效考核结束后实施，而且是考核者和被考核者之间的直接对话，所以，有效的绩效反馈对绩效管理起着至关重要的作用。绩效反馈是绩效评估工作的最后一环，也是最关键的一环，能否达到绩效评估的预期目的，取决于绩效反馈的实施。

绩效反馈也是考核公正的基础。由于绩效考核与被考核者的切身利益息息相关，考核结果的公正性就成为人们关心的焦点。而考核过程是考核者履行职责的能动行为，考核者不可避免地会掺杂自己的主观意志，导致这种公正性不能完全依靠制度的改善来实现。绩效反馈较好地解决了这个矛盾，它不仅让被考核者成为主动因素，更赋予了其一定权利，使被考核者不但拥有知情权，更有了发言权；同时，通过程序化的绩效申诉，有效降低了考核过程中不公正因素所带来的负面效应，在被考核者与考核者之间找到了结合点和平衡点。对整个绩效管理体系的完善起到了积极作用。

绩效反馈的内容如下。

- 通报员工当期绩效考核结果。
- 分析员工绩效差距，确定改进措施。
- 沟通协商下一个绩效考评周期的工作任务与目标。
- 确定与任务和目标相匹配的资源配置。

知识点四 制订绩效计划的工具——平衡计分卡

一、平衡计分卡的核心思想

平衡计分卡（Balanced Score Card，BSC）的核心思想就是通过财务、顾客、内部流程及学习与发展 4 个方面的指标之间的相互驱动的因果关系展现组织的战略轨迹，实现绩效考核—绩效改进及战略实施—战略修正的战略目标过程。

平衡计分卡的引入改变了企业以往只关注财务指标的考核体系的缺陷，即企业过分关注一些短期行为而牺牲一些长期利益，如牺牲员工的培养和开发、客户关系的开拓和维护等。

平衡计分卡最大的优点在于它从企业的4个方面来建立起衡量体系：财务、顾客、流程和学习与成长，如图11.6所示。

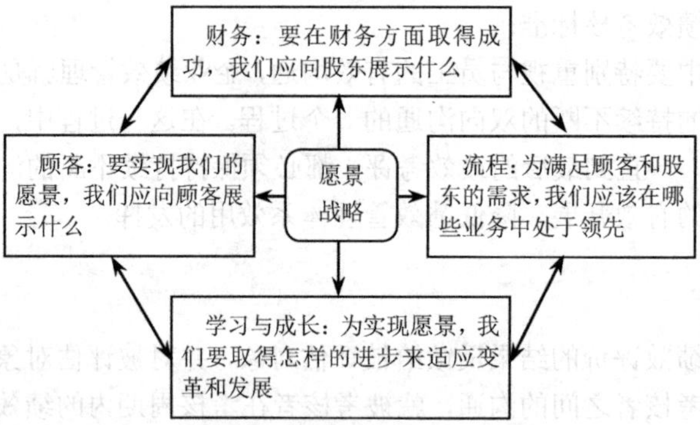

图11.6 平衡计分卡框架

这4个方面是相互联系、相互影响的，其他3类指标的实现，最终保证了财务指标的实现。同时平衡计分卡方法下设立的考核指标既包括了对过去业绩的考核，也包括了对未来业绩的考核。它把绩效考核的地位上升到组织的战略层面，使之成为组织战略的实施工具。通过平衡计分卡制定的绩效考核指标体系，能够同时兼顾和平衡公司长期和短期目标、内部与外部利益，综合反映战略管理绩效的财务与非财务信息。

二、平衡计分卡的基本内容

平衡计分卡中的目标和评估指标来源于组织战略，它把组织的使命和战略转化为有形的目标和衡量指标。平衡计分卡的设计包括4个方面：财务角度、顾客角度、流程、学习与成长。这几个角度分别代表企业3个主要的利益相关者：股东、顾客和员工。每个角度的重要性取决于角度的本身和指标的选择是否与公司战略相一致。其中每个方面，都有其核心内容。

1. 财务层面

财务业绩指标可以显示企业的战略及其实施和执行是否对改善企业赢利做出贡献。财务目标通常与获利能力有关，其衡量指标有营业收入、投资回报率和经济增加值等，也可能是销售额的迅速提高或创造现金流量。

2. 顾客层面

在平衡计分卡的顾客层面，管理者确立了其业务单位将竞争的客户和市场，以及业务单位在这些目标客户和市场中的衡量指标。顾客层面指标通常包括顾客满意度、顾客保持率、顾客获得率、顾客赢利率，以及在目标市场中所占的份额。顾客层面使业务单位的管理者能够阐明顾客和市场战略，从而创造出出色的财务回报。

3. 流程层面

在这一层面上，管理者要确认组织必须擅长的关键的内部流程，这些流程帮助业务单位提出价值主张，以吸引和留住目标细分市场的客户，并满足股东对卓越财务回报的期望。

4. 学习与成长层面

它确立了企业要创造长期的成长和改善就必须建立的基础框架，确立了目前和未来成功的关键因素。平衡计分卡的前 3 个层面一般会揭示企业的实际能力与实现突破性业绩所必需的能力之间的差距，为了弥补这个差距，企业必须投资于员工技术的提升、组织程序和日常工作的理顺，这些都是平衡计分卡学习与成长层面追求的目标，如员工满意度、员工保持率、员工培训和技能等，以及这些指标的驱动因素。

一份结构严谨的平衡计分卡应当包含一系列相互联系的目标和指标，这些指标不仅前后一致，而且互相强化。例如，投资回报率是平衡计分卡的财务指标，这一指标的驱动因素可能是客户的重复采购和销售量的增加，而这二者是客户满意度带来的结果。因此，客户满意度被纳入计分卡的客户层面。通过对客户偏好的分析显示，客户比较重视按时交货率这个指标，因此，按时交货程度的提高会带来更高的客户满意度，进而引起财务业绩的提高。于是，客户满意度和按时交货率都被纳入平衡计分卡的客户层面。而较佳的按时交货率又通过缩短经营周期并提高内部过程质量来实现，因此，这两个因素就成为平衡计分卡的内部经营流程指标。进而，企业要改善内部流程质量并缩短周期的实现又需要培训员工并提高他们的技术，员工技术成为学习与成长层面的目标。这就是一个完整的因果关系链，贯穿平衡计分卡的 4 个层面。

平衡计分卡通过因果关系提供了把战略转化为可操作内容的一个框架。根据因果关系，将企业的战略目标分解为实现企业战略目标的几个子目标，这些子目标是各个部门的目标，同样各目标或评价指标可以根据因果关系继续细分直至最终形成可以指导个人行动的绩效指标和目标。

三、平衡计分卡与关键业绩指标的综合运用

平衡计分卡的优点是既强调了绩效管理与企业战略目标之间的紧密关系，又提出了一套具体的指标框架体系；弱点主要是没有进一步将绩效指标分解到企业的业务单元及基层管理和操作人员层面。关键业绩指标的精髓，或者说是对绩效管理的最大贡献，是把企业的战略目标分解为具体可操作的工作目标；弱点主要是没能提供一套完整的、对操作具有指导意义的指标框架体系。

为了建立绩效指标体系，可以综合运用平衡计分卡与关键业绩指标来构建企业、企业内各部门及员工绩效指标体系。具体思路为在运用平衡计分法构建出企业绩效指标的基础上，依据企业的绩效指标体系，主要是财务、顾客、内部业务和创新学习四大类指标，来指导建立各部门的 KPI；部门的 KPI 同时也就作为部门经理的 KPI；各部门的主管和部门的相关人员一起再将部门 KPI 进一步细分，分解为更细的、各职位的 KPI。这种对 KPI 体系的设计和构建过程，其本身就是统一全体员工朝着企业经营目标努力的过程，也必将对各部门管理者的绩效管理工作起到很大的促进作用。如图 11.7 所示是综合运用平衡计分卡与 KPI 指标来构建企业、部门及员工的绩效指标体系流程。

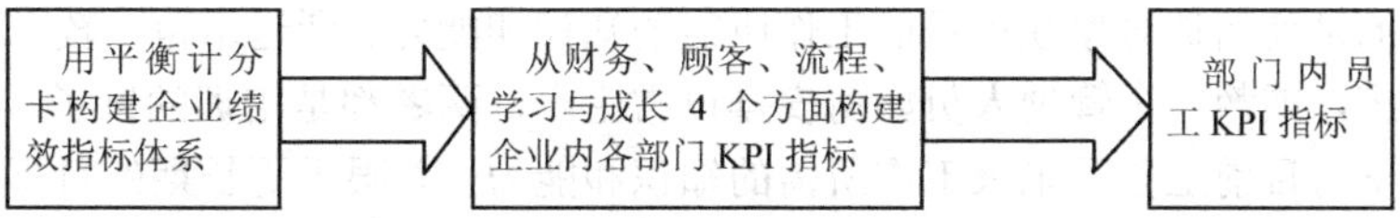

图 11.7　运用平衡计分卡与 KPI 指标构建绩效指标体系流程

教学互动

选择题：什么样的组织应考虑采用平衡计分卡工具来制定绩效评价指标体系？（　　）

A．高层管理者有短期行为，或换了几任总经理仍然业绩不良的企业

B．希望实现长期发展，打造百年品牌的企业
C．希望推行规范化管理，提高整体管理水平的企业
D．希望提高组织战略管理能力的企业

知识点五　人力资源的开发与培训

案例导入：麦当劳的岗位培训

麦当劳的岗位培训非常严格，而且常年不断，往往会因岗位而设一个培训班，对新招进的员工进行培训。在培训初期，会有一位熟练的员工作为新员工的“工作伙伴”，指导及协助新员工熟悉餐厅环境、顾客、工作程序及其他员工。

麦当劳对在岗员工也进行岗位轮流训练，以帮助其全面肩负任何任务。通常在繁忙时，各人负责其最熟悉的工作岗位，为顾客提供最佳服务；而在营业稍清淡时，老员工便会被安排到其他岗位，以积累更多工作经验。

麦当劳还特别重视对管理人员的培训，不同级别管理人员的培训都有不同的课程。原则上第一副经理以上人员还要到美国总部所设立的美国汉堡包大学学习深造。这所学校开设有18门课程，不仅学做汉堡包，还包括从业务座谈讨论（仅一两天）到关于“市场评估”“管理技巧”和“现场监控”等科目的教学（长达一周），目的是让学员们了解麦当劳的成功要诀是供食迅速、服务周到、价格低廉。这所学校的学习气氛和品味到的“美味”，绝不会被认为是浪费时间，而是能学到“质量、服务、清洁和价值的准则”。

请问：通过麦当劳的岗位培训案例，谈一谈为什么要进行培训？

案例解析

在选聘了员工之后，管理者还须通过上岗引导、岗前学习、在岗培训乃至脱产培训等手段，帮助这些员工尽快适应组织和工作，并确保他们的技能和知识能够在工作中得到不断提高。特别是麦当劳对管理人员的培训措施，使得连锁快餐店的经理人员成为一流的经营人才。每家分店的经理都能发挥自己的聪明才智，独当一面，把分店经营得生机勃勃。麦当劳也借着管理培训的手段得以迅速扩张。

一、人力资源开发的含义

人力资源开发与培训是企业通过培训和开发项目改进员工的能力水平，提高组织业绩的一种有计划、连续性的工作。人力资源开发与培训两者之间是有区别的。

培训的目的是使培训对象获得目前工作所需的知识和能力。通过示范，教一名工人如何操作一台机器车床，或教一个管理人员如何安排日常生产，两者都是培训的例子。

开发是指学习目前工作及未来工作所需的知识和能力，着眼于更长期的目标。它使员工能跟上组织的变化发展。随着技术的迅速发展，人力资源开发变得十分重要。高技术使得对这种开发的需要更显而易见。正因为如此，对任何企业来说，人力资源开发与培训都是一项长期而重要的工作。

二、人力资源开发与培训的系统模型

员工开发与培训十分重要，其培训与开发活动的成本无论从费用、时间与精力上来说，又都是不低的，所以必须精心设计与组织。要有效地做好这一工作，应该把它视为一项系统工程，采用一种系统的方法，使开发与培训活动能符合企业的目标，让其中的每个环节都能实现员工个人、他们所做的工作和企业本身3方面的优化。如图11.8就显示了这样一个系统，它代表了由5个环节构成主链的一个循环过程。

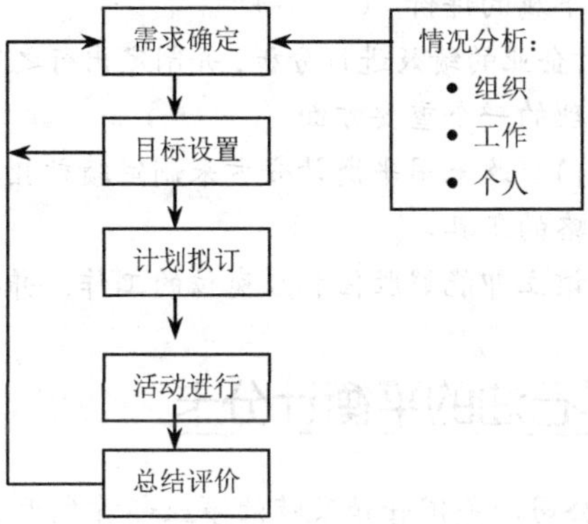

图11.8 人力资源开发与培训模型

复习思考题

1. 什么是人力资源规划？人力资源规划的重要作用如何体现？
2. 什么是人员招聘？人员招聘有何作用和要求？
3. 人员招聘须经过哪些基本程序？在招聘过程中人力资源管理部门起何作用？
4. 什么是员工工作绩效？绩效有何特性？
5. 绩效管理循环系统分为哪几个步骤？
6. 绩效考评的标准和方法有哪些？考评中常会遇到哪些困难和问题？
7. 什么是人力资源开发与培训？

知识自测题

（一）多项选择题

1. 计划劳动力需求超过供给的解决办法有（　　）。

A. 寻找新的员工招聘来源　　B. 增加对求职者的吸引强度

C. 老工人提前退休　　D. 增加临时性员工

2. 应征者的外部来源有（　　）。

A. 招聘广告　　B. 猎头公司

C. 校园招聘　　D. 临时性雇员

3. 员工绩效考核容易出现的问题有（　　）。

A. 评价缺乏客观性　　B. 易发生晕轮错误

C. 近期行为的偏见　　D. 马太效应

（二）判断题

1. 绩效考评几乎没有什么负作用。（　　）

2. 企业的人力资源部只须把绩效考评工作做好就行了，员工会自动按照组织要求来工作。（　　）

3. 绩效考评就是上司对下属的评价。（　　）

4. 管理者要与下属共同对企业的绩效进行分析，并制定出行之有效的绩效提升方案。（　　）

5. 绩效沟通也是绩效管理的一个重要方面。（　　）

6. 对于有短期行为的部门应改采用平衡计分卡来制定绩效指标体系。（　　）

7. 平衡计分卡是制定战略的工具。（　　）

8. 新员工招聘来之后应该立即能够胜任相应岗位的工作，并得心应手。（　　）

案例讨论：美孚石油的平衡计分卡

美孚石油（Mobil Oil）公司的美国营销及炼油事业部首先于1993年引入平衡计分卡，帮助美孚从一个高度中央集权的、以生产为导向的石油公司转变为一个分散的、以客户为导向的组织。产生的结果是迅速和富有戏剧性的。1995年，美孚的行业利润率从最后一名跃居第一名，并连续4年保持了这个地位（1995—1998年）。不良现金流发生了戏剧性转变，投资回报率位居同行业榜首。如表11.2所示是美孚石油公司所使用的平衡计分卡。

表11.2 美孚石油公司所使用的平衡计分卡

	战略主题	战略目标	测量指标
财务方面	• 财务成长	F1 投资回报率 F2 现有资产利用 F3 获利 F4 成本优势 F5 获利成长	• 投资回报率 • 现金流量 • 净毛利与竞争者比较的排名 • 单位售油成本（与竞争者比较） • 销售量增长（与竞争者比较） • 高级品所占销售比例 • 非油类产品的营收与毛利
顾客方面	• 让顾客有愉悦的消费经验 • 双赢的经销商关系	C1 使目标顾客有愉悦的购买体验 C2 建立与经销商的双赢关系	• 目标市场的占有率 • 神秘客访查评价 • 经销商毛利成长 • 经销商问卷调查
内部流程方面	• 建立经销优势 • 安全与可靠 • 具有竞争力的供应商 • 品质 • 社区的好邻居	I1 创新的产品与服务 I2 业界最佳经销团队 I3 炼油厂绩效 I4 库存管理 I5 成本优势 I6 符合规格与交期 I7 提升工作环境的安全卫生	• 新产品的投资回报率 • 新产品被市场接受的比率 • 经销商品质评价 • 良品率落差（下降水平） • 非计划性的停工 • 存货水准 • 缺货率 • 运营成本（与竞争者比较） • 零缺失订单 • 环境意外事件发生次数 • 工时数

续表

	战略主题	战略目标	测量指标
学习与成长方面	• 训练有素且士气高昂的工作团队	L1 利于行动的组织气氛 L2 员工核心能力与技术 L3 战略性信息的获取	• 员工满意度调查 • 完成个人计分卡的比率（%） • 战略性员工技能 • 战略性信息（系统）的完备率

? 请问：为什么平衡计分卡对企业的发展有这么好的效果？平衡计分卡工具如何与关键业绩指标法共同使用，来制定绩效考核指标体系？

第五篇

领　导

第十二章 领导工作概述

管理中的领导职能，是关于组织中人的问题的基本职能，是一门非常奥妙的艺术。所谓管理的艺术性主要体现在此职能中，它贯穿于整个组织管理活动中。通过有权威的领导者指导人们的行为，沟通人们之间的信息，可以增强相互之间的理解，统一人们的思想和行动，激励每个成员自觉地为实现组织目标而共同努力。可见，有效的领导是企业成功的首要条件之一，一个企业要想在激烈的竞争中求得生存，得到发展，就必须有强有力的领导。

所谓领导，是一种影响力，影响人们去完成特定目标。要使领导有效，必须掌握并灵活运用领导理论，同时还要灵活运用激励理论激励他人的动机和内在动力，使人奋发向上，为实现组织目标而努力奋斗。

教学目标

知识点		学习要求	知识分阶
知识点一	领导工作的概念	牢记并掌握	必修
知识点二	领导风格理论	掌握	必修
知识点三	领导的权变理论	理解	中级选读
知识点四	领导工作的基本原理	理解	必修

学习重点

- 领导的含义和作用
- 领导方式函数
- 3 种不同的领导风格
- 领导工作的基本原理

知识点一　领导工作的概念

案例导入：刘备、宋江和唐僧的“无能”之能

《三国演义》中的刘备、《水浒》中的宋江，《西游记》中的唐僧，虽然文才武略都不如别人，也没有什么英雄气概，但却能让别人都追随他们，得到他们想要的东西，这说明他们还是很有本事的，这个本事就是领导才能。

请问：为什么那么多有本事的人愿意死心塌地跟着看似没什么本事的刘备、宋江和唐僧冒险呢？

案例解析

先说刘备，他从一个卖草席的破落皇族起家，先后依附刘焉、卢植和刘表等人，在此期间不断网罗了关羽、张飞、赵云和诸葛亮等武将谋士，最后时机一到，自领益州牧，玩了个空手道，取得了天府之地。

再看宋江，他广交天下英雄，积累了雄厚的人际关系，后因为浔阳江头题写了反诗，在法场上被众兄弟救起，终于决心上了梁山。此时，追随他的新人已超过晁盖的旧有人马。

还有唐僧，他先从五指山下救出了孙悟空，接着借悟空之力收编了八戒、沙僧。他拥有观世音给他的最厉害的一个东西——紧箍咒，借此才能让孙悟空一路跟随，带领这些魔鬼出身、本领高强的徒弟跟着他去西天取经。

一、领导的含义

任何一个有组织的社会团体和机构、班组，必然离不开领导，那怎样才算是真正的领导呢？国外的一些学者对此有不同的提法，斯托格狄在 1950 年提出："领导是对组织内的群体或个人施加影响的活动过程。"泰瑞在 1960 年提出："领导是影响人们自动为达到群体目标而努力的一种行为。"罗伯特等认为："领导是在某种条件下，经由意见交流的过程所实行出来的一种为了达到某种目标的影响力。"戴维斯则解释为："领导是一种说服他人热心于一定目标的能力。"

本书给出领导的定义：领导是利用组织赋予的职权和个人具备的能力去指挥、命令和影响、引导他人为实现组织目标而努力工作的活动过程，也称为领导工作。为实现组织目标，进行决策、计划、组织、控制和委派职责等工作而去指挥或引导下属的人，称为领导者。

对比本书给出的领导的定义与美国学者对领导的解释，不难发现，领导至少有 3 个要素：一是领导者必须有下属或追随者；二是领导者拥有指挥、命令或引导、影响下属的职权或能力；三是领导的目的是通过指挥或影响下属使其努力工作从而完成组织目标。

领导就是使组织成员追随与服从。领导并非孤立地存在，一般情况下，人们不能强逼他人实行某种行为。因此，领导意味着追随者愿意接受引导或影响，在接受某人为领导者时，组织成员为了实现某一目标，自愿放弃某些决策自由。正是这些下属的追随与服从，才使领导者在组织中的地位得以确定，并使领导过程成为可能。

二、领导者的作用

在一个群体中，成员的个性不同，认知水平不同，对各类事务的态度也不同，要使群体发挥作用、实现共同目标，就必须要有领导者来领导大家建立群体规范、落实角色分工，增强内聚力，将大家团结在一起共同为实现群体目标而努力。在带领群体成员为实现共同目标而努力的过程中，领导者要发挥指挥、协调和激励的作用。

由于群体成员之间认知水平和学习能力存在差异，对同样一件事情，不同的人会产生不同的认知。因此，在人们的组织活动中，需要有头脑清醒、胸怀全局，能高瞻远瞩、运筹帷幄的领导者组织各项活动的开展，明确发展方向，指导下属制定具体的目标、计划及明确职责、规章、政策；开展调查研究，了解组织和环境正在发生和可能或将要发生的变化，并引导组织成员认识和适应这种变化。

在集体活动中，即使有明确的目标指引，由于集体成员在能力、态度、性格和角色等方面存在差异性，各种干扰因素产生作用，容易引发思想上的分歧，导致行动上偏离目标，这就需要领导者发挥协调作用，协调各种关系，很好地把大家团结起来，朝着共同的目标奋进。

对大多数人而言，谋生的手段就是劳动，通过劳动才能逐渐获得自己的各种需求，一旦一个人在工作、学习和生活中遇到困难、挫折和不幸，某种物质的或精神的需求得不到满足时，其工作热情就必然会受到影响。领导者的及时出现、关心和为他们排忧解难，诱发其事业心、忠诚感和献身精神，将极大地充实和加强群体成员的积极进取动力。伟大的领导者往往通过鼓舞和激励他人为了共同目标努力达到卓越的成就。

三、领导力

1. 领导力的定义

领导工作的本质就是人与人之间的一种互动关系，在领导过程中，领导者如果不能有效影响或改变被领导者的心理或行为，那他就很难实现领导的功能，组织目标也就无法实现。领导力就是领导者在领导过程中，有效改变和影响他人心理和行为的一种能力或力量。领导活动多是在领导者与被领导者的相互作用中进行的。

领导力在领导过程中发挥着重要的作用。领导力是整个领导活动得以顺利进行的前提条件，影响着组织群体的凝聚力与团结，改变和影响组织成员的行为。

2. 领导力的构成

构成领导力的基础有两大方面：一是职权领导力，二是非职权领导力。

1）职权领导力。职权领导力实质是指社会或一个组织赋予某些人一定的职务、地位和权力等，使之具有支配下属的影响力。这种影响力与特定的个人无关，只与职务发生联系。职权领导力对人的影响带有强迫性和不可抗拒性，它是通过外推力的方式发挥作用的。在这种方式作用下，职权领导力对人的心理和行为的激励是有限的。制约职权领导力的主要因素有传统观念、职位因素和资历因素。职权领导力又包含：① 法定权，即组织授予领导者一定的职位，使其占据权势地位或支配地位，可以对下属发号施令。② 强制权，即领导者用惩罚的措施迫使他人服从。③ 奖赏权，即用激励手段鼓励下属努力完成组织目标。

2）非职权领导力。非职权领导力不是外界附加的，与职位没有关系。它主要来源于领导者个人的人格魅力，来源于领导者与被领导者之间的相互感召和相互信赖。非职权领导力包括专长权和感召权。制约非职权领导力的因素有品格、才干、知识和情感。专长权是指领导者的聪明才智、工作能力和专业能力，这是领导者能否胜任领导职务、完成领导工作的重要条件。领导者才能是在实践中形成并表现在实践之中的，它是领导者的实践性因素。一个有才能的领导者会使被领导者产生敬佩感。敬佩感是一种心理磁力，它能吸引人们自觉地去接受其影响。领导干部业务能力强、知识面广，有一定的技术专长，是本部门的行家里手，于是就产生了专长的影响力。感召权是指具有高尚品格的领导者，使被领导者产生敬爱感，领导者可以诱导他们去模仿和认同，从而产生更大的号召力、动员力和说服力。

3. 领导力的特点

1）双向性。领导影响力是领导者与追随者之间的相互作用，是双向的。领导干部既是施力者，向追随者施加积极的影响力，又是受力者，主动地接受追随者的影响力。

2）叠加性。领导干部的影响力是多方面的。领导干部在某一个方面有鲜明的个性、突出的优势，于是就产生了个性的影响力；领导干部廉洁奉公、全心全意为人民服务，于是就产生了品德的影响力；领导干部业务能力强，知识面广，有一定的技术专长，是本部门的行家里手，于是就产生了专长的影响力；领导干部领导水平高，会用人，在沟通协调和激励凝聚方面具有高超的领导艺术，于是就产生了领导艺术和管理专长的影响力。这些方面的影响力可以单独发挥作用，也可以叠加起来发挥作用。有效的影响还体现为领导者善于根据下属的成熟程度，将权力性影响力和非权力性影响力科学匹配。影响力一旦叠加起来就会产生一加一大于二的放大效果。

3）断续性。领导力是随着领导事件的发生而产生的，随着领导环境的变化而变化的。当一个领导干部勤勤恳恳为群众办实事时，他有影响力；当他在决策时虚心征求群众的意见和建议时，他有影响力；但是，当他以权谋私时、饱食终日无所用心时，他完全丧失了影响力。影响力是非连续性的，有时可能拥有，有时可能丧失。

4）频谱性。领导者在施加影响时，其效果往往因人而异。同样的方式，对此人有效，对他人可能完全没有效果。因为人是有个性的，不同的人有不同的接受能力。所以领导者要想实施有效的影响，就要充分了解下属的个性。有的人喜欢直来直去，领导者就要直截了当地与他沟通；有的人喜欢和风细雨，那就要多采取柔性的方法与之交往和互动。

5）实效性。作为一个心理学概念，影响力给人的感觉似乎有些玄妙，看不见、摸不着，其实它是时刻存在的。人们可以听到、看到、感到，最后经过努力也完全有可能做到。

四、领导者的素质

领导者的素质理论研究领导者的个人特性对领导有效性的影响。按对领导特性来源所做的解释不同，可以分为传统素质理论和现代素质理论。

1. 传统素质理论

传统素质理论认为，领导者的特性来源于生理遗传，是先天的，只有具备这些特性的人才能成为有效的领导者。1949 年，亨利在调查研究的基础上指出，成功的领导者应具备 12 种品质：① 有强烈的成就需要，把工作成就看成最大的乐趣。② 干劲大，工作积极努力，希望承担富有挑战性的工作。③ 用积极的态度对待上级，尊重上级，与上级关系较好。④ 组织能力强，有较强的预测能力。⑤ 决断力强。⑥ 自信心强。⑦ 思维敏捷，富于进取心。⑧ 竭力避免失败，不断地接受新的任务，树立新的奋斗目标，驱使自己前进。⑨ 讲求实际，重视现在。⑩ 对上级亲近而对下级较疏远。⑪ 对父母没有情感上的牵扯。⑫ 效力于组织，忠于职守。1954 年，吉伯指出，天才的领导者具有 7 项特性：① 智力过人。② 英俊潇洒。③ 能言善辩。④ 心理健康。⑤ 外向而敏感。⑥ 有较强的自信心。⑦ 有支配他人的倾向。

然而，随着研究的不断深入及来自实践的反馈，传统素质理论受到了各方面的异议，主要反映在以下 3 个方面。1）天才领导者的个人特性众说纷纭，各特性之间的相关性不大，有的甚至互相矛盾。2）领导者与被领导者、卓有成效的领导者与平庸的领导者有量的差别，但并不存在质的差异。3）许多被认为具有天才领导者特性的人并没有成为领导者。

2. 现代素质理论

现代素质理论认为，领导者的特性和品质并非全是与生俱来的，可以在领导实践中形成，也可以通过训练和培养的方式造就。主张现代素质理论的学者提出了不少富有见地的观点。美国普林斯顿大学教授威廉·杰克·鲍莫尔针对美国企业界的实况，提出了企业领导者应具备的 10 项条件：① 合作精神。② 决策能力。③ 组织能力。④ 精于授权。⑤ 善于应变。⑥ 勇于负责。⑦ 勇于求新。⑧ 敢担风险。⑨ 尊重他人。⑩ 品德超人。日本企业界认为，有效的领导者应具备10项品德和10项才能，如表12.1所示。

表12.1 领导者应具备的条件

10项品德		10项才能	
1．使命感	6．公平	1．判断能力	6．劝说能力
2．责任感	7．热情	2．创造能力	7．对人理解能力
3．依赖性	8．勇气	3．思维能力	8．解决问题能力
4．积极性	9．忠诚老实	4．规划能力	9．培养下级能力
5．进取心	10．忍耐性	5．洞察能力	10．调动积极性能力

教学互动

判断题：

1．领导者的素质是天生的，靠后天是没有办法培养的。(　　)

2．领导者的作用之一是激励下属。(　　)

3．领导者影响力的来源都是其职权所赋予的。(　　)

4．传统素质理论认为领导者素质是先天遗传所具有的。(　　)

知识点二　领导风格理论

案例导入：专断的福特爷孙

1903年，亨利·福特聘请了著名的汽车专家詹姆斯·库兹恩斯出任总经理。库兹恩斯采取装配流水线、完善销售网等措施，使福特汽车风靡市场，畅销全世界。亨利·福特被胜利冲昏了头脑，突然辞退了库兹恩斯，自己担任了总经理。他专横跋扈，独断专行，听不进不同意见，也不愿接受建设性的咨询。这种家长式的领导作风，使福特公司的经营管理陷入了极度的混乱之中。1929年，福特汽车在美国汽车市场占有率降至31.3%，后来跌至18.9%，到1945年，福特公司每月亏损900万美元，濒临破产。

1945年9月30日，老福特在破产的威胁下，把一个接近死亡的公司交给了28岁的孙子亨利·福特二世。小福特三顾茅庐，聘请原通用公司前总裁欧内斯特·蒲里奇担任总经理。当年，公司便扭亏为盈，第二年就取得了6 636.7万美元的净收入，而后利润逐年上升。经数年努力，福特汽车公司在销售额上成为美国最大的公司。这时小福特又犯了他爷爷的错误。1960年，他毫不客气地对蒲里奇说："搞这行当，我已经毕业了！"随即收回了公司的全部权力，一切自己说了算，不与董事会商量，也不征求下属意见，甚至连个招呼都不打，事后更不做解释。1970年，他将管理天才——李·艾柯卡推上了福特汽车公司的宝座，但又无法容忍艾柯卡比他有能力。在一次有100多个银行的股票分析师参加的会议上，艾柯卡的一席话受到大家的赞赏，这直接惹怒了小福特。小福特对艾柯卡说："你跟太多的人讲了话，他们以为公司主事的是你，这种情况我是不能忍受的。"终于在1973年的一次董事会上，福特对艾柯卡突然冒出一句："我想你可以离开了。"

艾柯卡被踢出了福特汽车公司，公司的管理方式导致人才纷纷离去，其市场占有率一年低于一年，几年时间公司就亏损 30 亿美元。福特汽车公司又一次面临破产的危险，小福特感到山穷水尽，不得不宣布辞去福特公司董事长的职务，把掌管 35 年之久的经营大权交给了家庭以外的人。77 年的福特王朝宣告结束，福特公司在没有福特家族掌控的情况下才又逐渐恢复了生机。

请问：福特爷孙的领导风格是什么？

案例解析

福特爷孙 3 次雇用天才的管理专家来管理福特汽车公司，但是又 3 次犯下专制的错误，导致公司走向衰落，最后不得不将经营大权交给家族以外的人。福特爷孙的领导风格是变化的，当公司处于开拓期和困难时期，福特采取了民主式的领导风格，让经理人施展才能；但是在经营顺利或者经营好转时，福特的领导模式又变为专制式的。

著名心理学家、美国依阿华大学勒温教授通过研究发现：团体的领导并不是以同样的方式表现他们的领导角色，他们通常使用不同的领导风格，这些不同的领导风格对团体成员的工作绩效和工作满意度有着不同的影响。领导风格主要有 3 种，即专制型、民主型和放任型，这 3 种不同的领导风格，会造成 3 种不同的团体氛围和工作效率。

一、专制型的领导风格

专制型的领导者注重工作的目标，关心工作的任务和工作的效率，而对团队的成员不太关心，使得被领导者与领导者之间的社会心理距离比较大，领导者对被领导者缺乏敏感性，被领导者对领导者存在戒心和敌意，这样容易造成群体成员的挫折感和机械化的行为倾向。专制型团队的权力集中于领导者个人手中，团队成员均处于一种无权参与决策的从属地位。团队的目标和工作方针都由领导者自行制定，具体的工作安排和人员调配也由领导者个人决定。团队成员对团队工作的意见不受领导者欢迎，也很少会被采纳。领导者根据个人的了解与判断来监督和控制团队成员的工作。这种家长式的作风导致了上级与下级之间存在较大的社会心理距离和隔阂，下级只是被动、盲目、消极地遵守制度，执行指令。并且，团队中缺乏创新与合作精神，易于产生成员之间的攻击性行为。

二、民主型的领导风格

民主型的领导者注重团体成员的工作并对其加以鼓励和协助，关心并满足团体成员的需要，营造一种民主与平等的氛围，领导者与被领导者之间的社会心理距离比较近。在民主型的领导风格下，团体成员自己决定工作的方式和进度，工作效率比较高。民主型团队的权力由全体成员共享，领导者只起到一个指导者或委员会主持人的作用，其主要任务就是在成员之间进行调解和仲裁。团队的目标和工作方针尽量公之于众，征求大家的意见并尽量获得大家的赞同。具体的工作安排和人员调配等问题，均经共同协商决定。有关团队工作的各种意见和建议将会受到领导者的鼓励，而且很可能会得到采纳，一切重要决策都会经过充分协商讨论后做出。

三、放任型的领导风格

放任型的领导者采取的是无政府主义的领导方式，对工作和团体成员的需要都不重视，无规章、无要求、无评估，工作效率低，人际关系淡薄。放任型团队的权力分散于每个成员，领导者置身于团队工作之外，只起到一种被动服务的作用，其扮演的角色有点像一个情报传递员和后勤服务员。领导者缺乏关于团体目标和工作方针的指示，对具体工作安排和人员调配也不做明确指导。领导者满足于任务布置和物质条件的提供，对团体成员的具体执行情况既不主动协助，也不进行主动监督和控制，听凭团队成员各行其是，自主进行决定，对工作成果不做任何评价和奖惩，以免产生诱导效应。一般情况下，在这种团队中，非生产性的活动很多，工作的进展不稳定，效率不高，成员之间存在过多的与工作无关的争辩和讨论，人际关系淡薄，但很少发生冲突。

四、3 种领导风格的特征对比

3 种领导风格的特征如表 12.2 所示。

表 12.2　3 种领导风格的特征

领导风格	专制型	民主型	放任型
权力分配	权力集中于领导者手中	权力在团体之中	权力分散在员工手中，采取无为而治的态度
决策方式	领导者独断专行，所有的决策由领导者自己做出，不重视下属成员的意见	让团体参与决策，所有方针政策由集体讨论做出决策，领导者加以指导、鼓励和协助	团队成员具有完全的决策自由，领导者几乎不参与
对待下属的方式	领导者介入具体工作的任务中，对员工在工作中的组合加以干预，不让下属知道工作的全过程和最终目标	员工可以自由选择与谁共同工作，任务的分工也由员工的团队来决定，让下属员工了解整体的目标	为员工提供必要的信息和材料，回答员工提出的问题
影响力	领导者以权力、地位等因素强制性地影响被领导者	领导者以自己的能力、个性等品质影响被领导者，被领导者愿意听从领导者的指挥和领导	领导者对被领导者缺乏影响力
对员工评价和反馈的方式	采取“个人化”的方式，根据个人的情感对员工的工作进行评价，采用惩罚型的反馈方式	根据客观事实对员工进行评价，将反馈作为对员工训练的机会	不对员工的工作进行评价和反馈

在实际的组织与企业管理中，很少有极端型的领导，大多数领导都是界于专制型、民主型和放任型之间的混合型。勒温的理论也存在一定的局限性，其理论仅注重了领导者本身的风格，没有充分考虑领导者实际所处的情境因素，因为领导者的行为是否有效不仅取决于其自身的领导风格，还受被领导者和周边的环境因素影响。

知识点三　领导的权变理论

案例导入：约翰的成功与失败

约翰从美国中西部的一所名牌大学拿到会计专业的学士学位后，到一家大型的会计师事务所的芝加哥办公处工作，由此开始了他的职业生涯。9年后，他成了该公司最年轻的合伙人。公司执行委员会发现了他的领导潜能和进取心，遂指派他到纽约郊区开办了一个新的办事处。其工作最主要是审计，这要求有关人员具有高度的判断力和自我控制力。他主张工作人员之间要以名字直接称呼，并鼓励下属人员参与决策制定。办事处发展得很迅速，5年后，专业人员达到了30名。约翰被认为是一位很成功的领导者和管理人员。

约翰在次年的年初被提升为达拉斯的经营合伙人。他采取了帮助他在纽约工作时取得显著成效的同样富有进取心的管理方式，马上更换了几乎全部的25名专业人员，并制订了短期的和长期的客户开发计划。为确保有足够数量的员工来处理预期扩增的业务，职员人数增加得相当快，很快办事处就有了约40名专业人员。

但是办事处在一年时间内就丢掉了最好的两个客户。约翰认为办事处的人员过多，因此，决定解雇前一年刚招进来的12名员工，以减少开支。他相信挫折只是暂时性的，因而仍继续实施他的策略。在此后的几个月时间里又增雇了6名专业人员，以适应预期增加的工作量。但预期中的新业务并没有接来，于是地又重新缩减了员工队伍。两年后的夏天，13名专业人员被解雇了。

伴随着这两次裁员，留下来的员工感到工作没有保障，并开始怀疑他的领导能力。公司的执行委员会了解到问题后将约翰调到新泽西的一个办事处，在那里他的领导方式又显示出了很好的效果。

请问：约翰的领导能力为什么有时表现很好，有时表现欠佳？

案例解析

纽约的办事处是由约翰新开的，而达拉斯的办事处则是原来已有的，其工作群体的性质，如人际关系、以往的工作方式和员工个性特点等显然不同于前者，因此，需要的管理方式也必定不同。约翰没有考虑环境变化，照搬在纽约的成功经验，只能注定其失败的结局。

每个人都有某些自己固有的领导方式和领导风格，但是，不同的环境需要不同的领导方法和领导风格。在这个案例中，约翰所处的环境是不同的，所以，有时他的领导能力表现很好，有时则表现不好。由此案例可以看出，领导方式要随被领导者和环境的改变而改变，领导者也要寻找适合自己领导方式的环境才能够让自己的领导才能充分发挥出来。

一、领导方式的函数

“权变”一词有“随具体情境而变”或“依具体情况而定的意思”。领导权变理论主要研究与领导行为有关的情境因素对领导效力的潜在影响。在不同的情境中，不同的领导行为有不同的效果，所以又称为领导情境理论。

领导权变理论是继领导者行为研究之后发展起来的领导学理论。这一理论的出现，标志着现代西方领导学研究进入了一个新的发展阶段。

权变理论认为不存在一种“普遍适用”的领导方式，领导者的行为若想有效，就必须随着被领导者的特点和环境的变化而变化。可以用公式来表示这一观点：

$$s=f(L, F, E)$$

式中，s代表领导方式；L代表领导者的特征；F代表追随者的特征；E代表环境。

领导方式是领导者特征、追随者特征和环境的函数。领导者特征主要是指领导者的个人品质、价值观和工作经历。追随者特征指追随者的个人品质、工作能力和价值观等。环境主要是指工作特征、组织特征、社会状况、文化影响和心理因素等。

二、领导生命周期理论

领导生命周期理论是一个重视下属的权变理论，说明领导者要根据被领导的对象而采取不同的领导方式。生命周期理论使用的两个维度划分：工作行为和关系行为。每个维度有低有高，组成以下 4 种具体的领导风格，如图 12.1 所示。

1）命令型领导（高工作—低关系）。领导者定义角色，告诉下属应该干什么、怎么干及何时何地去干。对很不成熟的下属（M1，对于执行某任务既无能力又不情愿。他们既不胜任工作又不能被信任）适合采用命令型领导方式。

2）说服型领导（高工作—高关系）。领导者同时提供指导性的行为与支持性的行为。对不太成熟的下属（M2，缺乏能力，但愿意执行必要的工作任务。他们有积极性，但目前尚缺足够的技能）适合采用说服型领导方式。

3）参与型领导（低工作—高关系）。领导者与下属共同决策，领导者的主要角色是提供便利条件与沟通。对于初步成熟的下属（M3，有能力，却不愿意干领导者希望他们做的工作）适合采用参与型的领导方式。

4）授权型领导（低工作—低关系）。领导者提供极少的指导或支持。对于成熟的下属（M4，这些人既有能力又愿意干让他们做的工作）适合采用授权型的领导方式。

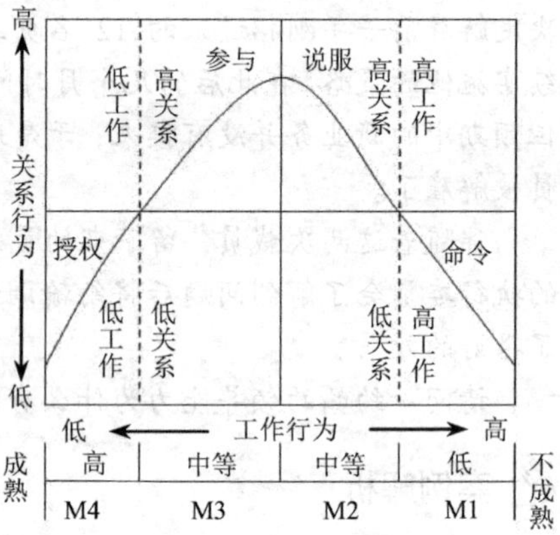

图 12.1 领导生命周期曲线

领导生命周期理论将领导方式与员工成熟度联系起来，当下属的成熟度水平不断提高时，领导者不但可以减少对活动的控制，而且还可以不断减少关系行为，形成一种周期性的领导方式。

知识点四 领导工作的基本原理

案例导入：和尚撞钟

撞钟是寺院的一项基本活动，有一个小和尚担任了某寺院撞钟的职位。半年过去了，小和尚觉得每日撞钟无聊至极，鉴于工作必须性，只好以一种“做一天和尚撞一天钟”的态度继续每天的工作。有一天，寺院住持宣布调他到后院劈柴挑水，原因是他不能胜任撞钟一职。小和尚很不服气地问：“我撞的钟难道不准时、不响亮？”此时，老住持才耐心地告诉他：“你撞的钟虽然很准时，也很响亮，但钟声空泛、疲软，没有感召力。钟声是要唤醒沉迷的众生，因此，撞出的钟声不仅要洪亮，而且要圆润、浑厚、深沉和悠远。”

请问：你怎么看待住持的做法呢？

案例解析

住持犯了一个常识性管理错误，住持在小和尚参加工作时没有明确指明工作的目标。“做一天和尚撞一天钟”是小和尚坚持的工作，但是他不知道“撞钟”工作的最终目标是什么，时间久了容易导致工作懈怠，既不能完成自己的工作目标，也影响组织的目标实现。

同其他管理职能一样，领导工作是有规律可循的，在工作中遵循领导工作的基本原理，将会达到事半功倍的效果，以下概括出 6 个基本原理。

1．指明目标原理

让全体成员充分理解组织的目标和任务是领导工作的重要组成部分。越是使组织成员充分了解组织的目标，明确自己的职责，越能使其做出更大的贡献，实现组织的目标。

2．协调目标原理

从根本上来说，个人目标与组织目标若能取得协调一致，人们的行为就会趋向统一，从而实现组织目标并取得成效。

领导工作就是要使人们尽可能地为组织做出贡献。当个人的某些需要并不完全同组织目标相一致时，领导的工作如果可以并且能够使个人与组织的利益协调一致和相互补充，将会使人们发挥出忘我的献身精神，从而使管理工作更为顺利。所以，领导者必须要注意利用个人的需要去实现组织目标，在阐明计划和委派任务时，协调个人与组织的目标。

3．命令一致性原理

领导者在实现目标过程中下达的各种命令越一致，人们在执行命令中发生的矛盾就越小，越易于实现组织目标。

一般情况下，人们受同一个上级领导时，能最好地按领导的指示办事。然而，在现实中确实存在为了提高一个组织或部门的全面工作效率，需要多方面的指挥，并且按照管理宽度，一个领导在完成一项工作任务时，同时指挥着几个下属，这就必须强调命令的一致性。此时，要体现出所做的一切工作都是为了实现组织目标。不能出现“朝令夕改”，使下级部门或人员无所适从，造成工作秩序混乱的局面，从而影响目标的实现，并给下属造成心理上的不愉快或不满。

4．直接管理原理

上级与下级的直接接触越多，所掌握的各种情况就会越准确，从而使领导工作更加有效。通过当面的接触，领导者往往能够用更好的方法对下级进行指导，同下级交换意见，特别是能够听取下级的意见和建议，以及体会存在的各种问题，从而更有效地采用适宜的工作方法。而且，领导者经过亲身体会，可以充分地掌握所需要的全部情况。

5．沟通联络原理

上级与下级之间应进行及时、准确和有效的沟通联络，使整个组织成为一个真正的整体。领导者需要动态地了解组织内外的变化，从而适应变化和保持组织的稳定。而沟通联络是组织的基本活动，通过沟通联络，领导者对全体成员包括环境施加个人的影响力，从而促使目标得以实现。

6．激励原理

上级应能够了解下级的需求和愿望并给予合理满足，以调动下级的积极性，使之能为实现组织目标自觉做出贡献。激励不是一个简单的因果关系，在制定激励方案时必须充分认识人的心理动机和需求。当领导者综合考虑各种因素采用的激励方案越科学，产生的效果也将越好。

复习思考题

1. 领导的实质是什么？
2. 领导者有哪些作用？
3. 简述领导理论中的素质理论。
4. 权变理论的精髓是什么？
5. 简述领导生命周期理论。如何根据下属的成熟度来选择合适的领导方式？
6. 领导工作的基本原理有哪些？

知识自测题

（一）单项选择题

1. 某厂副总经理根据文件规定，在自己的职权范围内给予两名保卫工厂财产的部门经理各1万元的奖励，这一举动激发了工厂员工爱厂如家的热情。该副总经理在此利用的是(   )。

A. 权力领导力　　B. 非权力领导力

C. 金钱领导力　　D. 行为领导力

2. 通过人格魅力来影响和改变下属的做法，利用的是（   ）。

A. 权力领导力　　B. 非权力领导力

C. 职位领导力　　D. 行为领导力

3. 美国心理学家勒温用实验证明，相对于另几种领导方式而言，有利于增强组织凝聚力和提高组织工作效率的领导方式是（   ）。

A. 专制型　　B. 民主型

C. 放任型　　D. 工作与人际关系并重型

（二）多项选择题

1. 构成非权力性领导力的因素主要有（   ）。

A. 品德因素　　B. 才能因素　　C. 感情因素　　D. 知识因素

2. 在带领、引导和鼓舞部下为实现组织目标而努力的过程中，领导者的具体作用有(   )。

A. 指导作用　　B. 协调作用　　C. 激励作用　　D. 凝聚作用

案例讨论：ABC公司的领导类型

ABC公司是一家中等规模的汽车配件生产集团。最近，该公司对3个重要部门的经理进行了一次有关领导类型的调查。

1. 韦毓

韦毓对他部门的产出感到很自豪。他总是强调对生产过程、产量控制的必要性，坚持下属人员必须很好地理解生产指令，以得到迅速、完整和准确的反馈。当韦毓遇到小问题时，会放手交给下属去处理，但若是问题很严重时，就会委派几个有能力的下属人员去解决问题。通常情况下，他只是大致规定下属人员的工作方针、完成期限及完成后如何写出工作报告。韦毓认为只有这样才能更好地合作，避免重复工作。

韦毓认为对下属人员采取敬而远之的态度，对一个经理来说是最好的方式，所谓的“亲密无间”会松懈纪律。他不主张公开谴责或表扬某个员工，并相信他的下属人员都有自知之明。据韦毓说，在管理中最大的问题是下属不愿意承担责任。他谈到，他的下属人员原本可以有机会做更多事情，但以前他们并不是很努力地去做。他不能理解他的下属人员过去如何能与一个毫无组织能力的前任经理相处，他说，上司对他们现在的工作运转情况非常满意。

2．张强

张强认为每个员工都享有人权，他偏好管理者有义务和责任去满足员工需要的学说。他说，他常为他的员工做一些小事，如给员工两张下月在杭州举办的艺术展览的门票。他认为，每张门票才 80 元，但对员工及其妻子（丈夫）来说，其价值远远超过 80 元。这种方式也是对员工过去几个月工作的肯定。

张强说，他每天都要到工厂去一趟，与至少 25%的员工交谈。张强不愿意为难别人，他认为韦毓的管理方式过于死板，韦毓的员工也许并不那么满意，但除了忍耐别无他法。张强说，他已经意识到在管理中有不利因素，但大都是由于生活压力造成的。他的想法是以一个友好的、粗线条的方式对待员工。他承认尽管在生产率上不如其他部门，但他相信他的员工有高度的忠诚度，并坚信他们会因他的开明领导而努力工作。

3．吴刚

吴刚说他面临的基本问题是与其他部门的职责分工不清。他认为不论是不是他们的工作任务都安排在他们部门，上级似乎并不清楚这些工作应该由谁来做。吴刚承认他没有提出异议，他说那样做会使其他部门的经理产生反感。

尽管他们把吴刚看成朋友，而吴刚却不这样认为。吴刚说过去在不平等的分工会议上，他感到很窘迫，但现在已适应了，其他部门的领导也不以为然。

吴刚认为领导就是使每个员工不停地工作，预测将会发生的各种问题，他认为作为一个好的管理者，没有时间像张强那样握紧每个员工的手，告诉他们正在从事一项伟大的工作。他相信如果一个经理为了决定将来的提薪与晋职，而对员工的工作进行考核，那么员工会更多地考虑他们自己，并由此而产生很多问题。

吴刚主张，一旦给一个员工分配了工作，就让他们以自己的方式去做，取消任何工作检查，他相信大多数员工知道自己把工作做得怎么样。如果存在问题，那就是在生产过程中他的工作范围和职责混淆不清。吴刚的确想过，希望公司领导叫他到办公室听听他对某些工作的意见。然而，他并不能保证这样做会使情况有所改变。他正在考虑这些问题。

? 请问：韦毓、张强和吴刚都具有什么样的领导风格？你认为你的部门适合什么领导风格？

第十三章

激　励

激励本来是心理学概念，就其本质来讲，它表示发生某种行为的动机是如何产生的；在什么环境中产生；同样一个人，为何有时工作积极肯干、干劲冲天，有时心灰意懒，甚至消极怠工。把激励这个概念引进管理中，则赋予了新的含义，也就是说，激励是一种精神力量或状态，起加强、激发和推动作用，并且指导和引导行为指向目标。人们不仅要研究某种动机是如何产生的，同时，要研究如何促使被管理的对象产生某种特定的动机，如何引导他拿出自己的全部力量来为实现某一目标而努力奋斗。在指导与领导工作中，激励被视为重要的方法。目的就在于结合人力，运用技术，既有统一意志，又使个人心情舒畅，从而实现组织目标。

教学目标

知识点		学习要求	知识分阶
知识点一	激励的概念	牢记并掌握	必修
知识点二	经典激励理论	牢记并掌握	必修
知识点三	知识型员工的激励—心理契约	了解	中级选读

学习重点

- 激励的含义和作用
- 经典激励理论

知识点一　激励的概念

案例导入：我们的激励出了什么问题

在现实生活中，管理者尽管采用了大量的激励政策，但员工总是不能按管理者所希望的、要求的、渴望的方式行事。例如，学校要求老师上课认真，提高课堂效果，但实际上老师的工资奖金不是以老师的上课水平和课堂效果作为衡量标准的，相反，而是以老师的学历、工龄、职称、工作量（课时数），以及几个专家评估和学生的打分为标准来支付老师的工资和奖金的。其结果是，老师们都会为了多拿工资而拼命地多上课、提高学历和职称，却不把主要精力放在如何提高教学质量上。

企业都希望员工能主动承担工作、有更好的成果，但承担工作最多的人总是那些工作效率最高的人，受到责备或批评惩罚最多的也总是那些工作做得最多的人，而那些最会抱怨且光说不做的人和那些看起来最忙碌的人却总是因为失误少和“没有功劳，也有苦劳”的原因得到了更多的奖励。其结果是，人人都不愿意承担责任、不愿意提高工作效率，组织里充满着一群似乎非常忙碌的“敬业者”。

每个组织都需要创新，需要有创意的人，但却总是把担子压给那些提出新建议、新方案的人（谁提出来，谁负责），责罚那些敢于标新立异的人，处罚未能成功的创意，而去奖励那些墨守成规、唯唯诺诺的人。其结果是，没有人敢提新建议、新方案，上班的氛围死气沉沉，可在下班的班车内，“僵死的人”瞬间苏醒。

每个单位都要求团队精神，却总是奖励团队中的某一个优秀成员而忽视甚至牺牲了他背后的其他人；那些善用人际交往伎俩的人总是较快地得到了提拔，心地善良、工作扎实但不善交往的人却被认为是不合群的人。其结果是，团队精神只能是一句时髦的口头禅，该怎么窝里斗还怎么斗。

谁都强调忠诚，但却总是付较高的薪水给那些威胁要离职的人，而忘了那些正在兢兢业业的人；人们强调诚信，但那些专挑领导喜欢的话说的人总是受到表扬，而那些耿直无私的人总是被视为眼中钉。

请问：单位的领导同志通过学习什么知识才能解决这些问题?

案例解析

在工作中存在很多类似的激励问题，这些问题很常见，也很复杂，往往导致一个企业的士气低落、效率低下。员工们感到企业的领导不公平，社会黑暗，没有干劲。这种情况的产生不能不说是因为管理者没有认真学习和应用激励理论导致的。

组织的管理者对组织的发展要负责，要带领员工达到组织的目标，就必须认真学习激励理论，并且要学会应用激励理论来分析工作中存在的问题。管理者要深入企业进行调查研究，与员工进行深入的沟通，了解他们的需求，分析矛盾产生的根源，从而找到好的办法来解决这些问题。

一、激励

所谓激励，就是组织通过设计适当的外部奖惩形式和工作环境，以一定的行为规范和惩罚性措施，借助信息沟通，来激发、引导、保持和内化组织成员的行为，以有效地实现组织及其成员个人目标的系统活动。

据此，激励应包含以下 5 个方面的内容。

1）激励的出发点是满足组织成员的各种需要，即通过系统地设计适当的外部奖惩形式和工作环境，来满足企业员工的外在性需要和内在性需要。

2）科学的激励工作需要奖励和惩罚并举，既要对员工表现出来的符合企业期望的行为进行奖励，又要对不符合员工期望的行为进行惩罚。

3）激励贯穿于企业员工工作的全过程，包括对员工个人需要的了解、个性的把握、行为过程的控制和行为结果的评价等。因此，激励工作需要耐心。

4）信息沟通贯穿于激励工作的始末，从对激励制度的宣传、企业员工个人的了解，到对员工行为过程的控制和对员工行为结果的评价等，都依赖于一定的信息沟通。企业组织中信息沟通是否通畅，是否及时、准确、全面，直接影响激励制度的运用效果和激励工作的成本。

5）激励的最终目的是在实现组织预期目标的同时，也能让组织成员实现其个人目标，即达到组织目标和员工个人目标在客观上的统一。

激励通常是和动机连在一起的。无论是激励还是动机，都包括3个要素：努力、组织目标和需要。一般来说，动机是指诱发、活跃和推动并引导行为指向一定目标的心理过程。

二、如何进行激励

激励就是想方设法使人发自内心地去做某事，实现预设的目标。进行激励就是管理者运用各种管理手段，刺激被管理者的需要，激发其动机，使其朝着管理者所期望的方向前进（实现目标）的心理过程。激励是一种手段，与传统的凭借权威性指挥的领导方式相比，其最显著的特点是内在驱动性和自觉自愿性。因此，激励的过程不带有权威强制性，而完全靠被管理者内在动机驱使、自觉自愿。

要进行有效激励活动，可以按以下3个步骤来完成。

1. 客观分析管理者和被管理者的需要

要想让被管理者发自内心地去做某件事，就必须刺激他的需要，而激励的最终目的不仅仅是满足被管理者的需要，还要满足管理者的需要，即被管理者按照组织所希望的行为来实现组织的目标。也就是说，管理者需要的是被管理者有利于实现组织目标或任务的行为，而被管理者需要的是在完成组织目标或任务之后自己的需要能得到满足。所以，要进行激励，首先就要知道管理者的需要，即组织的需要，以及被管理者的需要。

一般来说，组织所需要的行为可归结为：彻底解决问题并能确保组织长期目标实现的行为；承担风险、善用创造力并能增强组织创业精神的行为；多动脑筋、简化、沉默而有效率和有质量的并能改善生产力的行为；忠诚和团队合作并有利于培养团队精神的行为。

需要注意的是，必须从组织利益而不是管理者个人的利益出发来确定组织所需要的行为。因为管理者的利益并不总是与组织的利益相一致，而且，明确了组织的这些需要之后，管理者唯一要做的就是将这些需要明白无误地公布于众，而且要让每位员工都清楚地知道这些行为或要求的具体内涵，做到公开、明确，让每个人都知道组织需要什么样的行为，也就是他们应该有的行为，以避免将来出现“不知道、不清楚、不执行”的情况。

相对于组织的需要来讲，员工的需要则显得复杂多了。同一组织内不同的员工有不同的需要，同一员工在不同的时期也会有不同的需要。所以，分析下属的需要应从下属的实际出发，确切了解下属不管是当前的还是长远的需要。

2. 用被管理者的需要激发其动机并引发满足管理者需要的行为

激励被管理者的关键在于让其为了满足自己的需要而努力呈现出组织所需要的行为，即用被管理者的需要激发其动机并引发其出现管理者所需要的行为。

管理者要做的不外乎3点：① 让被管理者看到自己的需要就在不远的前方，例如，用制度明确、开大会宣布和谈话等方式让被管理者知道他做了什么就能得到什么。② 让被管理者知道如果不能满足组织的要求，他个人的需要也将得不到满足。③ 要采取行动，例如，通过培训和教育等方式让被管理者具备满足组织要求的条件，并指导被管理者按照组织所希望的行为采取行动。这样，被管理者就能够产生内驱力并在内驱力的驱使下采取实现目标的一系列行为，以满足组织的需要。

3. 进行奖励或制止

被管理者表现出了管理者所需要的行为，也就是满足了管理者的需求，但激励过程并没有因此而结束，管理者还必须因为满足了自己的需求而想方设法去满足下属的需求，即根据下属的行为进行奖励或惩罚。

奖励的目的就在于让被管理者知道他的行为是管理者所需要的。心理学认为，一般来说，人们更易于表现受到奖励的行为，而抑制受到惩罚的行为，同时也会因为他人行为受到奖励或惩罚而相应地调整自己的行为。因此，在大多数情况下，被管理者都会去做那些已经受到奖励或是即将受到奖励的事情，被管理者会把管理者所奖励的行为看作管理者所鼓励、所希望的行为而不断地表现出来。所以，要想让被管理者做什么，就应该奖励什么，越奖励，被管理者的积极性就会越高。而且要做到说奖就奖，不管是谁，只要他的行为是组织所需要的，就必须公开、公正地进行奖励。

制止的目的就在于让被管理者知道他的行为不是组织所需要的。因此，对于不是组织所需要的行为，管理者要找出并及时予以制止。至于制止的方式，可以是批评、处罚，也可以是面谈。但不管怎样，就是不能不闻不问，因为不闻不问经常被视为默许，被默许的行为总是会不经意地快速扩散。所以，当管理者面对那些不是自己所需要的行为时必须坚决予以制止。如果不予理会，这些行为就会像瘟疫一样扩散。

三、激励行为

1. 10 种需要奖励的行为

激励的关键就是要奖励那些组织所需要的行为，而惩罚那些不利于组织目标实现的行为，到底哪些行为需要奖励呢？

1）彻底解决问题的行为。彻底解决问题和“特效药”最基本的差别在于前者是以未来作投资，而后者是以未来作抵押。企业的发展应该是长期的，但在浮躁的今天，企业经营者往往追求近期利润，所以，那些为公司长远着想的人和行为往往不能得到重视和奖励，反而是那些应急式的、只管眼前利益的人和行为得到重用和奖励。因此，一个明智的管理者，应该从本单位或本部门的长远利益出发，奖励从根本上解决问题的、有利于长远发展的行为并抑制以牺牲长远利益为代价的“特效药”行为。

2）承担风险的行为。优秀的组织会鼓励员工冒明智的风险，给他们犯错误的余地，同时也会体谅明智的错误，这是员工与公司在成长过程中所必须付出的代价。把规避风险者转变为承担风险者的办法，就是创造一种气氛，让它能促进、奖励和支持冒险的行为，而且也能给人从错误中学习的机会而无须害怕遭受斥责。

3）善用创造力的行为。创新是社会发展的原动力，在注重创新的今天，在任何一个行业里，发展的最重要资本是创意。爱因斯坦说：想象力比知识更重要。莎士比亚说，想象力使人成为万物之灵。如果奖励和创意之间没有一种合理程度的一致性，任何组织也难以有效地运行。然而，创意对奖励会有很大的反应：你要它，也奖励它，就可以得到它。当企业能够创造一种能鼓励创意的气氛，并让创意成为每个人工作的一部分时，企业是没有理由不发展并变得强大的。

4）果断的行为。在任何组织里你都可以发现，愿意分析、发言和表达意见的人并不欠缺甚至很多，但果断的人却很少见。没有果断的行动，组织就没有生机。奖励果断的行为，就能得到更多果断的行为。

5）多动脑筋的行为。吃苦耐劳是一个人的品德，也是员工必备的素质，如果忽略对这个素质的奖励，将影响这一素质在企业员工身上的体现。事实上，许多企业奖励员工，不是因为他们的工作成绩，而是因为他们表现得十分忙碌。一旦奖励工作时间长而且表面十分忙碌的人，员工就会养成各种浪费时间的行为模式。所以，要奖励那些思维忙碌（多动脑筋）的人而不是行为忙碌的人。

6）简化。简化工作、简化程序、简化结构，删除不必要的事情，将复杂的事情简单化，有利于节约成本。因此，奖励简化者，让员工分享由于简化而省下来的部分经费，而且给他们足够的肯定和其他适当的奖励。在国外，有这么一种说法：要对能够找出办法免除自己现有工作的员工给予红包或更好的工作。这的确值得人们思考和借鉴。

7）沉默而有效率的行为。每个组织都需要有幕后英雄，就是那些了解自己的工作，而且默默地把工作做好的员工，他们绝对是企业可靠的员工。但是，可靠的员工与那些喜欢喋喋不休的员工相比，很容易被领导忽视。找出可靠员工，鼓舞、奖励他们，这将带给组织成员一个奖励诚恳工作者的信号，从而带动组织有效率地工作。同时，对喋喋不休者保持戒心，更不要讨好他们。由于在日常事务中，人们往往很自然地忽视良好的行为而去关心恶劣的行为，所以要特别注意：不要去关注那些只知道喋喋不休的人，只要把重点放到关注并奖励那些你所希望的行为上，那些你所不希望的行为就会逐渐自行消失的。

8）有质量的工作。“质量就是生命”反映出质量的重要性，在具体的工作过程中，对质量的诠释尽管不同，但对企业的最终利益是一样的，如果一次性把事情做好就等于节约成本。对明天的最好准备，就是把今天的工作做好。这些都是严格把控质量的范例。管理者自己要带头重视质量，同时，对于那些重视质量的行为进行奖励，而对匆忙草率的行为进行指导。

9）忠诚的行为。忠诚是美德，是组织必需的品质。每个组织都需要忠诚，但很少有专项的奖励针对忠诚。如果要得到别人的忠诚和认可，那必须先给他们忠诚和认可。所以，针对忠诚的奖励行为必然要实施，例如，提供工作保障，不以辞退威胁员工；开放沟通渠道，保持其畅通，以建立信任感和认同感；从内部提拔员工；在员工的成长和发展（继续教育、培训）上投资；待遇公平；以你希望被对待的方式对待员工。

10）团结合作的行为。团结有利于生产的进步和员工的身心健康，能够充分发挥一个组织的团体力量。要坚决制止一些影响组织团结的行为，例如，抬高自己工作的重要性，贬低他人工作的行为；拉帮结派的行为；背后议论、诽谤等行为。

2. 10种奖励优良行为的方法

在很多时候，人们还常常将奖励方式归为4类，即物质激励（如金钱）、精神激励（如认可）、工作激励（如休假、行动参与权、做喜欢做的工作、晋升、自由、自我成长和乐趣等）和情感激励（如关怀）等。有效的激励必须通过适当的激励方式与手段来实现，常用的奖励方法如下。

1）金钱。迄今为止，金钱仍然是一种非常好的奖励手段。这里所说的金钱奖励，不仅包括工资、奖金、员工持股和各种形式的津贴，还包括各种福利、奖品，如汽车、住房等员工的物质需要（当然也必须是组织能提供的东西），对员工的吸引力大就一定能发挥巨大的激励作用。

2）认可。据心理学家马斯洛的需求理论，除了少数病态的人外，社会上所有的人都有一种对于他们的稳定的、牢固不变的、通常较高的评价的需要或欲望，有一种对于自尊、自重和来自他人的尊重的需要或欲望。而这种被尊重和认同，不是单纯通过金钱的奖励就能使人感受到的，一旦他们在意的自己的努力被视为理所当然，就会使他们觉得沮丧、被利用、没有被重视。当这种事情发生后，他们就会停止努力或从事妨碍生产的行为来反击。

3）休假。休假可能是一项非常有效的奖励，特别是对于那些希望有更多自由时间的年轻员工，而且，它也是防止员工养成浪费时间习惯的好方法。以下3种方式可以把休假当成奖励。① 弹性工作制。在条件允许的情况下，可以规定在一个时间范围内完成分配的工作就行，具体时间的安排由员工自己决定。② 休假补偿。在工作清闲的时候补偿加班所牺牲的假日。③ 带薪假。可以用带薪假奖励质量、安全和团队合作等方面的优异者，或是组织认为其他应该奖励的行为。

4）行动参与权。给予员工一定的行动参与权，使其以公司管理者的角度来处理事情，即以让下级参与管理为奖励，调动下级的积极性与创造性。下级参与管理，有利于防止决策的失误；有利于下级受尊重心理的满足，从而受到激励；有利于下级对决策有认同感，从而激励他们积极、自觉地实施决策。

5）做喜欢做的工作。每个人的喜好不同依然也可以表现在工作中，如果把员工喜欢做的工作分配给他们，以此奖励良好的表现，同时也要免去他们不喜欢的工作。员工从事自己喜欢的工作，能发挥其特长、提升工作热情。

6）晋升。有能力胜任，并且有较高权力需要的员工，可以给予行政管理职务的晋升；而对于那些重视专业技术、具有较高成就需要的员工，可以从技术职务上晋升。

7）自由。工作环境不同，管理的方法也应该不同。在控制相当严格的工作中，自由和自主可以成为非常有效的奖励手段。因为人们出于自尊和自我实现的需要，期望独立自主地完成工作，而自觉不自觉地排斥外来干预，不愿意在别人的指使或强制下被迫工作。这就要求管理者能尊重下级的这种心理，通过目标管理等方式，明确目标与任务，提出规范与标准，然后大胆放权，让下级独立运作，自我控制。工作成功了，完全归功于下级的自主运作，这样，下级将受到极大激励，会对由自己自主管理的工作高度感兴趣，并以极大的热情全身心投入，以谋求成功。

8）自我成长。自我成长可以看作自我实现的一个阶段，如果让员工有一个自我成长的空间和目标，在一定范围内也是一个调动员工积极性的方式。可以通过给予员工创造力发挥的机会，以及提供接受培训和受教育的机会来奖励表现优秀的员工，从而激发他们。

9）乐趣。兴趣是一位很好的老师，管理者要善于研究人与工作的性质与特点，用人所长，用人之兴趣，科学调配与重组，实现人与事的最佳配合。当工作的性质和特点与从事工作的员工的条件与特长相吻合，能充分发挥其优势时，就能引起员工的工作兴趣，从而使他对工作高度满意。

10）关怀。管理者在实施"以人为本"的管理理念时，不能只关心员工的工作，还应该在生活上给予关心照顾，这样不仅能使员工获得物质上的利益和帮助，而且能获得受尊重和归属感上的满足，从而产生巨大的激励作用。我们对待别人的态度往往决定着别人对待我们的态度。

总之，激励的过程是比较复杂的，但有章可循，只要在实施激励的过程中尊重人的需要，并将人的需要与组织的需要结合在一起，就能发挥激励的有效性。

对被管理者实施奖励时，必须切实根据不同的被管理者的不同需要采取不同的奖励方式，否则，激励就起不到作用。例如，对一个经济较为紧张的被管理者来讲，口头奖励往往没有物质奖励有效；对一个权力欲较强的被管理者，加薪远不如晋升有效。其实，所有的激励理论都揭示一个共同的主题，即每个激励对象都是一个独特的与众不同的个体。他们的需求、处世态度都具有个性特征，因而要对症下药。在同一时期、同一地点，对不同的人，应用不同的激励手段，而对同一个人在不同的时期，也需用不同的方法才能起到激励的效果。

四、避免激励的误区

现实生活中，管理者尽管采用了大量的激励政策，但员工总是不能按管理者所希望、所要求、所渴望的方式行事，不是激励失效，而是使用了错误的激励，忽视或惩罚正确的行为，而奖励错误的行为，这就是一些管理者经常会陷入的激励误区。问题究竟出在哪里？现在看来，产生激励误区的根本在于管理者和员工并不知道对方的真正需要。针对激励的误区和经典的激励理论，应该通过以下 5 个方面来提高激励效果。

1. 明确正确的需求行为，并重奖之

你希望员工做什么，就应该奖励什么行为，必须明确需求。你越奖励，员工的积极性就会越高。当然，奖励不等于不批评。要赞美别人工作做得好的部分，如果有错也要指明，鼓励其努力改正。

2. 明确不需要的行为，避免不经意地奖励不需要的行为

在尝试着要做正确的事情时，很容易掉入奖励错误的行为、忽视或惩罚正确的行为的误区。其结果就是，希望得到 A，却不经意地奖励 B，并且还困惑为什么会得到 B？所以，一定要确定什么行为是我们所不需要的，避免不经意地奖励不需要的行为。

3. 区别各个对象的差异，用员工的需要奖励员工

经典的激励理论给人们提示，每个激励的对象都是一个独特的与众不同的个体，所以要对症下药，激励时投其所好。

4. 设定恰当的目标，将奖励与绩效挂钩

根据期望理论和公平理论，要设定恰当的目标，将奖励与绩效挂钩。奖励与绩效相统一，能增加激励的效果。由于每个员工的需求不一样，工作的动机与效果也不一样，因此，管理者应该根据员工的成绩差异，给予他们有区别的奖励。

5. 尽可能保持分配的公平合理

公平是员工需要的一个基本工作环境，所有的员工都认为自己的付出与所得应该是对等的，一旦出现不对等，将严重影响员工的工作积极性。但公平感对每个人的实际内涵不一样，当某些人觉得公平了，不一定其他人觉得公平。所以，最理想的奖励体系应当能够分别测量每项工作的投入量，并给予相应的、合理的奖励。

知识点二　经典激励理论

案例导入：施科长未解决的难题

施迪闻是富强油漆厂的供应科长，厂里同志乃至厂外的同行们都知道他心直口快，为人热情，尤其对新主意、新发明和新理论感兴趣，自己也常在工作中搞点新名堂。

施科长曾对人就厂里的奖金制度发表看法说："咱厂科室工作人员的那套奖金制度，我看到了非改不可的地步了，是彻底的'大锅饭'、平均主义。奖金总额不跟利润挂钩，每月按工资总额拿出 5%当奖金，这个 5%是固定死了的，一共才那么一点钱。说是具体每人分多少，由各单位领导按每人每月工作表现来确定，要体现'多劳多得'原则，还要求'重奖重惩，承认差距'，可是谈何容易，'巧妇难为无米之炊'呀！总共就那么一点钱，能玩出什么花样？理论上说要奖勤罚懒，干得好的多给，一般的少给，差的不给。可是你真的不给，试

试看？不给你造反才怪呢！结果实际上是大伙基本上拉平，皆大欢喜，要说有那么一点差距，也只是象征性的。照说，这奖金也不多，有啥好计较的？可要是一个钱不给，他就认为这简直是侮辱，存心丢他的脸。哎，难办，奖金拨得本来就少。此外，许多人爱犯红眼病。"

施科长在参加中层管理干部短训班回来之后对人说："改革科室奖金制度，我琢磨好久了，可就是想不出啥好点子来。培训班请来一位有名的美国教授，专门为我们做了一次讲演。教授说，美国有位学者提出一个新见解：企业对职工的管理，不能太依靠高工资和奖金。教授还说：钱并不能真正调动人的积极性。

教授继续说，能影响人积极性的因素很多，按其重要性，他列出了一长串单子。我记不清楚了，最要紧的是'工作的挑战性'。这是个洋名词，照他解释，就是指工作不能太简单，轻而易举地就完成了；要艰巨点，让人得动点脑筋，花点力气，那活才有干头。其次是工作要有趣，要有些变化，多点花样，别老一套，太单调。他说，还要给自主权，给责任；要让员工感到自己有所成就，有所提高。再就是表扬、跟同志们关系友好融洽、劳动条件要舒服和安全等。可有一条我是记住了：工资和奖金是摆在最后一位的，也就是说，最无关紧要了。我于是对那奖金制度不那么担心了，原来还有其他法宝呢。

教授还说，也有人批评这个理论，认为那位学者研究的对象全是工程师、会计师和大夫这类高级知识分子，对其他类人未见得合适。他还讲了一大堆新鲜事儿。总之，我这回可是大开眼界了。"

施科长短训班结束后回到科里时，正赶上年末工作总结讲评，要发年终奖金了。他决定用所学的现代管理理论实践一把。论工作，科里数小李最突出：高才生，聪明能干，工作积极，又能吃苦，还能动脑筋。于是他把小李找来，先强调了他这一年的贡献，特别表扬了他的成就，还细致讨论了明年怎么能使他的工作更有趣、责任更重，也更有挑战性，他们甚至还确定了考核他明年成绩的具体指标。最后才谈到这最不要紧的——奖金，说："这回年终奖，你跟大伙一样，都是那么多。"

小李听完蹦起来说："什么？就给我那么一点？说了一大堆好话，到头来我就值那么一点？您那套好听的请收回去送给别人吧，我不稀罕。表扬又不能当饭吃。"

施科长想："这是怎么一回事，把我搞糊涂了。"

请问：1. 施科长用了美国教授的理论去激励小李，结果碰了钉子。是不是那套理论完全是无稽之谈？如果有道理，那么问题出在哪里？

2. 小李是个只知道要钱，不给钱就不干活的人吗？施科长所用的那些"法宝"，如表扬、成就感、责任心、工作的趣味与挑战性、自主权等激励手段，真的毫无作用吗？他对这些都一概嗤之以鼻吗？如不是，他为什么发火？

3. 你认为下一步施科长该怎么办才好？他从这次的经历中，应该吸取哪些教训？

案例解析

1）美国教授的理论不是无稽之谈。弗雷德里克·赫茨伯格于1959年提出的双因素理论是一种激励模式理论。双因素分别是激励因素和保健因素，激励因素是以工作为中心的，即以对工作本身是否满意、工作中个人是否有成就、是否得到重用和提升为中心的；而保健因素则与工作的外部环境有关，属于保证工作完成的基本条件。而施科长片面地理解了双因素理论，错误使用了激励方法，他只看到了激励因素的作用，而忽视了保健因素的作用。

2）小李不是只认钱、不给钱就不干活的人。施科长所用的那些"法宝"，如表扬、成就感、责任心、工作的趣味与挑战性、自主权等激励手段也存在一些作用，但是，小李刚刚毕业，其衣食住行的生理需求等尚不能完全满足，还谈不到尊重和自我实现的更高级需要，所以，施科长的激励方法让小李发火。

3）施科长应该根据小李的心理需求制定激励措施，应该让小李“多劳多得”，在奖金分配上对小李的工作表现给予肯定，并与其他人有一定的奖金差距。

一、需要层次论

1. 理论内涵

马斯洛在 1943 年出版的《人类动机的理论》一书中首先提出了需要层次理论。需要层次论有两个基本出发点，一是人人都有需要，某层需要获得满足后，另一层需要才出现；二是在多种需要未获满足前，首先满足迫切需要；该需要满足后，后面的需要才显示出其激励作用。各层次需要的基本含义如下。

1）生理上的需要。这是人类维持自身生存的最基本要求，包括饥、渴、衣、住和行方面的要求。如果这些需要得不到满足，人类的生存就成了问题。生理需要是推动人们行动最强大的动力。

2）安全上的需要。这是人类要求保障自身安全、摆脱事业和丧失财产威胁、避免职业病的侵袭和接触严酷的监督等方面的需要。

3）感情上的需要。这一层次的需要包括两个方面的内容，一是友爱的需要，即人人都需要伙伴之间、同事之间的关系融洽或保持友谊和忠诚；人人都希望得到爱情，希望爱别人，也渴望接受别人的爱。二是归属的需要，即人都有一种归属于一个群体的感情，希望成为群体中的一员，并相互关心和照顾。

4）尊重的需要。人人都希望自己有稳定的社会地位，要求个人的能力和成就得到社会的承认。尊重的需要又可分为内部尊重和外部尊重。内部尊重是指一个人希望在各种不同情境中有实力、能胜任、充满信心和能独立自主。总之，内部尊重就是人的自尊。外部尊重是指一个人希望有地位、有威信，受到别人的尊重、信赖和高度评价。

5）自我实现的需要。这是最高层次的需要，它是指实现个人理想、抱负，发挥个人的能力到最大限度，完成与自己的能力相称的一切事情的需要。也就是说，人必须干称职的工作，这样才会使他们感到最大的快乐。

2. 需要层次间的关系

马斯洛认为，人类价值体系存在两类不同的需要，一类是沿生物谱系上升方向逐渐变弱的本能或冲动，称为低级需要和生理需要，其中，生理上的需要、安全上的需要和感情上的需要都属于低一级的需要，这些需要通过外部条件就可以满足。另一类是随生物进化而逐渐显现的潜能或需要，称为高级需要，尊重的需要和自我实现的需要是高级需要，它们通过内部因素才能满足，而且一个人对尊重和自我实现的需要是无止境的。低层次的需要基本得到满足以后，它的激励作用就会降低，其优势地位将不再保持下去，高层次的需要会取代它成为推动行为的主要原因。有的需要一经满足，便不能成为激发人们行为的起因，于是被其他需要取而代之。

高层次的需要比低层次的需要具有更大的价值。热情是由高层次的需要激发的，人的最高需要即自我实现就是以最有效和最完整的方式表现他自己的潜力，唯有如此才能使人得到高峰体验。人的 5 种基本需要在一般人身上往往是无意识的。对于个体来说，无意识的动机比有意识的动机更重要。对于有丰富经验的人，通过适当的技巧，可以把无意识的需要转变为有意识的需要。

人都潜藏着这5种不同层次的需要，但在不同的时期表现出来的各种需要的迫切程度是不同的。人的最迫切的需要才是激励人行动的主要原因和动力。人的需要从外部得到满足逐渐向内在得到的满足转化。

马斯洛还认为：在人自我实现的创造性过程中，产生出一种所谓的“高峰体验”的情感，这时是人处于最激动人心的时刻，是人存在的最高、最完美、最和谐的状态，这时的人具有一种欣喜若狂、如醉如痴、销魂的感觉。试验证明，当人待在漂亮的房间里面就显得比在简陋的房间里更富有生气、更活泼、更健康；一个善良、真诚、美好的人比其他人更能体会到存在于外界中的真善美。当人们在外界发现了最高价值时，就可能同时在自己的内心中产生或加强这种价值。总之，较好的人和处于较好环境的人更容易产生高峰体验。

二、双因素理论

1. 理论内涵

20世纪50年代后期，美国的行为科学家弗雷德里克·赫茨伯格提出了双因素理论，又称为激励保健理论。赫茨伯格通过考察一群会计师和工程师的工作满意度与生产率的关系，进行有组织性的采访，积累了影响这些人员对其工作感情的各种因素的资料，表明了存在两种性质不同的因素。

1）激励因素。它包括工作本身、认可、成就和责任，这些因素涉及对工作的积极感情，又和工作本身的内容有关。这些积极感情和个人过去的成就、被人认可及担负过的责任有关，它们的基础在于工作环境中持久的而不是短暂的成就，包含成就、承认、工作本身（价值、挑战性）、责任心和晋升成长等。

2）保健因素。它包括公司政策和管理、技术监督、薪水、工作条件及人际关系等。这些因素涉及工作的消极因素，也与工作的氛围和环境有关。也就是说，对工作和工作本身而言，这些因素是外在的，而激励因素是内在的。

2. 双因素理论的适用性

赫茨伯格的双因素理论重点在于试图说服员工重视某些与工作有关的绩效方面的原因。它是目前最具争论性的激励理论之一，① 该理论强调一些工作因素能导致满意感，而另外一些则只能防止产生不满意感。② 对工作的满意感和不满意感并非存在于单一的连续体中，而是截然分开的，这种双重的连续体意味着一个人可以同时感到满意和不满意，它还暗示工作条件和薪金等保健因素并不能影响人们对工作的满意程度，而只能影响对工作的不满意程度。

尽管激励因素通常是与个人对他们工作的积极感情相联系的，但有时也涉及消极感情。而保健因素却几乎与积极感情无关，只会带来精神沮丧、脱离组织和缺勤等结果。

保健因素的满足对职工产生的效果类似于卫生保健对身体健康所起的作用。保健在人的环境中消除有害于健康的事物，它不能直接提高健康水平，但有预防疾病的效果；它不是治疗性的，而是预防性的。保健因素包括公司政策、管理措施、监督、人际关系、物质条件、工资和福利等。当这些因素恶化到人们可以接受的水平以下时，人们就会产生对工作的不满意。但是，当人们认为这些因素很好时，它只是消除了不满意，并不会导致人们积极的态度，这就形成了某种既不是满意，又不是不满意的中性状态。

赫茨伯格认为传统的激励假设，如工资刺激、人际关系的改善和提供良好的工作条件等，都不会产生更大的激励，它们能消除不满意，防止产生问题，但这些传统的激励因素即使达到最佳程度，也不会产生积极的激励。按照赫茨伯格的意见，管理者应该认识到保健因素是必需的，不过它一旦使不满意中和以后，就不能产生更积极的效果。只有激励因素才能使人们有更好的工作成绩。

双因素激励理论促使企业管理人员注意工作内容方面的因素的重要性，特别是它们同工作丰富化和工作满足的关系，因此是有积极意义的。赫茨伯格认为，满足各种需要所引起的激励深度和效果是不一样的。物质需求的满足是必要的，没有它会导致不满，但是即使获得满足，它的作用往往是很有限的、不能持久的。要调动人的积极性，不仅要注意物质利益和工作条件等外部因素，更重要的是要注意工作的安排、量才录用、各得其所，注意对人进行精神鼓励，给予表扬和认可，注意给人以成长、发展和晋升的机会。随着温饱问题的解决，这种内在激励的重要性越来越明显。

赫茨伯格的双因素理论实际上是针对满足的目标而言的。所谓保健因素实质上是人们对外部条件的要求；所谓激励因素实质上是人们对工作本身的要求。根据赫茨伯格的理论，要调动人的积极性，就要在“满足”二字上做文章。满足人们对外部条件的要求，称为间接满足，它可以使人们受到外在激励；满足人们对工作本身的要求，称为直接满足，它可以使人们受到内在激励。

三、3 种需求理论

20 世纪 50 年代美国管理学家大卫·麦克莱兰（ David McClelland）提出成就动机理论（McClelland Achievement Motivation Theory），也称 3 种需求理论（Three Needs Theory）。他把人的高层次需求归纳为对成就、权力和亲和的需求。他对这 3 种需求，特别是成就需求做了深入的研究。

1）成就需求（Need for Achievement）：争取成功、希望做得最好的需求。具有强烈的成就需求的人渴望将事情做得更为完美，提高工作效率，获得更大的成功。他们追求的是在争取成功的过程中克服困难、解决难题、努力奋斗的乐趣，以及成功之后的个人成就感，他们并不看重成功所带来的物质奖励。个体的成就需求与他们所处的经济、文化、社会、政府的发展程度有关，社会风气也制约着人们的成就需求。

2）权力需求（Need for Power）：影响或控制他人且不受他人控制的需求。不同人对权力的渴望程度也有所不同。权力需求较高的人对影响和控制别人表现出很大的兴趣，喜欢对别人“发号施令”，注重争取地位和影响力。权力需求是管理成功的基本要素之一。

3）亲和需求（ Need for Affiliation）：建立友好亲密的人际关系的需求。亲和需求就是寻求被他人喜爱和接纳的一种愿望。高亲和动机的人更倾向于与他人进行交往，喜欢合作而不是竞争的工作环境，希望彼此之间沟通与理解，他们对环境中的人际关系更为敏感。有时，亲和需求也表现为对失去某些亲密关系的恐惧和对人际冲突的回避。亲和需求是保持社会交往和人际关系和谐的重要条件。

四、期望理论

期望理论（Expectancy Theory）是由美国心理学家维克多·弗鲁姆（Victor Vroom）于 20 世纪 60 年代中期提出的。期望理论认为，人之所以能够从事某项工作并达到组织目标，是因为这些工作和组织目标有助于达成自己的目标，满足自己某方面的需要。人们在预期其行动将会有助于达成某个目标的情况下，才会被激励起来去做某些事情。因此，人们受激励的程度，将取决于努力工作后所取得的成果价值及对实现目标可能性的估计，期望理论的表达式为：

$$激励力=效价\times期望值 \quad 即 \quad M = V \times E$$

- 激励力 M：表示激发力量，是调动一个人的积极性、激发人内部潜力的强度。
- 效价 V：表示目标价值（效价），是指一个人对这项工作及其结果能够给自己带来满足程度的评价，即对工作目标有用性（价值）的评价。效价反映了一个人对某一结果的偏爱程度。同一个目标对每个人可能有 3 种效价：正、零、负。效价越高，激励力量就越大。
- 期望值 E：是人们根据过去经验判断自己达到某种目标的可能性是大还是小，即能够达到工作目标的概率。期望概率反映人实现需要和动机的信心强弱。一般情况下，期望值介于 0～1。

从期望理论的表达式不难看出，假如一个人把某种目标的价值看得很大，估计能实现的概率也很高，那么这个目标激发动机的力量越强烈。而效价和期望值的不同组合，会产生不同的激发力量。

$$E_{高} \times V_{高} = M_{高} \qquad E_{中} \times V_{中} = M_{中} \qquad E_{低} \times V_{低} = M_{低}$$

$$E_{高} \times V_{低} = M_{低} \qquad E_{低} \times V_{高} = M_{低}$$

五、公平理论

美国心理学家史坦斯·亚当斯（Stancy Adams）在 1965 年首先提出公平理论，也称社会比较理论。公平理论的基本观点是人是社会人，一般会通过寻求人与人之间的社会公平（即所得到的报酬与绩效相匹配）而被激励的。当一个人做出了成绩并取得了报酬后，他不仅关心自己所得报酬的绝对量，还关心所得报酬的相对量。因此，他要进行种种比较来确定自己所获报酬是否合理，而比较的结果将直接影响他今后工作的积极性。

1. 公平理论的模式

公平理论的模式可以表示为：

$$\frac{对自己所获报酬的主观感觉}{对自己所做投入的主观感觉} = \frac{对他人所获报酬的主观感觉}{自己对他人所做投入的主观感觉}$$

典型的投入有时间、经验、知识和健康等，典型的报酬有薪金、领导赏识、晋升、社会地位和对工作业绩的认可等。

2. 公平理论的比较

1）横向比较。一个人将自己获得的“报酬”（包括金钱、工作安排及获得的赏识等）与自己的“投入”（包括教育程度、所做努力、用于工作的时间、精力和其他无形损耗等）的比值与组织内其他人作比较，只有相等时，他才认为公平，他才有可能继续保持工作的积极性和努力程度。如果自己报酬与自己投入的比值小于组织内的参照人时，会对组织的激励措施感到不公平，可能会要求增加报酬、减少努力、曲解比率、转移比较目标或离职。如果自己报酬与自己投入的比值大于组织内的参照人时，一般来说，他不会要求减少报酬，而有可能会自觉增加付出，但一段时间以后，他会曲解比率或转移比较目标而使工作积极性提高不多甚至不提高。

2）纵向比较。把目前所获得报酬与自己目前投入的努力的比值，同自己过去所获报偿与过去投入的努力的比值进行比较，只有相等时他才认为公平。才有可能继续保持工作的积极性和努力程度。如果自己所获得报酬与自己目前投入的努力的比值小于自己过去所获报偿与过去投入的努力的比值时，会感觉不公平，可能导致工作积极性下降。如果自己所获得报酬与自己目前投入的努力的比值大于自己过去所获报偿与过去投入的努力的比值时，会因此产生不公平的感觉，但也不会觉得自己多拿了报酬，从而主动多做些工作。

亚当斯的调查和试验的结果表明，不公平感的产生，绝大多数是由于经过比较认为自己目前的报酬过低而产生的；但在少数情况下，也会由于经过比较认为自己的报酬过高而产生。

六、强化理论

人们在组织活动中表现出某种行为的最根本原因是为了获得某种需要的满足。行为的结果能否实现组织成员追求的个人目标，会在很大程度上影响其下一个时期的行为。因此，领导者要取得良好的激励效果，成功地引导下属的行为，还应该在各个时期的组织活动结束以后，正确评价员工的行为和绩效，并据此给予合理的报酬或恰当的惩处，以促进积极行为的良性循环或消极行为的消退。

在激励的成果理论中，最著名的理论是美国心理学家斯金纳（B. F. Skinner）提出的强化理论，也称行为修正理论，是以强化原则为基础理解和修正人的行为的一种学说。所谓强化，从最基本的形式来讲，是指对一种行为的肯定或否定的后果，在一定程度上会决定这种行为在今后是否会重复发生。强化理论认为，人们为了达到某种目的会采取一定的行为，这种行为将作用于环境，当行为的结果对其有利时，这种行为就会重复出现；当行为的结果对其不利时，这种行为就会减弱或消失。强化有4种类型：正强化、负强化、惩罚和自然消退。

1）正强化。它是指奖励那些符合组织目标的行为，以使这些行为得到进一步加强，从而有利于组织目标的实现。这是一种增强行为的方法。正强化可以是物质性奖励，例如，奖金可以是精神性奖励如表扬、提升、安排担任挑战性的工作、给予学习和成长的机会等。正强化可以是连续强化，也可以是间断强化，间断强化符合实际情况。

2）负强化。它是指预先告知某种不符合要求的行为或不良绩效可能引起的后果，允许员工按要求的方式行事来避免令人不快的后果。这也是一种增强行为的方法。连续负强化更为有效，不进行正强化可以认为是一种负强化。

3）惩罚。它是指用某种令人不快的结果来减弱某种行为。例如，企业员工在工作中的失误造成企业损失和违反企业的规章制度等，企业的管理人员对其实施教育、处分和扣奖金等措施，以制止类似行为的再次发生。当然，惩罚也会有副作用。

4）自然消退。它是指通过不提供个人所希望的结果来减弱一个人的行为。由于在一定时间内不予强化，此行为将自然下降并逐渐消退。例如，企业曾对职工加班加点工作给予奖酬，后经认为这样不利于职工的身体健康和企业的长远利益，因此不再发给奖酬，从而使加班加点的职工逐渐减少。

知识点三　知识型员工的激励——心理契约

案例导入：为什么他不签合同

汉迪先生在一家跨国公司工作。他在全力投入与某位经销商洽谈购销合同并达成初步意见后，程序性地拿出了规范的合同文本，准备就双方达成的一些具体约定以书面的形式确认下来。这个时候，让汉迪感觉意外的事情发生了，这位经销商竟然拒绝签订合同!这位经销商说，如果你认为这样的合约就能够保证我们合作的成功，那就大错特错了。当我们有一方觉得自己的利益受到损害时，即便有律师，也无法保证我们的合作关系能很好地继续下去，只有我们都能够感觉到是互利的、面带微笑的合作时，成功才有可能，但这些东西我们是无法用书面的方式约定下来的……

请问：为什么这位经销商不签合同？

案例解析

这至少说明，书面契约是脆弱的，仅有书面的契约是远远不够的。良好的合作，取决于双方利益的平衡，而不是零和的关系，即一方的获利必然是另一方的受损。如果我们回顾那些成功的合作关系，我们会发现，信任和合作过程中合理的利益分配都成为关键的构成要素。由于合作过程中各种因素的影响，存在着各种可能，要想完整地约定过程中的诸多事项是不可能的，所以，心理契约的存在是必然的。经典的合作组合，如刘关张桃园三结义，仅采取了对天盟誓的方式，建立一种非正式的、内化的契约关系，是心理契约，即大哥相信兄弟必将忠心耿耿，兄弟相信大哥必将肝胆相照。这种信任与默契成功地维系了三兄弟的心理契约。失败的书面契约关系，就如同婚姻中的同床异梦；成功的心理契约，就如同“信”字当头的江湖结盟。这两种方式都有其存在的必要，要成功地维系彼此的契约关系，书面契约中明确的责任约束和心理契约中的信任都很重要。

一、知识型员工

“知识型员工”这一概念是美国学者彼得·德鲁克首先提出的，具体指“那些掌握和运用符号和概念，利用知识或信息工作的人”。知识员工一般指从事生产、创造、扩展和应用知识的活动，为单位（或组织）带来知识资本增值，并以此为职业的人员。知识型员工不同于普通员工，其拥有知识资本这一生产资料，也就是说知识型员工是知识所有者。知识员工具有较高的个人素质、很强的自主性，其创造性劳动价值很高，但是劳动过程难于监控，劳动成果难于衡量。

知识型员工的需求一般在比较高的层次上，他们往往更在意自身价值的实现，并强烈期望得到单位或社会的认可。他们并不满足于被动地完成一般性事务，而是尽力追求完美的结果。因此，他们更热衷于具有挑战性的工作，渴望展现自我价值。

随着知识型员工和优质服务日益成为科技企业竞争优势的重要因素，对于人才的争夺战更为激烈。要在市场上取得胜利，高级主管们必须吸引和留住最优秀的人才。在资本密集企业中，固定资本和营运资金的最优化是提高财务收益的重要手段，但其他一些企业，如软件企业，对资本的依赖要小于对人的依赖，特别是对知识员工的依赖。

二、心理契约

经过多年的发展，心理契约理论已经较为成熟且在人力资源管理的理论研究和实践中得到广泛运用。在雇佣关系背景下，心理契约是员工个体对组织和个人之间责任和义务的信念系统。它是建立在员工个体的主观认知上的一种双向的关系,强调了员工个体对组织应承担的责任和自我应承担责任的认知。心理契约是组织中每个成员之间及成员与领导间存在的一系列没有书面规定的期望总和，包括两个层次：个体层次的期望和组织层次的期望。作为心理契约一方的组织是抽象的，只提供了创造心理契约的环境和背景，但它本身并不能感知到心理契约的形成过程。

知识型员工与企业组织的心理契约具有某些特点，这对于选择恰当的管理方法和构建高效的管理机制具有重要意义。

1）心理契约可以弥补知识型员工人力资本契约的不完全性。由于交易成本的存在和信息的不完备，企业与员工的人力资本契约具有明显的不完全性，它对人力资本的使用只作了一般性的规定。因此，人力资本契约的这种不完全性导致该契约留有很多空白，需要心理契约来弥补。

2）心理契约可以有效地激励知识型员工。由于知识型员工不同于一般员工，他对未来的一种期望，体现的就是一种心理契约。因此，企业要和知识型员工建立良好的心理契约，使知识型员工在动态的条件下不断保持与企业的良好关系，同时，企业通过该心理契约可以对知识型员工进行有效的激励，提高知识型员工对企业的忠诚度，从而达到双赢。

3）知识型员工较容易感知心理契约的违背。知识型员工追求自我实现,重视来自他人和社会的尊重，更重视自我实现的满足。对于工作成果的认可主要体现在物质和精神两方面，物质上由经济契约来体现，而精神上则主要侧重于心理契约。两方面中的任何一方面没有得到较好的满足都会引起知识型员工的不满。

如果一个对自己充满自信的、理性的知识型员工忽然提出离职的申请，我们可将其作为一个案例来分析。我们可以先假设，企业给出的薪酬水平是相对合理的，是综合考虑岗位任职要求、工作责任和外部的薪酬水平做出的，而且这些信息已经相对充分地传递给员工了。那么，员工的离职就会较少地是由于薪酬的问题。在与许多从事人力资源管理工作者交流的过程中，我们了解到的信息是，在正式的场合向离职员工了解离职的原因时，得到的答案一般是因为工资太低；而在一个相对放松、更易真情流露的场合，得到的答案往往是对成长机会的悲观、对工作生活质量的不满。如果一个员工对自己的工作现状满意、对自己在企业的发展怀有希望，是不会轻易因一定范围内的薪酬诱惑而选择跳槽的。我发现许多对自己的职场现状相对满意的人，都为自己的薪酬诱惑设定了底线。有的说，如果其他条件可以接受的话，薪酬高出目前的30%，我会选择跳槽。类似的，还有15%，20%，25%，40%等。而那些对自己的工作现状不满、对成长机会表示悲观的员工，则可能会放宽自己的标准，甚至连低于目前的薪酬水平也会接受。

复习思考题

1. 什么是激励？如何进行激励？
2. 马斯洛提出的需要有几层？分别是什么？其主要观点是什么？
3. 赫茨伯格的双因素理论包含哪两个因素？其主要观点是什么？
4. 亚当斯的公平理论的主要观点是什么？
5. 斯金纳的强化有几种类型？分别是什么？
6. 什么是心理契约？如何用它激励知识型员工？

知识自测题

（一）单项选择题

1. 激励的核心作用在于（　　）。

A. 加强领导　　　　　　B. 提高组织效率

C. 调动人的积极性　　D. 满足人的需要

2. 马斯洛 1943 年提出的需要层次理论将人的需要由低到高划分为（　　）。

A. 生理需要、安全需要、社交需要、尊重需要、自我实现需要

B. 尊重需要、安全需要、社交需要、自我实现需要、生理需要

C. 自我实现需要、尊重需要、安全需要、社交需要、生理需要

D. 自我实现需要、尊重需要、社交需要、生理需要、安全需要

3. 按照麦克莱兰的需求理论，希望更加成功、有效地完成工作任务的愿望是属于（　　）。

A. 成就需求　　B. 工作需求　　C. 权力需求　　D. 亲和力需求

4. 按照双因素理论，那些能够导致员工对工作不满意的因素，如管理政策和福利待遇等属于（　　）。

A. 保健因素　　B. 激励因素　　C. 工作因素　　D. 制度因素

5. 按照 3 种需求理论，对于高成就需求者，最好的奖励办法是（　　）。

A. 给他喜欢做的工作　　B. 晋升

C. 给予关心和支持　　D. 授权

6. 公平理论认为，人的工作积极性不仅受其所得到的绝对报酬的影响，更重要的是受其相对报酬的影响，这里所说的相对报酬指的是（　　）。

A. 自己不同时期的报酬比　　B. 自己与别人的报酬比

C. 自己的报酬与付出的比　　D. 自己与别人的付出比

7. 按照斯金纳的强化理论，通过事先警告来减少某种不良行为的强化方式是（　　）。

A. 惩罚　　B. 正强化　　C. 自然消退　　D. 负强化

8. 某公司员工小李有两次到经理面前打小报告时，经理都装作没听见，不予理会，但是小李还是有事没事跑来说三道四。最后，经理告诉小李，如果不改掉这个习惯，将会被辞退，小李不得不管住自己的嘴。经理对付小李打小报告的行为，先后采用的做法是（　　）。

A. 自然消退和惩罚　　B. 自然消退和正强化

C. 自然消退和负强化　　D. 负强化和自然消退

（二）多项选择题

1. 按照赫茨伯格的双因素理论，以下属于激励因素的是（　　）。

A. 成就感　　B. 奖金　　C. 福利薪金　　D. 晋升机会

2. 期望理论认为，人们工作积极性的高低，取决于他对这种工作满足其需要的程度及实现可能性大小的评价。其关键在于 3 种关系，即（　　）。

A. 个人努力与绩效的关系　　B. 绩效与奖励的关系

C. 奖励与满足个人需要的关系　　D. 绩效与个人努力的关系

3. 下列说法不正确的有（　　）。

A. 金钱、地位、安全、工作环境和人际关系等属于激励因素

B. 公平理论认为每个人仅关心自己的绝对报酬，并不关心自己的报酬与他人报酬之间的关系

C. 期望理论并不关注人们需求的类型，它关心的是人们用来接受奖励的思考方式

D. 不强化就是惩罚

第十四章　沟　通

沟通是人与人之间、人与群体之间思想与感情的传递和反馈的过程，以求达成思想的一致和感情的通畅。

沟通是人类组织的基本特征和活动之一。没有沟通就不可能形成组织和人类社会，家庭、企业和国家都是十分典型的人类组织形态。沟通是维系组织存在，保持和加强组织纽带，创造和维护组织文化，提高组织效率、效益，支持、促进组织不断进步发展的主要途径。

教学目标

知识点	学习要求	知识分阶
知识点一　沟通的基本过程	牢记并掌握	必修
知识点二　正式沟通与非正式沟通	了解	中级进阶
知识点三　沟通障碍的克服方法	掌握	必修

学习重点

- 正式沟通与非正式沟通
- 沟通障碍的克服方法

知识点一　沟通的基本过程

案例导入：摩托罗拉公司的沟通

为了在人格上与员工保持平等，在天津，摩托罗拉公司要求每位高级领导者与普通操作工人之间建立起一种兄弟姐妹般的关系。“对人员保持充分的尊重”是公司的个性。最能体现其管理特点的是它的“Open Door”理念。“我们所有管理者办公室的门都是绝对敞开的，任何职工在任何时候都可以直接进来，与任何级别的上司平等交流。每个季度的第一个月的第一天，中层干部都要同自己的下属和自己的主管进行一次关于职业发展的对话，回答‘你在过去3个月里受到尊重了吗’之类的6个问题。这样的对话是一对一和随时随地的。”

摩托罗拉的管理者为每位被管理者预备出了以下10种“Open Door”敞开式表达意见和发泄的途径。

1）我的建议。以书面形式提出对公司各方面的意见和建议，全面参与公司管理。

2）畅所欲言。这是一种保密的双向沟通渠道，如果员工要对真实的问题进行评论和投诉，应诉人必须在3天内对不署名的投诉信给予答复，整理完毕后由第三者按投诉人要求的方式反馈给本人，全过程必须在9天内完成。

3）总经理座谈会。每周四召开座谈会，大部分问题可以当场答复，7天内对有关问题的处理结果予以反馈。

4）每日简报。让员工方便快捷地了解公司和各部门的重要事件和通知。

5）员工大会。由经理直接传达公司的重要信息，有问必答。

6）教育日。大家分组以会议的形式每年重温公司文化、历史、理念和有关部门规定。

7）墙报。

8）热线电话。当你遇到问题时可以向这个电话反映，昼夜均有人值守。

9）职工委员会。它是职工与管理层直接沟通的一座桥梁，委员会主席由员工关系部经理兼任。

10）589信箱。当员工的意见使用以上渠道仍无法得到充分、及时和公正的解决时，可以直接写信给天津市589信箱，此信箱钥匙由中国区人力资源总监亲自掌握。

可以看出，摩托罗拉公司上下级沟通的方式是各种各样的，采取这些方式取得了惊人的效果。为此，他们总结出："抱怨源自积压已久的不满，如果每星期、每天都有与老板对话的机会，任何潜在的不满和抱怨还没有来得及充分积蓄爆发，就都会化解和烟消云散了。"

请问：什么是沟通？摩托罗拉公司采用了哪些有效的沟通方式？

案例解析

从案例中不难看出，摩托罗拉公司采用了多种沟通方式。

1）口头沟通。总经理座谈会、员工大会、教育日、热线电话和职工委员会。

2）书面沟通。我的建议、畅所欲言、每日简报、墙报、589信箱。

一、沟通的定义

在《现代汉语词典》中，沟通是指使两方能连通。在中国，沟通一词本指开沟以使两水相通，后用以泛指使两方相连通，也指疏通彼此的意见。一些学者也对沟通给出了不同的解释。哈罗德·拉斯韦尔认为，沟通就是"什么人说什么、由什么路线传至什么人，达到什么效果"。赫伯特·西蒙认为，沟通"可视为任何一种程序，借此程序，组织中的每位成员"，将其所决定的意见或前提，传送给其他有关成员。斯蒂芬·P·罗宾斯认为，沟通就是"意义的传递和理解"。

本书给出沟通的定义：沟通是为了特定目的，在活动过程中通过某种途径和方式，有意识或无意识地将一定的信息从发送者传递给接收者并获取理解的过程。

二、沟通的作用

在沟通过程中，人们分享、披露和接收信息。根据所沟通的信息的内容，可分为事实、情感、价值取向和意见观点。根据沟通的目的可以分为交流、劝说、教授、谈判和命令等。沟通的主要作用如下。

1．传递和获得信息

信息的采集、传送、整理和交换，无一不是沟通的过程。通过沟通，交换有意义、有价值的各种信息，生活中的大小事务才得以开展。掌握低成本的沟通技巧、了解如何有效地传递信息能提高人的办事效率，而积极地获得信息更会提高人的竞争优势。好的沟通者可以一直保持注意力，随时抓住内容重点，找出所需要的重要信息。他们能更透彻了解信息的内容，拥有最佳的工作效率，并节省时间与精力，获得更高的生产力。

2．改善人际关系

社会是由人们互相沟通所维持的关系组成的网，人们相互交流是因为需要同周围的社会环境相联系。沟通与人际关系两者之间相互促进、相互影响。有效的沟通可以赢得和谐的人际关系，而和谐的人际关系又使沟通更加顺畅。相反，人际关系不良会使沟通难以开展，而不恰当的沟通又会使人际关系变得更坏。

三、沟通的过程

按照美国学者斯蒂芬·P·罗宾斯所提出的标准模型，沟通过程包含 7 个环节：信息源、信息、编码、通道、解码、接收者和反馈，此外，在整个过程中还会受到噪声的干扰，如图 14.1 所示。

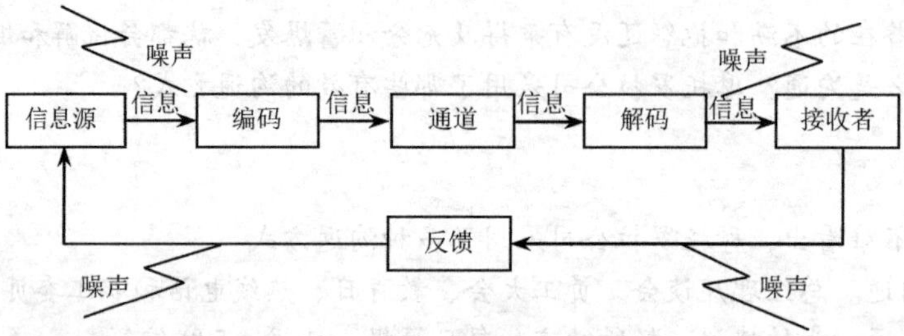

图 14.1 沟通的过程

在这个过程中，至少存在一个发送者和一个接收者，沟通的载体是沟通渠道，编码和解码是沟通双方对信息进行的信号加工形式。信息在两者之间的传递过程，一般经历如下 7 个环节。

1）发送者需要向接收者传递信息或需要接收者提供信息。这里所说的信息是一个广义的概念，它包括观点、想法和资料等内容。

2）发送者将所要发送的信息译成接收者能够理解的一系列符号。为了有效地进行沟通，这些符号必须适应媒体的需要。例如，如果媒体是书面报告，符号应选择文字、图表或照片；如果媒体是讲座，就应选择文字、投影片和板书。

3）发送的符号传递给接收者。由于选择的符号种类不同，传递的方式也不同。传递的方式可以是书面的，如信和备忘录等；也可以是口头的，如交谈、演讲和电话等；甚至还可以通过身体动作来表述，如手势、面部表情和姿态等。

4）接收者接收符号。接收者根据发送来的符号的传递方式，选择相应的接收方式。例如，如果发送来的符号是口头传递的，接收者就必须仔细地听，否则，符号就会丢失。

5）接收者将接收到的符号译成具有特定含义的信息。由于发送者翻译和传递能力的差异，以及接收者接受和翻译水平的不同，信息的内容和含义经常被曲解。

6）接收者理解被翻译的信息内容。

7）发送者通过反馈来了解他想传递的信息是否被对方准确地接收。一般来说，由于沟通过程中存在许多干扰和扭曲信息传递的因素（通常把这些因素称为噪声），这使得沟通的效率大为降低。因此，发送者了解信息被理解的程度也是十分必要的。图 14.1 中的反馈，构成了信息的双向沟通。

四、常见的沟通方式及特点

常用的沟通方式有以下 3 种。

1．正式沟通与非正式沟通

正式沟通是在组织系统内部，以组织原则和组织管理制度为依据，通过组织管理渠道进行信息传递和交流。非正式沟通是在正式渠道之外，通过非正式的沟通渠道和网络进行信息交流，常用来传递和分享组织正式活动之外的“非官方”信息。

2．书面沟通与口头沟通

按沟通方法可以将沟通分为书面沟通和口头沟通。

1）书面沟通。它是以文字为媒体的信息传递，形式主要包括文件、报告、信件和书面合同等，它是一种比较经济的沟通方式，

书面沟通的优点是正式、准确，具有权威性，可以核实。缺点是耗费时间，往往花费 1 小时写出的东西只需 10～15 分钟就能说完；一旦形成书面文件就不易随便修改；缺乏反馈等。这种沟通方式一般不受场地的限制，因此被广泛采用。

2）口头沟通。它是指借助于口头语言实现的信息交流，是日常生活中最常采用的沟通形式，主要包括口头汇报、会谈、讨论、演讲和电话联系等。

口头沟通的优点是比较灵活，简便易行，速度快，有亲切感；双方可以自由交换意见，便于双向沟通；在交谈时还可借助手势、体态和表情来表达思想，有利于对方更好地理解信息。缺点是有时受空间限制，人数众多的大群体无法直接对话；而且口头沟通不易查证。

3．单向沟通与双向沟通

1）单向沟通。单向沟通是指发送者和接收者之间的地位不变（单向传递），一方只发送信息，另一方只接收信息。单向沟通的特点是速度快、秩序好、无反馈、无逆向沟通，但实收率低，接收者容易产生挫折和抗拒。当完成工作的时间紧急，工作性质简单及从事例行工作时，多采用此方法。

2）双向沟通。在双向沟通中，发送者和接收者之间的位置不断交换，而且发送者是以协商和讨论的姿态面对接收者的，信息发出以后还需及时听取反馈意见，必要时双方可进行多次重复商谈，直到双方共同明确和满意为止，如交谈和协商等。双向沟通的特点是速度慢，气氛活跃，有反馈，实收率高，接收者能表达意见，人际关系较好。但由于信息发送者随时可能遭到接收者的质询、批评和挑剔，发送者有一定的心理压力。

严格来说，单向沟通并不是真正的沟通，而只是一方把消息告诉另一方，双向沟通才是真正的沟通。一般来说，例行公事、有章可循、重视速度的情况宜采用单向沟通。

知识点二　正式沟通与非正式沟通

案例导入：小道消息传播带来的问题

斯坦福德航空公司是美国西北部一个发展迅速的航空公司，最近在其总部有一系列的传

闻。公司总经理波利想出售自己的股票，但又想保住自己总经理的职务，这已是公开的秘密了。他为公司制定了两个经营战略方案：一是把航空公司的附属单位卖掉；二是利用现有的基础重新振兴发展。他自己曾经对两个方案的利弊进行了认真分析，并委托副总经理本查明提出一个参考意见。本查明曾为此起草了一份备忘录，然后叫秘书比利打印。比利打印完后就去了职工咖啡厅，在喝咖啡时比利碰到了另一位副总经理肯尼特，并把这一秘密告诉了他。

比利对肯尼特悄悄地说："我得到了一个最新消息。他们正在准备成立另外一个航空公司。虽说不会裁减员工，但是，我们应联合起来，有所准备啊！"这些话又被办公室的秘书听到了。他又立即把这消息告诉他的上司巴巴拉。巴巴拉为此事写了一个备忘录给负责人事的副总经理马丁。马丁也加入了他们的联合阵线，并认为公司应保证兑现其不裁减员工的诺言。

第二天，比利正在打印备忘录，备忘录又被路过办公室探听消息的摩罗看见了，摩罗随即跑到办公室说："我真不敢相信公司会做出这样的事情，我们公司要被卖给其他航空公司了，而且要大量削减员工呢！"

这消息传来传去，3 天后又传回总经理波利的耳朵里。波利也接到了许多不友好甚至敌意的电话和信件，有的人指责他企图违背诺言而大批解雇工人，有的人则表示为与别的公司联合而感到高兴，而波利则被弄得迷惑不解。

请问：总经理波利怎样才能使问题得到澄清？你认为应该采取什么态度对待非正式沟通问题？

案例解析

波利可以多方了解，弄清事情的真相。然后再采取澄清传闻的办法。

波利首先给各部门印发了他为公司制定的两个战略方案，并让各部门的负责人将两个方案的内容发布给全体职工。3 天后，他把全公司的员工召集在一起，让他们谈谈对这两个方案的看法。职工们各抒己见，多数人更倾向于第二个方案。最后波利说："首先，向大家道歉，由于我的工作失误使大家担心了，很抱歉，希望大家能原谅我。其次，我看到大家这样爱公司，我也很受鼓舞，其实前几天大家所说的那件事就是这两个方案。""今天我看到了大家的决心，那么我就更有信心，使我们的公司发展更好了。谢谢！"

在企业中，非正式沟通是客观存在的并且在企业中扮演着重要角色。但非正式沟通有一定的片面性，沟通中的信息常常被夸大曲解。所以，管理者应正确对待非正式沟通，而且应该重视这方面信息的收集，以把握员工的动向，并对传播者给予原谅。

一、正式沟通网络

正式沟通是指由组织内部明确的规章制度所规定的沟通方式，它和组织的结构密切相关，主要包括按正式组织系统发布的命令、指示、文件，组织召开的正式会议，组织正式颁布的法令、规章、手册、简报、公告，组织内部上下级之间、同事之间因工作需要而进行的正式接触。正式沟通以正式的职位关系为基础，通过正式信息沟通渠道建立起联系，它在组织中最为常见，在信息沟通中发挥主渠道作用。正式沟通网络包括链式、Y 式、轮式、环式及全通道式，如图 14.2 所示。

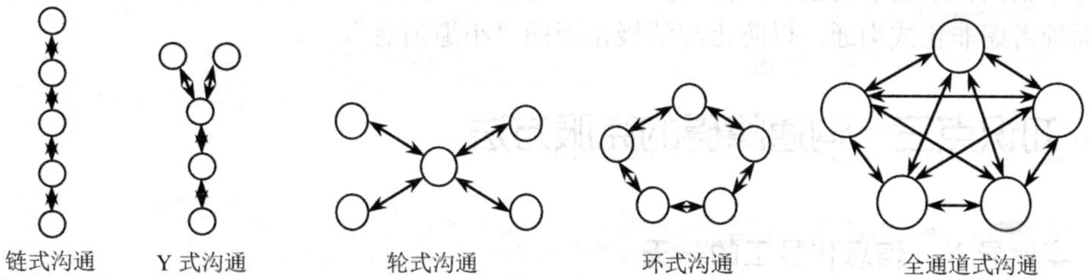

图 14.2 正式沟通网络

正式沟通按照信息的流向可以分为上行沟通、下行沟通、横向沟通和斜向沟通四种形式。

1）上行沟通。上行沟通是指在组织中信息从较低层次流向较高层次的一种沟通。它主要是下属依照规定向上级提出正式书面或口头报告，以及组织为了实行民主化管理采取某些措施鼓励向上沟通，如征求意见座谈会、建议或意见箱等。上行沟通是管理者了解组织成员需要，掌握组织各项命令，指示如何执行的重要方法。

2）下行沟通。下行沟通是指组织中信息从较高层次流向较低层次一种沟通。它是传统组织中最主要的沟通方式，一般以命令方式逐级传达上级组织所决定的政策、计划、规划等信息。

3）横向沟通和斜向沟通。横向沟通是指在组织中同一层次不同部门之间的沟通。而斜向沟通是指信息在不同层次之间的不同部门间流动时的沟通。有些管理学者认为横向沟通和斜向沟通会破坏组织原则，不利于组织统一指挥。但在现实中，各种组织却普遍存在横向和斜向沟通，因为，事实证明它们有利于提高组织效率。这两种沟通都跨越了不同部门，脱离了正式的逐级指挥系统，但只要在进行沟通前得到直接领导者的允许，并在沟通后把值得肯定的结果及时向直接领导汇报，这种沟通就是值得积极提倡的。

正式沟通的优点是沟通效果好，比较严肃，而且约束力强，易于保密，可以使信息沟通保持权威性。组织中的重要信息和文件等的传递一般都采用这种形式。正式沟通的缺点是信息传递速度较慢，信息在逐级传递过程中会出现失真或扭曲的可能。

二、非正式沟通网络

非正式沟通网络是指通过非正式沟通渠道建立起来的联系。在组织中，有些消息往往是通过非正式渠道传播的，即组织中存在小道消息流通网。管理者应该了解本组织内部的各种非正式沟通网络，在必要时可以利用传播中的特殊人物（如小道消息的发布者），借用或抑制各种非正式沟通网络。

非正式沟通有很多形式，图 14.3 所示的这种形式较为常见。

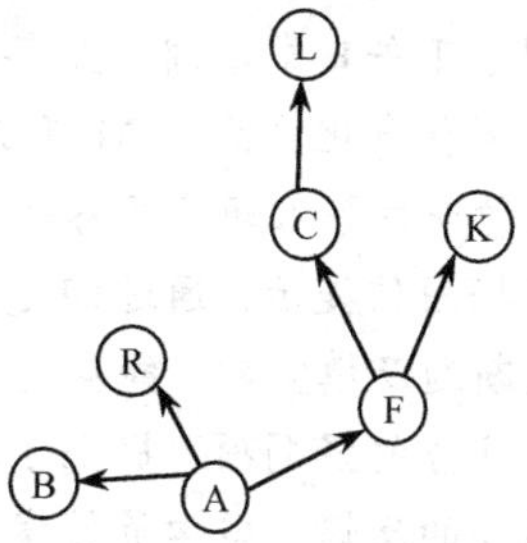

图 14.3 非正式沟通网络

非正式沟通的优点是：沟通形式灵活，直接明了，速度快，省略许多烦琐的程序，容易及时了解到正式沟通难以提供的信息，真实地反映员工的思想、态度和动机。有时非正式沟通能够建立团体中良好的人际关系，对管理决策起到重要的作用。

非正式沟通的缺点是：沟通难以控制，传递的信息不确切，常会造成以讹传讹的不良后果，导致传播的信息失真等问题。常见的非正式沟通有小道消息、“铁哥们儿网络”等，它们可能会促进小集团、小圈子的建立，影响员工关系的稳定和团体的凝聚力。所以，管理者应该充分和全面地考虑非正式沟通，以防止起消极作用的“小道消息”。

知识点三　沟通障碍的克服方法

案例导入：信息化员工的一天

“我看见到处是阳光，新的一天催我快点起床……”我那特有的超大声音的男声打破了清晨的宁静。从美梦中睁开眼，原来是自己录制的手机铃声在催我起床！于是，美好的一天在我“完全个性化”的铃声中拉开了序幕。

走进公司打开计算机，刚登上QQ和飞信，就听见班组QQ群公告里“咚咚”的消息提示声，赶紧打开一看，原来是昨天例会后新上传的工作安排。我们管理室每周都利用QQ开例会，QQ的群聊窗口、支持音频和视频会议等功能，给我们提供了一个仿真度极高的虚拟会议环境，组员通过QQ平台汇报工作情况，经理一对一给予回复和指导建议，保证了会议的常规性，不会因缺人而暂停，非常方便沟通，所以大家都亲切地称之为“Q例会”。

看了QQ群公告里的新工作安排后，桌面上的飞信也跳出一条新消息，原来是同组的小林通过飞信传送了一份文件过来，里面是这个月的品牌优惠信息，要我将优惠信息告知我联系的客户，并就此文件向老总当面汇报。我赶紧打开MSN的hotmail邮件中的日历功能，这是我们新想出的向领导汇报的新方法，老总把自己本周的行程放在日历上面，我们根据领导的时间来准备我们的时间，这样既节省了领导的时间，又节省了我们的时间，向领导当面汇报变得很方便。

午饭时间，一个急促的电话打来：“小罗，不好意思，我现在急需你昨天收到的那份创新提案书！请发给我，越快越好！”原来是在外出差的阿鹏急需我传送文件，可我现在还在食堂刚打好饭菜，离办公室尚有一段距离，此刻上下电梯又非常拥挤，怎么办？突然我想到手机邮箱的网络硬盘里备份了那份文件，赶紧打开、发送，两分钟之内一切都处理好了！看来手机邮箱的网络硬盘功能还真能解燃眉之急啊！有了它无须携带软盘和U盘等移动存储器，只需登录手机邮箱，随时随地都可轻松调阅所需文件，无论你走到哪里，信息照样如影随形。不论你的手机是否支持电子邮箱功能，都可以通过彩信形式查看及发送邮件。现在我可以尽情地享受午餐了！

又到了下午日常培训及业务能力检测的时间，为了提高培训效率，节约人力、物力，我们利用集团信息化产品“IM移动信息机”的资源优势，创建了一套短信系统来进行培训检测——由管理员导入题库及答题人员的名单，通过短信方式向相关人员发出答题邀请，被邀请人员根据短信提示，通过回复相应代码即可进入答题环节。系统的库存量大，题型包括选择题、判断题及填空题，能对员工的答题情况及答题积分实行自动统计，便于培训人员及时了解员工业务的强弱项，提高了培训的精度。而且，员工在回复题目答案后能立即收到答案正确或错误的反馈，当学员答案错误时，系统会即时反馈正确答案，从而加深学员对业务知识点的有效记忆，更激发了大家业务培训的热情。

下班回家的公交车上特别空闲，身旁的乘客在悠闲地阅读报纸，我不紧不慢地掏出手机，开始阅读今天的《班组周报》，它将班组每天发生的重要事情、每周的例会情况和周内所开展的活动等信息编辑在一起，然后利用手机邮箱，以彩信的方式发到班组所有成员的手机上，让班组成员都能够清楚地了解自己班组的事务。尤为重要的是，即使出差在外的同事或领导，也能够通过《班组周报》及时了解自己班组的动态。

这时手机短信“滴滴”响了，原来是公司的“企信通”发短信通知我今天发工资了！夜幕降临，工作了一天也该给自己充充电了，我打开“手机口袋书”，指尖轻轻一点，各种业务培训、娱乐休闲的光碟和电子书籍一一跳出，我在知识的海洋中结束了时尚化、信息化的美好的一天。

请问：在信息化社会出现了各种各样新的沟通手段，你如何看待这些沟通手段？

案例解析

在信息化社会，电子化沟通手段层出不穷，应用电子沟通手段的人越来越多，使用越来越频繁。人们的沟通呈现出很强的现代化、自动化特征。如果管理者不会使用电子化的沟通手段，就无法克服沟通中的障碍。所以，一个好的管理者要顺应信息化社会的各种变化，通过熟练使用各种现代化的通信工具来进行广泛的沟通。可以说，能够熟练应用现代化沟通手段已经成为信息时代的管理者必备的技能之一。

一、有效沟通的障碍

有效沟通主要指组织内人员的沟通，尤其是指管理者与被管理者之间的沟通。要达成有效沟通须具备两个必要条件：一是信息发送者清晰地表达信息的内涵，以便信息接收者能确切理解；二是信息发送者重视信息接收者的反映并根据其反映及时修正信息，免除不必要的误解，两者缺一不可。

1．有效沟通的关键因素

能否建立有效沟通的关键在于信息的有效性，信息的有效程度决定了沟通的有效程度。而信息的有效程度又主要取决于信息的透明程度和信息的反馈程度。

1）信息的透明程度。信息必须是公开的。一方面，如果以一种模棱两可的、含混不清的文字语言传递不清晰的、使人难以理解的信息，对于信息接收者而言没有任何意义。另一方面，信息接收者也有权获得与自身利益相关的信息，否则，有可能导致信息接收者对信息发送者的行为动机产生怀疑。

2）信息的反馈程度。有效沟通是一种动态的双向行为，而双向的沟通对信息发送者来说应得到充分的反馈。只有沟通的主、客体双方都充分表达了对某一问题的看法，沟通才有真正的意义。

2．有效沟通的障碍

无法实现有效沟通的实质就是在沟通中存在沟通障碍。沟通障碍根据其产生的原因可以分为主观障碍、客观障碍与沟通方式障碍3个方面。

（1）主观障碍

主观障碍是由于沟通双方的主观情感因素而引起的障碍。由于主观情感因素具有一定的隐藏性，所以常无法控制，消除障碍的阻力较大，因此，必须慎重处理。在消除这方面的障碍时，应通过各种正式的渠道从情感的角度入手。主观障碍的表现形式主要有以下5种。

1）主管人员与下级的互不信任。例如，主管人员的个人作风使得下级对其有成见和顾虑而不愿意与其沟通。或者主管人员有意识压制下级，使下级产生抵触情绪或不信任感，从而影响正常沟通。当然，就上下级之间的沟通来说，下级对上级的人格、管理能力和素质等方面有成见时，会影响正常沟通。若下级对上级有一定的畏惧感，可能导致他不敢与上级沟通，从而也会影响沟通的顺利进行。此外，上下级之间的素质差别较大，即所谓的“无共同语言”也会影响上下级之间的正常沟通。

2）沟通双方的性格、气质和见解等的差别，使得在信息传递过程中存在心理障碍。如甲、乙两人的性格差别较大，有一种“话不投机半句多”的感觉，因而双方不愿更多地交流，从而影响沟通的正常进行。

3）沟通双方在知识经验、文化素质和专业素质方面的差距，沟通双方对信息的态度、重视程度的不同，而导致的沟通障碍。例如，对同一条信息，甲先生只注重与记忆其中的几个数字，而乙先生则关注这则信息对本部门的影响，因而只注重与记忆其中的某条理论。这样双方在沟通中肯定会出现障碍。

4）沟通双方由于所处部门不同、关心的角度不同、地位不同而引起的沟通障碍。例如，财务主管与车间的生产工人之间，缺乏共同语言、考虑的角度不同，必然会引起信息交流的内容、方式和范围等方面的障碍。

5）信息沟通特别是正式沟通如传达文件等，是按组织结构分层次逐级向下或向上传递的，然而对于同一条信息，由于不同人的态度不同、记忆与思维能力的不同等因素的影响，会引起沟通效率的降低。

（2）客观障碍

客观障碍是人的主观态度以外的，由于客观条件的不完善等因素而引起的沟通障碍。显然客观障碍是由于“硬件”上存在的问题而引起的，而且这种障碍的表现也比较明显，所以比较容易控制与消除。一般来说，客观障碍的表现形式主要有 2 种：① 由于沟通工具不完善或沟通双方空间距离太远而引起的障碍；② 由组织机构、规章制度而引起的障碍。

（3）沟通方式障碍

由于沟通方式不当、沟通方法简单等而引起的障碍。显然这种障碍也属于“硬件”方面的障碍，表现也比较明显。沟通方式障碍的表现形式主要有以下两种。① 语言系统造成的障碍，如表达不清、表达不当、误解与歪曲等。② 沟通方式选择不当而引起的障碍，如当主管人员手头任务太紧时，没有充裕时间和心思与下属沟通。若下属此时要同上级主管沟通，则沟通的效果肯定不太理想。

二、有效沟通的 7C 原则

生活中的每一天我们都会与别人交流和沟通。沟通随时随地都伴随着我们，是我们工作、生活的润滑油，是消除隔膜、达成共同远景、朝着共同目标前进的桥梁和纽带，更是学习、共享的过程。在交流中可以学习彼此的优点和技巧，提高个人修养，不断完善自我。

美国著名的公共关系专家特立普、森特在他们被誉为“公关圣经”的著作《有效的公共关系》中提出了有效沟通的 7C 原则。

1）可信赖性（Credibility）：即建立对传播者的信赖。

2）一致性（Context）：又称情境架构，指传播需与环境（物质的、社会的、心理的和时间的环境等）相协调。

3）内容的可接受性（Content）：指传播内容须与受众有关，必须能引起他们的兴趣，满足他们的需要。

4）表达的明确性（Clarity）：指信息的组织形式应该简洁明了，易于公众接受。

5）渠道的多样性（Channels）：指应该有针对性地运用传播媒介以达到向目标公众传播信息的作用。

6）持续性与连贯性（Continuity and Consistency）：沟通是一个没有终点的过程，要达到渗透的目的，必须对信息进行重复，但又须在重复中不断补充新的内容，这一过程应该持续地坚持下去。

7）受众能力的差异性（Capability of Audience）：沟通必须考虑沟通对象能力的差异（包括注意能力、理解能力、接收能力和行为能力），采取不同方法实施传播，才能使传播易被受众理解和接受。

7C 原则基本涵盖了沟通的主要环节，涉及传播学中控制分析、内容分析、媒介分析、受众分析、效果分析和反馈分析等主要内容，极具价值。这些有效沟通的基本原则，对人际沟通来说同样具有不可忽视的指导意义。

三、改善沟通的策略

要实现有效沟通，必须消除沟通障碍。在实际工作中，可以通过以下 4 个方面来努力。

1）提高沟通的心理水平。要克服沟通障碍必须注意以下 4 个方面的心理因素。① 在沟通过程中要认真感知，集中注意力，以便信息准确而又及时地传递和接收，避免信息错传和接收时信息量减少。② 增强记忆的准确性是消除沟通障碍的有效心理措施，记忆准确性高的人，传递信息可靠，接收信息也准确。③ 提高思维能力和思维水平是提高沟通效果的重要心理因素，高的思维能力和水平对于正确地传递、接收和理解信息起着重要的作用。④ 培养稳定情绪和良好的心理气氛，创造一个相互信任、有利于沟通的小环境，有助于人们真实地传递信息和正确地判断信息，避免因偏激而歪曲信息。

2）正确地使用语言文字。语言文字运用得是否恰当直接影响沟通的效果。使用语言文字时要简洁、明确，叙事说理要言之有据，条理清楚，富于逻辑性；措辞要得当，通俗易懂，不要滥用辞藻，不要讲空话和套话。非专业性沟通时，少用专业性术语。可以借助手势语言和表情动作，以增强沟通的生动性和形象性，使对方容易接收。

3）学会有效地倾听。有效地倾听能增加信息交流双方的信任感，是克服沟通障碍的重要条件。要提高倾听的技能，可以从以下 8 方面去努力。① 使用目光接触。② 展现赞许性的点头和恰当的面部表情。③ 避免分心的举动或手势。④ 要提出意见，以显示自己在认真聆听。⑤ 复述，用自己的话重述对方所说的内容。⑥ 要有耐心，不要随意插话。⑦ 不要妄加批评和争论。⑧ 使听者与说者的角色顺利转换。

4）缩短信息传递链，拓宽沟通渠道，保证信息的双向沟通。信息传递链过长，会减慢流通速度并造成信息失真。因此，要减少组织机构的重叠，拓宽信息渠道。

复习思考题

1. 沟通的定义和作用是什么？
2. 什么是正式沟通和非正式沟通？它们各自的优缺点是什么？分别应用于什么场合和范围？
3. 常见的沟通方式有哪些？
4. 在有效沟通中可能存在什么障碍？

5. 上级和下属在沟通方面存在什么障碍？作为上级或下属应该如何克服这些障碍？
6. 有效沟通的7C原则是什么？
7. 如何改善沟通效果？

知识自测题

（一）单项选择题

1. 沟通过程中最重要的是（　　）。
   A. 信息的传递　　B. 信息的理解
   C. 信息的接收　　D. 信息的交流
2. 书面沟通的主要缺点是（　　）。
   A. 反馈迅速　　B. 没有沟通记录
   C. 有很好的沟通技巧　　D. 书面文件不易修改
3. 以下属于非语言沟通的方式是（　　）。
   A. 电话交谈　　B. 小组会议　　C. 电子布告　　D. 旗语
4. 小道消息属于（　　）。
   A. 下行沟通　　B. 上行沟通　　C. 非正式沟通　　D. 链式沟通
5. 许多组织设置意见箱、接待日和走动管理等办法，这属于（　　）。
   A. 下行沟通　　B. 上行沟通　　C. 非正式沟通　　D. 平行沟通

（二）多项选择题

1. 常见的沟通方式有（　　）。
   A. 口头沟通　　B. 书面沟通　　C. 正式沟通　　D. 非正式沟通
2. 下面的选项属于非语言沟通的是（　　）。
   A. 手势　　B. 交通信号灯　　C. 旗语　　D. 电话
3. 下面（　　）的做法可以有效地克服沟通障碍。
   A. 积极反馈，反复沟通　　B. 积极倾听对方的交谈
   C. 控制对方的交流话题　　D. 寻找交流双方都能接受的交流方式
4. 下行沟通常用的方式有（　　）。
   A. 报告　　B. 公告牌　　C. 调查问卷　　D. 文件
5. 下面的说法正确的有（　　）。
   A. 部门之间协作是平行沟通
   B. 一个组织内的小道消息是可以彻底清除并且禁止的
   C. 如果某信息是情感型的，面对面传递方式比书面传递方式更为有效
   D. 沟通障碍既存在于个体中，也存在于群体中

第六篇

控　制

第十五章 控制工作概述

管理的控制职能，是对组织内部的管理活动及其效果进行衡量和校准，以确保组织的目标及为此而拟订的计划得以实现。管理的计划职能与控制职能是一对孪生兄弟。在管理活动中所制订的计划是针对未来的，由于各方面原因，制订计划时不可能完全准确、全面。计划在执行中也会出现变化，所以，为了实现目标，实行控制是非常必要的。计划只有通过有效的控制才有保障，也正是因为有了控制，计划才不会流于空谈，才更有意义。控制职能是每位负责执行计划的主管人员的主要职责，尤其是直线主管人员的主要职责。与管理的其他主要职能一样，控制职能也有其原理和方法，正确地和灵活地运用这些原理和方法，是使控制工作更加有效的重要保证。

教学目标

知识点	学习要求	知识分阶
知识点一　控制工作的概念	牢记并掌握	必修
知识点二　控制工作的过程	牢记并掌握	必修
知识点三　控制方法的类型	理解	必修
知识点四　控制工作的基本原理	掌握	必修

学习重点

- 控制工作的概念
- 控制工作的程序
- 控制工作的基本原理

知识点一　控制工作的概念

案例导入：谁该为项目失败负主要责任

小王被任命管理一个重要的软件项目，项目组有 3 个成员。如果该项目不能按照客户的质量要求如期完成，公司将损失大笔收入，这一损失将影响公司的未来发展。结果是项目在小王手上失败了，项目不但延期了 25%，而且客户还在公司成员各自开发的模块间发现了明显的集成问题，具体情形如下。

- 小王过去是一个很好的程序员，在 30 岁被提拔为经理，他有 3 名手下，即程序员 A、B 和 C。
- 成员 A 是一个有能力的程序员，在项目过程中他被小王的经理调去参加公司的培训课程，这造成他 30%的工作延期，培训回来以后，公司宣布他在完成该项目后将被提拔到新的岗位，于是他一直忙于熟悉新的岗位和经理，他的项目后期工作质量受到了严重影响。
- 成员 B 是最没有经验的程序员，他的开发进度较慢，遗憾的是在项目过程中他生了 5 天病，更加减慢了他的进度。尽管他努力追赶，但由于没有任何有经验成员的帮助，他还是不能按时完成任务。
- 成员 C 是最有经验的程序员，他的绩效是公司的一个标杆。他被分配完成这个项目最困难的任务，并提前 25%完成了该项工作。他还被分配负责集成所有的软件并进行测试，但他声称由于 A 和 B 的延误、B 的质量低等原因，在规定的发布时限之前，他没有时间对软件做彻底的测试。

小王曾经跟 A 就他不能专注于眼前的工作问题有过几次谈话，但没能见到任何改进。要求休完病假的 B 加班以赶上进度，他也照办了。小王要 C 帮助 B，C 说他做过努力，但他认为 B 缺乏经验太难交流了。

请问：究竟谁该为项目的失败负主要责任？

案例解析

主要责任在小王自己，原因如下。

1）小王跟上级沟通得不够。小王被上司器重，提拔为经理，给其一个重要项目来运作，运作不好，影响公司今后的经营。在此期间小王一定要积极和上级进行积极有效的沟通。当上司调动小王的人进行培训时，应立即找上级谈话，明确指出，人员减少必将影响项目的完成，请上司认真考虑。若上司坚持调用，就要写出书面文字请示他明确批准，或通过公司网络，向上级通报情况。

作为一个经理，一定要及时向上级汇报项目的进展情况，遇到问题及时请示，告诉上级我在做什么，遇到什么困难，需要什么支持，等等。如果及时请示，上级就不会从你这里抽人了；若你不请示汇报，上级看你清闲，再加上调你人时不明确表示不同意，上级认为你没问题，最后出现问题时他会讲：为什么不早说？这就是你的不对了。

2）一定要学会项目管理。可采用倒退工期罚金管理。从一开始确定完成期限，定期（3 天）检查完成情况，严肃工期纪律，靠制度保证工期完成。

3）要事先讲好奖罚力度。鼓励能者多劳，多劳多得，变让我干为我愿干。例如，事先要定好完成项目奖励 2 万元（假定获利 10 万元），4 人减少 1 人后，告诉大家完成项目奖金 3 人分，多干多分。没准有人还想个人承包呢。靠奖励变让我干为我愿干。

综上所述，完不成任务主要是小王的责任。作为一名领导者（领导者不分大小），应该见荣誉就让给下属，见困难就带头冲，出现失误就勇于承担，这是当领导的基本品德和操行。要靠推功揽过展示自己的胸怀。有了计划还要有控制，项目的工期控制是最为基本的控制。如果没有控制，就不能够保证计划的完成。

一、管理控制的概念

在控制论中，“控制”的定义是为了“改善”某个或某些受控对象的功能和发展，需要获得并使用信息，以这种信息为基础而选出的、加于该对象上的作用，就称控制。

控制的基础是信息，任何控制都有赖于信息反馈来实现。信息反馈是控制论的一个极其重要的概念。例如，驾驶汽车就是控制的一个例子。开车时，司机的眼睛紧盯着前方的道路，手握方向盘，一旦前方的道路上出现障碍，信息马上反馈到驾驶员的大脑里，驾驶员随时调整行车方向或速度，以使汽车能够正常行驶。

管理控制是指管理者要对员工的活动进行监督，判定组织是否正朝着既定的目标健康地向前发展，并在必要时及时采取纠正措施。

在管理工作中，作为管理职能之一的控制工作包括：① 为了确保组织的目标及为此而拟订的计划能够得以实现，各级主管人员根据事先确定的标准或因发展的需要而重新拟定的标准，对下级的工作进行衡量、测量和评价，并在出现偏差时进行纠正，以防止偏差继续发展或今后再度发生。② 根据组织内外环境的变化和组织的发展需要，在计划的执行过程中，对原计划进行修订或制订新的计划，并调整整个管理工作过程。

无论哪一层次的主管人员，不仅要对自己的工作负责，而且还必须对整个计划实施和目标的实现负责，因为他们本人的工作是计划的一部分，他们下级的工作也是计划的一部分。因此，各级的主管人员，包括基层主管人员都必须承担实施控制工作这一重要职能的责任。

二、控制工作与计划工作的关系

要理解控制工作职能的意义，必须把它放在与计划工作职能的联系中加以说明。控制工作职能指按计划标准来衡量所取得的成果并纠正所发生的偏差，以保证计划目标的实现。如果管理的计划工作是谋求一致、完整而又彼此衔接的计划方案，那么管理控制工作则务必使一切管理活动都按计划进行。

计划和控制是一个问题的两方面。主管人员首先制订计划，然后计划又成为用以评定行动及其效果是否符合需要的标准。计划越明确、全面和完整，控制的效果也就越好。

这个基本观点在实际工作中有以下3种意义。

1）一切有效的控制方法首先是计划方法，如预算、政策、程序和规则，这些控制方法同时也是计划方法或计划本身。而后面要阐述的“计划评审法”正是兼有两者的特征。

2）如果不首先考虑计划及计划的完善程度，就试图去设计控制系统，那是不会有效果的。换句话说，之所以需要控制，就是因为要实现目标和计划。控制到什么程度、怎么控制都取决于计划要求。

3）控制职能使管理工作成为一个闭路系统，一种连续的过程。在多数情况下，控制工作既是一个管理过程的终结，又是一个新的管理过程的开始。

控制职能绝不仅限于衡量计划执行中出现的偏差，控制的目的在于通过采取纠正措施，把那些不符合要求的管理活动引回到正常的轨道上来，使管理系统稳步地实现预定目标。纠正的措施可能很简单，如批评某位负有责任的主管人员。但是在更多的情况下，纠正措施可能涉及需要重新拟定目标、修订计划、改变组织机构、调整人员配备，并对指导和领导方式做出重大改变等。这实际上开始了一个新的管理过程。

从这个意义上说，控制工作不仅是实现计划的保证，而且可以积极地影响计划工作。

必须明确，控制职能是每位主管人员的职责，尤其是直线主管人员的职责。制定标准的工作可以由计划人员来做；收集信息、分析偏差和造成停产原因的工作可以由财务人员、统计人员和销售人员来完成，在装备有计算机化的管理信息系统的组织中，这些工作甚至可以完全由计算机来完成；但是采取纠正措施的职责，必须主要由直线主管人员来履行，因为他们掌握着直线职权，承担着实现组织目标和计划的主要责任。

要进一步说明管理控制工作职能的原理，就必须放手深入地了解控制过程的作用机理。这就需要将管理系统作为一种控制系统来看待，并借助控制论的概念和方法对其进行分析。

三、控制工作的重要性

在现代管理系统中，人、财、物等要素的组合关系是多种多样的，时空变化和环境影响很大，内部运行和结构有时变化也很大，加上组织关系错综复杂，随机因素很多，处在这样一个十分复杂的系统中，要想实现既定的目标，执行为此而拟订的计划，求得组织在竞争中的生存发展，不进行控制工作是不可想象的。控制工作在管理活动中的重要性是显而易见的，可以从以下两个方面来理解。

1．任何组织、任何活动都需要进行控制

这是因为即便在制订计划时进行了全面的、细致的预测，考虑了各种实现目标的有利条件和影响实现的因素，但由于环境条件是变化的，主管人员受到其本身的素质、知识、经验和技巧的限制，预测不可能完全准确，制订的计划在执行过程中可能会出现偏差，还会发生未曾预料的情况。这时，控制工作就起了执行和完成计划的保证作用，以及在管理控制中产生新的计划、新的目标和新的控制标准的作用。通过控制工作，能够为主管人员提供有用的信息，使之了解计划的执行进度和执行中出现的偏差及偏差的大小，并据此分析偏差产生的原因；对于那些可以控制的偏差，通过组织机构，查究责任，予以纠正；而对于那些不可控制的偏差，则应立即修正计划，使之符合实际。

2．控制在管理的 5 个职能中所处的地位及其相互关系

控制工作通过纠正偏差的行动与其他 4 个职能紧密结合在一起，使管理过程形成了一个相对封闭的系统。在这个系统中，计划职能选择和确定了组织的目标、战略、政策和方案及实现它们的程序。然后，通过组织工作、人员配备、指导与领导工作等职能去实现这些计划。为了保证计划的目标能够实现，就必须在计划实施的不同阶段，根据由计划产生的控制标准，检查计划的执行情况。这就是说，虽然计划工作必须先于控制活动，但其目标是不会自动实现的。一旦计划付诸实施，控制工作就必须穿插其中进行。它对于衡量计划的执行进度，揭示计划执行中的偏差及指明纠正措施等都是非常必要的。同时，要进行有效的控制，还必须制订计划，必须有组织保证，必须配备合适的人员，必须给予正确的指导和领导。所以，控制工作存在于管理活动的全过程中，它不仅可以维持其他职能的正常活动，而且在必要时，还可以通过采取纠正偏差的行动来改变其他管理职能的活动。虽然有时这种改变可能是很简单的，例如，在指导中稍做些变动即可；但在许多情况下，正确的控制工作可能导致确立新的目标，提出新的计划，改变组织机构，改变人员配备及在指导和领导方法上做出重大的改革。

四、控制的 3 个维度

管理控制有 3 个维度，任何管理控制工作可以从这 3 个维度去考虑问题。这 3 个维度是控制客体、控制过程和控制方法，如图 15.1 所示。

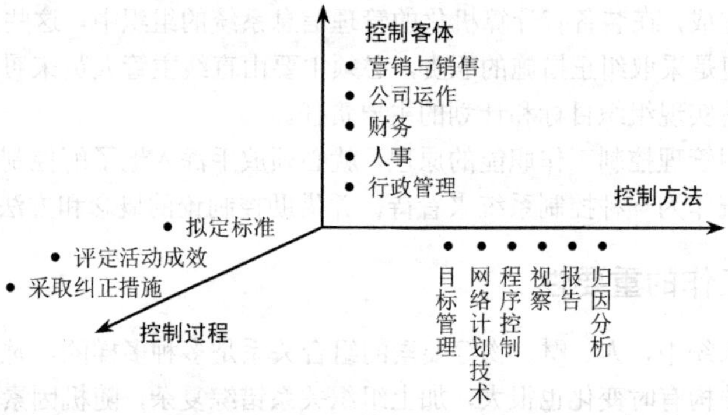

图 15.1　管理控制的 3 个维度

1. 控制客体

管理控制的对象就是管理的客体。管理客体是什么，在管理科学中存在不同的看法。国外较早的管理理论认为，管理的客体是人、财和物 3 种形式。后来，有些管理学家指出，管理中的人、财和物固然是很重要的，但还不完全，主张再加上时间和信息，认为管理者没有时间观念，没有足够的信息，是无法进行管理的。因此，时间和信息也是重要的管理客体。于是，管理客体由 3 种形式扩大为 5 种形式，形成管理客体“五因素说”。最近有的学者又提出管理客体“七因素说”，强调管理者还要注意士气，注意管理方法，所以，管理客体还应包括士气和方法。经营是管理的外延，本书认为在企业的经营中要时刻保持企业适应环境变化的能力，所以经营要素如营销与销售，也应纳入企业管理控制的客体范围。

为了明确企业管理控制的客体，企业可通过“企业经营管理检核表”的方式定期检查自己的优势与劣势、识别自己在面对环境中有吸引力的机会时，是否拥有在机会中成功所必需的竞争能力。企业经营管理审核表是用来对企业的经营管理进行审视的一种很实用、很全面的工具，分为“营销与销售”、“公司运作”、“财务”、“人事”和“行政管理”5 个部分。基本包括了一个企业需要控制的各个方面。

2. 控制过程

基本的控制过程都包括 3 个步骤：① 拟定标准。② 根据标准评定活动成效。③ 采取纠正措施，消除偏离标准和计划情况。

3. 控制方法

控制方法可以分为前馈控制、现场控制和反馈控制，有时也称事前控制、事中控制和事后控制。在管理控制中的各种控制方法都能够归入这 3 类控制。

在图 15.1 中的目标管理、网络计划技术、程序控制等也是计划的方法。同时可以看到一个显著的特点，许多控制方法同时也是计划方法。这就再次说明了一个客观事实，即控制和计划是一个问题的两个方面，控制的任务就是使计划得以实现。因此，显而易见的道理是，控制必须反映计划。前馈控制方法通常也是计划方法。

视察是现场控制的方法，而报告、比率分析和归因分析都是反馈控制的方法。这些方法有的已经在计划篇中介绍过，有的将在后文中介绍。

管理控制工作中经常采用许多不同种类的控制手段和方法。本书在计划篇中已经讲过网络计划法，它既是计划的方法，也是一种行之有效的控制方法。还有些方法属于传统的控制方法，如亲自视察和报告的方法。另外一些方法，如比率分析、归因分析，则代表了新一代的控制方法，它说明科学技术的进步、社会活动规模的扩大必然伴随着管理的发展和管理技术的进步。

知识点二　控制工作的过程

一、拟定标准

管理控制过程的第一步就是拟定一些具体标准。这里所说的标准，是指评定成效的尺度，它是从整个计划方案中选出的对工作成效进行评价的关键指标。标准的设立应当具有权威性。标准的类型有多种，最理想的是将可以考核的目标直接作为标准。但更多的情况则往往是需要将某个计划目标分解为一系列的标准，例如，将利润率目标分解为产量、销售额、制造成本和销售费用等。此外，工作程序及各种定额也是一种标准。在计划工作中的目标管理就是控制工作的拟定标准，可见计划工作和控制工作是密不可分的。

二、根据标准评定活动成效

如果有了合理的标准，又有能确切评定下属人员实际工作情况的手段，那么对实际的或预期的执行情况进行评价就会容易得多。事实上，如何评定管理活动成效的问题，在拟定标准时就已经部分地得到了解决。也就是说，通过制定可考核的标准，同时也就将计量的单位、计算的方法和统计的口径等确定下来。因此，对于评定成效而言，剩下的主要问题是如何及时地收集适用的和可靠的信息，并将其传递到对某项工作负责而且有权采取纠正措施的主管人员手中。在管理控制中不仅要求信息的准确性，而且还对信息的及时性、可靠性和适用性提出了更高要求。

三、采取纠正措施

尽管有了明确的标准，可以依据明确的标准和及时而准确适用的信息来评定工作成效并找出偏差，但采取纠正措施，通常并不是那么简单的。根据情况确定采取什么措施是控制工作中最具有挑战性的工作。

要确定正确的纠正措施，就必须首先花大力气找出造成偏差的真正原因，而不能仅仅是头痛医头、脚痛医脚。其次，在查明原因后，纠正偏差的工作可能涉及一些主要的管理职能。针对偏差产生的原因，主管人员可能采用重新制订计划和修改目标的方法来纠正偏差；也可能利用组织手段来进一步明确职责、补充授权或对组织机构进行调整；还可能用撤换责任部门的主管或增配人员的办法来纠正偏差；此外，他们还可能通过改善领导方式增加物质鼓励等办法来纠正偏差。

总之，对计划执行过程中出现的偏差进行纠正，说明了管理是一个连续的过程。控制工作职能与其他管理职能的交错重叠，则说明了主管人员的职能是一个统一的、完整的系统。

教学互动

填空题：基本的控制过程都包括的 3 个步骤是①______；②______；③______。

知识点三 控制方法的类型

案例导入：扁鹊三兄弟

魏文王问名医扁鹊：“你们家三兄弟都精于医术，到底哪位医术最好呢？”扁鹊回答说：“大哥最好，二哥次之，我最差。”魏文王再问：“那为什么你最出名呢？”扁鹊答说：“我大哥治病，是治病于病情发作前。由于一般人不知道他事先已经铲除了病因，所以他的名气无法传出去，只有我们家的人才知道。我二哥治病，是治病于病情刚刚发作之时，一般人以为他只能治轻微的小病，所以他只在我们村子里才有名。而我扁鹊治病，是治病于病情严重之时，一般人看见的都是我在经脉上扎针来放血、在伤口上敷药等大手术，所以他们认为我的医术最高明，因此名气响遍全国。”魏文王连连点头称道：“你说得好极了。”

请问：这则故事对管理工作有何启示？

案例解析

控制要以预防为主，在问题源头控制最经济；控制还要对症下药，采取的措施要与工作性质及后果相关。如果出现重大问题则要勇于通过重大措施来进行纠偏。这则故事还告诉我们：事后控制不如事中控制，事中控制不如事前控制。很多企业往往等到决策重大失误时，才寻求弥补，就需要花费很大的代价，如果力图在运行的初始阶段就预计到可能发生的问题，并采取措施，那么就能够避免更大的损失。

计划工作一旦付诸实施，就会产生许多信息。这些信息以不同的方式，通过不同的渠道反映到各级主管人员那里，经过分析、整理，主管人员对不同的控制对象确定了不同的控制工作重点，并采用不同的控制工作类型进行控制。控制工作的类型，根据纠正措施发生在计划执行之后、之中、之前的时间点不同，分为反馈控制、现场控制和前馈控制，如图15.2所示。

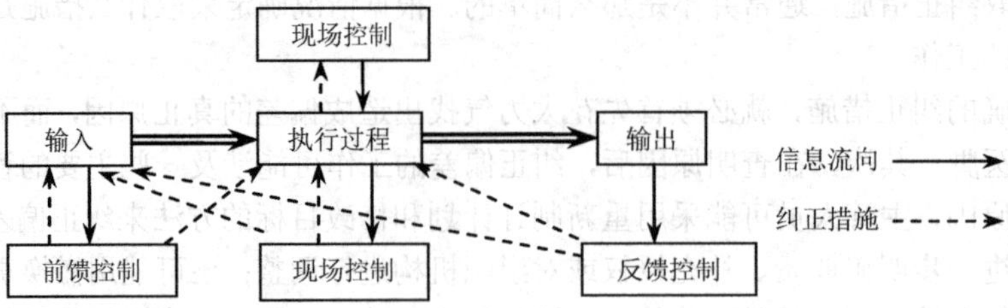

图15.2 反馈、现场和前馈控制

一、反馈控制

反馈控制是管理控制工作的主要方式，它是以系统输出的变化信息作为馈入信息，纠正偏差。反馈控制的目的是防止已经发生或将出现的偏差继续发展或今后再度发生。

反馈控制可以用来控制系统的最终成果，称为端部反馈，如产量、销售收入、利润和利润率等，也可用来控制系统的中间结果，称为局部反馈，如新产品样机、生产计划、生产过程、工序质量和在制品库存量等。局部反馈对于改善管理控制系统的功能起着重要作用。通过各种局部反馈，可以及时发现问题，排除隐患，避免造成严重后果，如工序质量控制、月度检查和季度检查等，就属于局部反馈，它们对于保证最终产品的质量和保证年度计划的实现无疑起着重要作用。局部反馈与端部反馈之间是一种多重嵌套关系，这种结构是复杂的动态系统的一个主要特征。

可以利用反馈控制具有稳定系统的作用来改善管理控制工作，当系统不稳定时，就加强反馈控制。例如，当员工对某些问题意见纷纷，情绪不稳定时，通过开辟对话渠道，加强领导与员工的对话，能够在一定程度上起到稳定员工情绪的作用。

二、现场控制

现场控制是指主管人员通过深入现场亲自监督检查，指导和控制下属人员的活动。现场控制的特点是纠正措施是作用在正在进行的计划执行过程之中，它包括以下内容：

1）向下级指示恰当的工作方法和工作过程。

2）监督下级的工作以保证计划目标的实现。

3）发现不合标准的偏差时，立即采取纠正措施。

在现场控制中，组织机构授予主管人员的权力使他们能够影响下属。控制活动的标准来自计划工作所确定的活动目标和政策、规范和制度。控制工作的重点是正在进行的计划实施过程。控制的有效性取决于主管人员的个人素质、个人作风、指导的表达方式及下属对这些指导的理解程度。其中，主管人员的“言传身教”具有很大的作用。例如，工人的操作发生错误时，工段长有责任向其指出并做出正确的示范动作帮助其改正。在计划的实施过程中，大量的管理控制工作，尤其是基层的管理控制工作都属于现场控制。因此，它是控制工作的基础。一个主管人员的管理水平和领导能力常常会通过这种工作表现出来。在进行现场控制时要注意：

- 避免单凭主观意志进行工作。
- 加强自身的学习和提高。
- 亲临第一线进行认真仔细的观察和监督。
- 以计划或标准为依据，服从组织原则，遵从正式指挥系统的统一指挥，逐级实施控制。

三、前馈控制

前馈控制就是观察那些作用于系统的各种可以测量的输入量和主要扰动量，分析它们对系统输出的影响关系，在它们还没有产生不利影响以前，采取预防措施。前馈控制的目的是防止所使用的各种资源在质和量上产生偏差。

要做好前馈控制必须做好以下各个步骤：

1）必须首先对计划和控制系统做出透彻的、仔细的分析，确定重要的输入变量。

2）建立前馈控制系统的模式，也就是要画出系统图，确定影响一个控制系统的输出的各个因素。

3）要经常检查模式以了解所确定的输入变量及其相互关系是否仍然反映实际情况。

4）定期地收集输入变量数据，并把它们输入控制系统。

5）定期地估计实际输入的数据与计划输入的数据之间的偏差，并评价其对预期最终成果的影响。

6）必须有措施保证。前馈控制的作用同任何其他计划和控制方法一样，能向人们指出问题，采取措施来解决这些问题。

下面，举一个前馈控制的例子，如图 15.3 所示是一个销售控制的系统图。

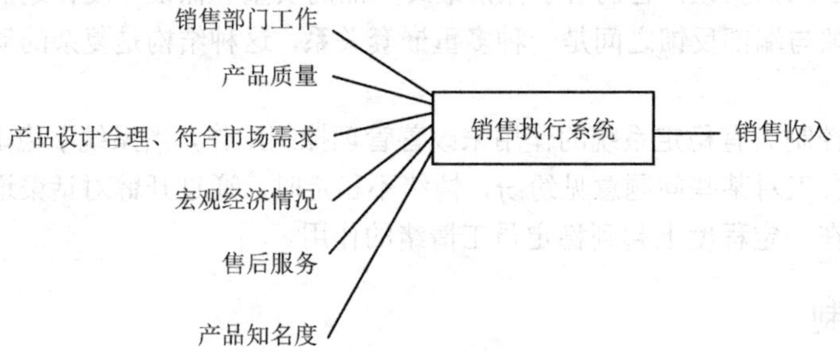

图 15.3　销售控制的系统图

从图 15.3 中可以看出影响销售收入的各个因素，从而采取各种方式去预防可能出现的问题，例如，要对生产的各个环节进行严格的管理以保证产品质量，要加强产品的广告宣传和提高企业形象，要不断设计新的适合市场需求的产品，要使销售渠道畅通，要加强售后服务，在经济萧条时要及时调整销售计划使之符合实际等。

四、3 种控制的主要区别

1. 馈入信息不同

前馈控制是以系统的输入信息为馈入信息，反馈控制是以系统的输出信息为馈入信息，现场控制是以系统计划执行信息为馈入信息。

2. 目的不同

前馈控制是对系统的输入控制，反馈控制是对系统的输出控制，现场控制是对系统的作业进行控制。

五、“防患于未然”的两种方法

1. 采用基于预测的反馈控制

这种方法也就是在获取的系统输出的最新变化信息之后，对系统输出的未来变化趋势进行预测，然后将预测结果与计划目标相比较，在此基础上采取措施，消除系统将要出现的偏差。这里，预测期限的长短，取决于系统时间滞后的长短。在管理工作中可以找到大量基于预测的反馈控制的例子。例如，某公司的销售预测表明，销售额将下降到比预期更低的水平，在这样的情况下，主管人员就会通过制订新的广告宣传计划、增加销售人员和零售网点、开发新产品等措施以改善销售的预期结果。

2. 采用前馈控制

所谓前馈控制，就是观察那些作用于系统的各种可以测量的输入量和主要的扰动量，分析它们对系统输出的影响关系，在这些可测量的输入量和主要扰动量的不利影响产生以前，通过及时采取纠正措施，来消除它们的不利影响。管理工作中广泛地利用前馈控制的优点，将其与反馈控制结合在一起，构成复合控制系统，以改善控制的效果。例如，一个企业的销售计划就是一个销售部门的输入量，而宏观经济形势对于一个销售部门来讲是一个影响因素，也就是扰动量。要想如期达到销售计划规定的目标，必须对宏观经济形势进行分析，特别是在经济萧条时期，要在做销售计划时就拟定有效的促进措施来促进销售。这就是前馈控制。

知识点四 控制工作的基本原理

案例导入：吴牛问喘

古代有一名叫丙吉的宰相，在去吴国巡视的路上遇到杀人案件不予理睬，后来看到一头牛在路边不停地大口喘气，却立即停下来仔细调查。随从很奇怪，问："为什么人命关天的大事你不予理睬，却关心牛的性命？"丙吉说："路遇杀人，自有地方官吏去管，而牛异常喘气，就可能引发瘟疫等关系民生疾苦的问题，这些问题地方官吏和一般人又往往不太注意，因此我要查问清楚。"

请问：这则吴牛问喘的故事能给人们什么启示？

案例解析

如果把"杀人事件"看成例行事项，把"牛喘"看成例外事项，那么就涉及例外管理原理。高层管理者应将例行事项授权给下属去处理，自己只保留对例外事项的决策和监督权。如果不管是例行事项还是例外事项都要事必躬亲，再有能耐的管理者也不会成功。

任何一个负责任的主管人员都希望有一个适宜的、有效的控制系统来帮助他们确保各项活动都符合计划要求。但是，主管人员却往往认识不到他们所进行的控制工作，是必须针对计划要求、组织结构、关键环节和下级主管人员的特点来设计的。他们往往不能全面了解设计控制系统的原理，因此，要使控制工作发挥有效的作用，在建立控制系统时必须遵循一些基本原理。

1. 反映计划要求原理

这条原理可表述为控制是实现计划的保证，控制的目的是为了实现计划，计划越明确、全面和完整，所设计的控制系统越能反映这样的计划，则控制工作也就越有效。

为完成每项计划所进行的控制工作，尽管基本过程是一样的，但在确定以什么为标准、控制哪些关键点和重要参数、收集什么信息、如何收集信息、采用何种方法评定成效，以及由谁来控制和采取纠正措施等方面，都必须按不同计划的特殊要求和具体情况来设计。

2. 组织适宜性原理

组织适宜性原理可以表述为若一个组织结构的设计越明确、完整和完善，所设计的控制系统越符合组织机构中的职责和职务要求，就越有助于纠正脱离计划的偏差。

控制系统必须切合每个主管人员的特点。也就是说，在设计控制系统时，不仅要考虑具体的职务要求，还应考虑担当该项职务的主管人员的个性。

3. 控制关键点原理

控制关键点原理是控制工作的一条重要原理。这条原理可表述为为了进行有效的控制，需要特别注意在根据各种计划来衡量工作成效时有关键意义的那些因素。对一个主管人员来说，随时注意计划执行情况的每个细节，通常很浪费时间精力，而且没有必要。他们只能将注意力集中于计划执行的一些主要影响因素上。事实上，控制了关键点，也就控制了全局。

选择关键控制点的能力是管理工作的一种艺术，有效地控制在很大程度上取决于这种能力。迄今为止，已经开发出了一些有效方法，帮助主管人员在某些控制工作中选择关键点。例如，网络计划技术就是一种在有着多种平行作业的复杂管理活动网络中，寻找关键活动和关键线路的方法，这是一种强有力的系统工程方法。

4．控制趋势原理

这条原理可表述为对控制全局的主管人员来说，重要的是现状所预示的趋势，而不是现状本身。控制变化的趋势比仅仅改善现状重要得多，也困难得多。一般来说，趋势是多种复杂因素综合作用的结果，是在一段较长时期内逐渐形成的，并对管理工作成效起着长期的制约作用。趋势往往容易被现象所掩盖，它不易被察觉，也不易被控制和扭转。

通常，当趋势可以明显地描绘成一条曲线，或可以描述为某种数学模型时，再进行控制就为时已晚了。控制趋势的关键在于从现状中揭示倾向，特别是在趋势刚显露苗头时就敏锐地观察到。这也是一种管理艺术。

5．例外原理

这一原理可表述为主管人员越只注意一些重要的例外偏差，即越把控制的主要注意力集中在那些超出一般情况的特别好和特别坏的情况，控制工作的效能和效率就越高。

在实际运用中，例外原理必须与控制关键点原理相结合。仅仅立足于寻找例外情况是不够的，应把注意力集中在关键点的例外情况的控制上。这两条原理有某些共同之处，但是，应当注意到它们的区别在于，控制关键点原理强调选择控制点，而例外原理则强调观察在这些点上所发生的异常偏差。

6．直接控制原理

直接控制是相对于间接控制而言的。控制工作可以分成两类。① 着眼于发现工作中出现的偏差，分析产生的原因，并追究个人的责任使之改进未来的工作，这称为“间接控制”。② 着眼于培养更好的主管人员，使他们能熟练地应用管理的概念、技术和原理，能以系统的观点来进行和改善他们的管理工作，从而防止出现因管理不善而造成的不良后果，这称为“直接控制”。

一个人，无论他是主管人员还是非主管人员，在工作过程中常常会犯错误，或者往往不能察觉到即将出现的问题。这样，在控制他们的工作时，就只能在出现了偏差后，通过分析偏差产生的原因，再去追究其个人责任，并使他们在今后的工作中加以改正。如前所述，这种控制方式通常称为“间接控制”。显而易见，这种控制的缺陷是在出现了偏差后才去进行纠正。

针对这个缺陷，直接控制原理可表述为主管人员及下属的工作质量越高，就越不需要进行间接控制。这是因为主管人员对他所负担的职务越能胜任，也就越能在事先觉察出偏离计划的误差，并及时采取措施来预防它们的发生。这意味着任何一种控制的最直接方式，就是采取措施来尽可能地保证主管人员的质量。

复习思考题

1. 什么是管理的控制职能？它与其他各项管理职能有什么联系？
2. 控制工作的重要性表现在哪里？
3. 控制工作的过程有哪些步骤？
4. 按照信息反馈和采取纠正措施的时间顺序控制如何分类？如何防患于未然？
5. 控制工作应遵循哪些原理？

知识自测题

（一）单项选择题

1. 控制的前提和依据是（　　）。

A. 组织　　B. 领导　　C. 计划　　D. 协调

2. 下列有关控制工作的描述，不正确的是（　　）。

A. 不是任何组织、任何活动都需要进行控制

B. 控制工作可以减少甚至避免管理失误造成的损失

C. 控制工作与其他管理职能紧密结合在一起，使管理过程形成一个相对封闭的系统

D. 控制工作有可能导致确立新的目标，提出新的计划

3. 现场控制是指在某项活动（　　）。

A. 开始前实施的控制　　B. 进行中实施的控制

C. 发生变化后实施的控制　　D. 出现结果后实施的控制

4. 反馈控制指的是（　　）。

A. 事先控制　　B. 前馈控制

C. 事中控制　　D. 事后控制

5. 为保证教学秩序，教师在课堂上的点名属于（　　）。

A. 前馈控制　　B. 现场控制

C. 反馈控制　　D. 事后控制

6. “治病不如防病，防病不如讲卫生”，这一说法体现了哪种控制方式最重要？（　　）

A. 前馈控制　　B. 现场控制

C. 反馈控制　　D. 事后控制

7. 种庄稼需要水，但这一地区近年老不下雨，怎么办？一种办法是灌溉，以弥补天不下雨的不足；另一种办法是改种耐旱作物，使所种作物与环境相适应。这两种措施分别是（　　）。

A. 纠正偏差和调整计划　　B. 调整计划和纠正偏差

C. 反馈控制和事前控制　　D. 事前控制和反馈控制

（二）多项选择题

1. 下列有关控制工作的描述，正确的有（　　）。

A. 控制的前提和依据是计划

B. 控制工作的目的在于确保原有目标的实现或促进新目标的提出

C. 控制工作与其他管理职能紧密结合在一起，使管理过程形成一个相对封闭的系统

D. 控制工作贯穿于管理活动的全过程

2. 控制的基本步骤包括（　　）。

A. 确定控制标准　　B. 对照标准衡量工作成效

C. 纠正偏差　　D. 修改计划

第十六章 控制方法

有了目标就要设法达到目标，有计划就要有控制。本章将主要介绍几种重要的控制方法，包括对人员行为的控制、视察与报告、程序控制、归因分析、比率分析和对绩效的综合控制。

教学目标

知识点	学习要求	知识分阶
知识点一　对人员行为的控制	理解	必修
知识点二　视察与报告	理解	必修
知识点三　程序控制方法	理解	必修
知识点四　归因分析方法	理解	必修
知识点五　比率分析方法	了解	中级选读
知识点六　对绩效的综合控制	了解	中级选读

学习重点

- 对人员行为的控制
- 视察与报告
- 程序控制方法

知识点一　对人员行为的控制

管理是通过他人的努力来达到目标。在管理的客体中人占有最为重要的地位。人员的行为是组织目标得以实现的保障，人员行为控制并不是限制人员的行为，而是希望人员能按照组织所期望的方式去工作。下面一些方法的运用，可以增大员工按照所期望的方式去工作的可能性。这些方法，包含了前馈控制、现场控制和反馈控制。而对人员行为控制中最为重要的是对人员的动机、能力和思想的控制。

1．配备合适的人员

管理者要善于在工作开始之前为目标和计划的事实配备那些价值观、态度和个性、能力符合组织要求和岗位需求的人。

2．设定明确、具体的目标

当员工接受了具体的目标之后，这些目标在一定程度上就会指导和规定着他们的行为朝着目标所指的方向前进。

3．直接监督

监督人员亲临现场可以约束员工的行为，迅速发现偏离标准的行为。

4．培训

通过培训，可以让员工提高技能、改进态度，从而减少偏差发生的可能性。

5．标准化

建立标准化的规则、政策、岗位职责、操作说明及其他规章制度，可以让员工明白组织需要的行为和禁止的行为分别是什么，从而自觉规范自己的行为。

6．绩效评估

通过绩效评估，员工会按照使各项评价指标都合格的方式去行事。建立一个完善的评估考核制度用于对员工的评估是一种正规的做法，这样，每位员工的表现都可以根据考核制度得到鉴定。员工的业绩好，就可以得到加薪或其他的奖励，这样，他们的工作就会干得更好；员工的业绩达不到，管理者就应该根据偏差采取相应的措施，使已经出现偏差的工作今后不再出现偏差，使出现偏差的人今后不再犯同样的错误。

7．合理的报酬

人们总是按照能得到报酬或奖励的方式去行事，所以，合理的报酬可以强化和鼓励管理者所期望的行为不断出现，同时还能消除不期望的行为。

8．建设组织文化

通过组织文化，可以传递组织需要什么样的人、什么样的行为等信息，在无形中规范约束着组织成员的行为。

教学互动

判断题：对人员行为的控制是工作得以按计划完成的保证。（　　）

知识点二　视察与报告

案例导入：视察与报告的作用

麦当劳快餐店的创始人是克罗克，他不喜欢坐在办公室里，他的大部分工作时间都用在走动管理上，即到下属各公司、部门走走、看看、听听和问问。麦当劳公司曾有一段时间面临严重亏损的危机，克罗克发现其中一个重要原因是公司各职能部门经理有严重的官僚主义，习惯躺在舒适的椅背上指手画脚、抽烟和闲聊。于是，克罗克想出一个奇招，将所有经理椅子的靠背锯掉，开始很多人骂克罗克是一个疯子，但不久大家开始悟出他的一番“苦心”，他们纷纷走出办公室，深入基层，开展“走动管理”，及时了解情况，现场解决问题，终于使公司扭亏为盈。

19 世纪石油巨头成千上万，最后只有洛克菲勒独领风骚，其成功绝非偶然。有关专家在分析他的创富之道时发现，精打细算是他取得成功的主要原因。洛克菲勒踏入社会后的第一个工作，是在一家名为休威·泰德的公司当簿记员，这为他以后的生涯打下了良好的基础。由于他在公司勤恳、认真、严谨，不仅把本职工作做得井井有条，还几次在送交商行的单据上查出了错漏之处，为公司节省了数笔可观的支出，因此深得老板赏识。后来，洛克菲勒在自己的公司中，更是注重成本的节约，提炼加工原油的成本也要计算到3位小数点。为此，他每天早上一上班，就要求公司各部门将一份有关净值的报表送上来。经过多年的商业洗礼，洛克菲勒能够准确地查阅报上来的成本开支、销售及损益等各项数字，以此来考核各部门的工作。1879年，他质问一个炼油厂经理："为什么你们提炼一加仑原油要花1分8厘2毫，而东部的一个炼油厂干同样的工作只要9厘1毫？"就连价值极微的油桶塞子他也不放过，他曾写过这样的信："上个月你厂汇报手头有1 119个塞子，本月初送去你厂10 000个，本月你厂使用9 527个，而现在报告剩余912个，那么其他680个塞子哪里去了？"

请问：克罗克为什么要实行"走动管理"？洛克菲勒为什么如此重视报表？

案例解析

"走动管理"和"报表"都是传统的控制方法。克罗克通过在公司里走一走、看一看能够发现公司的运营中存在的问题，并及时予以纠正，使公司的经营始终不偏离标准。洛克菲勒重视报表的作用，也是因为他通过报表的数字反馈来的信息识别企业当中存在哪些问题，并及时解决这些问题。

一、视察

视察也许算得上一种最古老、最直接的控制方法，它的基本作用就在于获得第一手的信息。基层的主管人员通过视察，可以判断出产量、质量的完成情况以及设备运转情况和劳动纪律的执行情况等；职能部门的主管人员通过视察，可以了解工艺文件是否得到了认真贯彻，生产计划是否按预定进度执行，劳动保护等规章制度是否被严格遵守，以及生产过程中存在哪些偏差和隐患等；而上层主管人员通过视察，可以了解到组织的方针、目标和政策是否深入人心，可以发现职能部门的情况报告是否属实及员工的合理化建议是否得到认真对待，还可以从与员工的交谈中了解他们的情绪和士气等。所有这些，都是主管人员最需要了解的，但却是正式报告中见不到的第一手信息。

但是，视察的优点还不仅仅在于能掌握第一手信息，它还能够使得组织的管理者保持和不断更新自己对组织的感觉，使他们感觉到事情是否进展得顺利及组织这个系统是否运转得正常。视察还能够使得上层主管人员发现被埋没的人才，并从下属的建议中获得不少启发和灵感。此外，亲自视察本身就有一种激励下级的作用，它使得下属感到上级在关心着他们。所以，坚持经常亲临现场视察，有利于创造一种良好的组织气氛。

当然，主管人员也必须注意视察可能引起的消极作用。例如，也存在这样的可能，即下属可能误解上司的视察，将其看作对他们工作的一种干涉和不信任，或者看作不能充分授权的一种表现。这是需要引起注意的。尽管如此，亲临视察的显著好处仍使得一些优秀的管理者始终坚持这种做法。一方面，即使拥有计算机化的现代管理信息系统，计算机提供的实时信息，做出的各种分析，仍然代替不了主管人员的亲身感受、亲自了解。另一方面，管理的对象主要是人，是要推动人们去实现组织目标，而人们所需要的是通过面对面的交往传达关心、理解和信任。

二、报告

报告是用来向负责实施计划的主管人员全面系统地阐述计划的进展情况、存在的问题及原因、已经采取了哪些措施、收到了什么效果、预计可能出现的问题等情况的一种重要方式。控制报告的主要目的是提供一种如有必要，即可用作纠正措施依据的信息。

对控制报告的基本要求是必须做到适时，突出重点，指出例外情况，尽量简明扼要。通常，应用报告进行控制的效果，取决于主管人员对报告的要求。管理实践表明，大多数主管人员对下属应当向他报告什么，缺乏明确的要求。随着组织规模及经营活动规模的日益扩大，管理也日益复杂，而主管人员的精力和时间是有限的，定期的情况报告也就越发显得重要。所以，下属要能够主动报告，要知道主管人员所需要的报告信息，简明扼要地进行报告。

1．主管人员所需要的报告信息

负责实施计划的上层主管人员对掌握情况的需要，可归纳为以下 4 个方面。

1）投入程度。主管人员需要确定他本人的参与程度；他需要逐项确定他应在每项计划上花费多少时间，应介入多深。

2）进展情况。主管人员需要获得哪些应由他向上级和向其他有关单位汇报的有关计划进展情况，例如，我们的进度如何，怎样向我们的客户介绍计划进展情况，在费用方面我们做得如何，如何向客户解释费用问题等。

3）重点情况。主管人员需要在向他汇报的材料中挑选那些应由他本人注意和决策的问题。

4）全面情况。主管人员需要掌握全盘情况，而不能只是了解一些特殊情况。

2．报告应该包括的主要内容

为了满足上级主管人员的上述 4 项要求，美国通用电气公司建立了一种行之有效的报告制度。报告主要包括以下 8 个方面的内容。

1）客户的鉴定意见及自上次会议以来外部的新情况。这方面报告的作用在于使上级主管人员判断情况的复杂程度和严重程度，以便决定它是否介入及介入的程度。

2）进度情况。这方面报告的内容是将工作的实际进度与计划进度进行比较，说明工作的进展情况。通常，拟订工作的进度计划可以采用网络计划技术。对于上层主管人员来说，他所关心的是关键线路上的关键工作的完成情况，因为关键工作若不能按时完成，那么整个工作就有可能误期。

3）费用情况。报告的内容要说明费用开支的情况。同样，要说明费用情况，必须将其余费用开支计划进行比较，并回答实际的费用开支为什么超出了原定计划，以及按此趋势估算的总费用开支情况，特别是超支情况，以便上级主管人员采取措施。

4）技术工作情况。它是表明工作的质量和技术性能的完成情况和目前达到的水平。其中很重要的问题是说明设计更改情况，要说明设计更改的理由和方案，以及这是客户提出的要求还是我们自己做出的决定等。

以上关于进度、费用和技术性能的报告，从 3 个方面说明了计划执行情况。下面是要报告给上层主管人员需要他们决策和采取行动的项目，分为当前的关键问题和预计的关键问题两项。

5）当前的关键问题。报告者需要检查各方面的工作情况，并从所有存在的问题中抽出 3 个最为关键的问题。他不仅要提出问题所在，还须说明对整个计划的影响，列出准备采取的行动，指定解决问题的负责人，以及规定解决问题的期限，并说明最需要上级领导帮助解决的问题所在。

6）预计的关键问题。报告的内容是指出预计的关键问题，同样也需要详细地说明问题，指出其影响，准备采取的行动，指定负责人和解决问题的日期。预计的关键问题对上层主管人员来说特别重要，这不仅为他们制定长期决策提供选择，也因为他们往往容易陷入日常问题而对未来漠不关心。

7）其他情况。报告的内容是提供与计划相关的其他情况。例如，对组织及客户具有特别重要意义的成就、上个计划期的工作绩效及下个计划期的主要任务等。

8）组织方面的情况。报告的内容是向上层领导提交名单，名单上的人员可能会去找这位上层领导，这位领导也需要知道他们的姓名，同时还要审查整个计划的组织工作，包括内部的研制开发队伍及其他的有关机构部门。

知识点三　程序控制方法

一、程序控制的内涵

本书在讨论计划的种类时，已经阐述了程序的概念。程序是操作或事务处理流程的一种描述、计划和规定。组织中常见的程序很多，如决策程序、投资审批程序、主要管理活动的计划与控制程序、会计核算程序、操作程序和工作程序等。凡是连续进行的、由多道工序组成的管理活动和生产技术活动，只要它具有重复发生的性质，就都应当为其制定程序。

程序的作用体现在以下3个方面。

1. 程序是一种计划

它规定了如何处理重复问题及处理物流、资金流和信息流等的例行办法。也就是说，对处理过程包含哪些工作、涉及哪些部门和人员、行进的路线、各部门及有关人员的责任，以及所需的校核、审批、记录、存储和报告等，进行分析、研究和计划，从中找出最简捷的、最有效的和最便于实行的准确方案，要求人们严格遵守。

2. 程序是一种控制标准

它通过文字说明、格式说明和流程图等方式，把一项业务的处理方法规定得一清二楚，从而，既便于执行者遵守，也便于主管人员进行检查和控制。程序所隐含的基本假设是，管理中的种种问题都是因为没有程序或没有遵守程序而造成的。

3. 程序是一种系统

一个复杂的管理程序，如新产品开发和成本核算等，往往涉及多个职能部门、多个工作岗位、不同的主管人员和专业人员；各种计划、记录、账簿、报告，以及各种类型的管理活动，如调研、计划、设计、会审、校核、登账和核算等，因而应将其看作一种系统，用系统观点和系统分析方法来分析和设计程序。从系统的观点来看，一个管理系统的程序化水平是这个系统“有序”程度的一种标志。

二、业务流程图

管理程序分析所依据的理论是管理的原理，分析的工具主要是业务流程图。业务流程图是利用少数具有特定含义的符号和文字说明，形象而具体地描述系统的业务流程，非常直观，便于记忆和分析对比。它不仅可用来设计管理程序，而且也是分析和设计计算机化的管理信息系统的主要工具。例如，图 16.1 所示是各类企业的一般担保业务内控流程。

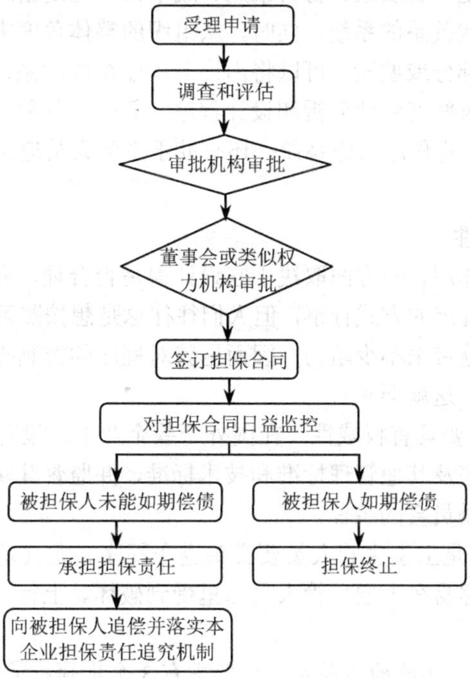

图 16.1　各类企业的一般担保业务内控流程

管理程序的设计和说明，除采用流程图形式外，通常还包括程序说明及对票据与账簿的格式、项目和填写要求说明。

三、程序控制的准则

实践经验表明，主管人员在用程序进行计划和控制时，应遵循以下 4 个准则。

1. 使程序精简到最低限度

对主管人员来说，最重要的准则就是要限制所用程序的数量。程序控制有一些固有的缺点，如增加文书工作的费用，压抑人们的创造性，对改变了的情况不能及时做出反应等，所有这些都是有关主管人员在制定程序之前要反复考虑的。换句话说，主管人员必须在可能得到的效益、必要的灵活性和增加的控制费用之间权衡得失利弊。

2. 确保程序的计划性

既然程序也是计划，因而程序的设计必须考虑有助于实现整个组织的目标和提高整个组织的效率。主管人员应当向自己提出如下的问题并做出满意的回答：程序是否已计划好？如果建立某一程序是必要的，那么设计的程序能否收到预期效果？能否有助于实现计划？例如，材料的发放程序必须起到监督材料的领用、控制材料消耗、加强成本核算、降低成本和提高企业经济效益的作用。

（资料来源：http://sbs.mof.gov.cn/mofhome/kjs/zhengwuxinxi/zhengcejiedu/201006/W020100624327747804469.gif）

3．把程序看作一个系统

任何一个程序，无论是工资发放、材料采购、成本核算还是新产品开发等程序，其本身都是包含着许多活动的呈网状关系的系统。同时，从组织的整体角度来考虑，任何一个程序又都是一个更大的系统的组成部分或要素。可以将由许多程序组成的系统称为程序系统。将程序看作系统，就是要从整体的角度细微地分析和设计程序，务必使各种程序的重复、交叉和矛盾现象减少到最低限度。此外，将程序看作系统，还有助于主管人员追求整体的最优化而不仅是局部的最优化。

4．使程序具有权威性

程序能否发挥应有的作用，一方面取决于它设计得是否合理，另一方面取决于它执行得是否严格。程序要求人们按既定的方式行事，但人们往往总是想按照习惯的方式或随意性的方式处理事情。这就给程序实施带来不少阻力，因而也就对程序的控制提出严格要求，这就是使程序具有权威性。具体来说，这就要求：

1）程序的制定和发布要具有权威性。在国外一些企业中，设有专门的标准委员会，负责统一制定、协调和发布程序及其他管理标准和技术标准，并监督其实施。而且，一般是企业的最高主管者亲自兼任标准委员会的主任。

2）各级主管人员特别是上层主管人员要带头遵守程序。尤其是人事任命、费用开支和投资计划审批的程序等，最容易在上层主管人员那里受到破坏。上行下效，上级不遵守，下级自然会乱来。

3）必须长期坚持对程序实施检查监督。这要求有3个步骤：① 把程序以手册和其他文字形式分发给必须依此办事的人。② 必须使员工懂得为什么这些程序的每个步骤都是必要的，以及设计这些程序想要达到什么目的，并教会员工如何在程序的指导下工作。③ 通过内部审核等职能性活动，定期检查程序的实施情况，特别是要对因违反程序造成的事故和损失进行认真的追究和严肃的处理。

教学互动

选择题：请在如下陈述中，选出你认为错误的陈述。（　　）

A．程序控制是一种前馈控制

B．程序也是计划的一种

C．在出现问题时才需要应用程序控制加以改进

D．程序控制方法在企业的内部控制中大量使用

知识点四　归因分析方法

案例导入：拉上那道窗帘

美国管理界有一个经典的案例：杰克逊纪念大厦外墙受到腐蚀，政府采取了很多措施，花了不少钱但情况仍无改善。政府非常担心，派专家组调查。调查结果如下：原因是墙壁每日被冲洗，导致受腐蚀损害严重。为什么要每日冲洗呢？因为大厦每天被大量的鸟粪弄脏。为什么有那么多鸟粪呢？因为大厦周围聚集了很多燕子。为什么燕子喜欢聚集在这里？因为大厦上有燕子最喜欢吃的蜘蛛。为什么这里的蜘蛛多呢？因为墙上有蜘蛛最喜欢的飞虫。为什

么这里的飞虫多呢？因为飞虫在这里繁殖得快。为什么？因为这里的尘埃最适于飞虫繁殖。为什么？其实这里的尘埃也无特别之处，只是配合了从窗子照射进来的充足阳光，特别刺激飞虫的繁殖欲；大量飞虫聚集在此超常繁殖，于是给蜘蛛提供了超常的美餐；蜘蛛超常聚集又引来燕子聚集流连；燕子吃饱了就在大厦上方便。解决问题的结论就是——拉上窗帘。

请问：这则案例给你什么启示？

案例解析

解决问题需要先找出产生偏差的原因，再采取措施纠正偏差。如果对造成偏差的原因判断得不准确，纠正措施就会无的放矢，不可能奏效。试想，如果不是拉上那道窗帘，而是依旧坚持每日不间断地冲洗大厦的表面，若干年后，杰克逊纪念大厦可能会墙皮脱落，结构毁坏甚至坍塌。归因分析越来越受到人们的重视。归因分析的目的就是找到问题的根本原因，再通过消除诱因的方式，控制事态的发展。

一、归因分析的概念

归因是一种普遍的心理现象。所谓归因，就是人们对自己或他人行为的原因进行推测、判断或解释的过程。在企业管理中，人们往往采用归因分析的方法找到引起问题的原因，再通过消除问题根源的方法来解决问题。

在管理诊断中大量地应用归因分析的方法。企业的管理诊断，可以是全面、系统的诊断，也可以就企业管理的某个方面进行诊断。人们日常所说的管理诊断，主要是指由社会上的有关专家或专业机构，对企业的管理进行的诊断。但是，由于这种诊断不易十分了解企业的具体实际情况，而且耗费的财力较大，一般不宜经常进行。企业的管理者也可以通过归因分析的方法进行自我管理诊断，即管理者对企业出现的问题进行深入分析，找到问题的根源之后采用针对性的有效措施来解决问题。

二、企业自我诊断的步骤

企业管理者在进行自我诊断时，应该按照下述程序进行。

1）调查研究，确定问题。

2）确定产生问题的原因与主要原因。

3）提出解决问题的各种可能的方案。

4）对各种可能的方案进行评价、对比，最终选择优化方案。

5）实施方案。

三、归因分析的两种倾向

罗特（J. Rotter，1966）关于控制源的研究是归因领域中比较有影响的工作。罗特认为，人们对于积极或消极事件原因的预料是各不相同的。有的人认为自己有能力控制事件的发生，罗特称之为内控者；有的人则认为事件的发生与自己无关，而是由外部因素造成的，则被称为外控者。倾向于进行内部归因的人，控制感较强，他们倾向于认为自己是事件发生的原因，行为是受自己支配的，如学习好是因为自己聪明或者自己努力；而倾向于进行外部归因的人控制感较低，他们认为事件都是由自己以外的外部因素造成的，如考得好是因为题目简单、教师教得好、自己运气好。

罗特和他的同事们的研究表明，控制源对成功期望有重要影响。他们发现，在经历成功后，如果被试者将成功归因于自己的技能，那么他们对下次成功的期望就比较高；如果将成功归因于机遇，那么对下次成功的期望就比较低。相反，在经历失败后，如果将失败归因于自己的技能，对下次成功的期望就降低；如果将失败归因于运气，对下次成功的期望就升高。

知识点五　比率分析方法

控制的过程首先要拟定标准，其次要评定活动成效，最后采取纠正措施。在做出有关一个组织的经营活动是否有显著成效的结论之前，必须首先明确比较的标准。在这个过程中，必须选择一些指标，用这些指标明确标准，并且还要用这些指标来评定活动的成效。而采用比率分析的方法确定比较的指标是最为常用的方法。

一般来说，仅从有关组织经营管理工作成效的绝对数量的度量中是很难得出正确的结论的。对于组织经营活动中的各种不同度量之间的比率分析，是一项非常有益的和必需的控制技术和方法。“有比较才会有鉴别”，也就是说，信息都是通过事物之间的差异来传达的。

例如，仅从一个企业年创利 1 000 万元这个数字上很难得出什么明确的概念，因为不知道这个企业的销售额是多少，不知道它的资金总数是多少，不知道它所处的行业的平均利润水平是多少，也不知道该企业上年和历年实现利润是多少，等等。而这些都需要使用比率来进行说明，例如，可以用销售利润率说明利润在销售额中所占的比重，可以用资本金利润率说明一定时期企业投入资本的获利水平，可以用利润增长环比来确定利润的增长速度。

企业经营活动分析中常用的比率可以分为两大类，即财务比率和经营比率。前者主要用于说明企业的财务状况；后者主要用于说明企业经营活动的状况。

一、财务比率

企业的财务状况综合地反映企业的生产经营情况。通过财务状况的分析可以迅速地、全面地了解一个企业的资金来源和资金运用的情况，了解企业资金利用的效果及企业的支付能力和清偿债务的能力。常用的财务分析比率有以下 8 个。

1．资本金利润率、资本金增值率

对一个企业来说，分析其资本金利用效果的出发点和归宿，会使用资本金利润率这一重要指标。它是财务绩效的最佳衡量尺度，是一种高度综合的计量比率。资本金利润率的计算公式为

$$资本金利润率=\frac{利润总额}{资本金总额}\times 100\%$$

式中，利润总额指的是税前利润；资本金总额指的是企业在工商管理部门登记的注册资金。

资本金利润率说明的是一定时期企业投入资本的获利水平，它是直接衡量企业经营成果的尺度，具有重要的现实经济意义，企业人、财、物、供、产和销等方面工作的好与坏，都会影响这项指标。企业的固定资产利用率高、流动资产周转速度快，用同样的资本可完成更多的财务成果。资本金利润率应高于银行存款利率或债券利率，企业才能继续经营下去。

国有企业为了考察一定时期资本金的增值情况，一般应用资本金增值率指标。其计算公式为

$$资本金增值率=\frac{资本金年末数-资本金年初数}{资本金年初余额}\times 100\%$$

2．销售利润率、营业利润率

销售利润率，或称销售收入利润率，是反映实现的利润在销售收入或营业收入中所占的比重。比重越大，表明其获利的能力越高，经济效益越好。其计算公式为

$$销售利润率=\frac{利润总额}{产品销售收入（或营业收入）}\times 100\%$$

营业利润率是衡量企业营业净收入获取赢利的指标。其计算公式为

$$营业利润率=\frac{利润总额-销售税金}{营业收入总额}\times 100\%$$

3．成本费用利润率

成本费用利润率是指利润总额与营业成本和销售成本之间的比率。它是衡量企业营业成本、各项费用获利水平的指标，表明企业在成本降低方面取得的经济效益如何。其计算公式为

$$成本费用利润率=\frac{利润总额}{产品销售成本}\times 100\%$$

销售利润率、成本费用利润率均是收益性指标，受企业机械化、自动化程度的影响，但不受生产规模大小的影响，因而可以比较本企业不同时期的经济效益。

以上 3 种指标属于评价企业赢利能力的比率指标，分析这些指标的目的在于考察企业一定时期实现企业总目标的收益及获利能力，分析企业用一定的劳动占用和劳动耗费会取得多少盈利。

4．资产负债率

资产负债率是指企业负债总额与企业全部资产的比率，即在企业全部资产中负债总额占多大比重，用以衡量企业利用债权人提供资金进行经营活动的能力，也就是反映债权人借出资金的安全程度。因此，它是企业长期偿债能力的晴雨表，负债的比例越低，表明企业的偿债能力越强，债权人得到保障的程度越高。其计算公式为

$$资产负债率=\frac{负债总额}{全部资产总额}\times 100\%$$

5．流动比率

流动比率是指流动资产与流动负债的比率，它用以衡量企业流动资产在短期债务到期以前，可以变为现金用于偿还流动负债的能力。其计算公式为

$$流动比率=\frac{流动资产合计数}{流动负债}\times 100\%$$

企业流动资产大于流动负债，一般表明企业偿还短期债务的能力强。同时，用流动比率去衡量企业资产的流动性。一般要求企业的流动资产在清偿流动负债以后，应基本满足日常生产经营中的资金需要，但并不意味着流动比率越大越好。从企业的角度看，过大的流动比率说明经营管理不善，因为它很可能是一种不能利用的现金、超出周转需要的各种存货和造成过于扩张的应收账款这种拙劣的赊销经营方式的一种信号，这也就意味着企业流动资产占用较多，会

影响企业经营资金周转效率和获利能力，同时，企业很可能没有充分利用它当前短期信贷的能力。当然，如果比率过低，说明企业偿债能力较差。经验表明，2:1 左右的流动比率对于大多数企业来说是比较适合的。但各行各业生产经营方式不同、生产周期不同，对资产流动性的要求并不一致。因此，要根据不同情况确定标准比率，作为考核的尺度。

6．速动比率

速动比率是指企业速动资产与流动负债的比率。所谓速动资产是指流动资产减去存货等非速动资产后的差额。其计算公式为

$$速动比率=\frac{速动资产}{流动负债}\times 100\%$$

速动比率是衡量企业短期偿债能力的指标，反映企业流动资产中可以立即用于偿付流动负债的能力。速动资产具体来讲，只包括流动资产中的现金、银行存款、应收票据、短期投资、应收账款和有价证券等能变现的资产。国外有些公司又将速动比率称为“酸性试验率”。所谓“酸性试验”是指足以证明某事物价值的决定性的测验。速动比率的目的是要测试假设存货根本没有什么价值可以留下时，在真正的危机出现的情况下，偿还流动负债的能力有多大。作为企业面临困境时对偿付能力的有效测量，这种比率是非常有用的。一般认为这个比率低于 0.6，就说明某些事情或某些地方可能很糟糕；而低于 0.4，就已经接近了破产的边缘。在美国，一般认为这个比率应在 100%以上为好。但是，从经营的动态性角度来看，速动比率应为多少合适，最好还应同时分析一下企业在未来时期的经营情况。

以上 3 种比率，是用于评价企业偿债能力的指标。企业在经营中需要从银行和其他途径获得贷款和投资。作为贷款者或投资者必然有两方面的考虑，他们既乐于投资到一家经营成功的企业中，但又非常小心地判断该企业有无发生清算破产的可能性及收不回其资金的风险。因此，贷款者和投资者通常使用上述这 3 种比率来估计企业支付能力和偿还债务的能力。

7．应收账款周转率

应收账款周转率是指企业赊销收入净额与平均应收账款余额的比率。它是衡量企业收回应收账款效率的指标，反映企业应收账款的流动程度。其计算公式为

$$应收账款周转率=\frac{赊销收入净额}{平均应收账款余额}\times 100\%$$

式中，应收账款周转率反映的是企业一定时期内销售债权（应收账款的累计发生数）与期末应收账款平均余额之比，表明销售债权的收回速度。收回速度越快，说明资产的利用效率越高。

8．存货周转率

存货周转率是指销货成本与平均存货的比率。它是衡量企业销售能力和管理存货效率的指标。其计算公式为

$$存货周转率=\frac{销货成本}{平均存货}\times 100\%$$

式中，$平均存货=\frac{期初存货+期末存货}{2}$

存货周转率反映企业存货在一定时期内使用和利用的程度，即利用存货的效率如何，或者存货是否过量。在一定时期内周转率越高，以及周转次数越多，周转一次所需的时间越少，表

明资产的利用效率越高。

以上两个比率是用于分析企业营运能力的指标。

上述3类8个财务比率分别从不同的方面反映了企业的财务状况和经营状况。

二、经营比率

前面已指出，财务比率是衡量一个企业生产经营状况和财务状况的综合性指标。除此以外，还有一些更直接的比率，可以用来进一步说明企业的经营情况。这些比率称为经营比率，常用的有以下3种。

1. 市场占有率

市场占有率又称市场份额，指的是企业的主要产品在该种产品的市场销售总额中所占的比重。对大公司来说，这是一个最重要的经营比率，是应当为之奋斗和捍卫的目标。因为只有取得了稳定的市场占有率，企业才能在激烈的市场竞争中取胜，才能获得可观的利润。而市场占有率下降，是一个企业开始衰退的最显著特征。值得注意的是，市场占有率的下降，可能被销售额的缓慢增长所掩盖。例如，当一家公司在一个增长率为10%的市场中年销售额增加5%，这仍然说明它的市场占有率在下降。

2. 相对市场占有率

当缺乏总的市场规模的统计资料时，可以采用相对市场占有率作为衡量的指标。常用的相对市场占有率指标有两种：一种是某公司的销售量与该公司所在市场中占领先地位的最大的前3名竞争对手销售量总和的百分比；另一种是与最大的公司销售量的百分比。

3. 投入—产出比率

投入—产出比率是对投入利用效能的直接测量标准。其中，一些比率采用的是实物计量单位。下面是几项常见的投入与产出之间的测量标准。

1）投入方面包括工资奖金、实用工时、生产能力、主要原材料和能源消耗等。

2）产出方面包括产品产量、销售量、销售收入和工业总产值等。

几乎每项投入都能够同产出的任何一项对应成一对比率，以衡量某一方面的经营或管理效果和效率。例如，工业总产值比工时总数为小时劳动生产率，能源消耗量与工业总产值之比为产值能耗率，等等。

知识点六　对绩效的综合控制

在一些实行分权管理和事业部制的企业中，如何对那些具有相对独立性的单位或部门的经营绩效进行有效的控制，在不干预企业内部管理过程的前提下使之达到预期的目标，需要有一些有效的综合控制方法。

综合控制首先要解决的问题是确定衡量全部绩效的标准。从根本上说，衡量一个组织全部工作绩效的综合标准和最终标准应是经济方面的指标，对企业来讲就是利润和利润率。因此，一般来说，综合控制主要是财务方面的控制，也就是说从财务的角度控制那些直接影响经济指标大小的因素，对于企业来说就是影响利润和利润率的因素，如投资、收入、支出和负债等。这方面的主要方法包括预算控制、损益控制法与投资报酬率控制法等。其中，预算控制法是前馈控制方法，损益控制法和投资报酬率控制法是反馈控制方法。

一、预算控制法

西方与中国习惯所用的预算概念，在含义上有所不同。在中国，预算一般是指经法定程序批准的政府部门、事业单位和企业在一定期间的收支预计；而西方的预算概念则是指计划的数量说明，不仅是在金额方面的反映。

预算是用数字编制未来某一时期的计划。在管理控制中使用最广泛的一种控制方法就是预算控制。预算最清楚地表明了计划与控制的紧密联系，是计划的数量表现。预算的编制是作为计划过程的一部分开始的，而预算本身则是计划过程的终点，是一种转化为控制标准的计划。

编制预算实际上就是控制过程的第一步——拟定标准。由于预算是以数量化的方式来表明管理工作的标准，从而本身就具有可考核性，有利于根据标准来评定工作成效，找出偏差，并采取纠正措施，消除偏差。无疑，编制预算能使确定目标和拟定标准的计划工作得到改进。但是，预算的最大价值还在于它对改进协调和控制的贡献。当为组织各部门都编制了预算后，就为协调组织活动提供了基础。同时，由于对预期结果的偏离将更容易被查明和评定，预算也为控制工作中的纠正措施奠定了基础。所以，预算可以导致更好的计划和协调，并为控制提供基础，这正是预算编制的基本目的。

如果要使一项预算对任何一级的主管人员真正具有指导和约束作用，预算就必须反映该组织的机构状况。只有充分按照各部门业务工作的需要来制订、协调并完善计划，才有可能编制一个足以作为控制手段的分部门的预算。把各种计划缩略为一些确切的数字，可以使主管人员清楚地看到哪些资金将由谁来使用，将在哪些单位使用，并涉及哪些费用开支计划、收入计划和以实物表示的投入量和产出量计划。主管人员明确了这些情况，就有可能放手授权给下属，以便使之在预算的限度内实施计划。

经营预算形式上是一整套预计的财务报表和其他附表。按照不同的内容，可以将预算分为经营预算、投资预算和财务预算三大类。

1. 经营预算

经营预算是指企业日常发生的各项基本活动的预算。它主要包括销售预算、生产预算、直接材料采购预算、直接人工预算、制造费用预算、单位生产成本预算、推销及管理费用预算等。其中，最基本和最关键的是销售预算，它是销售预测正式的、详细的说明。由于销售预测是计划的基础，加之企业主要是靠销售产品和服务所提供的收入来维持经营费用的支出和获利的，所以销售预算也就成为预算控制的基础。生产预算是根据销售预算中的预计销售量，按产品品种和数量分别编制的。在生产预算编好后，还应根据分季度的预计销售量，经过对生产能力的平衡，排出分季度的生产进度日程表，或称为生产计划大纲，在生产预算和生产进度日程表的基础上，可以编制直接材料采购预算、直接人工预算和制造费用预算。这3项预算构成对企业生产成本的统计，而推销及管理费用预算，则包括制造业务范围以外预计发生的各种费用的明细项目，如销售费用、广告费和运输费等。对于实行标准成本控制的企业，还需要编制单位生产成本预算。

2. 投资预算

投资预算是对企业固定资产的购置、扩建、改造和更新等，在可行性研究的基础上编制预算。它具体反映在何时进行投资，投资多少，资金从何处取得，何时可获得收益，每年的现金净流量为多少，需要多少时间全部回收投资等。由于投资的资金来源往往是企业的固定因素之一，而对厂房和设备等固定资产的投资服务又往往需要很长时间才能回收，所以，投资预算应当力求和企业的战略及长期计划紧密联系在一起。

3. 财务预算

财务预算是指企业在计划期内反映有关预计现金收支、经营成果和财务状况的预算。它主要包括现金预算、预计收益表和预计资产负债表。必须指出的是，前述的各种经营预算和投资预算中的资料，都可以折算成金额反映在财务预算内。这样，财务预算就成为各项经营业务和投资的整体计划，也称“总预算”。

（1）现金预算

现金预算主要反映计划期间预计的现金收支的详细情况。在完成了初步的现金预算后，就可以知道企业在计划期间需要多少资金，财务主管人员就可以预先安排和筹措，以满足资金的需求。为了有计划地安排和筹措资金，提高资金的周转速度和利用率，现金预算的编制期应越短越好。西方国家有不少企业以周为单位，逐周编制预算，甚至还有按天编制的。中国最常见的是按季和按月进行编制。

（2）预计收益表（或称为预计利润表）

预计收益表是用来综合反映企业在计划期间生产经营的财务情况，并作为预计企业经营活动最终成果的重要依据，是企业财务预算中最主要的预算表之一。

（3）预计资产负债表

预计资产负债表主要用来反映企业在计划期末那一天预计的财务状况。它的编制需以计划期间开始日的资产负债表为基础，然后根据计划期间各项预算的有关资料进行必要的调整。

综上所述，企业的预算实际上是包括经营预算、投资预算和财务预算三大类，由各种不同的个别预算所组成的预算体系。各种预算之间的主要关系如图 16.2 所示。

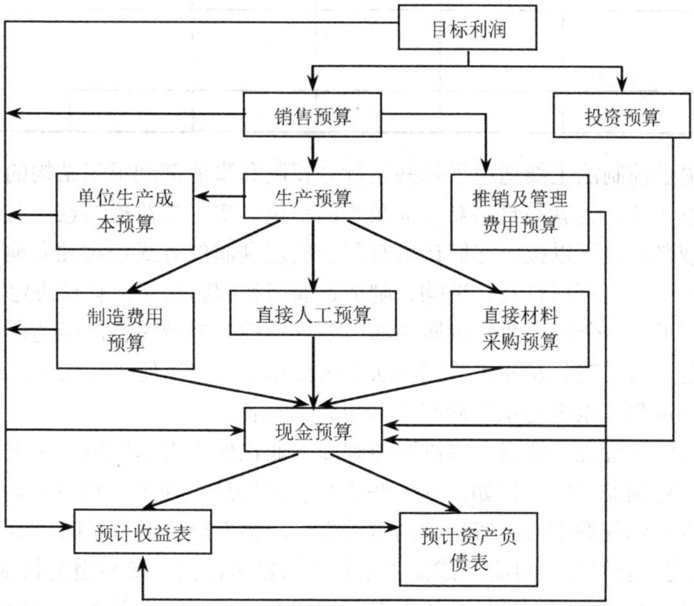

图 16.2　各种预算之间的主要关系

二、损益控制法

损益控制法是根据一个企业的损益表，对其经营和管理成效进行综合控制的方法。由于损益表能够反映企业在一定期间内收入与支出的具体情况，从而有助于从收支方面说明影响企业绩效的直接原因，并有利于从收入和支出方面进一步查明影响利润的原因。所以，损益控制的实质，是对利润和直接影响利润的因素进行控制。显然，如果损益表能采取预测的形式，将会使控制更为有效。表16.1所示是一份某企业上半年的损益表，通过将其与计划和去年同期的损益表进行对比，就可发现许多造成利润下降的问题。

表16.1 某企业上半年的损益表

项目	本期		去年同期		计划	
	本期数	累计数	本期数	累计数	本期数	累计数
一、产品销售收入						
减：产品销售成本						
产品销售费用						
产品销售税金及附加						
二、产品销售利润						
加：其他业务利润						
减：管理费用						
财务费用						
三、营业利润						
加：投资收益						
营业外收入						
减：营业外支出						
四、利润总额						
减：所得税						
五、净利润						

一般来说，损益控制法主要适用于那些实行分权制和事业部制组织结构的企业，它将受控制的单位看作利润中心，也就是直接对利润负责的单位。实行损益控制意味着充分授权。作为利润中心的单位或部门，可以按照它们认为有利于实现利润的方式相对独立地开展经营。它们往往有权决定销售价格；有权订货、采购、制造、雇用和解聘员工；有权决定工资及奖金的分配制度等。由此可见，一个组织及其所属各部门各单位的职能越完善，就越有利于实行严格的损益控制法。反之，为了充分发挥损益控制法的积极作用，应当使控制的单位或部门的职能尽可能完整，从而能够最大限度地承担起对利润负责的责任。

由于损益控制法的优点，使得一些以职能制和专业化原则为基础组织起来的企业，在其内部的部门之间也实行损益控制。例如，在一些大型机械制造企业中，将铸造、热处理、钣金、加工和装配车间也看作利润中心。铸造车间将铸件“出售”给机加工车间，后者将它的半成品“出售”给装配车间，装配车间再将产成品“出售”给销售部门，最后由销售部门出售给客户。严格来说，这种形式的利润中心只是一种模拟利润中心，相应的损益控制是模拟损益控制。这种情况下，利润是根据预先制定的内部转移价格来计算的。这种模拟损益控制的好处是，可以强化企业内部各部门的经济责任，强化各部门主管人员的成本意识和质量意识，使部门的目标与组织的目标取得较大程度的一致性。当然，这种做法也存在一些缺点。一个主要的缺点是，内部转移价格的制定和核算工作要花费大量的精力，而且很难完全准确，从而使内部利润并不能真正反映一个部门的工作绩效，结果形成“假账真算”，失去了应有的控制作用。所以，损益控制只适用于产品比较单一、生产相对稳定、管理基础工作较好的企业，一般不适用于政府部门或企业的职能管理部门。

三、投资报酬率控制法

投资报酬率控制法是以利润额和投资额之比，从绝对数量和相对数量方面来衡量整个企业或企业内部某一部门的绩效。这种方法与损益控制法的主要区别在于，它不是把利润看成一个绝对数字，而是把它理解为企业利用投资的效果。由于企业投资最终来源于利润，所以，如果企业的投资报酬率相当于或者甚至低于银行利率，那么企业的投资来源便会趋于枯竭，从而使企业发展陷于停滞。所以，企业的目标不仅是最大限度的利润额，更应当是最大限度的投资报酬率。投资报酬率的计算方法为

$$\text{投资报酬率}=\frac{\text{利润总额}}{\text{投资总额}}\times 100\%$$

可将此公式变形为

$$\text{投资报酬率}=\frac{\text{利润总额}}{\text{产品销售收入}}\times\frac{\text{产品销售收入}}{\text{投资总额}}$$

式中，利润总额与产品销售收入之比是销售利润率；产品销售收入与投资总额之比是投资周转率。上式可改写为

$$\text{投资报酬率}=\text{销售利润率}\times\text{投资周转率}$$

对销售利润率和投资周转率的进一步分析和分解，可以透视出企业各方面的财务情况和经营效果。如图 16.3 所示清楚地反映了影响投资报酬率的各种因素之间的相互关系。

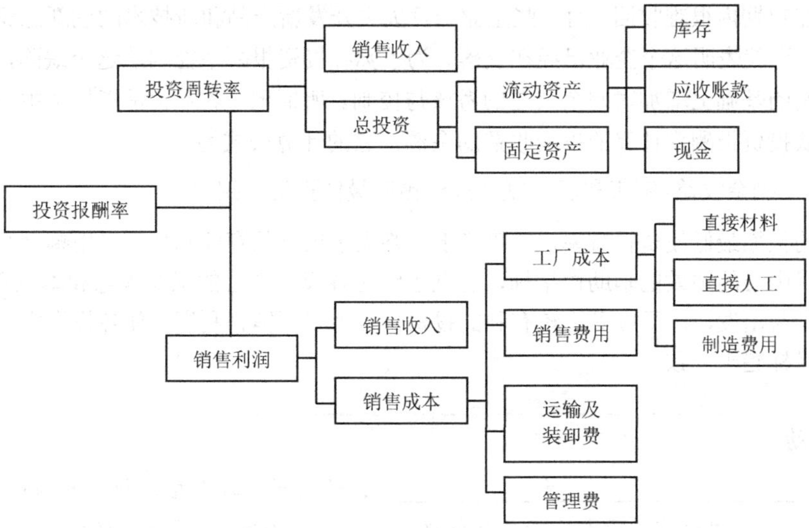

图 16.3　影响投资报酬率的各种因素之间的关系

投资报酬率主要用于那些实行分权制或事业部制管理体制的企业的内部控制。在这种体制下，事业部不仅是利润中心，还是投资中心。也就是说它不仅需对成本、收入和利润负责，还

要对所占用的全部投资（全部固定资产和流动资产）承担责任。这就有助于使事业部的主管人员从企业最高主管部门的角度来考虑自己的经营问题，有助于克服争投资、买设备、上项目，而不顾投资效果的倾向，使经营行为合理化，各个分权单位的目标与企业目标取得最大限度的一致。

在那些典型的按职能和直线制组织起来的企业中，可以将投资报酬率控制法应用在不同的产品系列中。这需要按不同的产品系列分摊销售收入、销售费用、工厂成本及固定资产和流动资产。其中，直接成本的分摊比较简单，间接成本分摊可以按工时和其他标准进行。销售费用可以按销售额分摊。此外，现金、应收账款也可按销售额分摊，库存可以按产品系列分摊。固定资产的分摊比较困难，但如果生产组织是按产品专业化原则设计的，则分摊就容易得多。如果上述分摊工作进行得比较细微和准确，那么投资报酬率就可以显示出资金投在哪些产品上才是最有利的，哪些产品是企业的优势产品，哪些产品已经过了其发展巅峰进入衰退期，从而资金及其他资源应从这些产品中转移到其他优势产品和新产品中去，等等。

尽管投资报酬率控制法有显著的优越性，但要建立一个投资报酬率控制系统却不是一件轻而易举的事。最大的困难也许是在观念方面，企业的部门主管人员习惯于从职能和专业的角度看待经营和管理问题，要使他们按损益控制法的要求来考虑经营和管理问题，就已经很不容易了；若要求他们按投资报酬率控制法来考虑问题和做决策，则会更加困难。此外，从会计核算和财务的角度看，也有一些问题，例如，究竟应当按固定资产原值或重置成本来计算，还是按折旧后的固定资产净值来计算，这应当慎重考虑。按重置成本来计算的办法可比性高，并可避免因固定资产使用年限延长而出现投资报酬率虚增的现象；按净值来计算的办法则强调在固定资产发挥作用期间，折旧基金可以重新作为投资形成新的固定资产或用作流动资产，因而按照同样的投资报酬率考核这部分资金的运用效果，这样一来，投资收益的主要控制重点是放在新置的固定资产上，而不是放在已经陈旧和损耗的固定资产上。

必须注意的是，投资报酬率控制法可能会出现消极作用。由于投资报酬率一般以高于资金成本的一定比率作为最低标准，所以，它不利于促使事业部的主管人员向新产品和新技术投资，因为这样的投资在短期内很难收回。而一些企业一旦失去开发新产品和新技术的创新意识和敢于冒风险的意识，那就表明这个企业已经在衰落。为了弥补投资报酬率控制法这个缺陷，可以在投资报酬率控制的基础上增加对剩余收益的考核与控制。所谓剩余收益，是指投资中心的销售利润减去按最低投资报酬率计算的投资收益的余额。它的计算公式为

$$剩余收益=销售利润-（总投资\times预期最低投资报酬率）$$

上述公式中的预期最低投资报酬率，一般等于或略大于银行的存款利率。采用剩余收益作为评估与考核投资中心的绩效的辅助性指标，有利于防止各投资中心的保守观念和本位主义，促使它们从整体利益出发，乐于接受比较有利的投资，努力多创销售利润，使各投资中心的目标和整个企业的目标趋于一致。

教学互动

填空题：__________、__________和__________，适用于对具有相对独立性的单位或部门进行有效的控制，可以在不干预企业内部管理过程的前提下使之达到预期的目标。

复习思考题

1. 如何对人员的行为进行控制？
2. 视察与报告的作用是什么？
3. 什么是程序控制？如何制定程序？
4. 比率分析方法的目的是什么？
5. 为什么要进行归因分析？
6. 什么是预算控制？预算分为哪几类？
7. 简述损益控制法和投资报酬率控制法。

知识自测题

判断题

1. 许多控制方法同时也是计划方法。这就再次说明了一个客观事实，即控制和计划是一个问题的两个方面。(　　)

2. 视察与报告的作用是一样的。(　　)

3. 主管人员所需要的报告信息主要包括投入程度、进展情况、重点情况和全面情况 4 个方面。(　　)

4. 在西方，预算一般指经法定程序批准的政府部门、事业单位和企业在一定期间的收支预计，仅仅是金额方面的反映。(　　)

5. 按照不同的内容，可以将预算分为经营预算、投资预算和财务预算三大类。(　　)

6. 程序是一种控制标准，可以通过文字说明、格式说明和流程图等方式来描述程序。(　　)

7. 复杂的程序比简单的程序更利于管理控制。(　　)

8. 程序的制定要经过认真论证后再执行，程序的执行要严格。(　　)

9. 因为“有比较才会有鉴别”，所以比率分析是一种有益和必需的控制方法。(　　)

10. 只有社会上的有关专家或专业机构才能对企业的管理进行诊断。(　　)

案例讨论：为何要开经营分析会

中升（化名）公司是珠三角某地的知名制造企业，在行业中处于前五名地位，但最近几年来，增长陷入了停滞。该企业老板于是找到了咨询机构，当时的情况是：企业每年旺季都会有资金的缺口，新建生产基地需要大批投资，这使得资金更是处于紧张的状态；经营上客户经常投诉公司货物不及时运到，而销售部门常反映工厂生产跟不上，工厂常反映自己的问题是采购跟不上，采购常反映自己的问题是财务的资金保障跟不上，财务常反映自己的问题是销售部门的回款跟不上。

咨询公司进场诊断时发现，该企业的财务很不规范，财务负责人、采购负责人均由老板娘负责，老板娘没有受过系统的教育，也没有规范化操作的经验，结果企业的财务一团糟。一方面，企业的 ERP 系统存有问题，花 10 多万元引进的 ERP 系统仅有数据查询的功能，但查一个数据要等上 10 多分钟；另一方面，企业财务部门每个月仅提供损益表，告诉老板赚了多少钱，并没有对经营数据进行分析。咨询机构建议：企业要先引入专业的 ERP 软件系统和职业化的财务总监与成本经理；人员和软件系统到位后，再引入经营分析会，用经营分析会来指导、带动企业的管理。中升公司在引入职业化的财务总监及具有专业水平的成本经理后，经过选型，花了 100 多万元引入了国内某知名软件公司的 ERP 系统。ERP 系统上线稳定后，立即进行了第一次经营分析会。

第一次经营分析会，中升公司财务总监演示了月度经营分析结果，发现：① 中升公司的滞期库存达 2000 多万元，基本上都是客户由于种种原因取消订单导致的，但公司领导、销售部、工厂计划管理部之前都没有采取行动。② 公司的逾期应收款有 5000 多万元，其中有 1000 多万元时间较长，有坏账的风险，公司对销售团队并没有施加回款压力，销售团队也没有制订有针对性的催款计划。③ 公司对客户的管理比较薄弱，客户总数有几千个，但几十个大客户却占了 80%以上的销售份额，而这几十个大客户，份额都还有较大的提升空间，针对此种情况，公司以前并没有在销售政策上对大客户做出倾斜。④ 公司在供应链的管理上较不规范，月度的采购计划比较随意，和月度的销售计划不匹配；大宗原材料的采购并没有进行战略采购，经常由于材料市场的波动而吃亏；对供应商的管理比较薄弱，供货份额的分配没有标准，甚至某些经常发生退货的供应商仍占有不低的份额。⑤ 工厂部分车间能耗处于较不正常的水平、人均效益低于正常水平、质量损失超过了规定标准，但制造厂长在月度总结中并没有做出合理解释。⑥ 公司的产品结构不合理，某主要产品由于材料价格变动影响出现了亏损（边际收益低于边际成本），但销售部门仍在大力倾销此产品；中升公司的主要产品销售毛利率低于行业领头羊，高销售毛利率的产品却没有受到销售部门的重视，部分高毛利产品更是有退货发生，但负责研发的研究院一直没有拿出合理的解决方案。

第一次经营分析会，财务部门做了大量的准备，中升公司存在的主要问题都得到了暴露。但在这次经营分析会上，由于其他相关部门都是第一次参加经营分析会，所以并没有针对问题的质询有深入的答复。会后管理顾问建议，继续完善经营分析会的形式和内涵。在第二次经营分析会前，财务部同相关业务部门进行了问题的沟通，业务部门自身进行了问题的深入调查和分析，并在会议上向公司老板进行解释和答复。根据解释和答复，企业老板明确了下个月的计划。

以下是中升公司第二次会议后的决议：① 营销部门要在一个月内出台“客户管理办法”，深入解决客户分类管理问题。② 财务部门会同销售部门，尽快处理滞期应收款问题，要求在会后 5 天内拿出具体的行动计划，在 3 个月内完成清理。③ 企业的产品结构问题，会后另选时间召开专题会议，讨论解决。④ 供应链管理部要在 2 周内修订“采购管理办法”，并重点解决采购计划的管理问题；供应链管理部统筹、会同财务部、制造工厂，要在 1 个月内出台“供应商管理办法”，重点解决供应商评审、战略采购等问题。⑤ 仓库、财务部需检讨滞期库存问题，并要求会同计划管理部、销售部、制造工厂、采购部在一周内拿出解决办法。⑥ 研发研究院会同制造工厂，尽快完善某产品的工艺问题，要求在 2 个月内完成整改。⑦ 制造工厂针对某设备的能耗问题，建议考虑更换设备，要求工厂厂长尽快拿出设备的更换方案。⑧ 企业的资金紧张问题，考虑到国内收缩银根，决定向香港某银行贷款，由财务负责人尽快接洽和处理。

? 请问：企业为什么要开经营分析会？经营分析会为什么那么重要？在中升公司的经营分析会中都采用了哪些控制方法？

第七篇

创　新

第十七章 创新的概述

创新已成为当前社会媒体中使用频率最高的词汇之一。面对越来越激烈的市场竞争，任何一个企业都比以往更加深刻地意识到创新是企业竞争力的源泉。不仅如此，创新还是一个民族进步的灵魂，也是推动社会发展的动力。因此，创新活动已逐渐成为管理的重要对象和内容。

教学目标

知识点	学习要求	知识分阶
知识点一　创新的定义	掌握	必修
知识点二　创新的类型	掌握	必修
知识点三　创新的来源和创新主体	理解	中级选读

学习重点

- 创新的定义
- 创新的类型

知识点一　创新的定义

一、创新的一般含义

一般来讲，创新（innovation）是指新事物及产生新事物的过程，包括任何新的思想、新的实践或新的制造物。从这一意义上讲，创新是普遍存在的，任何个人、组织都可以是创新者。

二、管理学界对创新的定义

在经济学和管理学领域，创新是有其特定含义的，在学术文献中，创新主要是指企业的创新，且基本等同于技术创新。

首先在经济学领域中明确创新的作用的，是美籍奥地利经济学家约瑟夫·熊彼特（Joseph Alois Schumpeter，1883—1950），在1912年，他以德文出版的《经济发展理论》一书，是创新经济学诞生的标志。他使用“创新”这一概念建立起自己的经济理论体系，将创新定义为“新的生产函数的建立”，即“企业家对生产要素的新组合”，具体来说包括 5 种情况：① 引入一种新产品。② 引入一种新的生产方法。③ 开辟一个新的市场。④ 获得原材料或半成品的一种新的供应来源。⑤ 实现一种新的工业组织形式。

在熊彼特之后，特别是在 20 世纪 60 年代之后，众多的学者和研究团体开始进行有关创新的研究，令创新的定义逐步成熟，并将其进一步明确为技术创新。

1）1962 年，伊诺思（J. I. Enos）在《石油加工业中的发明与创新》一书中从行为集合的角度定义技术创新为“几种行为综合的结果，这些行为包括发明的选择、资本投入保证、组织建立、制订计划、招用工人和开辟市场等”。

2）1974 年，厄特巴克（J. M. UMerback）在《产业创新与技术扩散》一书中认为“创新就是技术的实际采用或首次应用”。

3）美国国家科学基金会的研究报告《1976：科学指示器》，将创新定义为“将新的或改进的产品、过程或服务引入市场”。

4）弗里曼（C. Freeman）在 1982 年的《工业创新经济学》修订本中指出，技术创新就是指新产品、新过程、新系统和新服务的首次商业化。

5）中国清华大学傅家骥教授对技术创新的定义是企业家抓住市场的潜在赢利机会，以获取商业利益为目标，重新组织生产条件和要素，建立起效能更强、效率更高和费用更低的生产经营方法，从而推出新的产品、新的生产（工艺）方法，开辟新的市场，获得新的原材料或半成品供给来源或建立企业新的组织，它包括科技、组织、商业和金融等一系列活动的综合过程。

以上定义基本沿用了熊彼特的创新概念，即强调技术的应用和商业化。可以看出，这些定义并没有明显的差异，都涉及技术、首次应用、商业化（或市场化）几个要素，主要的差异点在于对技术本身含义及其技术应用领域的界定。技术这个词包含很多种意义和内涵，广义地讲，技术是人类为实现社会需要而创造和发展起来的手段、方法和技能的综合。例如，《美国国家技术教育标准》中指出：技术可以指人类发明的产品和人工制品，可以表示创造这种产品所需的知识体系，还可以表示技术知识的产生过程及技术产品的开发过程。有时，人们非常广义地使用“技术”这个词，表示的是包括产品、知识、人员、组织、规章制度和社会结构在内的整个系统。以技术的广义定义为基础，在本书中的创新主要指技术创新，即创新可简单定义为企业应用新的或改进的技术，提供新的产品或服务，或新的生产过程和服务过程，并实现商业化。

值得强调的是，管理创新也属于创新范畴之内。管理创新是创造一种新的更有效的方法来整合组织内外资源，以实现既定管理目标的活动。管理创新强调在观念和技术创新的基础上创造出一套资源整合方式，具体包括企业战略的制定、企业文化建设、绩效考核与激励制度、公司治理模式、内部控制体系、业务流程重组、管理信息系统开发、营销管理、运维管理和客户服务管理等。

三、创新的特性

与创新的一般含义不同，管理学界对创新的定义特别强调以下 4 个方面的特性。

1）创新的主体是企业。

2）创新是一种经济行为，其目的是获取潜在的利润，市场实现是检验创新成功与否的标准。

3）创新者不一定是发明家，而是能够发现潜在利润、敢于冒风险并具备组织能力的企业家。

4）创新联结了技术与经济，是将技术转化为生产力的过程。

四、其他的相关概念

1. 创新与技术

如前所述，创新在很多情况下等同于“技术创新”，创新与技术的密切关系是毋庸置疑的，某些创新是基于技术的，某些创新是依靠技术提供的设施实现的。

技术，这个词在各种文化中都是一个非常复杂的概念，它可以指物质，如机器或器皿，也可以包含系统、组织方法和技巧。

技术的含义非常广泛，但任何对技术的描述主要强调其能够提供的功能和性能，即关注技术能否提供问题的解决方案。因此，技术与创新的根本区别在于，创新是经济概念，而技术并不一定强调经济性，创新必须是以商业应用、市场化为目的的开发和新技术应用。可以简单地理解为“创新=技术+商业化”。

2. 研究开发

研究开发常常与创新联系在一起，在企业中，研发部门也往往是创新的主要承担者。

研究开发是一种有组织的创造性工作。经济合作与发展组织对研究和开发的定义为研究和开发是在一个系统的基础上的创造性工作，其目的在于丰富有关人类、文化和社会的知识宝库，并利用这一知识进行新的发明。研究开发活动具体可以分为以下3类。

1）基础研究是以发现自然规律和发展科学理论为目标的研究。

2）应用研究是把基础研究成果应用于解决新技术、新产品、新工艺和新方法等问题而进行的科学研究。

3）开发活动将新的知识用于制造新设备、新材料或形成新工艺的过程。

例如，尼龙的发明首先开始于基础研究，杜邦公司基础化学研究所有机化学部的负责人卡罗瑟斯（Wallace H. Carothers，1896—1937）为了验证德国有机化学家斯陶丁格的高分子化学理论，在1928—1930年期间做了一系列的实验，在此过程中偶然发现一种熔融的聚合物能够抽出丝来，使研究人员意识到有可能用熔融的聚合物来纺制纤维。随后他们开始以合成出高熔点、高性能的聚合物为目的进行应用研究，历时5年的时间合成出聚酰胺66，这种聚合物具有熔点高、结构和性质上更接近天然丝、耐磨性和强度高等优点，而且原料价格也比较便宜，杜邦公司决定进行商品生产开发。杜邦公司为聚酰胺66的生产找到了充足且价格低廉的原材料来源，并首创了熔体丝纺新技术，开发了专门的喷丝头等设备，形成了一整套的生产工艺，这一过程历时4年时间，至1938年7月首次生产出聚酰胺纤维，同月用聚酰胺66做牙刷毛的牙刷开始投放市场。随后杜邦公司将该纤维正式命名为尼龙，在1939年才实现了大规模的工业化生产。

从基础研究到应用研究再到开发，越来越强调实用性，但与技术的概念一样，研究开发本身也没有强调经济性和商业化要求。因此，研究开发是创新的一个重要步骤，但不等同于创新。

3. 企业家精神/活动

在创新的特性中，人们强调，创新者是企业家而非单纯的发明家。事实上，企业家精神（Entrepreneurship）本身的定义，就是与创新紧密关联的。企业家活动是指创造新的资源组合，使得创新成为可能，以可赢利的方式将技术与商业世界联结在一起。缺少了企业家的组织管理能力，创新是无法成功实施的。

教学互动

选择题：根据你对管理界创新概念的理解，以下说法正确的有（　　）。

A．创新就是研发部门的事

B．企业创新不能以单纯追求重大技术变革为目标，而应强调创新的经济效益

C．创新必须具有独创性，必须首次提出新技术

D．企业利用已有的技术改进自己的产品、提升产品价值，也是一种创新

知识点二　创新的类型

人们可以从多个角度对创新进行分类，这种分类可以帮助企业更清楚地认识不同类型的创新所带来的不同机会，以及对资源的不同需求。常用的分类标准有创新的目标/对象，创新的新颖度、影响力和风险，创新的范围/形式。

一、产品创新与过程创新

按照创新的对象或目标分类，创新可分为产品创新和过程创新。

产品创新（Product Innovation）即向市场提供新的产品或服务；过程创新（Process Innovation）也称工艺创新，是指产品的生产技术的变革，以提高生产效率为目标，它包括新工艺、新设备和新的生产组织方式的采用。产品创新与过程创新相互支撑，常常按顺序发生。产品创新令企业提升差异化，过程创新则帮助企业以更低的投入获得更高的产出，即降低生产成本。

在制造业中，产品创新和过程创新比较容易识别，但在服务性产业中，由于服务本身就是一个过程，所以产品创新与过程创新往往很难清晰区分。

二、根本性创新与渐进性创新

根据创新的新颖度、影响力和风险分类，创新可以分为根本性创新和渐进性创新。

- 根本性创新（Radical Innovation）指新颖度高、有重大突破的创新。通常根本性创新的风险较大，且需要更多的投入。
- 渐进性创新（Incremental Innovation）指渐进的、连续的小创新，其风险较小，需要的投入也较少。

区分根本性创新和渐进性创新，对于企业的意义在于，可以对创新的资源要求和潜在的风险进行更为充分的准备，并在组织、管理流程方面选择更为合理的方式。但根本性创新和渐进性创新的划分并非绝对的，必须结合企业的背景和经验，不同的企业判断新颖度的标准应是不同的，如相比在数字影像技术领域有积累的索尼，数码照相技术对于曾经主要致力于化学影像领域的柯达而言新颖程度更高。

应用这种分类方式时，需要特别注意的是不能单纯注重技术变革的程度，而应对创新对企业、市场和竞争环境的影响进行综合考虑。

三、部件创新与结构创新

按照创新的范围和形式分类，创新可分为部件创新（或模块创新）和结构创新。这种分类方式适用于由多个元器件构成一个系统的产品或工艺过程。

部件/模块创新是指改变一个产品系统的一个或多个部件，而不改变其整体设计；结构创新改变系统的整体设计或部件之间相互作用的方式。多数的结构创新往往也包含部件的创新，从而改变系统的整个设计。

例如，从老式高轮自行车到现代安全自行车的转变是一种结构创新，但这种结构创新的实现是以齿轮传动装置和充气轮胎等部件创新为前提的。

四、分类标准的交叉使用

以上介绍的几种分类标准之间并不是相互独立的，而是可以交叉使用的。例如，Henderson 和 Clark 应用两个维度构建的创新类型矩阵，如图 17.1 所示称为 Henderson—Clark 模型，它将创新分为渐进性创新、模块创新、结构创新和根本性创新，为企业的创新提供了更明确的方向。

核心概念与部件的连接 ＼ 产品的核心概念	加强	颠覆
不变	渐进性创新	模块创新
变化	结构创新	根本性创新

图 17.1　Henderson-Clark 模型

知识点三　创新的来源和创新主体

案例导入：单板滑雪的诞生

单板滑雪运动起源于 20 世纪 60 年代中期的美国，第一块单板滑雪板并非由体育器材厂商开发，而是由滑雪爱好者发明的。

在 20 世纪 60 年代初，许多体育爱好者开发了各种各样的单板滑雪板的雏形，他们的设计最终创造了这一时髦的运动。在这些爱好者中包括 Tom Sims、Sherman Poppen、Jake Burton Carpenter、Dimitrije Milovich、Mike Olson 及 Chuck Barfoot。1963 年，滑雪与滑板运动的狂热爱好者 Tom Sims 做出了第一块“滑雪板”，他随后与 Bob Weber 一起进行了更多的设计，并为之成立了名为 Sims 的公司。另一位早期的开发者 Sherman Poppen 是在 1965 年为其女儿做玩具时，把两个滑雪板绑在了一起，并将其命名为“冲雪板（snurfer）”，这一玩具很快风靡美国，使得 Poppen 开始为“冲雪”爱好者组织非正式的比赛。而 Jake Burton Carpenter 就是这些爱好者之一，他开始开发带有橡胶带的冲雪板，令玩家拥有更好的控制力。他成立了名为 Burton 的公司，并成为单板滑雪产品的一个重要供应商。

20 世纪 70 年代初，许多其他的爱好者仍在开发单板滑雪板，大多数的设计都试图模仿滑板或冲浪（而非滑雪）运动的动作和感觉。1975 年，Dimitrije Milovich 成立了 Winterstick，这是最早生产单板滑雪产品的公司之一，销售其基于冲浪板设计的燕尾状单板滑雪板。几乎在同一时期，Mike Olson 和 Chuck Barfoot 也在开发他们的原型，并最终演变为 Gnu 和 Barfoot 系列产品。

20世纪80年代中期，一些主要的滑雪圣地开始对单板滑雪运动开放，滑雪产品制造厂商如K2和Rossignol注意到了这个新兴的市场。在80年代后期，K2的一条单板滑雪产品线获得了成功，甚至一家瑞士的风帆冲浪公司Mistral也开始生产单板滑雪产品。到了2001年，美国参与单板滑雪运动的人数增长到了530万人，单板滑雪装备市场年销售额超过了2.35亿美元。这项由叛逆的玩家们创造的运动，已经造就了一个非常可观的产业。

（资料来源：M. Schilling. Strategic Management of Technological Innovation. McGraw-Hill, 2008）

请问：在单板滑雪板诞生的过程中，参与单板滑雪产品设计的爱好者们是否都是创新者?

案例解析

在本案例中，早期的爱好者都为单板滑雪产品的诞生做出了贡献，但并非所有提出自己设计的爱好者都是创新者，因为创新者不能简单地等同于发明家，只有对其产品实施了商业化，将其推向了市场才完成了创新。因此在本案例中，Tom Sims、Jake Burton Carpenter及Dimitrije Milovich是典型的创新者，他们不仅根据消费者需求进行产品设计和改进，并成立了公司进行产品的生产和销售，完成了商业化过程。

创造力是创新的根本源泉。创造力，简单来说就是产生新颖、有用的产品，或者提出新颖、有用的思想、方法的能力，即以非常规的方式解决问题的能力。

个人的创造力受到个人智力能力、知识水平、思考方式、个性特点及环境等因素的影响。组织的创造力取决于组织中个人的创造力及组织影响个人行为的环境因素。对于组织而言，招募创新型人才与建设鼓励创造力发挥的组织文化同等重要。

基于创造力而形成的各种发明、发现和研究成果是创新的起点，形成这些成果的各种研究和探索活动的实施者可以是个人、企业、研究型组织和政府机构等，因此个人和各种类型的组织都可以成为创新的来源，同时各种组织之间相互作用和联系的网络是更为重要的创新来源。

需要注意的是，考虑到创新的经济属性，企业是创新最主要的推动实施者，这是因为企业拥有强烈的创新动机、面向市场经营的管理体系及完成商业化所需要的资源和经验，企业的内部研发活动是最重要的创新来源。

个人必须具有创造性和企业家精神才能成功完成创新。而大学、非营利性组织及政府研究机构通常实施持续性的研究，并非以商业利益为目标，如大学的研究更为关注学术前沿，而政府则通常在基础研究领域投资，从而提升整个国家的科研水平。因此，这些非营利性组织进行研究开发所获得的技术成果，往往需要与企业合作完成研究成果的商业化，即完成整个创新过程。因此，企业作为创新的主体，应与其他的创新来源（包括个人在内，特别是其客户）建立起紧密的联系，从而让内部研发和外部合作相结合，形成丰富的创新来源。创新的不同来源及网络如图17.2所示。

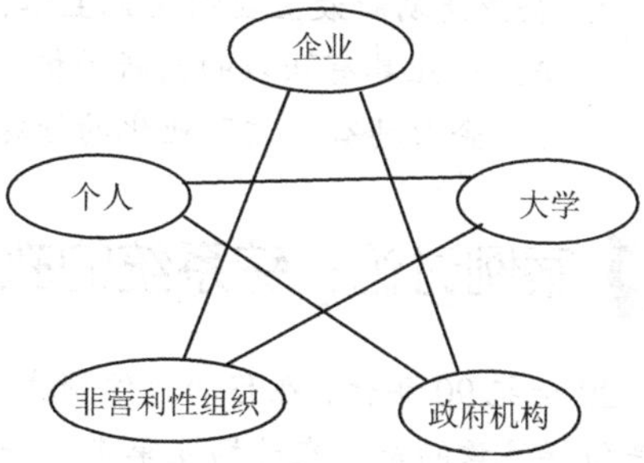

图17.2 创新的不同来源及网络

复习思考题

1. 创新与研发有什么区别？

2. 如何判断一项创新是根本性创新还是渐进性创新？是产品创新还是过程创新？是部件创新还是结构创新？

3. 作为创新的来源，个人、企业、大学和政府研究机构各自具有哪些优点和缺点？

知识自测题

（一）单项选择题

1. 首先在经济学领域中明确创新作用的，是经济学家（　　）。
   A. 德鲁克　B. 凯恩斯　C. 熊彼特　D. 弗里曼

2. 创新是一种经济行为，创新的主要实施者是（　　）。
   A. 发明家　B. 企业　C. 大学　D. 研究机构

3. （　　）往往意味着高风险、大投入。
   A. 产品创新　B. 过程创新
   C. 根本性创新　D. 渐进性创新

4. 个人需要具备（　　）才能真正完成创新。
   A. 创造性和资金　B. 资金和管理能力
   C. 广博的知识和探索精神　D. 创造性和企业家精神

5. （　　）是以发现自然规律和发展科学理论为目标的研究，往往持续时间长，没有直接的经济回报，但对提升整个国家的科研水平意义重大。
   A. 基础研究　B. 应用研究　C. 实验开发　D. 前沿研究

（二）多项选择题

1. 组织的创造力取决于（　　）。
   A. 组织中个人的创造力　B. 组织的环境因素
   C. 组织的规模　D. 组织的历史

2. 企业是创新最主要的实施主体，原因有（　　）。
   A. 企业具有强烈的创新动机　B. 企业具有面向市场的管理体系
   C. 企业具有实施商业化的资源和经验　D. 企业拥有最高端的知识型人才

案例讨论：铱系统的教训

20世纪90年代，在移动通信领域出现了一系列革命性的变革，其中不乏成功创新的例子。但是值得注意的是，在这场变革中，一些资深企业有时也会走错路。

1998年，摩托罗拉公司推出了铱系统计划，它的目标是建立一个把地球包起来的"卫星圈"，旨在实现在全球的任意地点之间都可以通话，甚至撒哈拉沙漠和珠穆朗玛峰也不例外。发射该系统的全部66颗卫星花费了70亿美元的资金，然而当人们对这个项目的好奇心慢慢减弱时，人们发现大多数人并不需要从偏远的岛屿或北极打电话，他们只要求移动网络以大城市和人口密集地区为基础实现国际互通就可以了。更糟糕的是，由于铱系统手机需要内置复杂的电子设备和无线设备，这使得手机的外形又大又笨拙，而这种砖头式的高科技产品成本高达 3 000 美元，电话费用同样也堪称天价。

虽然铱系统是移动通信领域惊人的技术成果，但是铱公司却不得不在 1999 年申请破产保护，即使如此，这个公司的问题还没有结束，为了维持卫星能够在轨道上安全运转，公司还必须每个月支付 200 万美元的费用。摩托罗拉公司希望其他电信公司能够利用这些卫星，但没有任何一个公司对此做出反应。最终这些卫星只能被拍卖，拍卖价格为 5 000 万～8 000 万美元，摩托罗拉公司及其合作伙伴损失惨重。

? 请问：铱系统失败的原因有哪些？参与该项目的企业在决策上存在哪些问题？

第十八章 创新管理

在当今社会信息化、经济全球化的背景下，创新比以往任何一个时代都更为重要和迫切。为提高创新的成功率，同时避免创新带来的负面影响，必须建立有效的创新管理体系。

教学目标

知识点	学习要求	知识分阶
知识点一　创新管理概述	掌握	必修
知识点二　创新战略选择	理解	中级选读
知识点三　创新组织	理解	中级选读
知识点四　创新过程管理	理解	中级选读

学习重点

- 创新管理概述
- 创新战略选择

知识点一　创新管理概述

案例导入：诺基亚的衰落

诺基亚总部位于芬兰埃斯波，是一家主要生产移动通信产品的跨国公司。诺基亚成立于1865 年，当时以造纸为主，后来逐步转向胶鞋、轮胎、电缆等领域。1992 年诺基亚将业务集中到移动通信设备领域，这次战略抉择抓住了移动通信市场高增长的市场机遇，取得了非凡的成功。由于专注于传统功能手机产业的研发，诺基亚功能手机在当时具有极佳的用户品牌效应。1995 年，诺基亚开始了它的辉煌时期，手机销量剧增。从 1996 年开始，诺基亚手机连续 15 年占据全球手机市场份额第一的位置，成为通信领域最成功的公司。

随着传统功能手机市场普及率的提高，智能手机成为新的竞争战场。在智能手机领域，诺基亚也是先驱。早在 1996 年，诺基亚 9000 集合了诺基亚最畅销的手机与 PDA 的优点，堪称最早的智能手机。1999 年以后，诺基亚基于“塞班（Symbian）”操作系统开发智能手机系列，性能卓越，特别是 2007 年推出的 N95 继承了许多数字功能，这让诺基亚产生了一种错觉：诺基亚的智能手机领先优势明显。

然而2007年苹果公司推出了iPhone，以其独特的外观和IOS操作系统，以及强大的营销宣传和售后服务，迅速成为手机业的新宠。同年Google与84家硬件制造商、软件开发商及电信营运商共同研发改良Android系统，第一部基于Android系统的智能手机发布于2008年10月。面对新系统的智能手机的夹击，诺基亚在2010年分别发布了新操作系统Meego和Symbian3，然而未能打败IOS和Android。2011年第一季度，Android在全球的市场份额首次超过塞班系统，跃居全球第一，诺基亚在手机市场上的地位也被苹果和三星超过。诺基亚不得不谋求新的出路，2011年2月，诺基亚宣布与微软达成战略合作关系，放弃Symbian和Meego，将采用Windows Phone系统，并且将参与该系统的研发。

2012年6月，微软发布了Windows Phone 8操作系统，它采用了全新的内核和界面，可支持多核处理器和高清分辨率，整体性能更多、更强。2012年9月，诺基亚联合微软举办发布会，正式推出两款采用Windows Phone 8操作系统的智能手机，以求追回手机市场。然而，这些努力并没有能够挽回诺基亚的衰落，2013年9月，微软宣布以72亿美元收购诺基亚手机业务，以及大批专利组合的授权，2014年4月，这一收购正式完成。

请问：诺基亚的战略选择上存在哪些问题？

案例解析

1）企业在某一阶段取得领先优势时，也应持续进行创新，不断推动系统的升级换代，而诺基亚对于智能手机系统的更新升级不够及时。

2）颠覆性的创新有可能极大地改变市场格局，而诺基亚低估了替代产品的威胁，不愿放弃过去的成功模式，未能适应智能手机市场竞争的新规则。

3）选择与微软合作，导致在合作中受到微软的过多制约，同时排斥主流的操作系统，也失去了追回市场的最后机会。

一、创新面临的困难与障碍

对于企业而言，问题不在于要不要进行创新，而在于如何成功地进行创新。从企业实践的情况来看，创新的成功率非常低，多数的创新性想法无法成为新产品，即使新产品能够进入市场，也只有很小的比例能够成功为企业带来经济回报。

这是由于创新本身是面向未来的活动，高不确定性是其固有的属性，没有人能够准确预测未来，因而在创新的各个环节都存在失败的可能：技术研发可能没达到预期要求、生产原料可能不足、新生产设备可能存在潜在问题、市场需求可能没有达到足够的成熟度等。因此，运气有时会成为成功创新的一个因素，但只有运气并不能完全保证创新的成功，将到手的机会白白浪费的企业在历史上屡见不鲜。这是因为除了不确定性因素之外，创新还常常面临以下困难与障碍。

1）资源不足。创新的关键资源包括资金、人才、知识和信息，以及必要的设施和材料等。创新的资源投入受限于企业资源总量，也取决于企业能否对资源实施有效的分配。对创新资源投入不够，是许多中小企业的发展缺乏后劲的重要原因。

2）阻碍创新的组织特征。创新要求组织环境的支持，官僚主义、管理方式僵化、缺乏长期发展目标、横向（部门间）沟通不畅、缺乏与客户的联系、不重视员工的发展、过于强调眼前利益、抱着过去的成功模式不放等，都是阻碍创新的组织特征。

3）阻碍创新的态度和行为。创新意味着变革，这种变革可能影响企业的方方面面，也必然触及企业中员工的利益，并不是每个人都能够积极地接受变革。墨守成规、安于现状、惧怕尝试、惧怕失败、漠不关心和急功近利等态度及相应的行为，都有可能在企业员工中出现，对创新形成阻碍。

因此，如果企业要想真正获得成功，就不能完全依赖运气，只有持续稳定的管理创新过程才有获得成功的可能。理解创新并有效对之管理，比依靠运气更有效。

二、创新管理的任务和要求

创新管理的任务就是排除企业在创新中存在的困难与障碍，为创新构建良好的氛围，从而促进创新行为的活跃，提高企业的创新能力，并提升企业创新活动的效率和成功率，令企业有限的资源得到充分的利用。为此，创新管理应遵循技术创新发展的规律，制定并有效实施创新战略，建立有利于创新的组织结构，并设计有效的创新过程实施机制。

1）在战略上，企业的创新应与企业整体经营战略相匹配，基于企业的技术资源和营销能力，选择不同的市场机会，推动企业实现其战略意图。

2）在组织结构上，企业应鼓励创新想法的产生，促进创新想法的交流，为创新实施提供组织基础。

3）企业的创新过程管理应以实现创新项目的技术优势和商业优势最大化为目标，提高创新项目的成功率和资源使用效率。

总体而言，创新管理必须正视和接受创新过程的高度不确定性，需要开放性、包容性，以及适应变化的管理理念和行为。

三、管理创新与创新管理

管理创新与创新管理是两个既相互联系又相互区别的概念。管理创新是对管理的创新，而创新管理是对创新活动的管理。

管理是指在一定组织中的管理者，运用计划、组织、领导、控制等职能和手段来协调他人的劳动，使别人同自己一起高效率地实现组织既定目标的活动过程。创新管理是指以有效提高企业的技术、业务、服务研究开发、成果转化和持续创新能力，促进企业创新能够顺利实行为目标进行的一系列管理活动。

创新管理是由经济发展、技术进步和企业生存与发展需要而产生的。创新管理的研究重点在于由新技术和科学发现带来的新产品开发改进，以及管理与服务流程的创新改进。

四、创新管理的认识误区

创新管理领域的相关理论和方法已得到了长足的发展，但是在实践中仍然存在很多对创新管理的错误认识，如表 18.1 所示。

表 18.1　对创新管理的认识

认识误区	正确的理解
创新就像押宝，成功与否主要靠运气	创新存在固有的风险，因此运气会起作用，但是对创新毫无管理意识的企业即使有好运气也无法抓住机会，良好的创新意识和有效的管理是成功的必要条件

续表

认识误区	正确的理解
创新管理与一般的管理没什么区别	创新管理需要遵循技术发展规律，并考虑创新高度的不确定性，需要特殊的方法和观念
创新管理是有诀窍的	创新管理有其原则和方法，但在实践中，必须针对具体问题寻找解决方案，没有任何“低代价”的捷径可走
创新管理只对“高技术”产业意义重大	新技术所带来的冲击已经使“高”、“低”技术产业的区别消失，各个产业都需要创新
技术是工程师负责的，管理者不需要考虑技术	当技术与企业战略整合时，技术才能发挥其真正的价值
技术可以解决所有问题	要解决问题必须对技术进行有效应用，因此必须与管理能力结合
强大的研发能力即为创新能力	强大的研发能力为企业提供了强有力的创新源泉，但研发并不等同于创新，只强调研发有可能令创新脱离市场，创新结果不被市场所接受
企业需要有创新的天才型人物	创造性是人们普遍具备的，企业需要通过创新管理激发企业所有员工的创造性，并使之转化为创新，迷信个别的天才型人物不仅是不现实的，还会抑制其他员工的创造力
等企业做大之后再考虑创新	任何企业的生存发展都必须考虑创新问题，不依靠创新，企业很难做大做强

知识点二 创新战略选择

案例导入：大疆创新：中国的世界级无人机公司

大疆创新科技有限公司（DJI）是一家深圳本土的无人飞行器控制系统和无人机制造商，在硅谷科技精英和风险投资家眼中，DJI是少有的能够被拿来与苹果比较的中国公司。

DJI的创始人汪滔本科就读于香港科技大学电子专业，2005年，他选择将遥控直升机的飞行控制系统作为毕业课题。2006年，他在毕业课题的基础上，与两个同学一起创立大疆，研发生产直升机飞行控制系统。两年之后，第一款较为成熟的产品XP3.1面世，公司迎来了曙光。

公司最初是通过网络论坛销售产品的。创业初期，DJI的一个单品能卖到20万元。然而汪滔认为初期只面对极少大客户的商业模式非常畸形，因而DJI选择主动转型，从小作坊生产变成直接面对消费者市场，将全球的模型爱好者都作为目标市场。

创业第三年，DJI第一款基于飞控技术面向消费者的产品 Ace One 面世，把市面上几万元的产品价格做到不到两万元，迅速打败了当时德国和美国的两家竞争对手。Ace One 的热卖给 DJI 带来了初步的成功，但那时候主打飞控模块的 DJI 最多只能算是一个极小众市场的领跑者。2010年前后，全球多旋翼无人机市场出现了井喷式增长，汪滔看到了重要的发展机会，他认为：“好的技术只有更便宜，才能真正形成规模市场。”

DJI 最初的核心技术是一套成熟的飞行控制系统。多旋翼市场起来之后，人人都在搞航拍，DJI 开始开发一体化的解决方案，而且，出于技术最好、价格最低的原则，汪滔决定不仅仅停留在飞控技术和无人机制造领域，还开始扩展更完整的技术能力——从零开始做自己的云台（安装、固定摄像机的支撑设备）、相机和图像传输设备。几年时间，DJI 最终具备了完整的航拍解决方案能力，能生产出品质优秀且高度一体化的 Phantom Vision 飞行器这样的让人惊叹的产品，并且可以卖到 1000 美元以上的价格，保持了相当高的利润及绝对垄断的市场份额。2014 年 DJI 推出的 Phantom 2 Vision+ 多旋翼航拍飞行器，连摄像机都是自己生产并安装的。这是第一款真正意义上到手即飞的航拍飞行器，不需要任何形式的 DIY，在 DJI 的天猫旗舰店，Phantom 2 Vision+官方标配版售价仅为 7 499 元。

经由高度技术集成，DJI 把飞控技术、飞行器技术、航拍技术等通过自己的产品从垂直领域引入了更大的市场，将无人机引入了大众的生活中，占据了全球民用小型无人机约 70% 的市场份额。过去 4 年，DJI 呈现爆发式增长的态势，2010 年的销售额还只有 300 多万元，2013 年已经超过 8 亿元，预计 2014 年还将有 3 倍以上的增长。DJI 如今已成为无人机这一新兴消费产品领域的首个中国品牌。

请问：DJI 的战略有哪些成功之处？

案例解析

1）自有核心技术是在竞争中占据主动的关键。

2）围绕核心技术扩展其应用领域，并与其他领域技术整合，从而完成了成功的产品创新。

3）面向大众市场的定位，使 DJI 极大地扩展了潜在市场规模，也建立了更加稳定可持续的商业模式。

一、创新战略的内容

自 20 世纪 80 年代起，战略管理学者开始认识到技术是竞争战略中的重要因素，因而说创新战略在企业战略中占据核心地位不为过。在激烈的市场竞争中，不创新的企业必然走向衰亡，但创新战略选择失误所导致的不良后果更可能会加速企业衰亡的进程。企业是否能正确选择并贯彻实施创新战略，是其能否顺利推进技术创新、赢得利益回报的先决条件。

所谓的创新战略，是企业在正确分析自身的内部条件和外部环境的基础上，所做出的企业创新总体目标部署，以及为实现创新目标而做出的全局谋划。与企业战略相比，创新战略统率和决定企业创新的具体行为，侧重于对企业技术资源的运用和创新活动的目标、定位方面，以及围绕创新的重要决策的全局考虑。具体来说，创新战略要考虑的问题如下。

1）企业在创新上的定位是什么？

2）要建立和保持竞争优势，必须具备哪些核心能力？

3）企业核心能力的发展方向是什么？

4）核心产品的设计应使用何种技术？

5）企业技术创新投入应达到什么水平？

6）技术来源主要是外部还是内部？内部和外部两方面来源如何平衡？

7）如何应对竞争对手的创新？

8）如何保护技术资源？

9）企业对创新的管理体系如何？

二、自主创新、模仿创新与合作创新

从推动创新各环节的力量来源，特别是技术来源来考虑创新战略，可有自主创新、模仿创新和合作创新 3 种选择。

1）自主创新。它是指企业通过自身的努力和探索产生技术突破，攻破技术难关，并在此基础上推动创新的后续环节，完成技术的商品化，获取商业利润的创新活动。完全的自主创新不仅技术突破是内生的，且创新的后续过程也主要是依靠自身的力量来推进的，技术创新的主体工作及主要过程都通过企业自身知识与能力支持实现。

2）模仿创新。它是以引进、学习和模仿为主要技术来源的创新战略。所谓模仿创新是指企业通过学习模仿领先企业的创新思想和创新行为，吸取其成功的经验和失败的教训，引进购买或破译其他企业的核心技术和技术秘密，并在此基础上改进完善，进一步开发，生产出有竞争力的产品的创新活动。模仿创新是一种十分普遍的创新行为，许多日本企业包括松下、三洋等公司都在实施模仿创新方面有许多成功经验。需要强调的是，模仿创新并非单纯的仿制，而是在学习的基础上有针对性地改进完善。

3）合作创新。它是指企业间或企业、科研机构和高等院校之间的联合创新行为。合作创新通常以合作伙伴的共同利益为基础，以资源共享或优势互补为前提，有明确的合作目标、合作期限和合作规则，合作各方在技术创新的全过程或某些环节共同投入，共同参与，共享成果，共担风险。当今世界全球性的技术竞争不断加剧，企业技术创新活动中面对的技术问题越来越复杂，技术的综合性和集群性越来越强。即使技术实力雄厚的大企业也会面临技术资源短缺的问题，单个企业依靠自身能力取得技术进步越来越难。因此，以企业间的分工合作的方式进行重大的技术创新，通过外部技术资源的内部化，实现资源共享和优势互补，成为新形势下企业技术创新的必然趋势，也使得企业从战略的高度来考虑合作创新问题。

以上 3 种战略优缺点总结如表 18.2 所示。据此，3 种战略也相应地对企业提出了不同的要求。

表 18.2　自主创新、模仿创新与合作创新的优缺点

创新战略	优　点	缺　点
自主创新	• 有助于技术壁垒，令企业在一定时期内凭借技术垄断享受高额利润 • 掌握核心技术的自主创新企业能够控制多个技术领域的发展，奠定自身的领袖地位	• 资金和人员等资源投入高 • 在研发、生产和市场上都存在高风险 • 失败率高
模仿创新	• 研发有针对性，效率高，难度低 • 可以向自主创新者学习，投入相对于自主创新少 • 风险小	• 企业以学习为主，具有被动性，技术积累方面难以进行长远规划 • 易受到技术壁垒制约
合作创新	• 合作各方分担成本和风险 • 有助于缩短创新时间 • 对创新信息和资源的整合，能够完成单个企业难以完成的项目	• 有可能令企业泄露技术秘密，丧失对核心技术的控制权 • 合作各方可能产生目标和利益上的冲突

自主创新战略对企业能力要求高，特别是技术能力与资金实力必须雄厚，以能够应对自主

创新所需要的高投入和伴随的高风险。

模仿创新战略往往是一些技术基础薄弱的企业的必然选择，但一味地模仿很难为企业赢得长期的竞争优势，要有效地实施模仿创新战略，有必要具备一定的自主创新能力，能够在学习、消化吸收的基础上，令产品在性能和成本等方面能够具有竞争力，因此，从长远发展而言，企业不宜只单纯实施模仿创新战略，而应随着企业的发展增强自主创新能力，实现自主创新、模仿和学习的平衡。

合作创新中参与者众多，管理更为复杂。因此，实施合作创新战略的企业需要建立联系广泛的商业网络，具备协调多方面关系的能力，并建立有效的机制，对合作伙伴进行选择和管理。

三、创新战略定位：领先与跟随

从企业在创新上的定位来考虑，可有领先创新战略和跟随创新战略两种选择。这反映了企业在其所在产业中所呈现的姿态，是在技术研发和新产品市场推广上力求争先，还是在时间上略退一步，不做“第一个吃螃蟹的人”。

需要注意的是，领先创新必然是以自主创新为基础的，但反过来自主创新未必领先，有自主创新能力的企业在考虑将新产品推向市场时，也可以考虑略缓一步，等待其他企业的新产品对市场进行初步检验之后，再跟随进入市场。因此，跟随创新战略可以是企业的主动选择，但如果企业不具备自主创新能力、只能学习模仿时，则跟随战略就成为企业的被动选择。

对一个企业来讲，创新战略并非一成不变，企业可以在不同的发展阶段选择不同的创新战略。决定企业创新战略选择的是企业本身所具备的核心竞争力，包括技术能力、市场营销能力、生产能力及综合的管理能力，同时受到企业所处行业特点及市场特点的影响。

可以看到在成功的企业中，有富于开拓精神、锐意进取的领先创新者，也有沉着稳健、后发制人的跟随者。两种都有其各自的优缺点，无论采用哪种战略，企业应尽量发挥其优势，并为潜在的风险做好充分准备。

1. 领先创新战略

实施领先创新战略的企业，其定位为创新的“领导者”，企业以技术领先为基础，并以率先进入新市场、推出新产品、实施新工艺为目标。

显然，实施领先创新战略的企业必须是以自主创新为条件的，企业必须具有强大的创新能力，包括强大的技术开发能力，有雄厚的资金和人员支持，以及具有对市场的强大影响力。同时为了减少市场上的风险，企业应能够很好地把技术与消费者需求紧密联系在一起，以避免开发出完全不符合市场需求的产品。

为了能够保障企业获取领先创新所带来的回报，弥补领先创新所需要的巨大投入，企业应加强对技术的保护，利用知识产权等手段来设置技术壁垒，进而提高市场进入壁垒，以保护企业能够充分地获取垄断利益。

2. 跟随创新战略

实施跟随创新战略的企业在创新的时间上落后于领先企业，集中表现在其进入市场的时间。需要特别说明的是，跟随创新与模仿创新并不等同，跟随创新战略主要侧重于创新的步伐和时间，意味着企业不做创新的第一人，但这并不意味着企业没有率先创新的能力。因此，跟随创新战略在具体实施时，可以有两种情况：① 企业具有自主创新能力，但不第一个进入市场，即跟随是一种主动的选择。② 企业不具有自主创新能力，只能通过向领先创新的企业学习，加以模仿实现创新，此时跟随实际上是一种被动的选择。

企业之所以会主动选择跟随，其原因在于后发优势的重要性。后发的企业可以有效地避开领先创新者所必须面对的高风险，特别是市场风险，企业可以选择适当的时间进入市场，并可享受领先创新者进行市场开拓的溢出效益，在消费者培育、市场环境建设方面得到“免费搭车”。此外，在技术和生产方面，企业也可以相对节省部分早期尝试的费用，特别是当领先者的产品已进入市场之后，跟随者可以针对新产品的不足之处进行针对性的、改进性的创新，不存在领先创新企业因早期的大量投入而被“绑定”的问题。

当企业不具备自主创新能力时，则只能实施模仿性的跟随。虽然这种选择是被动的，但依然可以享有“免费搭车”效益，也仍然有取得成功的可能。因为模仿创新者可以向技术先驱学习，不论是对产品还是对生产过程，都可进行有针对性的、改进性的研发，成功率相对较高。

跟随创新所带来的后发优势是相当可观的，而凭借后发优势后来居上的企业也不在少数。日本的汽车、家电中的一些企业在一些重要产品上也是作为跟随者出现的，但其在市场上的表现甚至超过了最初的领先创新者。由于领先创新的企业较少，大多数企业都是跟随者，从总量上来看，在很多情况下跟随企业从创新获得的利润份额甚至会超过领先创新者。

然而跟随创新从根本上来说是一种“反应式”的战略，即当领先创新者推出产品，并取得较好的市场反应时，跟随者再随之跟上，因而其自主性低于领先创新者，在技术、生产和市场方面存在一定的被动性。如果缺少对领先创新者的充分了解，则会影响企业在技术积累和市场定位等方面的长远规划。特别是对于模仿跟随者来说，作为先进技术的学习者，还有可能会受到技术壁垒的制约而影响创新实施的效果。

“跟随”是相对于领先创新者而言的，因此，实施跟随创新战略的企业必须对所选择的跟随对象，即领先者的战略、技术和产品有正确的评估和理解。同时企业应具备快速的反应能力，能够在新产品刚开始进入成长期的时机进入市场，抢占市场份额。同时企业必须具备很强的生产和市场营销能力，这样才有可能超越先进入市场的领先者。

通过模仿实现跟随的企业，要特别注重自己的学习吸收能力，不能单纯模仿，而应在模仿的基础上有所改进、有所提高，才能真正实现创新的目标。

知识点三　创新组织

案例导入：昆腾公司的两支产品开发团队

昆腾公司是20世纪90年代世界上最大的个人计算机硬盘驱动器生产商之一，1994年，公司的销售收入达到了25亿美元。由于技术的飞速发展，硬盘的销售期一般是很短的，绝大多数产品上市18个月之后就要被新的型号所取代，所以在这个产业中，快速的产品开发能力成为竞争的关键。

为了缩短产品开发时间，昆腾公司采用了跨职能的产品开发团队，每个团队包括6个核心成员，他们来自不同的职能部门，如工程、制造、营销和质检等，各个团队在组长的领导下，分别负责开发一种特定型号的硬盘。

其中，一个团队负责开发一种3.5英寸硬盘，被称为“宇宙之星”，该产品开发的目标是成为当时昆腾公司制造速度最快、存储量最大的硬盘驱动器。团队一开始抱着很高的希望，但最终后劲不足，“宇宙之星”上市的时间晚了几个月，研制费用超过了预算，也没有获得预期的市场份额、价格和利润，这些表现都反映了该产品开发的失败。

在分析“宇宙之星”失败的原因时，高层管理者认为至少一部分问题源自选择的团队组长不恰当。团队的第一领导人是负责“宇宙之星”设计工作的工程经理，他是一位专注的工程师，在他的观点中，他的工作是解决产品工程设计中的问题，而不是在管理团队成员的关系上花时间。结果，整个团队运转得很差，成员之间缺乏协调和配合。

由于缺乏强有力的负责的领导，团队目标游移不定，工作很快就落后于进度。虽然高层经理更换了团队领导，但这种努力没有成功，“宇宙之星”团队在18个月中更换了4个领导和16个核心成员，团队始终士气低下，成员之间缺乏相互的尊重。

而昆腾公司的另一个产品开发团队就较为成功。这个团队负责开发一种笔记本计算机使用的2.5英寸硬盘，命名为“金刚狼”。与“宇宙之星”小组一样，“金刚狼”小组也是由6位来自不同部门的核心成员组成，但团队的领导拉里·彼得森不是一位技术专家，而是一位很有经验的产品开发经理，他懂得如何协调来自不同部门成员的工作。

拉里·彼得森首先让成员们在目标上达成共识，并把具体的分目标确定优先级，制定了解决争议的程序。他还组织每周的例会，要求所有成员都要参加，所有关键的决策都必须通过例会上的讨论做出。彼得森还要求组员们密切沟通合作，以确保他们设计的“金刚狼”易于制造。他采取了多种措施促进成员之间的交流合作，使得团队成为一个高度团结的集体。最终“金刚狼”项目没有超出预算，而且比计划时间表提前完成，使得昆腾成为第一个推出专用于笔记本计算机的2.5英寸硬盘驱动器的公司。

（资料来源：加雷斯·琼斯，珍妮弗·乔治，查尔斯·希尔. 当代管理学. 第2版. 北京：人民邮电出版社，2003）

请问：你能否通过以上案例总结一下，作为一个创新项目团队的领导者，必须要做好哪些方面的关键工作？

案例解析

创新项目团队的领导者要做好以下的关键工作。

1）明确团队的目标，令整个团队接受这个目标并为之共同努力。

2）形成易于沟通、增强信任、鼓励创造性的团队氛围，加强团队成员之间的协调合作。

3）能够处理团队内部的冲突和矛盾，处理团队与外部的关系。

4）提升和保持团队士气。

为此，团队领导者要具备良好的沟通能力，能够处理较复杂的人际关系，需要敏锐地发现团队中的问题并加以解决，为整个团队提供指导和支持。

我们分两个层面探讨创新组织，一个层面是创新项目组织方式，即当企业实施具体的创新项目时，可以采用什么样的组织形式；另一个层面是创新型组织的建设，即从企业整体而言，要提高企业的创新力，如何构建有利于创新的组织环境。

一、跨职能的创新项目团队

创新通常需要企业内多个部门相互配合，为了便于跨部门协调和合作，很多企业都像昆腾公司一样，采用跨职能的团队来领导创新项目。所谓跨职能的团队，是指团队成员来自企业中多个职能部门，如研发、工程、生产和营销等。根据2000年的一次调查统计，77%的美国企业、67%的欧洲企业和54%的日本企业都采用这一形式来构建创新项目团队，特别是新产品开发团队。

跨职能的创新团队的优势主要是十分有利于不同部门之间的协调和交流，从而增强团队的团结和绩效。同时，跨职能团队还令不同领域、不同背景的专家集合在一起，为创新提供更为丰富的信息来源和更为广阔的知识平台，从而有助于产生更多的创造性想法，为创新中遇到的问题提供各种解决方案。

但需要注意的是，来自不同职能部门的成员一起工作时，沟通成本会因团队的多样性而增加。这是因为，人们更容易同和自己相似的人交流，知识背景、思维方式和价值观接近的人之间交流会更加方便和轻松，而且充分的交流也会进一步增强相互的信任。而在跨职能团队中，由于成员各自的知识领域存在差异，如果缺乏有效的领导，团队成员可能很难形成共同的目标和观点，从而导致团队产生内部矛盾和降低团队的凝聚力。

跨职能的团队要取得成功，必须以正确的方式加以领导，用有效的方式进行管理。在案例导入中可以看到，昆腾公司的两个产品开发团队，表面上都是跨职能小组，然而“宇宙之星”小组因为不当的领导方式而失败，没有发挥出部门间的协调效应，而一位能持有跨职能部门视角的领导者则是“金刚狼”小组成功的重要因素。此外，如果团队成员能够保持长期的联系，通过彼此之间不断的接触，其沟通和协调成本会下降，因此可以通过令一个创新项目团队成员在同一办公室中共同工作，并使其形成连续的长期合作，有效地建立相互信任、密切合作的氛围。

二、创新型组织特征

前一章中已经指出，组织的创造力取决于组织中个人的创造力及组织环境。在现实中，有的企业创新能力不强，往往归咎于缺乏创新型人才。然而人们也会经常看到，同样的人在一个企业中表现平平，而到了另一个企业就成了创新的骨干，这充分说明了组织环境有可能抑制或者促进创新，只有当组织环境令成员能够充分发挥个人的创造力并形成良好的组合和互动时，才能形成很强的创新能力。

那么什么样的组织是有助于创新的呢？对于这个问题，管理学界通过对各类企业进行广泛比较研究，总结创新能力强的企业所具备的共性，得到了创新型组织的若干重要特征，如表 18.3 所示。

表 18.3　创新型组织的主要特征

特征要素	简单描述
共同愿景和创新意愿	组织具有明确的、为全体成员接受并为之奋斗的目标，管理层对创新高度支持
适当的组织结构	组织结构在有机型组织和机械型组织之间取得平衡，兼顾创造性与效率，并能够根据环境的变化进行调整
创新型的组织文化	通过奖励创造性的设想和建议、保护创新者等制度，形成包容和接受不同意见的氛围，建立提倡创新的理念和价值观，促进成员广泛参与创新
关键人物	拥有推进创新的倡导者、技术能手和创意激发者等关键人物
广泛的沟通	组织内外、横纵向的有效沟通
良好的团队合作	注重团队精神，恰当地在部门内部和部门之间通过团队解决问题
关注外部环境	以开放的姿态面对外部的新信息
持续学习	从成员个人和组织两个层面形成持续学习，组织应为成员提供培训和个人发展的机会，通过学习和分享知识提高组织的能力

三、跨部门协同

时代变革给企业发展带来了进一步的挑战，竞争环境瞬息万变，这就导致企业必须要根据市场环境经常进行创新活动，从产品导向转向客户导向，快速响应客户的新需求。企业要快速根据环境的变化做出调整，就要求企业各个部门必须打通前后环节，按照客户需求有效组织起各个业务单元，形成坚实的市场链，使各系统、各部门有效协同。各个部门协同好了就能够达到事半功倍的效果；如果各个部门协同不好、互相拆台，就会产生负效应。

协同是指协调两个或者两个以上的不同资源或者个体，共同完成某项工作，达成特定的目标。协同的对象是人或特定的资源，协同的目的是使人和资源的效用最大化。有效协同可以使合作顺畅，复杂的问题可以在多个环节配合下得以解决，使工作效率大大提升。例如，在采购时多个买家可以协同购买，产生批量协同效应。通过协同还可以充分利用已有的闲置资源，提高资源利用率。一个企业在某个方面做出特色，建立了品牌，就可以以此为基础延伸到相关领域。

实现高效协同的基础是做好企业系统设计，包括设计适合业务特点、管理高效的组织架构，明确各部门、岗位的职责划分，建立部门及岗位之间的工作业务流程，设立导向性的工作目标，对目标完成情况进行考核，根据考核结果激励到位。在这个基础上，企业人员还必须建立良好的协同意识，具备协同能力，只要这样，才能从容应对企业协同中可能遇到的各种困境。

知识点四　创新过程管理

案例导入：小米让用户参与创新

小米公司全称为北京小米科技有限责任公司，正式成立于 2010 年 4 月，是一家专注于智能产品自主研发的移动互联网公司，小米手机、MIUI（基于 Android 操作系统所开发的智能手机操作界面）、米聊（手机端免费即时通信工具）是公司旗下三大核心业务，“为发烧而生”是小米的产品理念。

小米的 MIUI 是全球首个采用互联网开发模式的操作系统，全球超过 150 万个发烧友参与开发改进。MIUI 项目团队主要通过 MIUI 论坛与发烧友进行直接沟通，MIUI 论坛的注册用户有 165 万个。MIUI 团队在论坛听取用户的各种反馈，并做到有问必答。在构思新功能时，团队会在论坛发帖征询用户的意见，对反对声音高的功能会中止立项，对于同一功能出现两个或更多实现方式，会在论坛发起投票，由用户做出最终选择。团队每周还会定期发布用户体验报告，及时总结产品的不足和改进方向。此外，MIUI 团队还会定期举办较大规模的与发烧友面对面的线下交流活动，进行深度交流。

定期发布的 MIUI ROM 包括两种：① 开发版，体验最新的 MIUI 改进，每周五在线升级；② 稳定版，经全球发烧友测试稳定后发布，每月升级。基于论坛庞大的发烧友用户基础，MIUI 团队将开发完成的功能甚或是半成品交给一小部分核心用户进行试用，在实际使用中快速发现差错、短缺等，完善后再发给更大范围的用户进行大规模试错，继续发现错误，这种测试方式成本极低而效率却很高。这样，MIUI 团队通过每周五的定时更新,及时抛弃不正确的东西，改进已发现的问题，并固化用户认可的东西，这就是 MIUI 获取反馈后快速迭代的互联网开发模式。在初期的开发中，每周的更新涉及四五十个，甚至上百个功能，其中有三分之一是由“米粉”（小米发烧友）提供的，而整个 MIUI 相比 Android 原生系统，共有 100 多项改进，许多贴合用户需求的“微创新“提高了用户的黏性。这种用户参与的创新方式进一步延伸至小米手机的研发，利用互联网平台关注用户体验、在各个环节实现充分的用户参与，成为小米成功模式的核心。

请问：要实施小米 MIUI 的让用户全面参与的创新方式需要什么条件？

案例解析

1）互联网的大规模普及提供了与大量用户沟通的途径。

2）创新团队要能够从大量的用户反馈中解读用户的真正需求。

3）创新团队必须要有灵活的反应能力和高效率的运作，能够快速地根据用户反馈实现产品的改进。

一、规范化的创新过程

创新不只是提出一个好创意的过程，还是一个将创意转化成实践应用的过程。爱迪生曾说过：创新过程中最重要的挑战不是发明，而是如何成功地实现发明的技术化和商业化。

完整的创新过程涉及创新构思产生、项目选择、研究开发、技术管理与组织、工程设计与制造、用户参与及市场营销等一系列的活动。在创新过程中，这些活动相互联系，有时要循环交叉或并行操作。

创新过程的推进可以采取顺其自然的方式，然而，许多公司的实践都表明，将创新各个环节的活动进行明确的定义，各环节直接的连接也采取规范化、控制更为严格的方式，对于提高创新项目的效率和成功率十分有益。

根据创新构思起源和创新环节的连接方式，罗斯维尔从历史演变的角度，总结了 5 代创新过程模型，指出创新过程已经从简单的线性模型演变到日益复杂的网络化模型。这 5 代创新过程模型如下。

1）20 世纪 60 到 70 年代早期，第一、第二代简单的线性“技术推动”和“需求拉动”模型，两者都是线性序列过程，但技术推动模型强调 R&D，市场是 R&D 成功的被动接受者。需求拉动模型强调营销，市场是创新构思的来源，而 R&D 做被动反应。

2）20 世纪 70 年代后期到 80 年代早期，第三代“技术与市场交互作用”模型，创新各环节之间主要为序列式连接，但强调技术推动与需求拉动相结合，强调研发与营销的有效沟通和平衡。

3）20 世纪 80 年代后期到 90 年代初，第四代一体化的创新过程模型，创新各环节采用部分并行的推进方式，而非简单的序列化连接，强调各环节之间更紧密的联系。

4）20 世纪 90 年代之后的第五代系统集成与网络创新过程模型（SIN），是在第四代模型的基础上，进一步强调创新过程的电子化、网络化，引入专家系统和方针模型等技术，与领先用户密切联系，多方合作开发新产品，强调组织的柔性和创新开发速度。

从创新构思来源来说，创新过程模型大致有技术驱动和需求拉动两种方式，从创新各环节的连接方式来说，创新过程模型大致有序列化过程和部分并行过程两种方式，下面结合 5 代创新过程模型分别对其进行介绍。

二、技术推动与需求拉动

早期的对创新过程的解释是基于这样一种观点：研究开发是创新构思的主要来源，这种观点形成了创新的技术推动模型。具体来说，就是技术创新始于研究开发、经历工程和制造活动，最终将产品推向市场或在生产过程中实现新工艺，整个过程是一个线性序列。

技术推动的创新过程模型较好地解释了一些重大的、根本性创新，但是对于大多数的创新来说并非如此。20世纪60年代中期，通过大量技术创新的实证研究和分析，人们发现大多数创新特别是渐进性创新，并不是由技术推动引发的。研究表明，出现在各个领域的重要创新，有60%～80%是市场需求和生产需要所激发的。因此，市场需求在技术创新中的作用受到高度重视，这使需求拉动或市场拉动的创新过程模型得以流行。

在需求拉动的模型中，市场需求为技术创新创造了机会，刺激了研究开发为之寻找可行的技术方案。但是测试消费者需求，对不常发生的根本性创新几乎没有什么意义，因为根本性创新会使消费者行为与态度发生重大的变化，在没有一定的技术环境的条件下这些变化不会普遍出现。因此，市场需求可能会导致大量的渐进性创新，但根本性创新更可能起源于技术推动。

单纯的技术推动或需求拉动模型都存在其局限性，实证研究表明，技术推动和需求拉动的相对重要性在产业及产品生命周期的不同阶段可能有显著的不同，人们越来越清晰地认识到技术与市场因素应一起考虑。20世纪70～80年代初期，单纯的技术推动和需求拉动模型都被当作更为一般性的技术与市场交互作用模型的极端和特例。

技术与市场交互作用模型如图18.1所示，它是一个更具代表性的创新过程模型。它加强了技术推动和需求拉动模型中营销与技术的联结，意味着创新管理将市场需求与新技术能力相匹配，这更恰当地反映了企业的创新实践。

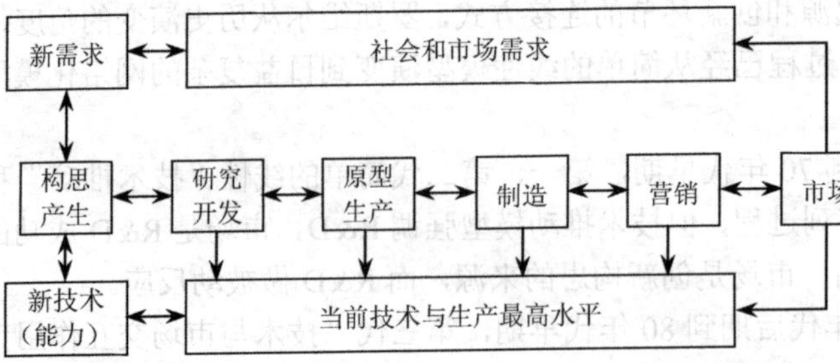

图18.1 技术与市场交互作用模型

三、序列化过程与部分并行的一体化过程

在20世纪90年代之前，大部分公司的创新过程采取的推进方式，是一个阶段结束后开始另一个阶段，即一种序列化的方式。20世纪80年代后期出现的第四代一体化创新过程模型标志着观念的转变，开始以部分并行的方式来组织创新过程，特别是在研发设计和制造阶段。如图18.2所示，产品设计在概念开发阶段完成之前就开始了，而工艺设计在产品设计阶段开始之后不久也随之开始，使不同阶段的工作更紧密地协调，最大地减少研发阶段设计出的产品难以制造或制造成本很高的可能性。同时，这种部分并行的方式，还有助于避免在不同开发阶段之间进行反复调整的问题，从而节约时间、缩短整个创新周期。

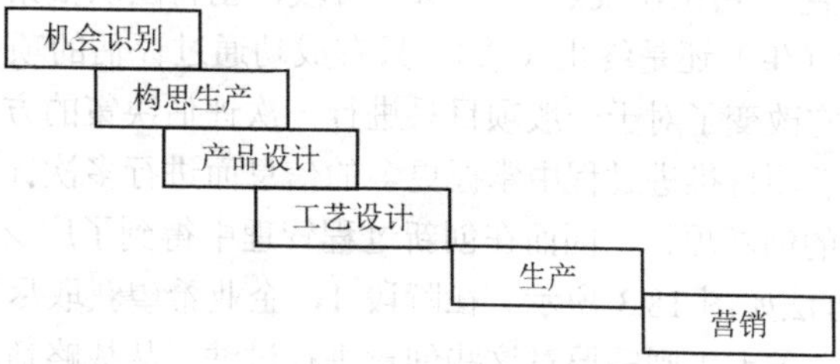

图 18.2 部分并行的创新过程

20 世纪 90 年代之后出现的第五代系统集成与网络（Systems Integration and Networking, SIN）创新过程模型是一体化模型的理想化发展，它代表了创新的电子化和信息化过程，更多地使用了专家系统来辅助开发工作，仿真模型技术部分代替了实物原型。同时，SIN 将供货商和用户之间的计算机辅助设计系统作为新产品合作开发过程的一部分，强调密切的电子化产品设计制造过程的联系，不仅将创新看成交叉职能联结过程，还把它看成多机构联结的网络过程。在信息技术发达的今天，许多领先企业已经开始了 SIN 模型的实践，在大大提升创新速度的同时，降低了创新的成本。

四．用户与供应商参与创新过程

1．用户参与

用户通常是最能识别新产品最佳性能和最基本的服务需求，让用户参与创新过程，并鼓励用户对产品提出建议，可以帮助企业将资源更多地集中在那些真正适应用户需求的项目上。

许多企业通过 Beta 测试来收集用户的意见，Beta 版的产品可以使企业在商业化大规模生产之前，向市场传递产品的特征信息。如果 Beta 版产品本身就具有非常高的吸引力，则可以帮助企业在推出正式产品之前就占据一定的市场。

还有一些企业在创新更早的环节就让用户参与，例如，在产品设计之前，首先通过市场调查来识别用户的需求，并将这些需求通过产品设计来满足需求。对于这种做法，一些研究指出，研究领先用户的需求要比大范围研究普通用户的需求更有价值，领先用户与普通用户相比，他们处于市场最前沿，而且更容易从新产品中获取效用和乐趣，同时领先用户又能够反映普通用户的需求，只是时间提前几个月甚至几年。因此，首先识别领先用户，再针对领先用户这个相对较小的群体进行调查，花费的费用更低，而且能够更好地识别未来的市场需求。

2．供应商参与

在当前合作创新越来越重要、要求创新速度越来越快的形势下，供应商参与创新过程，是创新成功的重要途径之一，供应商可以直接参与创新团队，也可以成为创新合作伙伴中的顾问角色。

通过供应商的参与，企业可以扩展信息资源，令供应商在改进产品和提高生产效率方面贡献他们的想法。另外，通过与供应商的协作，企业能够以及时的、成本可行的方式生产高质量的部件，把开发时间最小化。当企业凭借信息技术，采用系统集成与网络化的创新过程模型时，与供应商的合作将更为便利。

五、SGP 方法

阶段关卡过程（Stage Gate Process，SGP）方法是在创新推进的过程中分阶段进行评估，即在项目推进过程中设置“生/杀决策点”，在每个阶段，创新团队根据收集到的技术、市场和信息来决定项目是继续（生）还是终止（杀）。只有成功通过评估的项目才能进入下一阶段，及时中止不好的项目。它改变了对于一般项目只进行一次评估决策的方式，而是将项目评估与项目的推进相结合，随着项目推进过程中掌握更多的信息而进行多次评估。这一做法特别适合风险高、不确定因素多的创新项目，因而在创新过程管理中得到了广泛的应用。

一个简单的 SGP 方法如图 18.3 所示。在阶段 1，企业希望获取尽可能多的创意，并将这些创意写成简要的建议。关卡 1 则需要对这些创意进行过滤，从战略适应性、技术可行性等方面评估创意建议。只有部分创意建议会通过评估进入阶段 2。在阶段 2 要制订详细的创新计划，包括战略和财务目标、市场潜力分析、新产品特征、技术需求、财务和人力资源需求及开发预算。计划完成之后，则要由关卡 2 进行评估，一般要由高层管理人员组成委员会进行评估，综合考虑企业中正在进行的创新项目和其他项目，以保证企业有限的资源得到有效利用。当项目通过关卡 2 之后，就进入实施阶段，正式启动研发、设计和生产等工作，此时必须要对项目的目标、所需要的资源、参与者的责任和进度时间表等制订严格的计划，一般还要签订项目合同书作为衡量创新过程的文件。

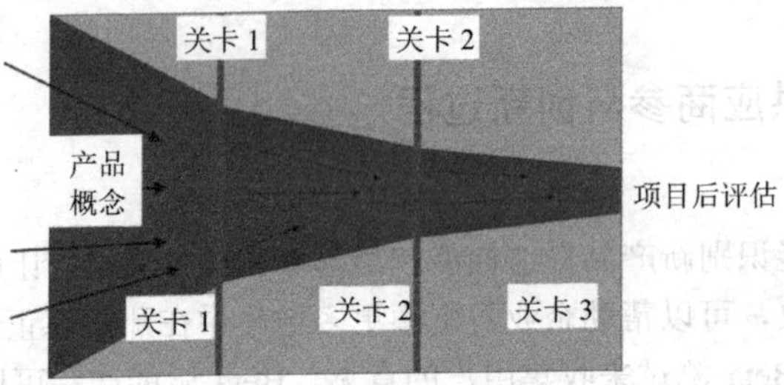

图 18.3 SGP 方法示意

由于 SGP 方法在创新各阶段之间设置生/杀门，所以，各阶段之间采用的是序列化的顺序联结，然而在每个阶段内部的各项活动之间，仍然可以引入前述的部分并行思路，缩短每个阶段所耗费的时间。

企业在实际应用 SGP 方法时，各企业可根据自身情况划分创新阶段和设计关卡，如有必要，可以把阶段划分得更细致，设置更多的关卡。

复习思考题

1. 创新管理的任务和基本要求是什么？
2. 管理创新和创新管理有什么区别和联系？
3. 企业的创新战略需要考虑哪些问题？
4. 企业如何有效实施自主创新、模仿创新战略？合作创新有哪些缺点？
5. 领先创新战略与跟随创新战略各有哪些优点和缺点？
6. 为什么跨职能团队成为创新项目最常用的组织形式？
7. 创新型组织通常具有哪些特征？
8. 选择一项你熟悉的创新，分析其主要是技术推动还是需求拉动。
9. 企业可采用什么方式令顾客参与创新过程？
10. 为什么 SGP 方法适用于创新项目？

知识自测题

（一）单项选择题

1. 创新的失败率很高，从根本上来说是由于创新活动伴随着（　　）。

A. 高度的不确定性　　B. 大量的资金投入

C. 长期的人员培训　　D. 复杂的协调工作

2. 在将用户引入创新过程时，研究（　　）的需求有助于企业以较低的费用获得有价值的信息。

A. 领先用户　　B. 年轻用户　　C. 原有用户　　D. 大众用户

3. 20 世纪 90 年代之后出现的系统集成与网络创新过程模型（SIN），代表了创新的（　　）。

A. 电子化　　B. 一体化　　C. 自动化　　D. 序列化

（二）多项选择题

1. 会对企业创新造成困难和阻碍的组织特征包括（　　）。

A. 紧密联系客户　　B. 官僚主义

C. 部门间横向沟通不畅　　D. 过于强调短期赢利能力

2. 领先创新战略的先发优势表现在（　　）。

A. 技术上形成较强的壁垒

B. 较早地建立与新产品相适应的原材料渠道、生产线

C. 较早地建立销售网络，影响用户消费行为

D. 节省早期市场实验的费用

3. 企业实施合作创新时，对创新活动的管理更为复杂，其原因有（　　）。

A. 合作伙伴之间可能存在目标分歧

B. 合作伙伴之间可能存在利益冲突

C. 企业有可能丧失对技术的控制权

D. 合作伙伴弥补了企业的资源和能力缺陷

4. 跨职能团队要取得成功，必须以正确的方式加以领导，这是因为（　　）。

A. 跨职能团队更容易造成“一言堂”的局面

B. 跨职能团队中缺乏有益的冲突

C. 团队成员的差异可能会导致内部矛盾

D. 团队成员的多样性会增加沟通成本

（三）判断题

1. 只有不具备自主创新能力的企业才会采用跟随创新战略。（　　）

2. 模仿创新的企业也可以享受领先创新者进行市场开拓的溢出效益。（　　）

3. 创新型组织必然应采用有机型组织结构。（　　）

4. SGP 是一种标准通用的方法，各个企业都应将创新过程划分为 3 个阶段进行评估。（　　）

案例讨论：智能手机领域创新与竞争的重要战略

请问：根据知识点一“案例导入”所提供的诺基亚的案例进一步思考，在智能手机领域，企业要保持竞争优势，创新方面有哪些重要的战略？你对中国的企业有何建议？

第八篇

信息化

第十九章 信息化与管理

信息化是当今世界发展的大趋势，在应对金融危机和思考危机后转变发展方式的过程中，世界各个国家都将发展和应用信息技术作为一个重要手段和重要方向。信息化是当今社会发展的重要引擎。

随着信息技术、信息资源的不断开发利用和中国企业改革的不断深入，企业管理方式正在向创新管理和知识管理转变。为适应新时期企业管理方式的变革，企业必须加强管理信息化建设。企业管理信息化建设是一场革命，在提高企业管理与决策水平、促进管理现代化、加速组织变革与转换经营机制、建立现代企业制度、有效降低成本、提高效率、增强市场竞争力、提高经济效益等方面都有着现实和深远的意义。

教学目标

知识点	学习要求	知识分阶
知识点一　信息化社会的发展	了解	必修
知识点二　企业业务流程重组	理解	高级选读
知识点三　精细化管理	理解	高级选读
知识点四　虚拟组织	理解	中级选读

学习重点

- 信息化社会的发展阶段
- 业务流程重组
- 精细化管理的内涵

知识点一　信息化社会的发展

案例导入：A 物流公司的信息化工作

1. 起步阶段

38 岁的张经理 2000 年把 A 物流公司的运输业务做到了上海、江苏和浙江。2003 年，他的运输公司实现了最基本的信息化工作，购买了计算机、安装了财务软件，实现了网上报税。运输公司信息化建设拉开了序幕。

2．快速发展阶段

A物流公司经过精心打造，已发展了2 000多个快递配送网点，实现了与各大购物网站合作对接完成客户网上购物的物流配送，在国内物流和速递企业中综合实力名列前茅，形成了“网络数字化、服务诚信化、管理人性化、合作国际化”的服务体系。随着国外速递企业进入国内速递市场，A公司通过加强管理手段和优化软件应用技术来提高自己的竞争力。为此，A公司在全国枢纽城市设立分拨中心来确保快件的安全、准时和高效，为各个网点设定统一的软件系统来满足客户对快件的跟踪需求。

3．强强联合，通过信息化促进企业的战略性发展

A公司与一家著名的管理咨询公司签署了一项“管理优化及信息化建设战略合作”协议，旨在帮助其突破快速发展过程中的瓶颈，全面提升企业管理水平，通过持续的业务创新、营运创新和管理创新来提升综合竞争力，确保其持续、快速成长目标的达成。通过此次战略合作，A公司将实现速递业务服务量与质的双重飞跃，并实现所有快件的全程可追踪管理。

此次签署的战略合作协议将历时3年，共分4个阶段。第一期工作重心是集团管控体系、运营能力提升及信息化建设规划。第二期工作重心是企业资源规划（ERP）系统的建立，包括财务管理模块、人力资源模块及企业文化建设和领导力提升等项目。第三期进行核心业务系统的规划设计、系统原型开发及验证、核心业务系统的开发完善及上线运行，并与二期已经上线的ERP系统模块进行集成。第四期在核心ERP系统和核心业务系统上线运行后，实施ERP系统的全面预算和资金管理、呼叫中心建设、客户关系管理（CRM）、商业智能等，同时包含对第三期已经上线的核心业务系统的运维服务。

4．应用物联网促进物流业务发展的研究和探索

A公司的总经理在2010年参加了由当地的电信公司、物流与采购联合会等联合举办的物联网与物流信息化应用推介会，对物联网在物流业的应用进行了研讨推介。会议以“智慧物联，低碳物流”的2010年物联网科技应用发展为主题，介绍物联网在物流行业中的应用与服务，旨在推动以物联网为基础的物流信息化建设与发展，率先在物流业实现物联网。

总经理对电信公司提供的“物流e通”业务表现出了浓厚的兴趣。通过“物流e通”业务，可以随时掌握货物收取、配送信息，有效提高企业效率。物流企业加入物联网以后，提单员可以利用手机，轻轻扫描，现场即录入货物信息，然后可以立即发送到物联网上，而坐在办公室内的调度员在第一时间就可以获取货物信息，并可坐在办公室内对货物运送过程进行调度和管控，方便、快捷，可以降低物流成本，减少流通费用、增加利润。

请问：A公司的信息化工作经历了哪几个阶段？

案例解析

A公司的信息化工作可以作如下阶段划分。

第一阶段：安装计算机，上网，进行基本的财务信息化工作。

第二阶段：安装管理软件，通过网络实现基本的物流和速递业务。

第三阶段：通过信息系统的战略规划、系统分析、系统设计和实施实现企业全面的信息化，应用ERP和CRM等将企业的各个部门、各业务流程和企业外部的电子商务全面通过完善的信息系统联系起来。

第四阶段：探索物联网技术在物流企业的应用。

一、信息与信息资源

管理学科认为，“数据经过加工处理就成了信息”。其中，信息和数据是两个既有密切联系又有重要区别的概念，其转换关系如图 19.1 所示。数据是反映客观事物的性质、形态和数量特征的抽象符号，如文字、数字、图形和曲线等。数据不能直接为管理者所用，因为其确切含义往往不明显。信息由数据生成，是数据经过加工处理后得到的，如报表和图纸等。信息被用来反映客观事物的规律，从而为管理工作提供依据。

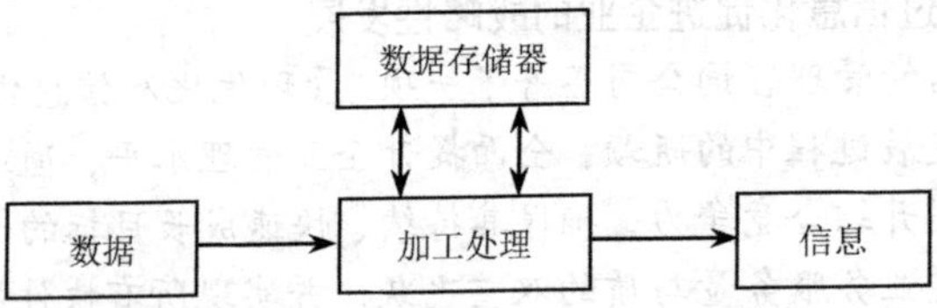

图 19.1　数据转为信息的过程

信息同能源、材料并列为当今世界三大资源，同时，信息又是无限的、可再生的、可共享的，是人类活动的最高财富。信息资源广泛存在于经济、社会各个领域和部门，是各种事物形态、内在规律和其他事物联系等条件和关系的反映。广义的信息资源包括信息生产者、信息和信息技术（Information Technology，IT）。

信息不仅是价值的源泉，还可以通过各种途径创造财富。信息资源与劳动者、劳动工具和劳动对象共同成为现代生产力的基础。信息资源与管理者相互作用，可增强管理者和管理对象之间的可知性与透明度，帮助管理者准确、有效地控制生产的运行。信息资源与决策者相互作用，能在决策过程中发挥信息系统的功能，促使决策者做出正确的决策。

信息资源在一定程度上可以替代人力、资金、物资和能源资源，充分利用信息资源可以大大节约人力、物力和财力的使用和消耗。例如，随着计算机网络的发展，电子货币、电子转账系统和信用卡等业务的普及，大大加快了资金流通的速度，提高了资金的利用率，仅此就可以节省数百亿元的巨资。

信息资源的价值可以积累和增值，通过生产信息产品、提供信息服务、推动信息化，本身就能创造财富。提供信息产品和信息服务的信息产业，已成为一种新兴的产业，在全世界蓬勃发展。据统计测算，信息产业在国民生产总值的比重，经济发达国家达到 40%～65%，新兴工业国家达到 25%～40%，已成为国民经济的支柱产业。

二、信息系统

信息系统（Information System，IS）是企业信息化管理的基础。它为管理者提供了一种在组织内收集、处理、维持和分配信息的系统方法。早在计算机出现前，信息系统就存在了。随着计算机的普及与网络的高度发展，企业信息系统越来越数字化、网络化，企业管理也越来越信息化。

信息系统包括 5 个基本要素：输入、处理、输出、反馈和控制。其中，输入是系统所要处理的原始数据或提供原始数据的设备；处理是把原始数据加工或转换成有意义和有用的信息的过程；输出是系统处理后的结果，即有意义和有用的信息；反馈是指管理者根据输出的结果对输入进行调整；控制是对输入、处理、输出和反馈等过程进行监视，使这些过程保持正常。

信息系统有 5 项基本功能：输入、存储、处理、输出和控制。其中，输入功能取决于系统所要达到的目的及系统的能力和信息环境的许可；存储功能指系统存储各种信息资料和数据的能力；处理功能即数据处理工具，通常可分为事物处理和分析处理；输出功能是信息系统的目标所在；控制功能对构成系统的各种信息设备进行控制和管理，对信息加工、处理、传输和输出等全部环节加以控制。

典型的管理信息系统（Management Information System，MIS）由人和计算机网络集成，能提供企业管理所需信息以支持企业的生产经营和决策的人机系统，主要功能包括财务管理、资产管理、人力资源管理、生产管理、行政管理和系统维护等。

三、互联网与电子商务

互联网（Internet），又称因特网、网际网，是由众多计算机及子网基于共同的协议相互连接和通信而成的计算机网络。互联网使用传输控制协议和互联协议（Transmission Control Protocol/Internet Protocol，TCP/IP），是信息资源和资源共享的集合，是全球性的信息基础设施。通过互联网人们可以与远在千里之外的朋友发送邮件，通话视频，协同工作，共同娱乐。当今社会已经跨入互联网时代，互联网已经渗透到从文化、经济、政治、军事到社会的各个领域，从个人工作、学习到生活、娱乐，它几乎无处不在，无时无刻不在影响着人们。

20 世纪最伟大的发明是电子计算机，电子计算机最伟大的发展是互联网，互联网最伟大的应用则是电子商务。电子商务的出现源于电子数据交换（Electronic Data Interchange，EDI）是在一种专用的电子信息网络上实现的。1989 年，美国劳伦斯·利弗莫尔把在这种电子信息网络上由技术、物资过程和人融为一体的商业交易活动称为电子商务，互联网的应用即电子商务达到了空前普及的程度。

电子商务（E-Business）的根本性变革在于把商品（货物和服务）流、资金流、技术流和业务流统统反映在信息流上，并由信息流来组织和支配，从而导致增值链重组，形成新的商业模式并产生革命性的整合。同时，电子商务已实现了产业化，是人类经济活动的新形式、新内容。

四、物联网

物联网的概念最早在 1999 年提出，它是在互联网的基础上，利用射频自动识别（Radio Frequency Identification，RFID）等传感技术、全球定位系统（Global Positioning System，GPS）、无线通信等数据通信技术，构造一个覆盖世界万事万物的物联网（Internet of Things，IOT）。在这个网络中，物品（商品）能够彼此进行“交流”，无须人工干预。其实质是利用 RFID 等技术，通过互联网实现物品的自动识别、物—物通信乃至智能监控和管理。

RFID 是一种非接触式的近场无线通信与自动识别技术，俗称“智能标签”，是物联网重要的应用基础，是让物品“开口说话”的技术。在物联网构想中，RFID 标签中存储着规范而具有互用性的信息，通过无线数据通信网络把它们自动采集到中央信息系统，实现物品的识别，进而通过开放性的计算机网络实现信息交换和共享，实现对物品的“透明”管理。

物联网是由感知层、网络层和应用层构成的庞大系统，其连接范围远大于互联网。其中，感知层用于识别物体、采集信息，与人体的皮肤和五官的作用相似；网络层将感知层获取的信息进行传递和处理，类似于人体的神经中枢；而应用层进行信息的分析、处理、控制与决策，并与行业需求及专业技术融合完成特定的智能化应用和服务，类似于人体的大脑。

五、信息化社会

所谓信息化，就是要在国民经济各部门和社会活动各领域普遍采用现代信息技术，使社会各单位、群体和全体公众能在任何时间、任何地点，通过各种信息媒体（声音、数据、图像或影像）享用和传递信息以提高社会上各类组织的管理和决策能力，提高群体或个人的工作效率，促进社会生产力的发展，提高人民文化教育水平与生活质量，增强综合国力和国际竞争能力。它的实质是信息技术的高度发达和信息资源高度共享，从而充分发掘社会智能潜力。信息化的特征主要体现为 ① 信息产品的出现和迅速增长及物质产品中信息含量的不断提高。② 信息基础设施的比重迅速加大。③ 劳动力的素质提高。

有学者认为，若一个国家的信息业产值超过国民生产总值的一半，从事信息相关行业的人数超过总就业人数的一半，则该社会就已经步入了信息化社会。

信息化社会是以信息为社会发展的基础动力，以信息技术为实现信息化社会的手段，以信息经济为社会存在和发展的主导经济，以信息化改变着人的教育、生活和工作方式及夹着时空观念的新兴社会形态。

实质上，信息化社会是社会从有形的物质产品创造价值的阶段向无形的信息创造价值的阶段转变，是由“原子”到“比特”的转变。它是以经济信息化为基础，通过发达高效的网络、终端技术及信息服务业最终达到使人类生活各方面都实现信息化的社会。信息化社会的发展是一个动态的逐渐变化过程，有时可能还要经过一个相当长的时期。总结西方发达国家的经验，一般来说，进入信息化社会需要经历 6 个阶段。

1. 信息化社会萌芽阶段

在这一阶段，人们对信息的需求很低，虽然这种需求在不断上升，但是仍然是低斜率的线性增长。世界上第一台计算机诞生时正是西方发达国家处于经济恢复期，但工业化程度已达到一定的高度，随着经济的增长和技术的进步，对信息的需求急增，而发展中国家的信息化社会萌芽阶段则落后西方几十年，但可借助西方已有的成果快速迈进。

2. 发展先进的通信系统阶段

当社会信息需求发展到一定程度时，则由线性低斜率增长向线性高斜率增长发展，这种发展首先反映在通信系统的需求上。通信系统是信息化社会的神经网络，用来处理、传输数据、声音和图像，并由单机发展成局域网、互联网，从而极大地提高了信息的传输和处理能力。

3. 发展信息服务产业阶段

随着科学技术和社会经济的快速发展，信息的供给和需求发生了深刻变化，传统的服务模式已逐步转化为开放型、多样化和社会化的信息服务模式。以数据库技术为标志的计算机、通信和信息三位一体的信息化服务出现并迅猛发展，标志着信息技术作为生产力进入了产业化、社会化的崭新阶段，极大地促进了信息资源的开发与利用。

4. 传统产业信息化阶段

传统产业信息化是指农业、工业、商业、交通运输业和金融保险业等都面临的信息化。从微观角度看，这些企业要在生产、经营和管理等领域大量采用高技术的智能机器、自动生产线、计算机信息管理系统和信息网络，通过信息流来控制资金流、物流、能源流，通过信息资源的开发利用来提高企业的生产、经营和管理水平，增强企业的竞争实力。

5. 社会管理系统信息化阶段

随着社会经济、科技、文化、教育等的不断发展，社会管理部门需要收集、处理、传递的信息日益增多，紧迫感日益增强，要求管理部门也要实现信息化以协调和控制好各项工作，充分发挥各自的职能作用，即办公自动化和电子政务等。

6．社会生活全面信息化阶段

这是一个特定的阶段，除了上述5个方面以外，人类社会生活的其他方面也实现了信息化，如消费、家庭生活、教育、医疗卫生和文化娱乐信息化等。

知识点二　企业业务流程重组

案例导入：福特汽车付款业务流程重组

福特汽车公司是美国三大汽车巨头之一，但是到了20世纪80年代初，它像许多美国大企业一样面临着日本竞争对手的挑战，必须想方设法削减管理费用和行政开支。

北美福特汽车公司2/3的汽车部件需要从外部供应商处购进，为此需要有相当多的雇员从事应付账款管理工作，公司财会部有500多名员工，负责审核并签发供应商供货账单的应付款项。按照传统观念，这么多员工处理应付账款是合情合理的。

促使福特汽车公司认真考虑“应付账款”工作的是日本马自达汽车公司。这是一家福特汽车公司占股22%的参股公司，仅有5位职员负责应付账款工作。尽管两个公司在规模上存在差距，但按公司规模进行数据调整后，福特公司仍多雇用了5倍的员工。为此，福特汽车公司决定对与应付账款相关的整个业务流程进行彻底重组。进行业务重组之前，管理人员计划通过业务流程重组和应用计算机系统，将员工裁减到最多不超过400人，实现裁员20%的目标。

福特汽车公司原付款流程是：① 采购部门向供应商发出订单，并将订单的副本送往应付款部门。② 供应商发货，福特的验收部门收检，并将验收报告送到财会部。③ 供应商同时将产品发票送至财会部。④ 财会部进行付款（见图19.2）。其中，财会部门接受采购部门送来的采购订单副本、仓库的验货单和供应商的发票，然后将3张票据放在一起进行核对，查看其中的14项数据是否相符，核对相符后，财会部门才予以付款。财会部门要花费大量的时间核对3张单据上的14项数据是否相符。

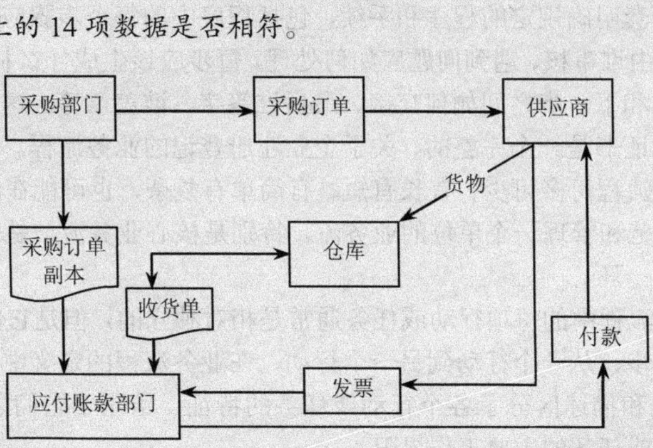

图19.2　重组前业务流程

业务重组后，应付账款部门不再需要发票，需要核实的数据项减少为3项：零部件名称、数量和供应商代码。采购部门和仓库分别将采购订单和收货确认信息输入到计算机系统后，由计算机进行电子数据匹配，相应流程也得到了大幅简化。最后结果是：应付账款部门的员工减少了75%，而不是原计划的20%。重组后的公司业务流程如图19.3所示。

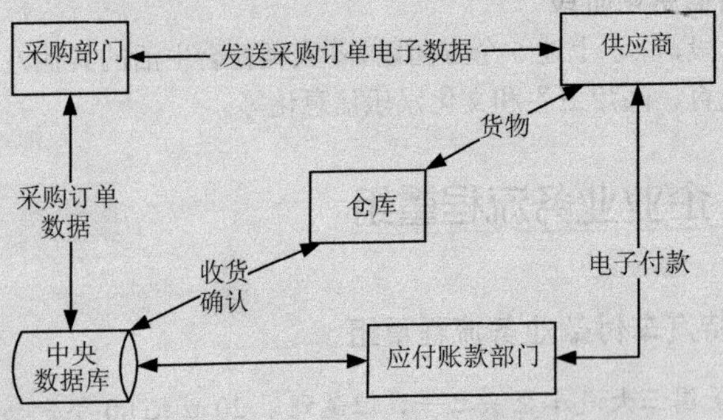

图19.3 重组后的业务流程

请问：从福特汽车的业务流程重组中可以总结出什么经验？

案例解析

从福特汽车公司的业务流程重组中可以看出，业务流程重组不能仅面向单一部门，而应面向企业全局。业务流程重组也不仅仅涉及业务流程本身，还涉及组织结构设计和人员配备等其他相关职能。倘若福特公司仅仅重建应付账款部门，那将是徒劳无功的。正确的重组过程应将注意力放在整个物料获取的流程上，重新设计相关的采购、仓库和应付账款部门，才能获得显著改善的成就。

一、业务流程的概念

业务流程（Business Process，BP）是指为履行一个职能所必须完成的一系列的相关行动或任务，这些行动或任务具有严格的先后次序。对于一个组织严谨的组织或部门来说，每个职能都应有明确的业务流程，流程的规范化是企业管理规范化的重要标志。例如，对企业的申请注册登记，政府应有一套明确规定的程序和手续，包括程序中的每个步骤应该由谁主管、企业须提供什么材料、材料由谁审核、遇到问题应如何处理、每步应该生成什么材料或做出什么结论、处理流程中的上一步和下一步之间如何交接、最后谁签字、谁盖章等。这样，从提出申请开始到企业拿到注册登记证书是一个完整的、关于企业注册登记的业务流程。由于每个公司都有自己的业务流程，业务流程可多可少、有长有短、有简单有复杂，也可能在流程中还嵌套有子流程。因此，识别、规范和管理一个单位的业务流，特别是核心业务流，是体现一个单位管理水平最基础、最重要的一环。

一般来说，业务流程中的每项行动或任务通常是相对独立的，但是它们彼此之间的逻辑关系，即从一步到另一步、从一个行动到另一个行动，在业务流程的定义中须做出明确的规定。正是业务流程的定义和描述区分了各个行动或任务的特征，给出了它们之间的相关性和依赖性，确定了各个行动或任务的主要工作界限。

业务流程是围绕数据或相互依赖的信息组织在一起的业务行动的组合。在业务流程的各个步骤的转换之间，必定有数据和信息的交接和传递。因此，在信息系统的设计和实现中，业务流程的识别非常重要。因为，只有建立了每项业务的“职能—流程—行动”链，才能对每个单位或部门进行系统分析，对其进行功能识别和建立业务模型。

二、业务流程重组和业务流程改进

业务流程重组（Business Process Reengineering，BPR）与业务流程改进（Business Process Improvement，BPI）是两个相对的概念。其中，业务流程重组是寻求对业务流程进行重大改变的方法，而业务流程改进则是对现有的业务流程进行持续的、渐进的改善方法。业务流程重组与业务流程改进具有以下共同的特性：强调客户满意，使用业绩改进的量度手段，关注业务流程，强调团队合作，对企业的价值观进行改造，在组织中精简决策的层级，高层管理人员的参与。同时，业务流程重组与业务流程改进存在显著差别，具体如表 19.1 所示。

表 19.1 BPR 重组与 BPI 的对比

区　别	业务流程改进	业务流程重组
改进程度	渐进性的、逐步增长	革命性的、跳跃性的增长
频率	持续的	阶段的
范围	通常在部门内	跨部门的
性质	在原有的基础上发展，改进现有流程	彻底变革，围绕目标重新设计
参与者	自下而上	自上而下
管理的角色	注重参与	领导
方法	对现有的流程细致分析，确认原有框架	打破原有规划与组织模式，重新对作业流程进行设计、检验
风险与收益	低等到中等	高等

三、企业信息化与业务流程重组

企业信息化主要指利用计算机技术和其他现代信息技术装备企业各级部门，通过对信息资源的深入开发和广泛利用，不断提高企业生产、经营、管理、决策的效率和水平，降低企业运行成本，最终达到提高企业的社会效益和经济效益以及企业竞争力的目的。当今，企业的信息化管理与服务能力已经成为其核心竞争力的重要组成部分。

企业信息化的过程与业务流程重组密不可分。业务流程重组是对企业业务流程的梳理、重新思考和重新设计，从而使企业的绩效，如成本、效率、质量和服务同时获得显著改善，最终满足顾客对质量、效率和服务的需要的过程。企业信息化只有建立在经过优化的流程基础上才能真正发挥其价值创造能力。

1. 企业信息化和业务流程重组的区别

（1）出发点不同

企业信息化的出发点是信息技术的开发和利用与信息资源的开发和利用，强调的是在企业的各个部门和信息收集、加工处理、综合利用的各个方面对现代信息技术的应用。实现企业信息化可以利用先进的计算机和网络等信息技术，提高这些环节的正确性和效率、打破部门藩篱、提高信息资源的共享水平与处理能力，从而提高企业的管理与决策水平。企业信息化的内容主要包括：制造过程信息化、销售过程信息化、运营过程信息化、管理信息化、组织结构信息化和生产要素信息化等。

业务流程重组则是对业务流程的深度改造。业务流程的问题可能是原来固有的，也可能是随着外部环境和内部条件的改变而出现的。随着信息时代的到来，企业外部环境发生了根本性变化，企业处于以顾客、竞争和变化为主要特征的新格局中，市场由卖方市场向买方市场转移、技术更新速度加快，产品生命周期缩短，使得传统的管理模式已不能适应发展的需要。业务流程重组正是针对上述变化，对不合理的业务流程进行“根本性的重新思考”和“彻底的重新设计”。

（2）实现方式不同

企业信息化的实现方式主要表现为信息技术的采用，包括各种自动化技术和各类信息系统的建设。代表性的企业信息系统和信息化应用包括计算机辅助设计和制造（Computer-aided Design/Computer-aided Manufacturing，CAD/CAM）、计算机集成制造系统（Computer Integrated Making System，CIMS）、供应链管理（Supply Chain Management，SCM）、客户关系管理（Customer Relationship Management，CRM）、企业资源管理（Enterprise Resource Planning，ERP）、办公自动化（Office Automation，OA）、人力资源（Human Resources，HR）管理、管理信息系统（Management Information System，MIS）、商务智能（Business Intelligence，BI）、电子商务（E-Business）、企业门户网站等，企务信息化还包括信息资源的充分利用及由此带来的管理水平提高等。

业务流程重组则更依赖企业内部对自身生产经营过程的重新思考和设计，而这一思考和设计是建立在对企业的内外部经营环境综合分析的基础之上的。外部环境中的竞争、需求变化、科学技术和管理思想变革等都会对企业的业务流程产生重大的影响。因此，业务流程重组首先要分析企业的外部环境，包括宏观环境和行业结构的变化，进而导致企业战略的改变，并最终导致业务流程的改变，业务流程重组的结果是形成新的适合环境和企业自身条件的业务流程。它的表现形式是企业业务流程的变革，使得业务流程更合理、更加适合企业竞争的需要。

2．企业信息化和业务流程重组的联系

（1）信息化推动了企业生产方式的转变，促进了业务流程重组

信息技术和信息系统的使用可对原有的业务流程带来巨大的冲击，甚至改变人们的思维方式。例如，企业的管理模式在经历了物料需求计划（MRP）、制造资源计划（MRPⅡ）和企业资源计划（ERP）等发展历程后，企业管理模式面临新的发展机遇；电子商务解决方案对企业经营方式提出了革命性的挑战，使得供应链管理成为企业信息化的主要内容之一。

（2）业务流程重组需要信息化的支持

业务流程重组对企业核心业务处理的过程进行重新设计时，不可能离开信息技术在其中的作用。在信息时代，企业要生存和发展离不开信息化的支持。从企业外部看，经济全球化与全球信息化呈加速趋势，市场范围不断扩大，竞争对手层出不穷，科技竞争、营销竞争、市场和人才的争夺日益激烈，这对企业形成了强大的压力。从企业内部看，为适应外部竞争环境，内部结构、业务流程和管理方式都需要不断调整、重组和变革，以提高企业的应变能力、创新能力和竞争能力。企业信息需求及其结构变化导致企业重视和加强信息资源的开发和管理，并促进企业在业务活动中广泛应用信息技术。

（3）企业信息化与业务流程重组相结合是两者成功的关键

业务流程重组是企业适应环境变化、提高企业竞争力、促进企业发展壮大的途径，企业信息化是企业业务流程重组中不可缺少的工具和手段。两者的结合是当前企业生存发展的必经之路。企业信息化与业务流程重组相结合，是成功实施企业信息化和根据环境变化对企业业务流程进行重组的关键。只有将两者统一在企业战略及总体目标之下，才能充分发挥其在企业管理中的巨大威力，使企业不断发展壮大。

知识点三 精细化管理

案例导入：国美电器——ERP 系统助推精细化管理

2011 年年底，国美新的 ERP 系统成功上线，这标志着国美在企业信息化管理方面又迈上了一个新的台阶。当今家电零售业界竞争愈发激烈，各大商家都在积极扩张自身实力，随着业务的发展，零售商只有通过更新信息技术，才能应付不断扩充的采购及销售规模。而稳定高效的运营更要求零售商建设一套完善的管理系统，以全面掌控财务与业务，实时监控各地库存、销售与供需情况，增进部门间和与供应商的协作。

"国美新 ERP 系统最大的特点是实施范围宽、复杂度高。"国美集团副总裁牟贵先表示，"国美此次 ERP 建设第一阶段就包含了从业务到财务、物流、售后、HR、CRM 和全面预算等多个方面内容，所有国美经营管理涉及的细枝末节都在新系统里得到了完整体现，这在业界也是少见的。更重要的是新 ERP 注入了精细化管理的基因，管理细分到门店，以及每个商品的销售和利润管理。"在团队管理方面，新系统详尽管理每位员工的绩效，有助于员工清楚自身情况，进而激发员工潜力。在物流管理方面，新系统实现了物流配送的时间窗管理，可按照消费者选定的时间来送货。

国美 ERP 系统的全面上线极大地满足了消费者的购物需求，为消费者提供商品、服务、价格及环境等方面的全方位的购物新体验。不仅如此，在国美快速的门店扩张之际，ERP 新系统的上线不仅提升了国美实体店经营的软实力，而且在保证分部独立运营的基础上,实现了总部集中管理、统一运营、过程监控和分析决策的职能，实现了国美集团总部对分部的集中式管理。此次新 ERP 系统的上线，极大地助力国美的快速、稳健、精细化发展。资源的优化和成本的降低，最终都将以更优惠的商品价格体现出来。国美电器已进入全方位以消费者为中心的时代，新系统有助于消费者享受到个性化、多样化的服务和更优质的消费体验。

请问：精细化管理与 ERP 信息系统有何关联？

案例解析

ERP 作为现代信息技术越来越受到企业的认可，信息化管理也逐步被接受。企业认识到管理精细化对企业发展的重要意义，应用 ERP 提升企业精细化管理能力已经成为企业的共识。

一、精细化管理的出现

精细化是一种意识、观念、认真的态度、精益求精的文化。自 1911 年科学管理之父泰勒发表了世界上第一本精细化管理著作《科学管理原理》(*The Principles of Scientific Management*)以来，精细化管理在西方国家得到大力发展。特别是第二次世界大战之后，企业规模的扩大使得生产方法以决策过程为着眼点，注重定量分析，生产技术日趋复杂，产品更新换代周期缩短，生产协作要求更高。在这种情况下，对企业的经营管理提出了更加精细化的要求。于是，包括决策理论、运筹学和系统工程在内的很多理论被引用到经济管理领域。这些理论和数学方法的整体被称为管理科学。

1938 年，丰田汽车公司经理丰田喜一郎提出了准时化生产（Just In Time，JIT），又称为即时生产，其核心是"在必要时只生产必要数量的必要产品，杜绝一切浪费"，"不生产多余的成品”。此后，精益生产及日本汽车工业的飞速发展引起了各国学者和工程技术人员的关注，纷纷开展对精益生产机制和结构的研究和探讨。

1985 年，美国麻省理工学院组织世界上 14 个国家的专家、学者，进行了一项“国际汽车计划”的课题研究，历时 5 年，耗资 500 万美元，取得了全世界 90 多个汽车制造厂的调查和对比分析的数据和成果。课题成果之一鲜明地表明美国麻省理工学院教授詹姆斯·沃麦克等的结论：作为一种生产管理方式的日本丰田汽车公司的生产过程，综合了大量生产与单件生产方式的最佳特征，即能降低单件成本、明显改进品质、提供范围更广的产品与更有挑战性的工作，它最适用于现代制造企业。1990 年，詹姆斯在《改变世界的机器》一书中，解剖“丰田生产方式”之后写道：“我们确信精益生产方式必将在工业的各个领域里，取代大量生产方式与残存的单件生产方式，成为 21 世纪标准的全球生产体系。”

类似地，2003 年中国刘先明教授率先提出“五精四细”创新管理工程思想，其中五精是：

- 精华。企业必须有效运用、创造和输出全球范围内的文化精华（含企业精神）、技术精华、智慧精华等来指导、促进企业的发展。
- 精髓。企业必须拥有那些为数不多的、深谙和运用企业管理精髓的企业家和一批企业管理者，这样企业管理的精髓才能够在企业成功发展中得到充分运用和发展。
- 精品。企业必须把握好产品质量精品的特性、处理好质量精品与零缺陷之间的关系，建立确保质量精品形成的体系，为企业形成核心竞争力和创建品牌奠定基础。
- 精通。市场似江河与海洋，企业和客户的产品、原料等物流是流出和流入的水流，企业需要精致打造畅通于市场的渠道，精致建好畅通于客户的管道。
- 精密。企业内部凡有分工协作和前后工序关系的部门与环节，其配合与协作都需要精密；与企业生存、发展的环境适宜性需要精密，与企业相关联的机构、客户和消费者的关系需要精密。

四细是：

- 细分市场和客户，全面准确地把握市场变化和客户需求，企业发展战略和产品定位准。
- 细分企业组织机构中的职能和岗位，企业管理体系健全，责权利明确、到位。
- 细化分解每个战略、决策、目标、任务、计划、指令，使之落实到人。
- 细化企业管理制度的编制、实施、控制、检查和激励等程序、环节，做到制度到位。

二、精细化管理的内容

精细化管理虽然起源于生产制造领域，但作为一个全面化的管理模式，精细化管理的思想和作风能够贯彻到各行各业的所有管理活动中。它包含以下 5 个部分。

1）精细化的操作。它是指企业活动中的每个行为都有一定的规范和要求。每家企业的员工都应遵守这种规范，从而让企业的基础运作更加正规化、规范化和标准化，为企业的拓展提供可推广性、可复制性。

2）精细化的控制。它是精细化管理的一个重要方面，要求企业业务的运作要有一个流程，要有计划、审核、执行和回顾的过程。控制好了这个过程，就可以大大减少企业的业务运作失误，杜绝部分管理漏洞，增强流程参与人员的责任感。

3）精细化的核算。它是管理者明确经营情况的必要条件和最主要的手段，这就要求企业的经营活动凡与财务有关的行为都要记账、核算，还要通过核算去发现经营管理中的漏洞和污点，减少企业利润的流失。

4）精细化的分析。它是企业取得核心竞争力的有力手段，是进行精细化规划的依据和前提。精细化分析主要是通过现代化的手段，将经营中的问题从多个角度去展现和从多个层次去跟踪。同时，还要通过精细化的分析，去研究提高企业生产力和利润的方法。

5）精细化的规划。它是推动企业发展的关键点。企业的规划包含两个方面：一方面企业高层根据市场预测和企业的经营情况而制定的中远期目标，这个目标包括企业的规模、业态、文化、管理模式、利润和权益等；另一方面企业的经营者根据企业目标而制订的实现计划。企业所制定的目标和计划都应该是有依据的、可操作的、合理的和可检查的。

三、精细化与信息化的联系

精细化管理是一种管理理念，这种理念只有通过信息化手段才能够得以实现。要实现精细化管理就要充分利用信息网络和信息系统，实现对物流、资金流、信息流统一管理，让销售与物流供应、客户紧密地联系起来，不断提高企业商务处理效率，降低销售成本和管理费用，加速资金周转，从而提高企业整体商业竞争力。

知识点四 虚拟组织

案例导入：耐克公司的生产外包

耐克公司用不到 50 年的时间，打败了体育用品界中的龙头企业——阿迪达斯，跃居世界第一，并且一直保持惊人的业绩，把所有的竞争对手包括许多新生力量远远地抛在了后面，让人望尘莫及。

耐克公司的成功要归功于它的独创性生产经营理念。它率先脱离传统的生产模式，不再亲自投资建立工厂、招募工人、组织庞大的基层部门生产鞋子，它采用了独特的生产方式——虚拟经营，即生产外包。

何谓虚拟经营呢？具体地说就是通过特许经营，利用外部力量，整合外部资源，自己几乎没有生产场所。其关键就在于“虚拟”，虽然表面上为制造业企业，但是却完全没有制造部门，等于虚设了一个生产系统，把企业的主要资源和力量投于其他高端方面。这就是耐克公司的经营模式。

耐克公司在早期发现自己的生产很难满足消费者大量的需求，市场对他们的产品已经出现供不应求的情况，而且当耐克公司有新的设计方案或销售商要求的订单到达时，耐克公司的生产部门却不能及时提供产品，这给耐克公司的信誉带来了巨大影响。此时，耐克公司发现其问题根源是自己在生产方面并没有比竞争对手更多的优势，生产跟不上企业的步伐，严重滞后于企业的发展；而且最初的策略并非靠生产夺取市场，而是以先进的技术、优质的产品打败竞争对手。于是，它开始寻找外部生产，也就是生产外包。耐克公司不投资建设生产场地，不装配生产线，生产外包的对象从日本、西欧转移到韩国、中国台北，进而转移到中国内地和印度等劳动力十分低廉的地区。耐克公司通过虚拟经营，巧妙地把生产压力转向外方。这种特许经营的优势不仅在于生产成本的降低，还产生了巨大的价值。

1）虚拟经营可使耐克公司的管理重点转向新技术开发、产品营销和人力资源、品牌和企业形象等无形资产，从而大大精简企业的部门并节省开支，还能及时跟上时尚的要求，成为行业的领头羊。

2）耐克公司将生产外包给发展中国家可促进当地的经济发展、增加当地就业，甚至可能输出部分先进的生产技术及设备，从而受到当地政府的欢迎。由此可享受许多优惠政策，避免了国内多种严格的限制和激烈的竞争环境带来的不利影响。

3）生产外包给国外不仅在生产方面得利，在销售方面更是尝到了甜头。发展中国家是一个很有潜力的大市场，消费者人数多而且随着经济的发展购买力不断加强，能与之抗衡的竞争对手少，加上政府的优惠政策，耐克公司很容易打入这些市场。因为，在生产外包的同时，耐克公司的品牌也打入了该市场并深入人心；“当地生产当地销售”的模式也为耐克公司节省了大量的进口税并转化为收入。

虚拟经营给耐克公司带来的财富不仅仅体现在经济利润上，还体现在它正慢慢浸入全球的每个角落，使耐克公司的品牌成为消费者的自豪，也成为运动品牌中的权威。耐克公司的虚拟经营方式是耐克公司稳坐世界第一的主要原因之一。我们在为这个伟大的运动品牌所创造的奇迹感叹的同时，更应该洞悉其中的奥妙，创造属于我们自己的世界品牌。

请问：什么是虚拟组织？

案例解析

虚拟组织是以某一企业为核心，以合同为基础依靠其他组织进行设计、制造和销售活动的一种组织结构形式。在虚拟组织中，作为核心的中心组织，主要的工作是创建网络，与许多独立的设计者、制造商和代理商保持联系，将组织的大部分职能外包给这些外部组织，而中心组织的高层管理者则集中精力做最擅长的事并协调、控制好各种外部关系。

一、虚拟组织的定义及其特点

虚拟组织（Virtual Organization）是一种区别于传统组织的一种以信息技术为支撑的将人员、资产和创意动态地联系在一起的组织形式。其特征是以现代通信和网络技术、信息存储技术、机器智能产品为依托，实现传统组织的结构、职能及目标，而在形式上没有固定的地理空间和特定的时间限制。组织成员通过高度自律和一致的价值取向，利用各专业领域中的独特优势实现共同目标。

虚拟企业（Virtual Enterprise）是虚拟组织的典型形态，具有以下特点。

1）合作型竞争。虚拟企业一般由一个核心企业和几个成员企业组成，在推出新产品时以信息网络为依托，跨越空间的界限，在全球范围内挑选合作伙伴，把具有不同核心优势和资源的企业组合成单一的靠信息技术联系起来的动态联盟，共同对付市场的挑战，联合参与国际竞争。

2）动态性。虚拟企业能快速有效地利用信息技术和网络技术，各成员企业及各个环节的员工都能参与技术创新的研究和实施工作，从而维持技术领先地位。它不仅向顾客提供产品和服务，更重视高技术的研究开发与领先性，向顾客提供产品和服务背后的实际问题的“解决方案”，从而满足不断变化的客户需求。

3）组织扁平化。扁平化的网络组织能对市场环境变化做出快速反应。信息技术的高度发展将极大地强化信息的沟通方式和管理层的作用，虚拟企业通过社会化协作和契约关系，使得企业的管理组织扁平化、信息化，削减了中间层次，使决策层更贴近执行层，从而能针对环境变化做出快速响应。

4）学习型组织。虚拟企业竞争的核心是学习型组织。学习型组织提倡“无为而治”的有机管理，突破了传统的层次组织。虚拟企业在其经营过程中，往往处在复杂的动态变化中，企业经营者必须不断地根据环境的变化进行适应性调整，因此，企业必须建立一种适应动态变化的学习能力。虚拟企业的学习过程常常鼓励打破常规的探索性试验，是一种允许出现错误的复杂的组织学习过程，是一种利用反馈机制的循环的组织学习过程。

二、虚拟组织的管理

网络的发展推动了虚拟组织的发展，网络本身也成为虚拟组织的一种形式。虚拟组织是在网络环境下，以充分利用外部资源和快速响应市场环境为目标，以虚拟制造、虚拟服务为手段，管理高度集成化、信息化的组织模式。虚拟组织的管理是一种以“信息流”为核心的综合性的智能化管理。它的基本特征突出表现在以下 3 个方面。

1）管理技术的智能化。虚拟组织的管理将组织系统中的人流、物流和资金流统一以信息流的形式进行表达和处理，因此，虚拟组织需要能实现“人—机”协调的智能化管理技术。

2）管理方式的网络化。虚拟组织管理的实施环境是建立以项目为纽带的组织网络运行平台，一般通过互联网（Internet）或内联网（Intranet）实现虚拟组织各小组间的信息管理。因此，虚拟组织通常采用多层网络架构的组织运行机制。

3）管理信息的集成化。虚拟组织的各个合作个体之间通过建立基于网络的应用系统或网站共享项目构思、产品过程、生产管理、零部件供应和产品销售及服务等管理信息。因此，虚拟组织产生的管理信息，必须以数据、知识和模型的形式，建立交互式的通信网络体系，支持分布式的、跨平台和开放式的虚拟制造环境。

复习思考题

1. 何谓信息和信息资源？信息、信息资源的特点是什么？
2. 什么是信息系统？它的功能有哪些？
3. 物联网的结构是什么？
4. 信息化的内涵是什么？它是怎样影响一个产业的？
5. 什么是业务流程重组？
6. 简述精细化管理的内涵。
7. 何谓虚拟组织，虚拟企业的特点有哪些？

知识自测题

（一）单项选择题

1. 电子商务的根本性变革在于把商品流、资金流、技术流和业务流反映在（　　）上。

   A. 网络　　B. 信息流　　C. 商品　　D. 业务流

2. （　　）是寻求对业务流程进行重大改变的方法。

   A. 业务流程重组　　B. 业务流程改进　　C. 业务流程优化　　D. 业务流程实时控制

3. 对现有的业务流程进行持续的、渐进的改善的方法是（　　）。

   A. 业务流程重组　　B. 业务流程改进　　C. 业务流程优化　　D. 业务流程实时控制

4. 被誉为科学管理之父的（　　）发表了世界上第一本精细化管理著作《科学管理原理》。

   A. 德鲁克　　B. 欧文　　C. 泰勒　　D. 亨利·汤

5. 虚拟组织的管理是以（　　）为核心的综合性的智能化管理。

A. JIT　　B. 信息流　　C. 外包　　D. 人

（二）多项选择题

1. 信息资源的组成部分包括（　　）。

A. 生产者　　B. 承载体　　C. 信息　　D. 信息技术

2. 物联网的结构包含（　　）。

A. 基础层　　B. 感知层　　C. 网络层　　D. 应用层

3. 企业信息化和业务流程重组的区别是（　　）。

A. 出发点不同　　B. 实现方式不同　　C. 参与者不同　　D. 范围不同

4. 虚拟组织的特点（　　）。

A. 合作型竞争　　B. 动态性　　C. 组织扁平化　　D. 学习型组织

案例讨论：张全才的信息化需求

张全才，山西人，拥有15台卡车，在当地是个响当当的人物，不恋土不守家，把物流运输业务做到了太原、大同、长治甚至西安和石家庄。张全才踌躇满志并志存高远。

张全才和中国物流界的专家领导有一致的认识：信息化是物流的灵魂。

专家领导对信息化的理解，可谓高瞻远瞩，适用于任何服务类行业；张全才对信息化的理解，则来自实际的业务经验，更来自管理部门和客户的指令性要求。原本是张全才的妻子负责公司财务，主要负责工商、税务和银行方面，这些方面基本没有什么问题。但税务部门的网上报税却带来了新问题：不仅系统有特定的要求，软件也不是在街头小店就能买到的。

张全才的妻子认为，网上报税报表不是问题，只是添置设备用的资金倒是一笔大数目。

面对这个问题，张全才认为，花再多钱也要买设备，这是公司发展的必需工具。2003年张全才和他的运输公司的信息化建设便由此拉开了序幕。

这是很有代表意义的，因为从中国物流特别是公路运输企业的实际应用看，信息化建设的模式基本上都是以财务业务和税务需求开始的。

然而，真正让张全才大伤脑筋的是物流业务的信息化问题：一是客户要求的多样性，二是司机的管理。就后者而言，张全才从没想过：车走到哪里，自己就能看到哪里，不但知道地点，而且还能知道装在车里的货物的情况。因为司机出门在外，常有可能以堵车或其他事由延长到达的时间。而这段时间极有可能让司机钻空子，如到别的配货站顺道拉点私活、偷换货物等。对于客户的实时监控的要求，张全才早先使用手机联系司机，在司机回答后，再告诉客户货物的位置。直到出了一次事故后，张全才猛然觉得这种老方法不行了。

如果要准确无误地与司机保持联系，则需要安装卫星监控系统，但这需要非常大的投入，张全才不但担心司机会搞坏设备，还怕引起司机的不满，毕竟信息系统的作用，有一部分是监视司机。最终张全才找到一个解决方案：打手机给司机，让司机停车，用路边的固定电话打自己的手机，来电显示的地区号码就是司机的位置，但司机可以借故不接电话。

看来，张全才搞信息化的路还很长。

（资料来源：http://www.zj56.com.cn/blog/blogtext.asp?id=236）

? 请问：张全才的信息化需求有哪些？

参考文献

[1] 周三多，陈传明. 管理学——原理与方法. 第5版.上海：复旦大学出版社，2013.
[2] Stephen P. Robbins, Mary Coulter. Management.New Jersey: Pearson Prentice Hall，2011.
[3] 许庆瑞. 管理学. 第2版. 北京：高等教育出版社，2005.
[4] 杨文士，焦叔斌，张雁，李晓光. 管理学原理. 第3版. 北京：中国人民大学出版社，2009.
[5] 梁雄健，蔡淑溶，霍煜梅. 现代通信企业管理. 北京：人民邮电出版社，2002.
[6] 李海峰，张莹. 简明管理学教程. 第2版. 北京：科学出版社，2009.
[7] 野中郁次郎，竹内广隆. 创造知识的公司. 北京：科学技术部国际合作司，1999.
[8] 崔卫国，刘学虎. 管理学故事会. 北京：中华工商联合出版社，2005.
[9] 王珍，卢启程. 管理学基础学习指南与习题集. 北京：北京大学出版社， 2007.
[10] 孙永正. 管理学第3版. 北京：清华大学出版社，2011.
[11] Luis R. Gomez-Mejia, David B. Balkin, Robert L. Cardy. 管理学——原理、案例与实践. 北京：人民邮电出版社，2009.
[12] 李海峰，张莹，杨维霞，李慧. 管理学——原理与实务. 北京：人民邮电出版社，2010.
[13] 刑以群. 管理学. 第2版. 北京：高等教育出版社，2011.
[14] 赵玉平. 比强者更强，北京：清华大学出版社，2004.
[15] 乔·蒂德，约翰·贝赞特. 创新管理——技术变革、市场变革和组织变革的整合. 第4版. 北京：中国人民大学出版社，2012.
[16] Melissa A. Schilling. Strategic Management of Technological Innovation. New YorkMcGraw Hill，2010.
[17] 罗伯特 A. 伯格曼，莫德斯托 A. 麦迪奎，史蒂文 C. 惠尔赖特. 技术与创新的战略管理. 第3版. 北京：机械工业出版社，2004.
[18] 加雷思·琼斯，珍妮弗·乔治. 当代管理学学习指南. 第3版. 北京：人民邮电出版社，2005.
[19] 玛格丽特·A·怀特，加里·D·布鲁顿. 技术与创新的管理：战略视角. 北京：电子工业出版社，2008.
[20] 王冰，吕廷杰. 电信运营企业全面协同创新. 北京：电子工业出版社，2009.
[21] 乌家培. 信息经济学与信息管理. 北京：高等教育出版社，2002.
[22] 阿尔温·托夫勒. 第三次浪潮. 北京：三联书店，1984.
[23] 刘昭东，宋振峰. 信息与信息化社会. 北京：科学技术文献出版社，1994.
[24] 乌家培. 信息经济与知识经济. 北京：高等教育出版社，2002.
[25] 杨善林，李兴国，何建民. 信息管理学. 北京：高等教育出版社，2003.
[26] 符福桓. 信息社会学. 北京：海洋出版社，2000.
[27] 安忠，吴洪波. 北京：管理信息系统. 北京：中国铁道出版社，2009.
[28] 李琦，吴少岩. 数字地球：人类认识地球的第三次飞跃. 北京：北京大学出版社，1999.
[29] 党跃武，谭祥金. 信息管理导论. 第2版北京：高等教育出版社，2006.
[30] 林自葵. 物流信息管理. 北京：机械工业出版社，2006.
[31] 彼得·德鲁克. 创新与企业家精神. 北京：机械工业出版社，2007.
[32] 杨安. 企业信息化与电子商务. 北京：清华大学出版社，2007.
[33] 周宏仁. 信息化概论. 北京：电子工业出版社，2009.
[34] MBA智库百科网站，http://wiki.mbalib.com.

反侵权盗版声明

举报电话：（010）88254396；（010）88258888
传　　真：（010）88254397
E-mail：　dbqq@phei.com.cn
通信地址：北京市万寿路 173 信箱
　　　　　电子工业出版社总编办公室
邮　　编：100036